Edgar Poepperl

Erfolgsfaktor KI & SEO

Künstliche Intelligenz und Suchmaschinenoptimierung
auch für dein Unternehmen

KISEO active.com
A BIT MORE MARKETING.

Impressum

Ich hoffe, dass du Freude an diesem Buch hast und sich deine Erwartungen erfüllen. Deine Anregungen und Kommentare, kannst du dir mir gerne an erfolgsfaktor-ki-und-seo@kiseoactive.com senden.

Dieses Buch wurde mit Adobe Indesign 2024 gesetzt. Font: Source Sans Pro.
Hergestellt in Deutschland. Das Buch ist in all seinen Teilen urheberrechtlich geschützt. Alle Rechte vorbehalten, insbesondere das Recht der Reproduktion, der Übersetzung, des Vortrages der Vervielfältigung auf fotomechanischen oder anderen Wegen sowie der Speicherung in elektronischen Medien.

Trotz größtmöglicher Sorgfalt bei der Erstellung von Texten, Abbildungen und Programmen übernehmen weder der Verlag, der Autor, der Herausgeber noch der Übersetzer eine rechtliche Verantwortung oder Haftung für etwaige Fehler und deren Folgen, gleich welcher Art.

Die in diesem Werk verwendeten Gebrauchsnamen, Handelsnamen, Warenbezeichnungen und ähnliche Bezeichnungen können auch ohne spezielle Kennzeichnung geschützte Marken sein und unterliegen den jeweiligen gesetzlichen Bestimmungen.

Bibliografische Information der Deutschen Nationalbibliothek:

Die Deutsche Nationalbibliothek verzeichnet diese Publikation in der deutschen Nationalbibliografie; detaillierte bibliografische Daten sind im Internet über www.dnb.de abrufbar.

©2025 Edgar Poepperl, Kurtscheid – 3. Auflage

Verlag:

BoD · Books on Demand GmbH, Überseering 33, 22297 Hamburg, bod@bod.de

Druck:

Libri Plureos GmbH, Friedensallee 273, 22763 Hamburg

ISBN: 978-3-7597-9713-1

Liebe Leserin, lieber Leser,

stell dir vor, du sitzt, mit einem heißen Kaffee in der Hand, an deinem Schreibtisch und plötzlich bekommst du den Schlüssel zu einem geheimen Werkzeugkasten, der deine gesamte Unternehmensstrategie auf das nächste Level katapultiert. Klingt zu gut, um wahr zu sein? Genau darum geht's hier und keine Sorge, Kaffee ist optional.

Als Gründer einer digitalisierten Unternehmensberatung habe ich mich vor Jahren in die tiefen Weiten von Konzeption, Kommunikation, AI Automations und SEO gestürzt. Ja, all diese Buzzwords, die bei dir vielleicht schon ein Augenrollen auslösen. Aber genau da liegt das Geheimnis: Es geht nicht nur um Technik. Es geht darum, Prozesse so zu optimieren, dass dein Unternehmen wie eine gut geölte Maschine läuft und ich liebe es, an den Stellschrauben zu drehen.

Dieses Buch, »Erfolgsfaktor KI & SEO«, ist nicht irgendein Ratgeber, der dir oberflächliches Wissen serviert. Es ist dein persönlicher Game-Changer. Du willst maximale Effizienz? Boom, hier ist sie. Wachstum ohne Ende? Schnall dich an.

Mit Automatisierung, künstlicher Intelligenz und Suchmaschinenoptimierung bekommst du die Tools, die dich nicht nur im Markt halten, sondern zum Platzhirsch machen.

Ein spannender Autoren-Exkurs (schau mal auf Seite 86 nach) macht dich zusätzlich zum Schreibprofi für ein Buch, Blog oder Social Media-Post, auch ganz ohne KI. Und ja, ich rede von dir. Bereit, das nächste Kapitel aufzuschlagen und deine Konkurrenz alt aussehen zu lassen?

Dann los, die Show beginnt!

Dein Edgar Poepperl

Auf einen Blick

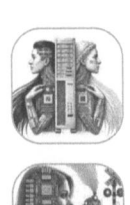

INHALT

Lass uns aus vielen kleinen Einzelteilen etwas Großes bauen.

Ki und SEO, ein ideales Gespann.

Kapitel 1

WARUM KI UND SEO DAS POWERDUO DEINES ERFOLGES SIND

Nimm doch mal an, du wachst auf, öffnest deinen Laptop, gibst ein Produkt deines Unternehmens in Google ein und bam!, da ist es: Platz 1. Keine Konkurrenz, kein ewiges Scrollen, du bist genau da, wo alle dich sehen. Das klingt doch wie ein Traum.

Es ist aber kein Zufall und schon gar keine Magie. Es ist das Ergebnis von zwei der mächtigsten digitalen Werkzeuge, die dir zur Verfügung stehen: **Künstliche Intelligenz (KI) und Suchmaschinenoptimierung (SEO)**. Was für viele wie technischer Hokuspokus klingt, ist in Wahrheit der Turbo, der Unternehmen an die Spitze katapultiert. Wenn man weiß, wie man ihn richtig einsetzt.

Jetzt fragst du dich, wie du das hinkriegst? Keine Sorge, du musst weder ein IT-Nerd noch ein SEO-Guru sein. Ich nehme dich an die Hand und zeige dir, wie du mit den richtigen Tools und ein paar cleveren Strategien dein Unternehmen im Netz sichtbar machst und das schneller, als du »Google-Ranking« sagen kannst.

In diesem Buch erfährst du Schritt für Schritt, wie du KI und SEO nutzt, um dein Business auf das nächste Level zu katapultieren. Ohne unnötiges Fachgeschwafel, ohne komplizierte Tricks, nur handfeste Maßnahmen, die du sofort anwenden kannst. Heute loslegen und schon bald die Ergebnisse sehen. Klingt gut? Dann lass uns loslegen und dein Unternehmen genau dahin bringen, wo es hingehört: ganz nach oben.

Jetzt wird's spannend. Wenn du bisher gedacht hast, KI und SEO wären Spielzeuge für Tech-Nerds, dann liegst du so richtig daneben. Denn KI und SEO sind nicht einfach nur Zukunftsmusik, sie sind das unsichtbare Dream-Team, das dir JETZT aus der Patsche hilft, wenn du sie richtig nutzt. Ich mache langsam und werde mich ab und zu wiederholen um verschiedene Themen nochmal aufzugreifen. Dadurch kannst du im Buch auch mal eine Stelle kurz überfliegen, wenn sie dir nicht so wichtig erscheint .

Lass uns mal etwas träumen...

Denk an dein Unternehmen wie an eine Stadt. Es gibt dunkle Ecken, da lauern Gefahren und Konkurrenten, die nur darauf warten, dir das Geschäft kaputt zu machen. Aber dann kommen deine Helden dran: KI und SEO. Das Power-Duo, das alles für dich regelt. KI ist der geniale Kopf im Hintergrund, der Strategien ausheckt, während SEO, dein Marketing-zauberer, dafür sorgt, dass du immer ins richtige Rampenlicht trittst, wenn es zählt.

1.1 KI: Dein stiller Stratege.

Fangen wir mit dem stillen Strategen an, der KI. Sie ist nicht irgendeine Zukunftsvision, sie ist hier und jetzt. Künstliche Intelligenz hilft dir, genau die Entscheidungen zu treffen, über die du sonst stundenlang im Meeting grübeln würdest. Kennst du die personalisier-ten Vorschläge auf Netflix oder Amazon, die dir genau das bieten, was du sehen oder kaufen willst? Ja, das ist KI in Action. Sie schaufelt sich durch gigantische Datenmengen, erkennt Muster und präsentiert dir die besten Optionen auf dem Silbertablett. Science Fiction? Nope. Pure Realität.

Für dein Unternehmen bedeutet das: Künstliche Intelligenz nimmt dir die lästigen, sich ständig wiederholenden Aufgaben ab und macht sie effizienter, als du es je könntest. Sie analysiert deine Daten, entdeckt Trends und zeigt dir, wo die Chancen liegen. Kein endloses Starren auf Excel-Tabellen mehr. KI ist dein digitaler Butler, der dir sagt, was funktioniert und was nicht. Und das Beste? Sie tut das, ohne auch nur eine Kaffeepause zu brauchen.

1.2 SEO: Dein geheimer Schlüssel zu den Klicks.

Und dann ist da noch SEO. Suchmaschinenoptimierung ist nicht einfach nur ein Tool, sie sorgt dafür, dass du nicht nur eine schicke Webseite hast, sondern auch die Sichtbarkeit, die du verdienst. Denn mal ehrlich: Was bringt dir die beste Webseite, wenn dich niemand findet? Richtig, nichts. Stell dir SEO vor wie den coolen Typen auf der Party, der dich direkt zum VIP führt. Er sorgt dafür, dass Google dich liebt und dich ganz nach vorne bringt, wenn jemand nach deinem Produkt sucht. Und wenn du nicht auf Seite 1 bei Google bist? Dann bist du quasi unsichtbar. SEO sorgt dafür, dass du nicht nur dabei bist, sondern im Rampenlicht stehst.

Warum KI und SEO zusammenarbeiten sollten.

Jetzt denkst du vielleicht: »Okay, KI ist cool und SEO auch. Aber was haben die beiden miteinander zu tun?« Nun, sie sind nicht nur ein Dreamteam, sie sind unzertrennlich. Wie Pommes und Mayo. Oder, wenn dus lieber süß magst, wie Nutella auf Brot. Kurz gesagt: Ohne das eine schmeckt das andere nur halb so gut.

KI macht SEO nicht nur schlauer, sondern vor allem schneller und effizienter. Sie hilft dir, die perfekten Keywords zu finden, optimiert deine Inhalte und sorgt sogar dafür, dass die Suchergebnisse personalisiert sind. Mit KI kannst du all die langweiligen SEO-Aufgaben automatisieren, die früher endlos Zeit gekostet haben. Technische Optimierungen, Meta-Beschreibungen u. v. m. All das erledigt KI für dich, während SEO dafür sorgt, dass du bei Google nicht nur auftauchst, sondern glänzt.

1.3 Warum du KI und SEO nicht ignorieren kannst.

Erinnerst du dich noch an Blockbuster, die amerikanische Film- und Videospielverleih-kette? Ja, genau, das Multi-Milliarden-Unternehmen, das dachte, das Internet sei nur ein kurzer Hype. Sie haben Netflix belächelt und heute lachen wir über sie. Weil sie den digitalen Zug komplett verpasst haben. Wenn du KI und SEO ignorierst, dann heißt es bald für dich: »War mal groß, wurde aber von der Zeit überholt.«

Machs besser. Nutze KI und SEO, um dein Unternehmen in die Zukunft zu katapultieren und zwar nicht irgendwann, sondern jetzt. Dein dynamisches Duo wartet nur darauf, loszulegen. Und vertrau mir, die Reise hat gerade erst begonnen.

Grundlagen der KI, klare Fakten

Angenommen du hättest eine unsichtbare Electrowoman. Nee, nicht die Art von Superheldin, die durch die Luft fliegt und alles in Schutt und Asche legt (auch wenn das ziemlich cool wäre). Nein, ich spreche von einer unsichtbaren Assistentin, die all die nervigen Aufgaben für dich erledigt. Die dir sagt, welche Produkte gerade durch die Decke gehen, wo deine Kunden herkommen und wie du mehr von ihnen anziehst. Klingt wie ein Traum? Tja, das ist keine Science-Fiction, sondern Realität. Das ist Künstliche Intelligenz (KI).

1.4 Was ist KI?

Fangen wir mal easy an. KI ist nicht dieser verrückte Computer aus den Filmen, der die Weltherrschaft an sich reißt. KI ist nichts anderes als Maschinen, die lernen, denken und Probleme lösen können. Ganz simpel gesagt: Wenn dein Computer Muster in Daten erkennt und dann kluge Entscheidungen trifft, ist das KI.

Und hier das Beste: Du brauchst keine Millionen, um KI in deinem Unternehmen einzusetzen. Vergiss die riesigen Roboter, die durch deine Büros stampfen. Was du brauchst, sind smarte KI-Tools, die im Hintergrund arbeiten. Unsichtbar, effizient und verdammt mächtig.

1.5 Wie funktioniert KI?

Okay, jetzt wirds ein bisschen technisch, aber keine Panik, ich halte es locker. KI lernt aus Erfahrung, ähnlich wie du. Gib ihr Daten und sie analysiert sie, erkennt Muster und trifft dann Vorhersagen. Nun fütterst deine digitale Helferin mit Verkaufszahlen und Zack! Sie zeigt dir sofort, welche Produkte laufen und warum. Je mehr Daten du ihr gibst, desto klüger wird sie. KI ist wie ein Muskel, trainiere sie und sie wird stärker. Und nein, du musst kein Techguru sein, um sie zu nutzen. Die heutigen KI-Tools fügen sich einfach in deine bestehenden Systeme ein, kein Informatik-Diplom nötig.

1.6 Wie setzt du KI in deinem Unternehmen ein?

Jetzt denkst du vielleicht: »Alles schön und gut, aber wie setze ich das konkret um?« Gute Frage. Hier sind ein paar Beispiele, wie KI deinen Alltag rocken kann:

Automatisierte Datenanalyse.

Hör auf, stundenlang in **Excel**-Tabellen zu versinken. KI analysiert deine Daten in Echtzeit und zeigt dir, was läuft und was nicht. Ohne Schweiß, ohne Stress.

Personalisierung.

Kunden wollen maßgeschneiderte Erlebnisse. Mit KI kannst du Inhalte erstellen, die exakt auf die Bedürfnisse deiner Zielgruppe zugeschnitten sind und das auf einem Level, das du manuell niemals schaffen würdest.

Prognosen.

Mit KI kannst du nicht nur analysieren, was gestern gut lief, sondern auch voraussehen, welche Trends morgen wichtig werden. Denk doch mal, du wüsstest jetzt schon, welche Produkte deine Kunden bald kaufen wollen. Genau das macht KI für dich möglich.

Automatisierte Prozesse.

KI kann all die nervigen, sich wiederholenden Aufgaben für dich übernehmen. Ob es um das Bearbeiten von Emails, die Verwaltung von Terminen oder das Überwachen von Verkaufsprozessen geht. KI erledigt das alles im Hintergrund, während du dich auf die wichtigen Dinge konzentrierst.

1.7 KI: Nicht die Zukunft, die Gegenwart.

KI ist nicht dieses Zukunftsding, auf das du noch warten musst, sie ist jetzt da, um dir zu helfen. Sie macht dein Unternehmen effizienter, deine Entscheidungen besser und gibt dir die Freiheit, dich auf das Wesentliche zu fokussieren. Du brauchst keine Armee von Robotern, um das zu erreichen, nur die richtigen Tools und den Mut, sie einzusetzen.

Also hör auf zu glauben, dass KI nur was für die Großen ist. Sie ist deine unsichtbare Heldin, die dir den Rücken freihält. Nutze sie und bringe dein Unternehmen auf das nächste Level.

Wie ChatGPT dein unsichtbarer Assistent wird und dir den Rücken freihält

Nun sitzt du an deinem Schreibtisch, die Uhr tickt unaufhörlich und der Stapel an Aufgaben vor dir wird einfach nicht kleiner. Du hast gerade eine Email an einen Kunden geschrieben, die nächste Präsentation steht an und dann fällt dir auch noch ein, dass der Text für die neue Webseite fehlt. Es ist einer dieser Tage, an denen du dir wünschst, du hättest vier Arme und zwei Gehirne. Oder besser noch, jemanden, der dir den ganzen Kram abnimmt, damit du endlich mal durchatmen kannst.

Und genau in diesem Moment klopft es an die Tür. Aber nicht irgendeine Tür, sondern die unsichtbare Tür in deinem Kopf, wo Ideen und Lösungen manchmal plötzlich hereinspazieren, als wären sie schon immer da gewesen. »Hey, wie wäre es mit ChatGPT?«, flüstert eine Stimme. Und du denkst: »Klingt wie Zukunftsmusik, aber warum eigentlich nicht?«

ChatGPT ist genau das, was du brauchst, wenn dein Kopf kurz vorm Explodieren steht. Es ist wie der geniale Assistent, der dir unauffällig alles abnimmt, was dich aufhält. Du gibst ihm eine Aufgabe: einen Text, eine Idee, eine Kundenanfrage und während du noch überlegst, wie du das alles schaffen sollst, hat ChatGPT die Antwort schon parat. Du könntest jetzt denken, das ist zu schön, um wahr zu sein. Aber genau das ist es nicht. Es ist real, es funktioniert und es könnte genau der Joker sein, den du in deinem Ärmel brauchst. Du hast plötzlich mehr Zeit, mehr Energie und mehr Klarheit. Und während du dich auf die wirklich wichtigen Dinge konzentrierst, läuft der Rest wie von selbst.

Es ist fast so, als hätte dir jemand einen unsichtbaren Mitarbeiter zur Seite gestellt, der dir immer den Rücken freihält. Kein Gejammer, kein Feierabend um fünf, kein Urlaub. ChatGPT ist da, wann immer du es brauchst und sorgt dafür, dass du nicht im Chaos versinkst. Natürlich ist es nicht perfekt. Manchmal liefert es dir etwas, bei dem du zweimal hinschauen musst. Aber hey, wer macht das nicht? Es ist deine Aufgabe, die Dinge noch einmal zu prüfen und sicherzustellen, dass alles passt. Aber wenn du das getan hast, merkst du schnell, wie viel leichter dein Alltag wird.

Und während andere noch darüber nachdenken, ob KI etwas für sie ist, bist du längst mitten drin und fragst dich, wie du jemals ohne **ChatGPT** ausgekommen bist. Und das alles, ohne dass du deinen Schreibtisch dafür verlassen musst.

Nun betrittst du eine völlig neue Welt, eine Welt, in der ein digitaler Assistent dir den Alltag erleichtert, wo du nicht mehr allein mit der Flut an Aufgaben kämpfst. Diese Welt erreichst du nicht durch einen aufwendigen Prozess, sondern mit wenigen einfachen Schritten. Es ist, als würdest du ein neues Gadget auspacken und es steht dir ein virtueller Helfer zur Seite, der dir deine Arbeit abnimmt.

Willkommen in der Welt von **ChatGPT**!

Schritt für Schritt zu deinem virtuellen Helfer

Schritt 1: Registrierung bei OpenAI.

Bevor du deinen neuen Assistenten installieren kannst, musst du ihn erst freischalten. Also, ab auf die Webseite von OpenAI (https://chat.openai.com). Melde dich mit deiner Email-Adresse an oder nutze einen bestehenden Google- oder Microsoft-Account. Keine Raketenwissenschaft, einfach den Anweisungen folgen und zack, du bist drin.

Schritt 2: Einführung in die Welt von ChatGPT.

Jetzt, da du dich registriert hast, landest du auf der Startseite von ChatGPT. Keine Panik, du wirst nicht sofort mit Fragen bombardiert. Stattdessen wartet dein neuer digitaler Sidekick geduldig auf deinen ersten Befehl. Schnapp dir einen Kaffee, klick dich durch die Einführungsinfos und lass es langsam angehen. Oder geh gleich in die Vollen und schreib »Hallo«. Aber Vorsicht: Es könnte süchtig machen. Denn ab jetzt wird alles anders.

Schritt 3: Grundeinstellungen anpassen.

Jetzt wird's persönlich! Du passt ChatGPT so an, dass es zu dir passt wie deine Lieblingsjeans. Oben rechts klickst du auf dein Profilbild oder deine Initialen und dann auf »Einstellungen«. Hier bestimmst du, ob dein Assistent locker-flockig oder eher formell mit dir reden soll. Und natürlich kannst du die bevorzugte Sprache einstellen. Möchtest du, dass ChatGPT sich an frühere Gespräche erinnert? Dann aktiviere die Option »Chat-Verlauf speichern«. So hast du immer alles im Griff.

Schritt 4: Datenschutz und Sicherheit.

Sicherheit geht vor. Auch für digitale Assistenten. Unter »Datenschutz« legst du fest, was ChatGPT über dich wissen darf. Du willst lieber im Schatten bleiben? Kein Ding, einfach einstellen, dass nur das Nötigste gespeichert wird.

Keine Sorge, ChatGPT ist keine Plaudertasche. Es verrät nichts, was du nicht willst. Aber denk mal nach. Was könnte passieren, wenn du ihm doch ein bisschen mehr Vertrauen schenkst? Nur so eine Idee.

Schritt 5: ChatGPT **in deinen Alltag integrieren.**

Jetzt gehts ans Eingemachte. Alles ist eingestellt und bereit. Zeit, deinen neuen kleinen Helfer an den Startblock zu bringen. Fang klein an: Lass **ChatGPT** dir ein Rezept für dein Lieblingsessen raussuchen oder lass es dir helfen deine To-do-Liste abzuarbeiten. Aber Vorsicht, bald wird er dir so viele Aufgaben abnehmen, dass du dich fragst: »Wie habe ich das vorher ohne ihn geschafft?« Es dauert nicht lange, bis du merkst, wie viel einfacher dein Leben mit **ChatGPT** wird. Aber das ist erst der Anfang.

Schritt 6: Experimentieren und anpassen.

ChatGPT lernt mit dir. Je mehr du es nutzt, desto besser wird es. Probiere neue Funktionen aus, passe die Einstellungen nach Bedarf an und teste, wie weit du gehen kannst. Hast du spezielle Wünsche? Nur raus damit! **ChatGPT** ist flexibel und entwickelt sich mit dir weiter. Du bist der Chef. Was wirst du als Nächstes tun?

Du hast es geschafft!

Dein digitaler Assistent ist startklar und wartet nur darauf, dein Leben einfacher zu machen. Worauf wartest du noch? Lass **ChatGPT** für dich arbeiten und genieße die Freiheit, die du gerade gewonnen hast. Aber denk daran: Auch wenn **ChatGPT** keine Pausen braucht, du solltest dir ab und zu eine gönnen, denn ab jetzt läuft alles wie von selbst. Doch sei gewarnt. Je mehr du ihm anvertraust, desto unverzichtbarer wird es.

Bezahlt oder nicht?

Ganz einfach: Weil du smarter arbeiten willst, nicht härter, holst du dir die große Version. Lass uns die Vorteile schnell und prägnant zusammenfassen, wie ein Espresso-Shot. Und nein, OpenAI bezahlt mich nicht für diese Werbung.

Die kostenlose Version ist gut. Aber **ChatGPT** 4.0? Das ist, als würdest du von einem Roller auf einen Sportwagen umsteigen. Mehr Power, mehr Geschwindigkeit, mehr Kapazität. Komplexe Aufgaben? Kein Problem. Präzisere, durchdachtere Antworten? Du kriegst sie. Aber das ist erst der Anfang...

1.8 Was macht ChatGPT 4.0 so besonders?

Während du vielleicht mit mehreren Projekten jonglierst und die kostenlose Version langsam ins Schleudern kommt, hält **ChatGPT** 4.0 den Ball perfekt in der Luft. Es behält den Kontext, egal wie viele Aufgaben du ihm parallel zuschiebst. Win-win. Keine verlorenen Fäden, kein Stress. Und die Details? **ChatGPT** 4.0 geht richtig in die Tiefe. Die Antworten sind genau das, was du brauchst, nicht bloß Standardkram. Fast Food vs. ein durchdachtes Drei-Gänge-Menü.

Bei der kostenlosen Version wirds eng, wenn du viele Informationen auf einmal brauchst. Aber mit **ChatGPT** 4.0? Längere Texte, komplexere Anfragen und du bekommst alles in einem Rutsch. Effizienz pur und du sparst dir die nervigen Splits. Aber halt, da ist noch mehr. **ChatGPT** 4.0 bleibt flüssig. Immer auf dem neuesten Stand, keine Hänger. Wenn du wirklich das Beste willst, führt kein Weg an der Premium-Version vorbei.

1.9 Aufgabenplanung neu gedacht:
Wie ChatGPT 4.0 dein Tagesgeschäft strukturiert.

Der Wecker klingelt, der Kaffee dampft und die To-do-Liste schaut dich an, als wolle sie dich fressen. Aber keine Sorge, du hast **ChatGPT** 4.0. Es nimmt den Stress aus deinem Alltag und verwandelt deinen Chaostag in ein gut geöltes System. Klingt zu gut, um wahr zu sein? Lass mich dir zeigen, wie es funktioniert.

Aufgabenplanung neu gedacht: Wie ChatGPT 4.0 dein Tagesgeschäft strukturiert.

1

Bevor **ChatGPT** 4.0 deinen Tag retten kann, musst du erstmal Klarheit schaffen. Sammle alle Aufgaben, die du erledigen musst. Ja, wirklich alle, keine halben Sachen! Emails, Anrufe, Projekte, alles kommt auf den Tisch. Und dann? Dann beginnt die Magie. Lehn dich zurück und lass **ChatGPT** die Arbeit machen. Gib ihm deine Aufgabenliste und sag: »Sortiere nach Dringlichkeit.« Zusehen, wie alles perfekt geordnet wird, ohne selbst den Kopf zu zerbrechen? Das nenn ich mal ein gutes Gefühl.

Du willst deinen Tag effizient gestalten? **ChatGPT** kann dir einen Plan erstellen, der dich strukturiert durch den Tag führt. Kein Hin- und Herspringen zwischen Aufgaben, stattdessen klare Zeitblöcke. Es gibt dir sogar Pufferzeiten für unerwartete Ereignisse.

Listen sind gut, aber was bringen sie, wenn du dich nicht dran hältst? **ChatGPT** 4.0 wird dein persönlicher Reminder. Deadlines einhalten, Aufgaben rechtzeitig starten und Pausen nicht vergessen. **ChatGPT** erinnert dich rechtzeitig und sorgt dafür, dass du den Überblick behältst.

Flexibilität behalten: Änderungen einplanen.
Unerwartete Anrufe, neue Projekte oder spontane Meetings? Kein Problem, **ChatGPT** passt den Plan dynamisch an. Sag ihm, was sich geändert hat und es bringt deinen Tagesplan wieder ins Gleichgewicht.

Rückblick und Optimierung: Ständig besser werden.
Am Ende des Tages ist es Zeit für eine Reflexion:
• Was lief gut?
• Was könnte besser sein?
ChatGPT hilft dir dabei, den Tag Revue passieren zu lassen und schlägt Optimierungen vor, um deinen Workflow noch effektiver zu machen.

ChatGPT 4.0 ist jetzt bereit, dir den Rücken freizuhalten und dir deinen Alltag zu erleichtern. Worauf wartest du? Lass deinen digitalen Assistenten für dich arbeiten und genieße die Freiheit.

ChatGPT 4.0. Dein neuer Planungs-Buddy

Vergiss das ewige Chaos. ChatGPT 4.0 übernimmt die Kontrolle, strukturiert deinen Tag, priorisiert Aufgaben, erinnert dich an Deadlines und passt sich geschmeidig an jede Veränderung an. Dein Tagesgeschäft? Plötzlich effizienter, fokussierter und stressfreier. Warum also weiter im Chaos versinken? Lass ChatGPT die Planung übernehmen und konzentriere dich auf das, was wirklich zählt: den Erfolg deines Unternehmens.

1.10 Prioritäten setzen ohne Stress: Chaos adé, hallo klarer Plan.
Reminder und Deadlines: Nie wieder etwas vergessen.

Kommunikation: Immer einen Schritt voraus. In der heutigen Geschäftswelt dreht sich alles um Kommunikation. Aber Hand aufs Herz: Wie oft fühlst du dich von deinem Posteingang regelrecht erschlagen? Kundenanfragen stauen sich, wichtige Aufgaben bleiben liegen und Meetings enden oft ohne Ergebnis. Klingt vertraut? Keine Sorge, ChatGPT 4.0 hat die Lösung parat. Hier ist dein Fahrplan, wie du Kommunikation aufs nächste Level hebst und dabei sogar noch Zeit sparst.

Emails schreiben auf Autopilot: Der Turbo für deinen Posteingang.
1.11 Standardantworten vorbereiten.

Jede Woche fluten ähnliche Anfragen deinen Posteingang. Warum jedes Mal von Null anfangen? Mit ChatGPT 4.0 kannst du Standardantworten für häufige Fragen erstellen und sie bei Bedarf anpassen.

> **Schritt 1:** Sammle die häufigsten Anfragen, die du erhältst.
> **Schritt 2:** Erstelle mit ChatGPT Vorlagen, die klar und freundlich sind.
> **Schritt 3:** Kommt eine neue Anfrage rein, passt ChatGPT 4.0 die Vorlage für den spezifischen Kontext an. Du musst nur noch kurz drüber schauen und auf »Senden« klicken.

Tipp ChatGPT lernt, wie du kommunizierst. Deine Emails werden persönlicher, auch wenn du sie nicht selbst schreibst. Automatisch, aber nicht unpersönlich. Genau das willst du, oder?

1.12 Zeit sparen mit der richtigen Struktur.

Es geht nicht nur um die Antworten selbst, sondern auch um die Struktur. Lass ChatGPT deine Emails klar und übersichtlich gestalten.

Schritt 1: Starte mit einem knackigen Betreff. ChatGPT hilft dir, einen zu formulieren, der ins Auge sticht.

Schritt 2: »Inhalt zuerst«-Technik: Die wichtigsten Infos kommen ganz nach oben. ChatGPT sorgt dafür, dass nichts untergeht.

Schritt 3: Eine freundliche, aber prägnante Signatur, auch das übernimmt ChatGPT.

Tipp Checke deinen Posteingang nur zu festen Zeiten. Mit ChatGPT geht das so schnell, dass du nicht den ganzen Tag daran hängenbleibst.

Kundenanfragen schneller beantworten mit ChatGPT 4.0

1. Fragen identifizieren und kategorisieren.

Deine Kunden haben oft ähnliche Fragen, aber jede Anfrage verdient eine schnelle und präzise Antwort. ChatGPT hilft dir, diese Anfragen zu kategorisieren und effizient zu bearbeiten.

Schritt 1: Sammle die häufigsten Fragen und erstelle mit ChatGPT eine Liste.

Schritt 2: ChatGPT sortiert sie in Kategorien, ob technische Fragen, Preisanfragen oder Lieferzeiten.

Schritt 3: Kommt eine neue Anfrage rein, erkennt ChatGPT die Kategorie und liefert die passende Antwort. Schneller gehts nicht.

Tipp Halte deine Vorlagen aktuell. So bleibst du flexibel und bist immer auf dem neuesten Stand.

2. Personalisierte Antworten in Sekundenschnelle.

Schnell heißt nicht unpersönlich. Mit **ChatGPT** kannst du blitzschnell Antworten personalisieren, ohne dabei Stunden zu verlieren.

Schritt 1: **ChatGPT** analysiert deine Anfrage und schlägt dir eine passende Antwort vor.

Schritt 2: Füge persönliche Details hinzu, Name, spezielle Anforderungen.

Schritt 3: **ChatGPT** sorgt dafür, dass die Antwort höflich, professionell und auf den Punkt ist.

Tipp Nutze **ChatGPT** nicht nur reaktiv, sondern auch proaktiv. Automatisiere Follow-up-Emails und halte deine Kundenbindung stark.

1.13 Interne Kommunikation: Kurze Ansagen statt endloser Meetings.
1. Kurze, prägnante Updates statt langer Emails.

Dein Team braucht klare Ansagen, keine Romane. Mit **ChatGPT** schreibst du prägnante Updates, die jeder versteht.

Schritt 1: Erstelle mit **ChatGPT** eine Liste der wichtigsten Infos.

Schritt 2: Formuliere die Nachrichten so, dass sie klar und auf den Punkt sind. **ChatGPT** hilft dir, das Wesentliche hervorzuheben.

Schritt 3: Versende die Updates per Email, Slack oder was auch immer. **ChatGPT** sorgt dafür, dass deine Botschaften ankommen.

Tipp Setze auf regelmäßige, kurze Updates, dein Team bleibt informiert, ohne von endlosen Nachrichten überrollt zu werden.

2. Meetings effizient vorbereiten und nachbearbeiten.

Meetings können eine echte Zeitfalle sein, besonders, wenn sie schlecht vorbereitet sind. Mit **ChatGPT** wird das anders.

Schritt 1: Lass ChatGPT deine Meeting-Agenda erstellen. Frag einfach: »Was muss besprochen werden?« und erhalte einen strukturierten Plan.

Schritt 2: ChatGPT hilft dir, Vorbereitungsunterlagen zu erstellen und relevante Infos bereitzustellen.

Schritt 3: Nach dem Meeting fasst ChatGPT die wichtigsten Punkte zusammen und schickt sie an die Teilnehmer. Keiner bleibt im Dunkeln.

Tipp Reduziere Meetings, indem du wichtige Infos vorab per ChatGPT kommunizierst. So sparst du wertvolle Zeit.

Mit diesen Schritten bist du immer einen Schritt voraus, egal, ob es um Emails, Kundenanfragen oder die interne Kommunikation geht. ChatGPT 4.0 sorgt dafür, dass du dich auf die Dinge konzentrierst, die wirklich zählen: Dein Business voranzutreiben.

So hilft dir ChatGPT mit den täglichen Emails:

Entwurf und Stil: Formulierung von Emails und Anpassung an Stil und Kontext.
Zusammenfassungen: Kürze lange Emails auf die wichtigsten Punkte.
Vorlagen: Erstelle wiederverwendbare Antworten für häufige Email-Typen.
Schwierige Emails: Hilfe bei sensiblen Themen und diplomatischen Antworten.
Grammatik und Stil: Überprüfen und optimieren von Sprache und Stil.
Priorisierung: Vorschläge zur effizienteren Email-Bearbeitung.

Wenn du diese Strategien in deinen täglichen Workflow integrierst, kannst du mit ChatGPT deine Email-Verarbeitung spürbar beschleunigen und effizienter gestalten.

Marketing: Der Motor, der nie stillsteht

Marketing ist wie ein hungriger Motor, der ständig nach frischem Content lechzt. Aber was tun, wenn der Tank leer ist? Wenn die Ideen wie Geisterfahrer im Nebel verschwinden? Keine Sorge, **ChatGPT** 4.0 ist dein kreativer Sprit, immer bereit, den Motor anzuwerfen und dich in die Überholspur zu katapultieren. Hier ist dein Fahrplan, um mit **ChatGPT** 4.0 deine Kreativität auf Knopfdruck zu entfesseln, Social Media und Blog-Content nahtlos zu produzieren und SEO-optimierte Texte zu schreiben, die Google liebt wie ein Zucker-stückchen.

1.14 Kreativität auf Knopfdruck: Ideenfindung leicht gemacht.

Brainstorming im Sekunden-Rhythmus.

Schritt 1: Gib **ChatGPT** eine grobe Richtung vor, in der du Ideen brauchst. Zum *Beispiel:* »10 Ideen für Blogartikel zum Thema digitales Marketing.«

Schritt 2: Lehn dich zurück und staune, wie **ChatGPT** in wenigen Sekunden eine Liste frischer Ideen ausspuckt. Du wirst dich fragen, warum du je auf Inspiration gewartet hast.

Schritt 3: Wähle die besten Ideen aus und verfeinere sie mit **ChatGPT**. Voilà, deine Basis für epische Inhalte steht.

Tipp Mach Brainstorming zu einem festen Bestandteil deiner Content-Planung. Mit einem ständig gefüllten Ideenpool wirst du nie wieder vor einem leeren Blatt sitzen. Klingt verlockend, oder?

Content-Kalender füllen leicht gemacht.

Schritt 1: Sag **ChatGPT**, wie oft du posten möchtest und welche Themen du abdecken willst. Es erstellt dir einen Content-Kalender, der deinen Fahrplan klar aufzeigt.

Schritt 2: Erhalte Vorschläge für Blogposts, Social Media-Beiträge und mehr. Alles passgenau auf deine Ziele abgestimmt.

Schritt 3: Mit diesem Plan hast du immer die volle Kontrolle über deinen Content. Kein Stress, kein Chaos, nur Klarheit.

Social Media, Blog & Co.: So läuft deine Content-Maschine rund.

1

Tipp Lass ChatGPT deinen Kalender regelmäßig aktualisieren, um Trends und Themen einfließen zu lassen, die dein Publikum ansprechen. So bleibst du immer am Puls der Zeit.

1.15 Social Media, Blog & Co.: So läuft deine Content-Maschine rund.

Social Media-Posts, die rocken

Schritt 1: Gib ChatGPT ein Thema oder eine Idee vor. Zum *Beispiel:* »Vorteile von ChatGPT im Business.«

Schritt 2: Erhalte eine knackige Caption, die deine Zielgruppe begeistert, ob auf LinkedIn, Instagram oder Facebook.

Schritt 3: Wiederhole den Prozess, bis deine Social Media-Strategie für die Woche oder den Monat steht. Du wirst sehen, wie einfach der Content-Fluss aufrechterhalten werden kann.

Tipp Nutze ChatGPT, um Hashtags zu generieren und den besten Zeitpunkt für deine Posts zu planen. So holst du das Maximum aus deiner Reichweite raus und das ganz ohne zusätzlichen Aufwand.

Blogposts, die dein Publikum lieben wird.

Schritt 1: Wähle eine Idee aus deinem Brainstorming und lass dir eine grobe Struktur für den Blogpost erstellen.

Schritt 2: Nutze ChatGPT, um die Abschnitte mit Leben zu füllen. Es hilft dir, Einleitungen, Hauptteile und Schlussfolgerungen zu schreiben, die flüssig und überzeugend sind.

Schritt 3: Verfeinere den Text, bis er genau so klingt, wie du ihn haben willst, ohne überflüssige Füllwörter, aber mit maximalem Punch.

Tipp Überlass ChatGPT den Redaktionsplan. Es kann Themen clustern und den Content optimal verteilen. So hast du immer neuen Stoff für deine Leser.

SEO-optimierte Texte ohne Kopfschmerzen: So schießt dein Ranking in die Höhe

Wir stürzen uns bald in die tiefsten Tiefen des SEO-Dschungels. Doch bevor wir uns den großen Suchmaschinen-Monstern stellen, gibts hier einen kleinen Appetizer.

1.16 Keyword-Recherche ohne Stress und in Lichtgeschwindigkeit.

Schritt 1: Thema wählen, Keywords checken.

Sag **ChatGPT**, welches Thema du bearbeiten möchtest. Zum ***Beispiel:*** »Welche Keywords sind für einen Blogartikel über digitales Marketing wichtig?« **ChatGPT** schaltet auf Turbo und liefert dir eine Liste an relevanten Keywords, als hätte es heimlich in Googles Notizbuch geschmökert.

Schritt 2: Die Power-Keywords nutzen.

Du bekommst eine Liste mit den besten Keywords, die dein Artikel aufpeppen. Jetzt gehts ans Eingemachte: Diese Schlüsselwörter in deinen Text integrieren. Keine Sorge, **ChatGPT** hilft dir dabei, dass dein Content nicht klingt wie ein Roboter auf Koffein, sondern wie ein echter Mensch, mit Power und Personality.

Schritt 3: Blogposts strukturieren und optimieren.

Verwende die Keywords, um deine Blogposts so zu strukturieren, dass sie sowohl für Leser als auch für Suchmaschinen lecker sind. Also nicht einfach nur wild drauflos schreiben, sondern eine Struktur schaffen, die Google sagt: »Hey, das hier ist der Stoff, den meine User suchen!«

Tipp Setz auf Long-Tail-Keywords, die **ChatGPT** dir liefert. Die sind wie gezielte Laserstrahlen in der Dunkelheit des Internets, sie treffen genau dein Zielpublikum. Mit diesen speziellen Phrasen katapultierst du deine Inhalte an den Suchmaschinen-Riesen vorbei direkt ins Rampenlicht.

1.17 Texte, die Suchmaschinen und Menschen lieben

Schritt 1: SEO-Check mit ChatGPT.

Lass **ChatGPT** deinen Text auf SEO-Tauglichkeit scannen. Es zeigt dir, wo du noch nachbessern kannst, damit deine Überschriften knallen, deine Meta-Beschreibungen fesseln und deine Alt-Tags Bilder perfekt beschreiben.

Schritt 2: Keywords natürlich integrieren.

Setze die Keywords von **ChatGPT** dort ein, wo sie Sinn machen und nicht einfach überall hin. Das Ergebnis? Ein Text, der authentisch klingt und trotzdem von den Suchmaschinen hoch bewertet wird. SEO kann auch Mensch!

Schritt 3: Veröffentlichen und Erfolge feiern.

Text online stellen und beobachten, wie dein Ranking steigt. Dank **ChatGPT** weißt du, dass deine Inhalte nicht nur für deine Leser spannend sind, sondern auch die Suchmaschinen voll ins Herz treffen.

Tipp Lass **ChatGPT** regelmäßig die neuesten SEO-Trends checken. So bleibt dein Content immer up-to-date und dein Ranking steigt stetig, wie ein Luftballon, der direkt in die Top-Positionen abhebt.

Mit dieser Schritt-für-Schritt-Anleitung wirst du zur SEO-Maschine. **ChatGPT** 4.0 sorgt dafür, dass dir nie wieder die Ideen ausgehen, deine Social Media-Posts den Takt halten und deine Texte bei Google den Platz an der Sonne sichern. Also los, setz die Content-Maschine in Gang und lass die Ideen fließen!

KI trifft SEO. Das Dreamteam für mehr Umsatz

Du sitzt am Strand, die Sonne scheint und du schlürfst genüsslich an deinem Cocktail. Kein Stress, keine Arbeit, nur Entspannung pur. Jetzt könnte es sein, während du da so liegst, arbeitet jemand im Hintergrund für dich. Jemand, der nicht nur ein bisschen mithilft, sondern dein Business auf Autopilot stellt. Genau das macht KI für deine SEO-Strategie. Automatisierung und clevere Datenanalyse sind dein neuer bester Freund. Der Freund, der dir mehr Zeit und Nerven spart, als eine Woche Strandurlaub auf den Malediven.

1.18 Warum KI und SEO das Dreamteam sind.

KI und SEO, das ist wie Batman und Robin oder wie Pommes und Ketchup. Diese beiden gehören einfach zusammen. Denn während SEO dafür sorgt, dass deine Seite in den Google-Charts nach oben schießt, hilft dir KI dabei, diesen Prozess zu optimieren und zu beschleunigen. KI analysiert Daten in einer Geschwindigkeit und Präzision, von der wir Menschen nur träumen können. Sie erkennt Muster, die dir sonst entgehen würden und gibt dir die Insights, die du brauchst, um deine SEO-Strategie auf das nächste Level zu bringen.

1.19 Automatisierung: Dein unsichtbarer Helfer.

Früher war SEO eine Menge Handarbeit. Stundenlang Keywords recherchieren, Meta-Beschreibungen optimieren und sich durch endlose Datenreihen quälen, das war der Alltag. Doch das ist vorbei. KI übernimmt diese Aufgaben für dich. Schneller und effizienter, als du es je könntest.

Mal laut gedacht: Ein Tool findet in Sekundenschnelle heraus, welche Keywords am besten funktionieren, analysiert deine Seiten und macht dir Vorschläge, wie du sie verbessern kannst. Du musst nur noch die Entscheidungen treffen und manchmal übernimmt das sogar die KI für dich.

Kurz gesagt: KI nimmt dir den langweiligen Kram ab, damit du dich auf das Wesentliche konzentrieren kannst. Und während du das tust, steigt dein Ranking bei Google immer weiter an.

1.20 Datenanalyse: Durchblick im Datendschungel.

SEO ohne Datenanalyse ist wie Autofahren mit verbundenen Augen. Du weißt nicht, wohin du fährst und die Chancen, dass du an deinem Ziel ankommst, sind ziemlich gering. KI durchforstet den Datendschungel für dich und zeigt dir den Weg. Du siehst, welche deiner Seiten gut performen und welche nicht. Du erfährst, welche Keywords deine Kunden wirklich suchen und welche nur Platz verschwenden. Und das Beste: KI lernt ständig dazu. Je mehr Daten du ihr gibst, desto besser wird sie. Mit den richtigen Tools kannst du alles automatisieren, von der Keyword-Recherche über die Content-Optimierung bis hin zur Überwachung deiner SEO-Ergebnisse. So bleibst du immer auf dem neuesten Stand und kannst deine Strategie kontinuierlich verbessern.

Praktische Tools, die dir den Alltag erleichtern.

Jetzt fragst du dich vielleicht: »Klingt ja alles super, aber wie setze ich das um?« Keine Sorge, es gibt eine Menge Tools, die dir dabei helfen können.

SEMrush **und** Ahrefs

Diese Tools bieten dir eine umfassende Analyse deiner Keywords, deiner Konkurrenz und deiner Backlinks. Sie zeigen dir, wo du optimieren musst und geben dir klare Handlungsempfehlungen.

Yoast SEO

Ein praktisches Plugin für **WordPress**, das dir hilft, deine Inhalte für Suchmaschinen zu optimieren. Es analysiert deinen Text in Echtzeit und gibt dir Tipps, wie du ihn verbessern kannst.

Clearscope

Ein KI-gestütztes Tool, das dir hilft, Inhalte zu erstellen, die sowohl für deine Leser als auch für Google attraktiv sind. Es analysiert die besten Inhalte zu einem bestimmten Keyword und gibt dir Empfehlungen, wie du deinen eigenen Content optimieren kannst.

Diese Tools sind wie dein persönlicher Assistent, sie erledigen den Großteil der Arbeit für dich, damit du dich auf die wirklich wichtigen Dinge konzentrieren kannst.

1.21 Mehr Umsatz dank KI und SEO.

Am Ende des Tages geht es um eines: Umsatz. Und genau dabei helfen dir KI und SEO. Sie sorgen dafür, dass deine Seite nicht nur gefunden wird, sondern auch die richtigen Kunden anzieht. Mit der Kombination aus Automatisierung und Datenanalyse wirst du nicht nur mehr Klicks, sondern auch mehr Conversions generieren.

Wie das geht?

Content mit KI erstellen: Einmal die richtigen Keywords im Tank, verwandelt die KI diese in rockigen Content. Tools wie **Jasper AI** oder **Copy.ai** sind deine neuen besten Freunde. Gib dein Keyword ein und diese Tools spucken dir gut strukturierte, SEO-optimierte Texte aus.

Menschen lieben es, wenn sie individuell angesprochen werden. Nutze Tools wie **Optimizely** oder **Dynamic Yield**, um personalisierte Inhalte oder Produkte vorzuschlagen.

Nimm mal an, du hast einen Verkäufer, der 24/7 arbeitet, nie müde wird und immer die perfekte Antwort hat. Genau das sind KI-basierte Chatbots wie **Drift** oder **Intercom**. Sie beantworten Fragen, sprechen Produktempfehlungen aus und begleiten den Kaufprozess, vollautomatisch.

Mit Tools wie **HubSpot** oder **Salesforce Einstein** kannst du vorhersehen, wann, wo und wie du deine Zielgruppe am besten erreichst.

Mit diesen Schritten bist du bestens gewappnet, um deine SEO-Strategie auf das nächste Level zu heben und deinen Umsatz drastisch zu steigern. Die Kombination aus KI und SEO ist wie ein Turbolader für dein Marketing.

Hier sind 10 umsatzorientierte Tipps, wie du mit KI und SEO gezielt deine Verkäufe und Umsätze steigern kannst:

1. Setze auf KI-basierte Tools wie **Mailchimp** oder **Optimizely**, um gezielte A/B-Tests durchzuführen. Das führt direkt zu höheren Verkaufszahlen durch optimierte CTAs[1], Layouts und Produktseiten.

1 Call-to-action

2. Implementiere KI-gesteuerte Produktempfehlungen auf deiner Website, ähnlich wie Amazon es macht. Personalisierte Produktempfehlungen steigern den Warenkorbwert und die Wahrscheinlichkeit eines erneuten Kaufs.

3. Mit KI-Algorithmen kannst du deine Preise dynamisch anpassen, je nach Nachfrage, Wettbewerbspreisen und Käuferverhalten. Tools wie **Prisync** oder **Competera** helfen dir, die Preisgestaltung so zu optimieren, dass du in Echtzeit die bestmöglichen Margen und Umsätze erzielst, ohne den Kunden abzuschrecken.

4. Fokussiere deine SEO-Strategie auf kauforientierte Keywords. KI-Tools wie **Ahrefs** oder **SEMrush** helfen dir, die Keywords zu identifizieren, die nicht nur Traffic, sondern auch konkret kaufbereite Kunden anziehen.

5. Nutze KI-gestützte Email-Marketing-Tools wie **Mailchimp** oder **HubSpot**, um personalisierte Emails zu versenden, die auf dem Verhalten und den Vorlieben der Kunden basieren.

6. KI-Chatbots wie **Drift** oder **Tidio** können auf deiner Website eingesetzt werden, um Kunden während ihres Einkaufsprozesses zu unterstützen und ihnen maßgeschneiderte Angebote oder Rabatte in Echtzeit anzubieten.

7. Nutze KI-basierte Retargeting-Tools wie **AdRoll** oder **Criteo**, um gezielt Besucher, die deine Website ohne Kauf verlassen haben, mit personalisierter Werbung anzusprechen.

8. Optimiere die Customer Journey mithilfe von **Hotjar** oder **Crazy Egg**. So kannst du das Verhalten deiner Website-Besucher analysieren und identifizieren, wo sie abspringen.

9. KI-Tools wie **Unbounce** oder **Landbot** helfen dir, dynamische Landing Pages zu erstellen, die sich automatisch an die Bedürfnisse und Interessen deiner Besucher anpassen.

10. Mit Predictive Analytics kannst du dank KI-gestützter Tools wie **BigML** oder **RapidMiner** Verkaufsprognosen erstellen, basierend auf vergangenen Verkaufsdaten und saisonalen Trends.

Hast du jemals darüber nachgedacht, was passiert, wenn du KI in jeden Aspekt deines Marketings integrierst? Wenn das nach Science-Fiction klingt, dann warte ab, die nächste Revolution steht schon vor der Tür. Und du? Du wirst ganz vorne mit dabei sein. Bereit für den nächsten Schritt?

Deine KI-Tools können dir helfen Entscheidungen zu treffen.

Kapitel 2
ANALYSE UND DATEN:
ENTSCHEIDUNGEN TREFFEN WIE EIN PROFI

Klar, du willst Entscheidungen treffen wie Warren Buffett auf Koffein. Wer nicht? Die gute Nachricht: Du musst dafür nicht mal die Quadratur des Kreises kennen. **ChatGPT** 4.0 macht aus dir in null Komma nichts einen Zahlen-Profi. Glaubst du nicht? Ich zeig's dir. Hier ist die Schritt-für-Schritt-Anleitung, wie du mit Daten umgehst, als hättest du schon ein Eckbüro an der Wall Street.

2.1 Daten verstehen leicht gemacht: Vom Zahlenmuffel zum Datenflüsterer.

Datenanalyse fühlt sich für dich an wie ein Date mit einer Excel-Tabelle? Keine Panik, ich nehm dich an die Hand. Mit **ChatGPT** 4.0 wirst du schneller zum Daten-Profi, als du »Big Data« sagen kannst.

Content is king.

Daten sind ohne Kontext wie eine Gitarre ohne Saiten, ganz nett, aber wenig hilfreich. **ChatGPT** hilft dir, den Hintergrund zu verstehen. Frag nach: »Was bedeuten diese Verkaufszahlen im Vergleich zum Vorjahr?« Und schwupps, du bekommst die Analyse auf dem Silbertablett serviert.

Die richtigen Fragen stellen.

Fang einfach an: »Wie sieht der Markt gerade aus?« oder »Was sagen die Kunden?« **ChatGPT** spürt die Muster in den Daten auf wie ein Spürhund das Versteck vom letzten Keks. Du wirst überrascht sein, wie schnell du den Überblick gewinnst.

Vertrauen ist gut, KI ist besser.

Lass **ChatGPT** die harten Nüsse knacken. Es kann Datensätze vergleichen, Trends aufzeigen und Ergebnisse interpretieren. Du wirst sehen, Zusammenhänge werden dir klar, die vorher so gut versteckt waren wie Ostereier im Garten.

2.2 Markt- und Wettbewerbsanalysen im Turbo-Tempo.

Zeit ist Geld, das weißt du. Aber muss Marktanalyse wirklich Stunden dauern? Nicht mit ChatGPT. Statt Berichte zu wälzen, lässt du einfach die KI für dich arbeiten.

Konkurrenz im Blick.

Frag ChatGPT nach den Big Playern in deiner Branche: »Wer sind die Top 5 im Online-Marketing in Deutschland?« So erkennst du deine Konkurrenz auf einen Blick und kannst gezielt agieren.

Trends erkennen, bevor es alle tun.

Mit einem schnellen Blick auf die neuesten Trends kannst du deine Strategie anpassen, bevor alle anderen es tun. Sag ChatGPT, es soll dir die heißesten Entwicklungen zeigen. Kaum hast du es ausgesprochen, bist du wieder top informiert.

SWOT-Analyse in Minuten.

SWOT-Analysen? Lass ChatGPT den groben Part übernehmen. Stärken, Schwächen, Chancen, Risiken, liegt alles parat. Du musst nur noch anpassen und fertig ist der Plan.

2.3 Performance-Messung und Optimierung: Zahlen, die zählen!

Nicht alle Zahlen sind Gold, auch wenn sie glänzen. Manche beeindrucken nur auf den ersten Blick, andere sind die wahren Geheimstars.

Welche das sind? Hier die goldenen Regeln:

KPIs definieren, wie ein Boss.

Verirr dich nicht im Zahlen-Dschungel. ChatGPT hilft dir, die relevanten KPIs für dein Business zu finden. Frag einfach: »Welche KPIs sind für mein Online-Marketing entscheidend?« Und schon hast du den Kompass, der dich durch den Zahlenwald führt.

Daten visualisieren: Ein Bild sagt mehr als tausend Zahlen.

Zahlen können trockener sein als der Witz deines Mathelehrers. ChatGPT verwandelt deine Zahlen in ansehnliche Grafiken. Und was motiviert mehr als eine steigende Kurve? Eben. Setz auf Visuals, die du mit einem Blick verstehen kannst.

Kontinuierliche Optimierung: Dranbleiben, Baby!

Lass **ChatGPT** deine Daten regelmäßig checken und Optimierungspotenziale aufzeigen. Hier mal eine Stellschraube, da mal ein bisschen Feintuning und deine Zahlen gehen durch die Decke. Glaubst du nicht? Probiers aus!

2.4 Automatisierung: Routineaufgaben ade, Fokus aufs Wesentliche.

Kennst du das? Du sitzt da, umgeben von einem Papierberg, fragst dich, warum du nicht einfach Bäcker geworden bist. Gute Nachricht: Den Papierkram kannst du jetzt getrost den Maschinen überlassen.

Rechnungen, Berichte und mehr: Papierkrieg? Nicht mit dir!

Mit **ChatGPT** 4.0 verwandelst du den Papierberg in einen Maulwurfshügel. Rechnungen, Berichte, Formulare? Das erledigt die KI für dich. Frag einfach und innerhalb von Sekunden hast du die fertigen Dokumente.

2.5 Kundenservice: Immer da, ohne selbst da zu sein.

Kundenservice ist wie Unkrautjäten, ein ständiger Kampf. Aber was, wenn du immer erreichbar wärst, ohne selbst anwesend zu sein? Willkommen in der Welt von Automatisierung und KI!

Chatbots: Deine 24/7-Support-Superhelden.

Ein Chatbot, der rund um die Uhr Fragen beantwortet, ohne dass du auch nur einen Finger rührst? Klingt gut, oder? **ChatGPT** 4.0 lässt sich kinderleicht einrichten. Von »Wo ist mein Paket?« bis »Wie kann ich mein Passwort zurücksetzen?«, dein Bot hat immer die passende Antwort.

Beschwerden? Cool bleiben!

Ein Kunde ist sauer? Kein Problem. **ChatGPT** hilft dir, die richtigen Worte zu finden. Oft reicht es, das Problem ernst zu nehmen und ruhig zu erklären. Deine Haare bleiben dran und der Kunde vielleicht auch.

2.6 Upselling und Cross-Selling: So machst du mehr Umsatz.

Kunden glücklich machen ist die eine Sache. Aber wie wäre es, wenn du dabei auch noch den Umsatz ankurbelst?

Smarte Empfehlungen.

Lass **ChatGPT** deine Kundendaten analysieren und gezielte Empfehlungen abgeben. Ein Kunde kauft ein Smartphone? Zack, schlag ihm gleich noch eine passende Hülle vor. Mehr Umsatz, weniger Aufwand. Cool, oder?

2.7 Personalmanagement: Mehr als nur eine digitale Schreibkraft.

Personalmanagement klingt nach Stress pur. Bewerbungen durchforsten, Interviews vorbereiten, Mitarbeiter einarbeiten. Puh! Aber **ChatGPT** 4.0 kann dir den Rücken freihalten. Bist du bereit, den Stapel auf deinem Schreibtisch zu minimieren?

Bewerbungen filtern.

Lass **ChatGPT** die Lebensläufe durchchecken und dir nur die besten Kandidaten präsentieren. Du bestimmst die Kriterien, **ChatGPT** übernimmt die Drecksarbeit. So kannst du dich auf die wirklich spannenden Kandidaten konzentrieren.

Automatisierung und KI sind nicht die Zukunft. Sie sind jetzt! Mit **ChatGPT** 4.0 kannst du dein Business auf Autopilot stellen und dich auf die wirklich wichtigen Dinge konzentrieren. Worauf wartest du noch?

Aber Achtung: Wenn du erstmal anfängst, möchtest du nie wieder ohne arbeiten!

Kreative Problemlösung: Dein Rettungsanker in der Krise

Krisen kommen immer dann, wenn man sie am wenigsten gebrauchen kann, wie Regen am Tag des Motorradausflugs. Dein Projekt steckt fest, die Ideen versickern schneller als ein Sommergewitter und der Druck steigt. Jetzt den Kopf in den Sand stecken? Auf keinen Fall! Kreative Problemlösung ist das, was dich aus jeder Sackgasse herausmanövriert. Und mit **ChatGPT** 4.0 an deiner Seite hast du den perfekten Wingman, um dich aus der Klemme zu befreien. Hier ist dein Fahrplan, um auch in der Krise den Überblick zu behalten und kreative Lösungen zu finden.

2.8 Brainstorming bei Blockaden: Mit ChatGPT 4.0 aus der Sackgasse.

Manchmal fühlt sich dein Kopf an wie eine Festplatte im Dauerschleifenmodus, keine neuen Ideen, nur Stillstand. Jetzt kommt **ChatGPT** 4.0 und schießt dich mit einer Rakete aus der Kreativblockade. Starte mit einer offenen Frage an **ChatGPT**: »Wie könnte ich Problem X lösen?« oder »Welche Ansätze gibt es für Y?« Die KI wirft dir sofort eine bunte Palette an Ideen zu, die du so vielleicht nie auf dem Schirm hattest. Und: **ChatGPT** denkt anders als du. Genau das, was du brauchst, um wieder Schwung in die Kiste zu bringen.

Ideen sind super, aber manchmal bräuchte man eher einen Plan als ein Ideenkaleidoskop. **ChatGPT** hilft dir, deine Gedanken zu sortieren und in logische Bahnen zu lenken. Frag nach einem Ablaufplan oder einer Checkliste und schon wird der Weg zur Lösung klar wie der Asphalt einer leeren Autobahn bei Sonnenaufgang. Kreative Problemlösung lebt von neuen Perspektiven. Lass **ChatGPT** dir unkonventionelle Ansätze vorschlagen, die du sonst vielleicht nie in Betracht gezogen hättest. Oft liegt die Lösung genau in dem »Was wäre, wenn.«-Moment, der alles verändert.

2.9 Szenarien durchspielen: Was-wäre-wenn-Fragen meistern.

In der Krise hilft es, für alle Eventualitäten gewappnet zu sein. Was passiert, wenn der Kunde abspringt? Was tun, wenn Plan A scheitert? Szenarien durchzuspielen ist nicht nur sinnvoll, es ist überlebenswichtig. **ChatGPT** macht es dir einfach. Gib **ChatGPT** deine Ausgangssituation und lass es dir mögliche Szenarien aufzeigen. Was passiert, wenn du Plan B wählst? Welche Konsequenzen hat Entscheidung C? Die KI zeigt dir schnell und präzise die Vor- und Nachteile jeder Option auf, wie ein Navigationssystem für deine Entscheidungen.

Szenarien sind nur so gut wie ihre Analyse. Frag **ChatGPT** nach den möglichen Folgen jeder Entscheidung. Es hilft dir, Risiken abzuwägen und Chancen zu erkennen, ohne stundenlanges Grübeln. So siehst du schnell, welcher Weg dir die besten Chancen bietet.

Sobald du die Szenarien hast, ist es Zeit für Action. **ChatGPT** hilft dir, konkrete Handlungsoptionen zu definieren und Plan B (oder C oder D) zu erstellen. So bist du vorbereitet, egal was kommt.

2.10 Krisenkommunikation: Mit der richtigen Unterstützung cool bleiben.

In der Krise das Richtige zu sagen, ist oft der entscheidende Unterschied zwischen Chaos und Kontrolle. **ChatGPT** 4.0 sorgt dafür, dass deine Kommunikation sitzt, ohne dass du ins Schwitzen gerätst.

Deine Nachricht muss klar, präzise und beruhigend sein. **ChatGPT** hilft dir, die richtigen Worte zu finden, egal ob du dein Team informierst oder eine öffentliche Stellungnahme verfassen musst. Die KI sorgt dafür, dass du genau den richtigen Ton triffst und das Feuer nicht noch weiter anheizt. In Krisen kochen Emotionen oft hoch wie ein überkochender Kessel. Lass **ChatGPT** dir helfen, deeskalierende Botschaften zu formulieren, die die Lage beruhigen. Ein paar wohlüberlegte Worte können aus einer hitzigen Diskussion ein konstruktives Gespräch machen.

Regelmäßige Updates organisieren.

Kommunikation in der Krise sollte kontinuierlich sein. Nutze **ChatGPT**, um automatische Updates zu planen und sicherzustellen, dass alle Beteiligten immer auf dem neuesten Stand sind. So vermeidest du Missverständnisse und zeigst, dass du die Kontrolle behältst. Kreative Problemlösung ist nicht nur eine Technik, sie ist oft dein letzter Rettungsanker. Also, worauf wartest du? Ab in die Praxis und lass die Kreativität fließen!

Die Zukunft ist jetzt

Die Zukunft ist kein ferner Traum, der irgendwo im Nebel auf uns wartet. Nein, sie ist hier, sie ist jetzt und sie verändert die Unternehmenswelt schneller, als du »Digitalisierung« sagen kannst. Aber was bedeutet das konkret für dich und dein Business?

2.11 Ein Blick nach vorne: KI revolutioniert die Unternehmenswelt.

Lass uns mal ein bisschen träumen: Dein Unternehmen läuft wie eine gut geölte Maschine. Routineaufgaben? Automatisiert. Kundenanfragen? Sofort beantwortet. Strategische Entscheidungen? Datenbasiert und in Lichtgeschwindigkeit getroffen. Genau dahin führt uns **ChatGPT** 4.0, eine Welt, in der Effizienz und Innovation das Tempo bestimmen. Prozesse werden nicht mehr nur optimiert, sondern komplett revolutioniert. Die KI übernimmt all die langweiligen, repetitiven Aufgaben und das in einem Tempo, bei dem wir Menschen nur noch staunend zusehen. Translation: Du hast mehr Zeit für deine Visionen und kreativen Projekte, die Dinge, die wirklich zählen.

Daten sind das neue Öl, das wissen wir alle. Aber wer kann schon den Überblick behalten, wenn jeden Tag neue Infos auf uns einprasseln? Genau hier greift **ChatGPT** 4.0 ein. Es analysiert riesige Datenmengen, filtert die relevanten Infos heraus und präsentiert dir die Erkenntnisse auf dem Silbertablett. So triffst du Entscheidungen auf Basis von Fakten, nicht aus dem Bauch heraus.

Personalisierung ist der Schlüssel zur Kundenbindung. Mit **ChatGPT** wird das zum Kinderspiel. Jeder Kunde fühlt sich individuell betreut, ohne dass du selbst Hand anlegen musst. Willkommen im Zeitalter der massenhaften Individualisierung!

Kontinuierliche Innovation.

ChatGPT 4.0 ist kein statisches Tool, das einmal programmiert wird und dann staubig im Eck steht. Es entwickelt sich ständig weiter, lernt, passt sich an und bringt immer wieder neue Ideen und Vorschläge ein. Die Zukunft? Ein endloser Innovationsprozess und du bist mittendrin.

2.12 Warum ich nie wieder zurückwill: Ein Blick hinter die Kulissen.

Jetzt mal ehrlich: Wer einmal die Welt von **ChatGPT** erlebt hat, will nie wieder in die alte Arbeitsweise zurück. Warum? Ganz einfach: Weil es alles leichter, schneller und effizienter macht. Lass mich dir erzählen, warum ich nie wieder zurück will.

Früher war ich ständig gefangen in den täglichen To-dos. Rechnungen schreiben, Emails beantworten, kleine Aufgaben hier und da. Seit ich **ChatGPT** nutze, habe ich plötzlich Freiraum und kann mich auf die wirklich wichtigen Dinge konzentrieren. Es fühlt sich an wie ein Turbo-Boost für meine Produktivität. Dinge, die früher wie Ballast an mir klebten, werden plötzlich von der KI erledigt.

Es gab diesen einen Moment, als mir klar wurde: Das ist kein Tool, das mir einfach nur ein bisschen Arbeit abnimmt. Nein, das ist eine echte Partnerschaft. **ChatGPT** denkt mit, schlägt vor, verbessert und unterstützt mich. Plötzlich bin ich nicht mehr derjenige, der alles selbst machen muss. Ich habe eine Art »digitalen Kollegen«, der immer auf Zack ist.

Wenn ich in die Zukunft blicke, sehe ich nicht nur die technischen Möglichkeiten. Ich sehe eine völlig neue Art zu arbeiten. Eine, die effizienter, kreativer und entspannter ist. Und das Beste: Diese Zukunft ist bereits Realität.

Warum sollte ich also zurück in die alte, mühsame Welt, wenn ich jetzt in der Zukunft leben kann? Die Entwicklung wird weitergehen. Was heute noch wie Science-Fiction klingt, wird morgen unser Arbeitsalltag sein. Und ich? Ich freue mich darauf, Teil dieser Revolution zu sein. Mit **ChatGPT** 4.0 an meiner Seite weiß ich, dass ich nicht nur Schritt halten kann, sondern ich werde vorne mit dabei sein.

2.13 Die Zukunft gehört dir: Mit ChatGPT 4.0 in eine neue Ära.

Die Zukunft ist aufregend, dynamisch und voller Möglichkeiten. Mit **ChatGPT** 4.0 hast du das Werkzeug, um diese Zukunft zu gestalten, statt nur zuzusehen, wie sie passiert. Also, worauf wartest du noch? Die Reise hat gerade erst begonnen. Und du bist nicht nur Zuschauer, sondern derjenige, der das Steuer in der Hand hält.

Im Anhang »KI- und SEO-Tools einfach erklärt« findest du echte Helferlein, die dein Business revolutionieren. Ob Content-Erstellung, Datenanalyse, Workflow-Automatisierung, Kundenmanagement oder Marketing, für jeden Bereich gibt es das passende KI-Tool. Der Schlüssel liegt darin, die Tools auszuwählen, die deine spezifischen Herausforderungen lösen und sie effektiv in deine Prozesse zu integrieren.

Die Zukunft ist jetzt. Pack sie an!

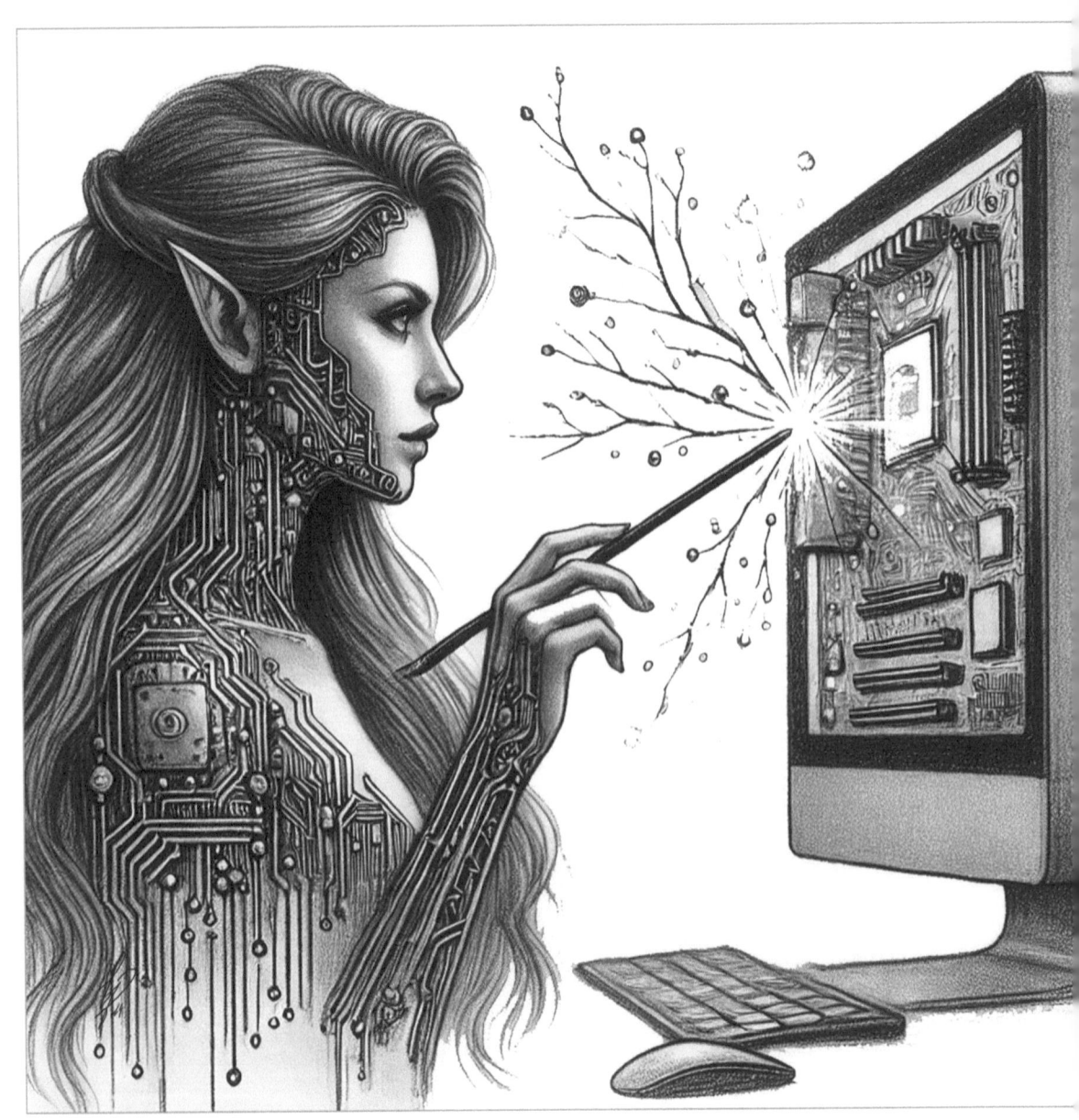

Wenn die SEO mit KI zaubert, jagt deine Seite in den Suchmaschinen nach oben.

Kapitel 3
GRUNDLAGEN DER SEO

Mache Google zu deinem besten Kumpel

Angenommen, dein Unternehmen ist das angesagteste Restaurant in der Stadt. Fünf-Sterne-Küche, Spitzenservice, eine Atmosphäre, die selbst den härtesten Kritiker in Ekstase versetzt. Aber und das ist ein großes Aber, keiner weiß, dass es dich gibt. Dein schickes Restaurant liegt in einer versteckten Seitenstraße, ohne ein einziges Hinweisschild. Dein Meisterwerk verstaubt, während die Konkurrenz die Tische füllt. Das ist dein Business ohne SEO.

Die beste Webseite der Welt bringt dir gar nichts, wenn dich niemand findet. SEO (Such-maschinenoptimierung) ist der Zaubertrick, der dich aus der Unsichtbarkeit direkt ins Rampenlicht von Google katapultiert. Du brauchst wirklich keinen Zauberstab, nur den richtigen Plan.

3.1 Warum SEO wie Zauberei ist, nur besser.

SEO ist wie Zauberei, aber ohne die Show und den Glamour. Jetzt hättest du die Macht, Google so zu beeinflussen, dass es deine Seite nach oben spült und das ohne einen Cent für Anzeigen auszugeben. Klingt fast zu schön, um wahr zu sein.

Wie geht das? Du sprichst die Sprache von Google: Keywords, optimierte Seiten, Backlinks. Wenn du diese Sprache beherrschst, wirst du zum VIP im Google-Club. Diese Sprache kannst auch du lernen und zwar schneller, als du »Kaffee« sagen kannst.

3.2 Keywords: Der magische Schlüssel zu Google.

Keywords sind wie die geheimen Codes, die Google liebt. Wenn du weißt, welche Begriffe deine potenziellen Kunden eingeben, hast du den Schlüssel zu ihrem Herzen oder zumin-dest zu ihrem Klickverhalten. Was bedeutet das konkret? Du musst herausfinden, welche Keywords für dein Business relevant sind. Tools wie der **Google Keyword Planner** helfen dir, die besten Begriffe zu entdecken. Diese Keywords platzierst du geschickt auf deiner Seite in Texten, Überschriften und Meta-Beschreibungen. Aber Achtung: Übertreib es nicht! Google merkt, wenn du versuchst, es zu überlisten und das mag der Suchgigant gar nicht. Verwende Keywords wie einen roten Faden in deinen Inhalten, ohne aufdringlich zu wirken. Sie sollten organisch in deinen Text eingebettet sein. So, dass der Leser sie kaum bemerkt, Google aber umso mehr. Kurz gesagt: Du musst Google zeigen, dass deine Seite relevant ist, ohne dabei den »Hey, ich mach hier SEO!«-Stempel auf die Stirn zu bekommen.

3.3 On-Page-Optimierung: Mach deine Seite Google-fit.

Jetzt, wo du die Keywords hast, musst du sicherstellen, dass deine Seite für Google wie ein Premium-Sitzplatz im Theater aussieht. Das nennt man On-Page-Optimierung.

Title-Tags und Meta-Beschreibungen sind die ersten Dinge, die Google sieht. Deine Title-Tags sollten klar und präzise sein und dein Hauptkeyword enthalten. Die Meta-Beschreibung ist wie der Teaser für deinen Content, sie muss den Nutzer neugierig machen.

Eine klare Seitenstruktur mit sinnvollen Überschriften (H1, H2 und H3 Tags in HTML) ist entscheidend. Google liebt es, wenn es deine Seite einfach scannen kann. Und der Inhalt? Der muss nicht nur gut geschrieben sein, sondern auch einen Mehrwert bieten. Wenn du das meisterst, tanzt Google mit einem breiten Grinsen durch deine Seite.

In Punkt 3.4 setzen wir alles in einer echten HTML-Datei um. Du kannst den Code einfach in eine Textdatei schreiben und dann im Browser ausführen, fertig. Natürlich findest du den Code auch auf **KISEOactive.com** im Downloadbereich des Buches.

DOWNLOAD

https://KISEOactive.com/Erfolgsfaktor-KI+SEO/downloads/kaffeemaschine.html

3.4 So setzt du Überschriften wie ein Profi.

Schritt 1: Starte mit der H1. Die Königin der Seite.

Die H1 ist die Spitze deiner Seite. Sie sollte genau beschreiben, worum es geht und dein Hauptkeyword enthalten. Aber Achtung: Nur eine H1 pro Seite! Google mag es klar und strukturiert, wie ein Orchester mit einem Dirigenten.

Beispiel:

Die beste Kaffeemaschine für kleine Küchen. Dein ultimativer Ratgeber.

Schritt 2: Unterteile mit H2 deine Hauptabschnitte.

Die H2-Überschriften sind wie Kapitel in einem Buch. Sie teilen deine Seite in logische Abschnitte und geben Google (und deinen Lesern) eine klare Struktur.

Beispiel:

Warum kleine Küchen die richtige Kaffeemaschine brauchen. Top 5 Kaffeemaschinen für kleine Küchen im Vergleich. Worauf du beim Kauf achten solltest.

Schritt 3: Detaillieren mit H3. Die feinen Details.

Die H3-Überschriften sind die Unterpunkte deiner H2-Überschriften und bieten Platz für weitere Informationen und Beispiele.

Beispiel:

Unter »Top 5 Kaffeemaschinen für kleine Küchen im Vergleich«:

Kaffeemaschine A: Die platzsparende Allrounderin.

Kaffeemaschine B: Der Preis-Leistungs-Sieger.

Kaffeemaschine C: Das Design-Highlight für kleine Räume.

Schritt 4: Die HTML-Struktur, So sieht's im Code aus.

Jetzt, wo du deine H1, H2 und H3 festgelegt hast, kommt alles in den HTML-Code.

```html
<!DOCTYPE html>
<html lang="de">
<head>
<meta charset="UTF-8">
<meta name="viewport« content="width=device-width, initial-scale=1.0">
<title>Beste Kaffeemaschine für kleine Küchen | Ratgeber</title>
</head>
<body>
<h1>Die beste Kaffeemaschine für kleine Küchen, Dein ultimativer Ratgeber</h1>
<h2>Warum kleine Küchen die richtige Kaffeemaschine brauchen</h2>
<p>In kleinen Küchen ist der Platz begrenzt. Da ist es wichtig, eine Kaffeemaschine zu haben, die nicht nur gut aussieht, sondern auch perfekt in deine Küche passt.</p>
<h2>Top 5 Kaffeemaschinen für kleine Küchen im Vergleich</h2>
<h3>Kaffeemaschine A: Die platzsparende Allrounderin</h3>
<p>Kaffeemaschine A bietet eine hervorragende Kombination aus Funktionalität und kompakter Bauweise.</p>
<h3>Kaffeemaschine B: Der Preis-Leistungs-Sieger</h3>
<p>Diese Maschine überzeugt durch ihr unschlagbares Preis-Leistungs-Verhältnis.</p>           <h3>Kaffeemaschine C: Das Design-Highlight für kleine Räume</h3>
<p>Für alle, die nicht nur Kaffee, sondern auch Design lieben, ist diese Maschine genau das Richtige.</p>
<h2>Worauf du beim Kauf achten solltest</h2>
<p>Bevor du dich für eine Kaffeemaschine entscheidest, solltest du einige wichtige Punkte berücksichtigen.</p>
</body> </html>
```

DOWNLOAD *https://KISEOactive.com/Erfolgsfaktor-KI+SEO/downloads/kaffeemaschine.html*

Schritt 5: Überprüfen und optimieren.

Eine klare Struktur ist gut, aber sie wird großartig, wenn du sie regelmäßig überprüfst und bei Bedarf anpasst. Stell sicher, dass jede Überschrift sinnvoll ist und den Inhalt perfekt zusammenfasst. Google mag es, wenn du die Struktur konsequent und durchdacht einsetzt.

Bilder und Alt-Tags: So sieht Google deine Bilder.

Google sieht deine Bilder zwar nicht direkt, aber es liest, was in den sogenannten Alt-Tags steht. Beschreibe deine Bilder so, dass sie zu deinem Content passen. Wenn du »beste Kaffeemaschine für kleine Küchen« im Alt-Tag hast, weiß Google, dass dein Bild dazu passt.

3.5 Backlinks: Die Freundschaftsanfrage an Google.

Backlinks sind wie die guten alten Empfehlungen unter Freunden. Der eine sagt: »Hey, den Typen kenn ich, der ist cool!« und schon bist du im Spiel. Genauso läuft das mit Websites. Google sieht diese Links und denkt sich: »Wow, diese Seite muss was drauf haben, wenn andere über sie sprechen!«

Also, wie kommst du an diese digitalen Empfehlungen? Hier ist dein Schlachtplan:

Content, Baby, Content!

Du kannst nicht einfach hingehen und sagen: »Hey, link mal zu mir!« Das ist wie bei einem Date zu fragen: »Willst du heiraten?«, funktioniert selten. Stattdessen: Schaffe Inhalte, die so gut sind, dass andere gar nicht anders können, als zu dir zu verlinken.
Was brauchst du?

Listen und Anleitungen: »Die 10 besten Strategien für XYZ.« Klar strukturiert, direkt auf den Punkt, mit ein paar überraschenden Tipps. Niemand kann einem guten »Wie mache ich das?« widerstehen.

Infografiken: Optisch cool, leicht verständlich, teilt jeder gern. Mach sie informativ, schön und einbettbar (!), damit andere sie direkt auf ihre Seite ziehen können.

Gastbeiträge: Sei der Party-Crasher!

Du bist nicht eingeladen? Mach nichts. Mach's wie ein Profi und komm trotzdem rein.

Such dir Blogs, die zu deinem Thema passen und biete ihnen an, einen Beitrag zu schreiben. Keine Angst, die wollen auch guten Content. Was bekommst du dafür?

Eine kurze Autorenbio: Hier darfst du auf dich verlinken. Ist besser als nichts, oder?

Verlinkung im Text: Bring eine Studie oder Info ein, die du auf deiner Seite gehostet hast. Voilà, schon wieder ein Backlink!

Broken Link Building: Sei der Held des Internets!

Das Netz ist voll von toten Links, die ins Leere führen. Tragisch, aber für dich die Gelegenheit. So geht's:

Finde kaputte Links: Tools wie Ahrefs oder Check My Links helfen dir, diese Schätze zu heben. Erstelle dann ein passendes Stück Content: Fülle die Lücke mit deinem Content. Hast du das gemacht, kontaktiere die Website und sag ihnen freundlich, dass du den kaputten Link entdeckt hast und eine fantastische Alternative parat hast, nämlich deinen Content.

Skyscraper-Methode: Bau das höchste Haus der Stadt.

Nimm Inhalte, die schon super performen und mach sie besser. Füge neuere Infos hinzu, gestalte sie schöner, mach mehr draus. Dann schreibst du den Leuten, die auf den alten Content verlinken und sagst ihnen: »Hey, ich hab da was noch Besseres!«

Interviews und Expertenrunden: Reden ist Gold.

Finde Experten in deiner Nische und lass sie zu Wort kommen. Ein Interview, eine Umfrage, eine Expertenrunde. Die verlinken dann natürlich auf dein Meisterwerk. Und du? Ein paar Backlinks reicher.

Stelle dich hin: Wettbewerbe, Awards und Events.

Mache mit bei Blog-Awards, starte einen Wettbewerb oder richte ein Event aus. Menschen lieben es, darüber zu schreiben zu verlinken. Preisverleihungen wie »Bester Blog im Bereich XYZ« sind nicht nur gut fürs Ego, sondern auch für deine Linkbilanz.

Werde zur Ressource: Ratgeber und Tools.

Schaffe etwas, das andere als Ressource nutzen können, ein Online-Tool, ein Kalkulator oder ein umfassender Guide. Leute lieben es, auf Dinge zu verlinken, die Mehrwert bieten. Ein simpler »SEO-Check« oder »Content-Ideen-Generator«, der Aufwand lohnt sich auf jeden Fall.

Relevanz zählt, nicht Masse.

Jeder will die Big Shots als Linkpartner. Aber hey, die Konkurrenz ist riesig. Lieber einen relevanten Backlink, der echte Besucher bringt, als zehn, die nichts reißen. Qualität geht über Quantität!

Zusammengefasst: Es gibt keine Abkürzungen. Ohne Fleiß kein Preis, oder in diesem Fall: kein Link. Sei kreativ, hartnäckig und vor allem hilfreich für deine Zielgruppe. Google liebt das. Und am Ende gilt: Der Kampf um Backlinks ist nichts für Weicheier. Also, Ärmel hochkrempeln und loslegen!

3.6 Der Masterplan für die Google-Charts.

Jetzt hast du die Basics, aber wie setzt du das Ganze in einen Masterplan um?

Ganz einfach:

Keyword-Recherche: Finde heraus, welche Begriffe deine Zielgruppe nutzt.

On-Page-Optimierung: Mach deine Seite so, dass Google sie liebt, von den Meta-Beschreibungen bis zur Struktur.

Content-Erstellung: Biete Inhalte, die nützlich und relevant sind, nicht nur für deine Leser, sondern auch für Google.

Backlink-Strategie: Hol dir Empfehlungen von anderen Seiten, die deine Glaubwürdigkeit erhöhen.

Kontinuierliche Verbesserung: SEO ist kein einmaliges Ding. Du musst ständig optimieren, neue Keywords finden und deine Strategie anpassen.

Werde zum Google-Flüsterer.

SEO mag auf den ersten Blick wie Zauberei wirken, aber es ist erlernbar. Und wenn du es beherrschst, wirst du sehen, wie deine Seite in den Google-Charts nach oben schießt. Der Unterschied? Du brauchst keinen Zauberstab, sondern nur den Willen, es richtig zu machen.

Also, pack die Glaskugel weg und fang an, Google zu deinem besten Kumpel zu machen. Mit den richtigen Techniken wirst du bald sehen, wie die Klicks und Conversions nur so reinfliegen. Los gehts, der Weg ins Rampenlicht wartet!

Deine Google-Tools lernst du mit KI richtig verstehen und anwenden.

Kapitel 4

LISTE DER FÜR SEO EINSETZBAREN TOOLS VON GOOGLE

4

Ausführliche Anleitung zur Bedienung, Einstellung und Anwendung aller Google-SEO-Tools

Jetzt schnall dich an, wir begeben uns auf eine Reise durch den Google-Dschungel, bewaffnet mit den besten Werkzeugen, die du für deine SEO-Strategie brauchst. Von den Grundlagen bis hin zu den tiefsten Geheimnissen. Ich zeige dir, wie du diese Tools meisterhaft bedienst und Google damit zum Staunen bringst.

4.1 Google Search Console:
Dein Kompass durch den Google-Dschungel.

Was es ist: Die **Google Search Console** (GSC) ist dein direkter Draht zu Google. Hier erfährst du alles über die Performance deiner Website, von den Suchanfragen bis hin zu technischen Problemen.

So bedienst du es:

- **Anmeldung:** Geh auf **Google Search Console** und melde dich mit deinem Google-Konto an. Füge deine Website hinzu und verifiziere sie, das geht über Meta-Tags, **Google Analytics** oder die HTML-Datei.

- **Sitemaps einreichen:** Lade deine Sitemap hoch, damit Google alle Seiten deiner Website indexieren kann. Gehe zu »Sitemaps« und gib den genauen Pfad zu deiner Sitemap ein.
- **Suchanfragen analysieren:** Unter »Leistung« siehst du, für welche Suchbegriffe deine Website rankt, wie oft geklickt wird und welche Seiten gut performen. Perfekt, um deine Inhalte weiter zu optimieren.
- **Technische Fehler beheben:** Checke regelmäßig den Bereich »Abdeckung«, um sicherzustellen, dass Google keine Probleme mit dem Crawlen deiner Seiten hat. Probleme werden hier rot markiert, nichts wie hin und beheben!

4.2 Google Analytics: **Dein Spion im Netz**

Was es ist: Google Analytics ist dein Werkzeug, um zu verstehen, wie Besucher auf deiner Website interagieren. Du siehst, woher sie kommen, was sie tun und ob sie deine Ziele erreichen.

So bedienst du es:

- **Einrichtung:** Geh auf Google Analytics, erstelle ein Konto und füge eine neue Property hinzu (deine Website). Den Tracking-Code, den du erhältst, musst du in den <head>-Bereich deiner Website einfügen.
- **Ziele einrichten:** Gehe in die Verwaltung und richte Ziele ein, die du tracken willst, z. B. abgeschlossene Käufe oder ausgefüllte Formulare. Damit weißt du, ob deine Besucher das tun, was du willst.
- **Berichte ansehen:** Schau dir unter »Zielgruppen« an, wer deine Besucher sind und unter »Akquisition«, woher sie kommen. Der »Verhalten«-Bericht zeigt dir, welche Seiten am beliebtesten sind.
- **Echtzeit-Überwachung:** Beobachte in Echtzeit, was auf deiner Website passiert. Ideal, um den Erfolg einer neuen Kampagne sofort zu sehen.

Und jetzt ein bisschen genauer:

Wie du Google Analytics **meisterst: Deine Geheimwaffe für die Daten-Dominanz.**
Jetzt bist du einmal der Captain eines Raumschiffs und Google Analytics ist dein Kontrollzentrum. Mit diesem Tool weißt du immer genau, wo dein Traffic herkommt, wie deine Besucher ticken und wie du dein Ziel, mehr Conversions, erreichst.

Schritt 1: Anmeldung und Konto erstellen. Der erste Start.

Bevor du durch die Weiten des Datenuniversums fliegst, musst du dein Schiff, äh, dein Konto, erstmal startklar machen.

So gehts: Gehe auf (https://analytics.google.com) und melde dich mit deinem Google-Konto an. Wenn du noch kein Konto hast, ist jetzt der Moment, eines anzulegen. Keine Sorge, das dauert nur ein paar Minuten.

Konto erstellen: Klicke auf »Konto erstellen« und gib deinem Analytics-Konto einen Namen. Das könnte so kreativ sein wie »Mein supercooles SEO-Projekt« oder einfach der Name deines Unternehmens. Dann richtest du eine Property ein, das ist im Grunde deine Website. Gib die URL ein, wähle die Zeitzone und die Währung, in der du die Daten sehen willst.

Schritt 2: Tracking-Code einfügen. Die Raketen zünden.

Du musst **Google Analytics** beibringen, wie es deine Besucher trackt. Dazu braucht es einen kleinen Tracking-Code, den du auf deiner Website einbaust, das ist so, als würdest du deinem Raumschiff die Zielkoordinaten geben.

So gehts: Nachdem du dein Konto und deine Property eingerichtet hast, bekommst du einen Tracking-Code. Das ist ein Stückchen JavaScript, das du in den <head>-Bereich deiner Website einfügst. Keine Panik, das klingt komplizierter, als es ist.

Für WordPress-User: Nutze ein Plugin wie »**Insert Headers and Footers**«, um den Code einzufügen. Einfach Plugin installieren, Tracking-Code einfügen, speichern, fertig!

Manuell: Kopiere den Code und füge ihn direkt in den <head>-Bereich deiner HTML-Dateien ein. Wenn du dich nicht traust, frag deinen Webentwickler.

Schritt 3: Erste Daten sammeln. Die Maschinen hochfahren.

Nachdem du den Tracking-Code eingebaut hast, kann **Google Analytics** endlich Daten sammeln. Das ist so, als würdest du die ersten Scans der Umgebung machen.

So gehts: Geh zurück zu **Google Analytics** und schau dir dein Dashboard an. Anfangs wirst du vielleicht noch keine Daten sehen, das ist normal. Lass **Google Analytics** ein paar Stunden oder Tage arbeiten und dann siehst du die ersten Besucher, die auf deiner Seite landen.

Tipp Schau regelmäßig in »Echtzeit« rein. Hier siehst du sofort, was auf deiner Website passiert, als würdest du durch die Fenster deines Kontrollzentrums blicken.

Schritt 4: Wichtige Berichte verstehen. Deine Sternenkarten lesen.

Jetzt, wo die ersten Daten reinkommen, wollen wir wissen, was sie bedeuten. **Google Analytics** bietet dir eine Menge Berichte, das ist wie eine Schatzkarte, die dir zeigt, wo deine Traffic-Goldadern liegen.

Zielgruppen-Bericht: Hier findest du alles über deine Besucher, woher sie kommen, welche Geräte sie nutzen und wie oft sie wiederkehren. So erfährst du, ob du mehr Schub in den mobilen Bereich geben musst oder ob deine Seite in Deutschland besser läuft als in Österreich.

Akquisition-Bericht: Woher kommen deine Besucher? Haben sie dich in Google gefunden oder in Social Media entdeckt? Kamen sie durch deine Email-Kampagnen? Der Akquisitionsbericht zeigt dir genau, welcher Kanal wie viel Traffic bringt. Damit du genau weißt, wo du mehr Energie reinstecken solltest.

Verhaltens-Bericht: Hier siehst du, welche Seiten am meisten besucht werden, wie lange die Leute bleiben und wann sie abspringen. Das ist dein Radar für die Inhalte, die richtig rocken und die, die vielleicht noch ein Upgrade brauchen.

Conversions-Bericht: Was bringen all die Besucher, wenn keiner das tut, was du willst? Der Conversions-Bericht zeigt dir, wie viele Leute deine Ziele erreichen, sei es ein Kauf, eine Anmeldung oder ein Download. Hier siehst du, ob du Kurs halten kannst oder nachjustieren musst.

Schritt 5: Ziele einrichten. Deine Mission festlegen.

Was nützt dir die beste Sternenkarte, wenn du nicht weißt, wohin die Reise geht? In **Google Analytics** kannst du Ziele einrichten, die du verfolgen willst, das ist wie der Kompass deines Raumschiffs.

So gehts: Gehe zu »Verwaltung« (das Zahnradsymbol) und klicke unter deiner Property auf »Ziele«. Wähle »Neues Ziel« und bestimme, was du tracken willst, z. B. eine abgeschlossene Bestellung, ein ausgefülltes Kontaktformular oder eine bestimmte Verweildauer auf der Seite.

Tipp Setze realistische Ziele, die zu deiner Website passen. Wenn du merkst, dass ein Ziel nicht erreicht wird, überlege, ob die Hürde zu hoch ist oder ob deine Strategie angepasst werden muss.

Schritt 6: Anpassungen und Filter setzen. Feintuning fürs Kontrollzentrum.

Nicht jeder Besucher ist gleich wichtig. Mit Filtern und Segmenten in **Google Analytics** kannst du genau festlegen, welche Daten du sehen willst, das ist, als würdest du das Radar deines Raumschiffs feinjustieren.

So gehts: Gehe in »Verwaltung« und wähle »Filter«. Hier kannst du beispielsweise internen Traffic (also deine eigenen Besuche) herausfiltern oder nur bestimmte Länder anzeigen lassen. Das hilft dir, den Fokus auf die wirklich wichtigen Daten zu legen.

Tipp Erstelle Segmente, um z. B. nur neue Besucher oder nur mobile Nutzer zu analysieren. So bekommst du ein besseres Gefühl dafür, wie verschiedene Zielgruppen auf deiner Seite interagieren.

Schritt 7: Regelmäßig prüfen und optimieren. Ständiges Monitoring.

Dein Raumschiff braucht ständige Überwachung, um auf Kurs zu bleiben. Schau regelmäßig in **Google Analytics** vorbei, um zu sehen, wie sich deine Besucherzahlen entwickeln und ob du auf dem richtigen Weg bist.

So gehts: Setze dir feste Zeiten, um deine Daten zu checken, etwa einmal pro Woche oder monatlich. Vergleiche die Daten mit früheren Zeiträumen und sieh dir an, ob deine Änderungen positive Effekte haben.

Tipp Nutze die »Benachrichtigungen«-Funktion, um automatische Alerts zu erhalten, wenn bestimmte Dinge passieren, zum Beispiel, wenn dein Traffic plötzlich stark ansteigt oder abfällt.

Mit **Google Analytics** bist du nicht nur der Captain deines SEO-Raumschiffs, sondern auch der Mastermind, der weiß, wo der Traffic herkommt, wie die Besucher ticken und wie du sie auf Kurs hältst. Setze deine Ziele, überwache die Berichte und optimiere deine Strategie, so wirst du zum absoluten Daten-Commander, der Google in die Knie zwingt. Also, ab ins All der Datenanalyse, die Sterne warten!

4.3 Google Keyword Planner:
Dein Schatzsucher für die besten Keywords.

Was es ist: Der **Google Keyword Planner** hilft dir, die richtigen Keywords zu finden, die deine Zielgruppe sucht. Ein Must-Have für die Keyword-Recherche.

So bedienst du es:

- Anmeldung: Melde dich bei Google Ads an und klicke auf »Keyword-Planer« unter den Tools.
- Keyword-Ideen sammeln: Gib ein Wort oder eine Phrase ein und der Planner spuckt dir verwandte Keywords, das Suchvolumen und den Wettbewerb aus.
- Suchvolumen und Prognosen: Prüfe, wie oft nach einem Keyword gesucht wird und wie hoch der Wettbewerb ist. So findest du die besten Long-Tail-Keywords, die leicht zu ranken sind.

Und jetzt ein bisschen genauer:
Wie du Keywords für SEO richtig entwickelst und einsetzt:

Angenommen, du hättest ein tolles Produkt, das die Welt verändern könnte, aber keiner findet es, weil es irgendwo im digitalen Niemandsland verstaubt. Das wäre, als würde man das beste Café der Stadt auf einem verlassenen Planeten eröffnen.

Mit dem Herzstück von SEO: Keywords.

Keywords sind die Türsteher, die entscheiden, ob deine Website auf die exklusive Google-Party kommt oder draußen in der Kälte bleibt. Also, schnall dich an, wir machen dich fit für den Keyword-Tanz!

Verstehe dein Publikum: Die Keyword-Vorschau

Du kannst die besten Keywords der Welt haben, aber wenn sie nicht mit dem übereinstimmen, wonach dein Publikum sucht, bringt dir das nichts. Also:

• Wer sind deine Kunden?

• Was wollen sie?

• Und vor allem: Wie googeln sie danach?

Brainstorming: Schreib auf, was deine Kunden wahrscheinlich suchen, wenn sie an
deinem Produkt interessiert sind. Denke in Problemlösungen, Fragen und Bedürfnissen.

Kundensprache: Nutze die Sprache deiner Kunden. Sie suchen nicht nach »webbasierten
Applikationen«, sie suchen nach »einfacher Software für kleine Unternehmen«.

Keyword-Recherche: Dein Spionage-Werkzeug

Jetzt, wo du eine Idee hast, was deine Kunden wollen, ist es Zeit, das in die Sprache der
Suchmaschinen zu übersetzen. Mach dich bereit, ein bisschen mit der Keyword-Recherche
zu spielen.

Tools wie Ubersuggest, Ahrefs, **oder** Google Keyword Planner: Diese Tools zeigen
dir, wie oft nach einem bestimmten Begriff gesucht wird und wie hoch der Wettbewerb
ist. Und weil wir jetzt richtig tief in die Detektivarbeit einsteigen, schnappen wir uns den
Google Keyword Planner. Hier kommt die Schritt-für-Schritt-Anleitung, wie du ihn
meisterhaft einsetzt:

1. Einloggen und Starten: Melde dich bei Google Ads an. Keine Sorge, du musst keine
Anzeigen schalten, um den Keyword Planner zu nutzen. Geh im Dashboard auf »Werkzeuge«
und wähle »Keyword-Planer« aus. Hier beginnt die Zauberei.

2. Neue Keywords entdecken: Klicke auf »Neue Keywords entdecken«. Gib ein, was dir
in den Sinn kommt, z. B. »beste Kaffeemaschine«. Der Keyword Planner zeigt dir eine Liste
von Vorschlägen und Suchvolumen. Perfekt, um das Netz auszuwerfen und zu sehen, was
die Leute wirklich suchen.

3. Suchvolumen und Prognosen abrufen: Hast du schon ein paar Ideen? Großartig! Klicke auf »Suchvolumen und Prognosen abrufen«, um herauszufinden, wie beliebt deine Keywords wirklich sind. Hier siehst du, ob du auf der richtigen Spur bist oder doch nochmal umdenken solltest.

4. Long-Tail-Keywords ausgraben: Klar, »Kaffeemaschine« ist ein cooles Keyword. Aber schau mal, ob du nicht spezifischer werden kannst. Was suchst du wirklich? Vielleicht »beste Kaffeemaschine für kleine Küchen«? Diese Long-Tail-Keywords haben weniger Konkurrenz und bringen dir gezielten Traffic. Der Keyword Planner wird dir helfen, solche Schätze zu finden.

5. Wettbewerb prüfen: Schau dir die Konkurrenz an. Wie oft wird nach diesen Keywords gesucht? Wie stark ist der Wettbewerb? Hier kannst du herausfinden, ob es sich lohnt, für bestimmte Keywords zu kämpfen oder ob du lieber auf eine Alternative setzen solltest.

6. Keyword-Liste erstellen und speichern: Hast du deine Gewinner-Keywords gefunden? Super! Exportiere sie in eine CSV[1]-Datei oder speichere sie direkt in deinem Google Ads-Konto. Diese Liste ist dein neuer bester Freund.

Wettbewerbsanalyse: Schau dir an, welche Keywords deine Mitbewerber nutzen und wie sie ranken. Nimm die guten Ideen und mach sie besser.

Keyword-Strategie: Die geheime Formel.

Jetzt, da du deine Keywords hast, gehts ans Eingemachte. Du musst sie geschickt auf deiner Website platzieren, damit Google dich liebt und die User finden, wonach sie suchen.

Seiten-Titel und Meta-Beschreibungen.

Das ist das Erste, was Google und die Suchenden sehen. Platziere dein Hauptkeyword hier, aber mach es menschlich. Niemand will auf eine Seite klicken, die aussieht, als hätte ein Roboter den Text geschrieben. Damit du den perfekten Seitentitel findest und deine Meta-Beschreibungen wie ein Profi einsetzt, gibt's hier eine Schritt-für-Schritt-Anleitung, die selbst Google zum Schmunzeln bringt:

1 = *comma separated value. Die einzelnen Spalteninhalte einer Zeile werden durch Komma getrennt.*

Schritt 1: Finde dein Hauptkeyword.

Bevor du den perfekten Seitentitel erstellst, musst du dein Hauptkeyword kennen. Das ist das Wort oder der Satz, den die Leute in Google eingeben, um genau das zu finden, was du anbietest. Keine Sorge, wir machen das nicht kompliziert.

Google Keyword Planner: Nutze dieses Tool, um herauszufinden, welche Keywords am häufigsten gesucht werden. Nehmen wir an, du verkaufst Kaffeemaschinen. Dein Hauptkeyword könnte »Beste Kaffeemaschine für kleine Küchen« sein. Das ist nicht nur spezifisch, sondern auch genau das, wonach deine Zielgruppe sucht.

Schritt 2: Erstelle einen einprägsamen Seitentitel.

Jetzt, wo du dein Hauptkeyword hast, geht es darum, einen Seitentitel zu erstellen, der nicht nur Google anspricht, sondern auch menschlich klingt. Schließlich wollen wir Klicks von echten Menschen, nicht von Robotern!

Formel für den Titel:

[Hauptkeyword] + [Verlockende Beschreibung oder Zusatznutzen]

Beispiel:

»Beste Kaffeemaschine für kleine Küchen | Testsieger und Preis-Leistungs-Sieger 2024« Der Titel soll dein Hauptkeyword enthalten und gleichzeitig neugierig machen. Verwende Zeichen wie das Pipe-Symbol (|) oder Bindestriche, um den Titel lesbar zu halten und mehr Informationen reinzupacken.

Schritt 3: Meta-Beschreibung gezielt einsetzen.

Die Meta-Beschreibung ist wie der Klappentext deines Buches, sie muss neugierig machen und die Besucher davon überzeugen, dass sie genau hier die Lösung für ihr Problem finden. Du hast etwa 150-160 Zeichen, um zu punkten.

Arten von Meta-Beschreibungen:

Informativ und direkt: Hier erklärst du genau, was der Besucher auf deiner Seite finden wird. *Beispiel:* »Finde die beste Kaffeemaschine für kleine Küchen. Unabhängige Tests und Empfehlungen, die perfekte Maschine für deinen Kaffeegenuss!«

Call-to-Action: Du forderst den Besucher auf, aktiv zu werden.

Beispiel: »Vergleiche jetzt die besten Kaffeemaschinen für kleine Küchen und finde deinen Testsieger. Jetzt entdecken!«

Emotional und neugierig machend: Hier spielst du auf die Emotionen der Leser an. *Beispiel:* »Träumst du von der perfekten Tasse Kaffee? Entdecke die besten Kaffeemaschinen, die in jede kleine Küche passen!«

Schritt 4: Die Meta-Beschreibung in HTML einfügen.

Du fügst sie in den HTML-Code deiner Seite ein.

```
<!DOCTYPE html>
<html lang="de">
<head>
<meta charset="UTF-8">
<meta name="viewport« content="width=device-width, initial-scale=1.0">
<title>Beste Kaffeemaschine für kleine Küchen | Testsieger und Preis-Leistungs-Sieger 2024</title>
<meta name="Description« content="Finde die beste Kaffeemaschine für kleine Küchen. Unabhängige Tests und Empfehlungen, die perfekte Maschine für deinen Kaffeegenuss!"> </head>
<body>     <!-- Dein großartiger Content hier --> </body>
</html>
```

DOWNLOAD *https://KISEOactive.com/Erfolgsfaktor-KI+SEO/downloads/kaffeemaschine.html*

Schritt 5: Überprüfen und optimieren.

Nachdem du alles eingebaut hast, ist dein Job noch nicht ganz fertig. Überprüfe, wie deine Seite in den Suchergebnissen aussieht. Passt der Titel? Macht die Meta-Beschreibung Lust auf mehr? Wenn ja, super! Wenn nicht, dann optimiere, bis es passt.

Dein Seitentitel und die Meta-Beschreibung sind die Schaufensterpuppen deiner Website. Sie müssen gut aussehen, das richtige Outfit tragen und die Besucher einladen, mehr zu entdecken. Mit den richtigen Keywords, einer verlockenden Beschreibung und ein bisschen HTML-Magie wird deine Seite nicht nur gut ranken, sondern auch genau die Leute anziehen, die du erreichen willst.

Headlines (H1, H2, H3): Verwende Keywords in deinen Überschriften, um Google zu zeigen, worum es auf deiner Seite geht. Aber übertreibe es nicht. Es muss natürlich klingen.

Content: Dein Text ist der Hauptplatz für Keywords. Aber vergiss die alte Regel »Keyword-Dichte«. Schreibe für Menschen, nicht für Maschinen. Wenn du gute Inhalte lieferst, werden die Keywords natürlich auftauchen.

Bilder und Alt-Texte: Google kann Bilder nicht sehen, aber es liest die Alt-Texte. Verwende hier auch deine Keywords, um deine Inhalte sichtbarer zu machen.

Optimierung und Analyse: Der Feinschliff.

Du bist fast da, aber jetzt kommt der Moment, in dem du dein Werk prüfst und verbesserst. SEO ist nicht »Einmal einstellen und vergessen«, es ist ein laufender Prozess.

Google Search Console: Hier siehst du, wie deine Seite performt, welche Keywords funktionieren und wo noch Luft nach oben ist.

Analytics: Beobachte den Traffic auf deiner Seite. Welche Seiten ziehen Besucher an? Welche Keywords konvertieren? Passe deine Strategie entsprechend an.

Kontinuierliche Verbesserung: SEO ist ein Marathon, kein Sprint. Die Algorithmen ändern sich, genauso wie die Bedürfnisse deiner Kunden. Bleib am Ball, teste neue Keywords und optimiere regelmäßig.

Keywords sind dein Ticket zum Erfolg.

Keywords sind nicht nur einfache Worte, sie sind das Tor zu deiner Zielgruppe. Entwickle sie mit Bedacht, setze sie klug ein und verfolge ständig, wie sie performen. Mit dieser Anleitung bist du bereit, deine Website aus dem digitalen Niemandsland herauszuholen und sie auf die Google-Party zu bringen. Direkt auf die VIP-Liste.

4.4 Google Trends: **Dein Wetterfrosch für Keyword-Trends.**

Was es ist: Google Trends zeigt dir, wie oft nach bestimmten Begriffen gesucht wird und wie sich das Interesse im Laufe der Zeit verändert.

So bedienst du es:

- Geh auf **Google Trends**, gib dein Keyword ein und sieh dir die Trends an. Du siehst, wann und wo das Interesse am höchsten ist.
- Du kannst bis zu fünf Begriffe miteinander vergleichen und herausfinden, welcher Begriff am meisten gesucht wird.
- **Google Trends** zeigt dir, ob ein Begriff saisonale Schwankungen hat. Perfekt, um deine Inhalte rechtzeitig zu planen!

4.5 Google Tag Manager: **Dein unsichtbares Agentennetzwerk.**

Was es ist: Der Google Tag Manager (GTM) ist dein All-in-One-Tool, um verschiedene Tracking-Codes auf deiner Website zu verwalten, ohne ständig am Code herumzuschrauben.

So bedienst du es:

- Geh auf **Google Tag Manager** und erstelle ein Konto und einen Container für deine Website. Füge den GTM-Code auf deiner Website ein.
- Füge Tags hinzu, um **Google Analytics**, **Facebook Pixel** und andere Tracking-Codes zu verwalten. Du bestimmst, wann welcher Tag ausgelöst wird (z. B. bei Seitenaufrufen oder Button-Klicks).
- Teste deine Tags im Vorschau-Modus, bevor du sie live schaltest. So stellst du sicher, dass alles funktioniert.

Und jetzt ein bisschen genauer:
Dein Wegweiser durch den Tag-Dschungel.

Der **Google Tag Manager**, dein All-in-One-Gadget. Mit diesem Werkzeug kannst du auf deiner Website unsichtbare Fäden spannen, die alles überwachen, von Klicks auf Buttons bis hin zu Downloads von PDF-Dateien. Also schnapp dir deinen Agentenkoffer, wir legen los!

Schritt 1: Anmeldung und Konto erstellen. Dein erster Einsatz.

Bevor wir uns ins Abenteuer stürzen, ruck-zuck anmelden.

So gehts: Geh auf (https://tagmanager.google.com/) und melde dich mit deinem Google-Konto an. Hast du noch keines? Kein Problem, das ist schnell erstellt. Dann klickst du auf »Konto erstellen«. Gib deinem Konto einen Namen, vielleicht so cool wie »Mein geheimer SEO-Bunker«. Dann legst du einen »Container« an, das ist sozusagen dein Werkzeugkasten für eine Website oder App. Wähle als Zielplattform »Web«, wenn du eine Website hast.

Schritt 2: Den Container-Code einfügen. Das Spionage-Netzwerk aufbauen.

Jetzt wirds spannend! Dein Container braucht einen Platz auf deiner Website, damit er seine Arbeit tun kann. Das ist wie eine Wanze, die du platzierst, um alles im Auge zu behalten.

So gehts: Nach der Erstellung deines Containers bekommst du zwei kleine Code-Schnipsel. Diese musst du auf deiner Website einfügen.

Erstens: Kopiere den ersten Code und füge ihn direkt nach dem <head>-Tag auf jeder Seite deiner Website ein.

Zweitens: Kopiere den zweiten Code und platziere ihn direkt nach dem <body>-Tag auf jeder Seite.

Wenn du mit **WordPress** arbeitest, kannst du auch hier ein Plugin wie »**Insert Headers and Footers**« verwenden, um den Code kinderleicht einzufügen.

Schritt 3: Tags erstellen, Deine Geheimagenten im Einsatz.

Jetzt kommt das Herzstück des **Google Tag Manager**s: die Tags. Sie sind wie deine

Agenten, die verschiedene Missionen auf deiner Website erfüllen, sei es, Besucher-aktionen zu tracken oder Analysen zu starten.

So gehts: Klicke im Tag Manager auf »Tags« und dann auf »Neu«. Du wirst gefragt, welche Art von Tag du erstellen möchtest. Hier kannst du z. B. **Google Analytics** Tags, Facebook Pixel oder benutzerdefinierte HTML-Tags einrichten.

Beispiel: Möchtest du **Google Analytics** einrichten? Wähle »**Google Analytics**: Universal Analytics« als Tag-Typ, dann wähle »Seitenaufruf« als Tracking-Typ. Jetzt noch deine Analytics-ID eingeben (die bekommst du aus deinem **Google Analytics**-Konto) und speichern.

Tipp Benenne deine Tags sinnvoll, z. B. »GA, Seitenaufrufe«, damit du den Überblick behältst. Niemand will ein Tag-Chaos, wenn es mal schnell gehen muss.

Schritt 4: Trigger einrichten. Die scharfen Augen des Agenten.

Ein Tag alleine tut noch nichts. Es braucht einen Trigger, um aktiviert zu werden.

So gehts: Klicke unter deinem Tag auf »Trigger hinzufügen«. Hier kannst du festlegen, wann der Tag ausgelöst werden soll. Wie »Alle Seitenaufrufe«, »Bestimmte Seiten«, oder wenn jemand auf einen Button klickt.

Beispiel: Du willst tracken, wenn jemand ein Formular absendet? Wähle den Trigger »Formularübermittlung«. Danach kannst du genau festlegen, welches Formular getrackt werden soll.

Tipp Spiel ein bisschen mit den Triggern rum, du kannst sehr spezifisch werden, zum Beispiel nur Klicks auf einen bestimmten Button oder Seitenaufrufe auf einer spezifischen URL. Je genauer, desto besser deine Daten!

Schritt 5: Vorschau und Debugging. Die Mission auf Herz und Nieren prüfen.

Bevor du deine Tags in die Wildnis schickst, solltest du sicherstellen, dass alles funktioniert. Da kommt der Vorschau-Modus dran, das ist dein Testlauf, bevor die Mission live geht.

So gehts: Klicke im **Google Tag Manager** auf »Vorschau«. Dadurch öffnet sich deine Website in einem speziellen Modus, in dem du siehst, welche Tags und Trigger funktionieren. Schau dir an, ob alles wie geplant ausgelöst wird.

Tipp Geh auf deine Website und klicke ein bisschen rum, während der Vorschau-Modus aktiv ist. Schau nach, ob die richtigen Tags bei den richtigen Aktionen aktiviert werden. Wenn nicht, zurück in den Tag Manager und die Einstellungen anpassen.

Schritt 6: Veröffentlichung. Die Mission startet.

Alles getestet und für gut befunden? Dann ist es Zeit, die Mission zu starten und deine Tags live zu schalten.

So gehts: Wenn alles passt, gehst du zurück in den Tag Manager und klickst auf »Senden«. Hier kannst du deiner Veröffentlichung noch einen Namen geben, z. B. »Erste Tag-Einrichtung«. Danach klickst du auf »Veröffentlichen« und zack, deine Tags sind live!

Tipp Veröffentliche regelmäßig neue Versionen, wenn du Änderungen vornimmst. So behältst du den Überblick und kannst immer nachvollziehen, was wann geändert wurde.

Schritt 7: Ergebnisse überprüfen. Der Bericht ans Hauptquartier.

Jetzt, wo deine Tags live sind, ist es Zeit, die Ergebnisse zu analysieren. Geh in deine Tools wie **Google Analytics** oder Facebook Ads und schau dir an, welche Daten reinkommen. Dein **Google Tag Manager** sammelt fleißig alle Informationen und sendet sie an die richtigen Stellen.

Tipp Überprüfe regelmäßig die Daten und optimiere bei Bedarf. Vielleicht merkst du, dass ein Trigger nicht oft genug ausgelöst wird, dann anpassen und wieder live schalten!

Mit dem **Google Tag Manager** wirst du zum wahren Meisteragenten, der seine Website bis ins kleinste Detail überwachen kann. Ob Klicks, Seitenaufrufe oder Formulare, nichts bleibt dir verborgen. Halte deine Missionen sauber, prüfe sie regelmäßig und mach dich bereit, mit deinen Daten zu glänzen. Also, Agent, raus aus dem Büro und ran an die Tags, der Erfolg wartet auf dich!

4.6 Google PageSpeed Insights
Dein Mechaniker für die Website-Geschwindigkeit.

Was es ist: Google PageSpeed Insights analysiert die Ladegeschwindigkeit deiner Website und gibt dir konkrete Tipps, wie du sie verbessern kannst.

So bedienst du es:

• Geh auf **Google PageSpeed Insights** und gib die URL deiner Website ein. Du erhältst sofort einen Score und eine Liste von Empfehlungen.

• Setze die Vorschläge um, wie das Optimieren von Bildern, das Reduzieren von JavaScript und CSS oder das Implementieren von Caching. Je höher dein Score, desto besser für SEO und Benutzererfahrung.

4.7 Google Mobile-Friendly Test: **Dein Handheld-Check.**

Was es ist: Der Mobile-Friendly Test prüft, ob deine Website auf mobilen Geräten gut aussieht und funktioniert. In der mobilen Welt unverzichtbar!

So bedienst du es:

• Geh auf **Google Mobile-Friendly Test** und gib deine URL ein. Du siehst sofort, ob deine Website mobilfreundlich ist.

• Wenn Google Probleme findet (z. B. zu kleine Schriftarten oder schlecht platzierte Buttons), behebe diese sofort. Eine mobile Website ist ein Muss für gutes SEO.

4.8 Google My Business: **Dein Schaufenster im Web.**

Was es ist: Google My Business (GMB) hilft lokalen Unternehmen, in den Suchergebnissen und auf Google Maps gefunden zu werden.

So bedienst du es:

• Geh auf **Google My Business** und erstelle ein Profil für dein Unternehmen, Name, Adresse, Öffnungszeiten, Telefonnummer.

• Nutze GMB, um regelmäßig Beiträge, Angebote oder Events zu posten. Das hält dein Profil frisch und ansprechend.

- Beantworte Kundenbewertungen und reagiere auf Feedback. Positive Bewertungen fördern das Vertrauen und ziehen mehr Kunden an.

4.9 Looker Studio: **Dein Dashboard für alles.**

Was es ist: Looker Studio verwandelt deine Daten aus verschiedenen Quellen (z. B. **Google Analytics**, Google Ads) in visuelle Berichte, ideal für die Präsentation und Analyse.

So bedienst du es:

- Einrichtung: Geh auf **Looker Studio** und erstelle ein neues Dashboard. Verbinde es mit deinen Datenquellen (z. B. **Google Analytics**).
- Wähle aus einer Vielzahl von Diagrammen, Tabellen und anderen Visualisierungen, um deine Daten darzustellen. Du kannst das Dashboard ganz nach deinen Bedürfnissen anpassen.
- Teile die Berichte mit deinem Team oder präsentiere sie direkt aus dem Tool heraus. Ideal für regelmäßige SEO-Meetings oder Kundenberichte.

4.10 Google Lighthouse: **Dein SEO-Prüfer im Detail.**

Was es ist: Google Lighthouse ist ein automatisiertes Tool, das deine Website in verschiedenen Kategorien testet: Performance, Zugänglichkeit, Best Practices und SEO.

So bedienst du es:

- Geh auf **Google Lighthouse** oder öffne die DevTools in Chrome (Rechtsklick > »Untersuchen« > »**Lighthouse**«).
- Wähle die Kategorien aus, die du testen willst und starte den Audit. **Lighthouse** gibt dir einen detaillierten Bericht, der dir zeigt, wo du verbessern kannst.
- Arbeite die Empfehlungen durch, um deine Website in allen Bereichen zu optimieren, das verbessert nicht nur dein SEO, sondern auch die allgemeine Benutzerfreundlichkeit.

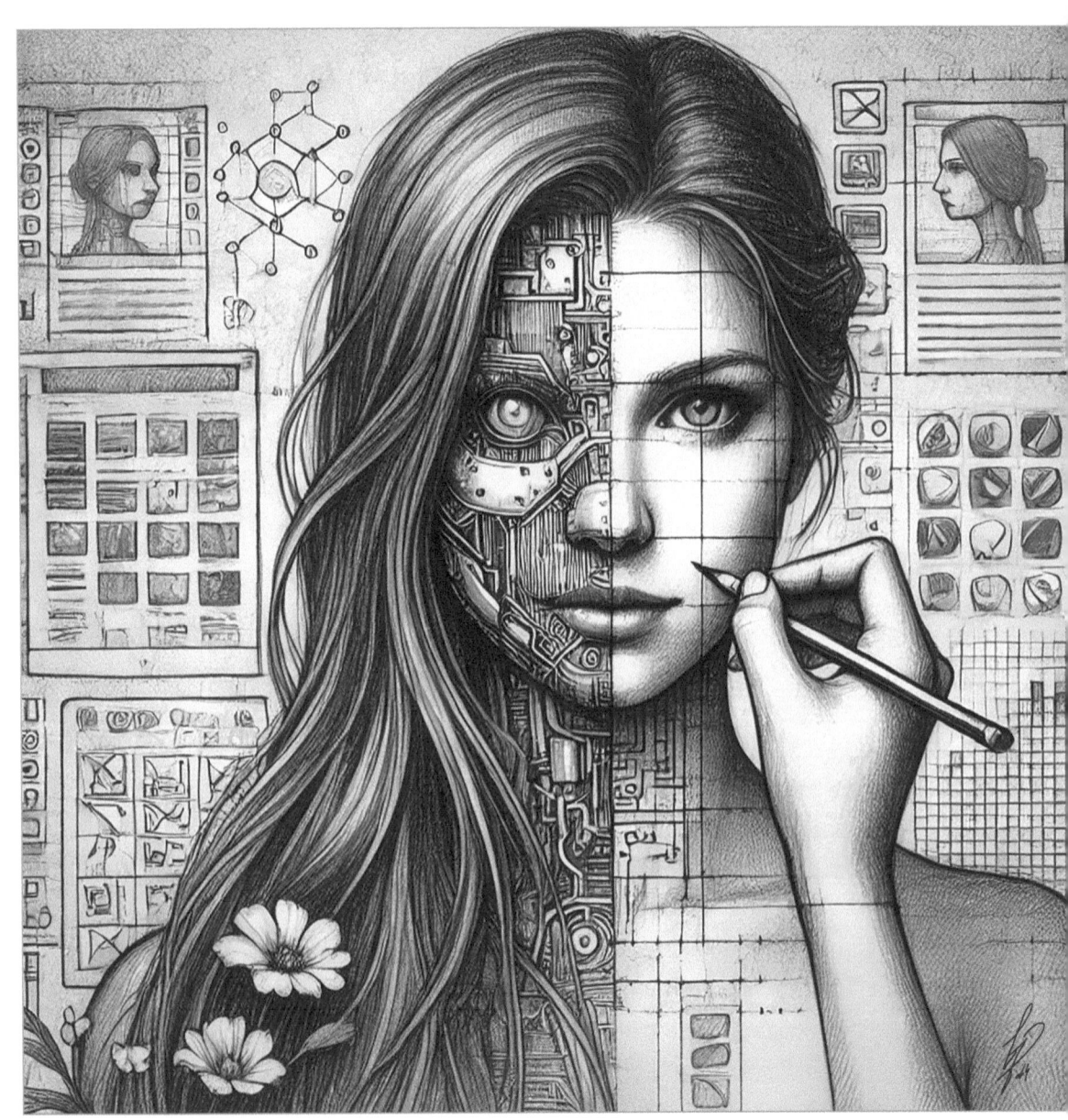

Deine Webseite muss nicht nur hübsch sein, sie muss auch funktionieren.

Kapitel 5

WARUM DEINE WEBSEITE MEHR ALS NUR EIN HÜBSCHES GESICHT BRAUCHT

Du hast also eine Webseite. Herzlichen Glückwunsch! Aber bevor du dich selbst feierst, lass mich dir eine unangenehme Wahrheit präsentieren: Eine schicke Webseite allein reicht nicht. Wenn niemand sie findet, bringt sie dir genauso viel wie ein Ferrari ohne Motor. Sieht zwar schick aus, aber du kommst damit nirgendwohin. In der digitalen Welt reicht es nicht, einfach nur präsent zu sein. Du musst leuchten. Und zwar nicht nur optisch, sondern auch technisch. Deine Webseite muss nicht nur gut aussehen, sondern auch performen. Sie muss Besucher anziehen wie ein Magnet. Das bedeutet: SEO, Struktur und Inhalte, die knallen.

5.1 Die Wahrheit über schicke Webseiten.

Du kannst Tausende von Euros in das Design deiner Webseite stecken, aber wenn sie nicht performt, hast du dein Geld in den Sand gesetzt. Google ist es nämlich völlig egal, ob deine Seite aussieht wie ein Picasso. Es interessiert sich nur dafür, ob sie relevant ist, schnell lädt und den Nutzern das bietet, was sie suchen. Was heißt das konkret? Deine Seite muss SEO-optimiert sein. Das bedeutet: die richtigen Keywords, strukturierte Inhalte und hochwertige Backlinks. Ohne das kannst du den schönsten Laden in der Stadt haben, aber keiner wird ihn jemals finden.

Der clevere Blog. Dein Ass im Ärmel.

Ein Blog ist nicht nur eine Bühne für deine zufälligen Gedanken. Er ist dein mächtigstes Werkzeug, um Google zu zeigen, dass deine Seite aktiv und relevant ist. Aber Vorsicht: Dein Blog sollte nicht irgendein Inhalt sein. Er sollte durchdacht und auf deine Zielgruppe zugeschnitten sein. Finde heraus, was deine Kunden interessiert und schreib darüber. Jeder neue Beitrag ist eine weitere Chance, bei Google gefunden zu werden.

Streue deine Keywords geschickt ein, ohne sie zu überladen. Deine Inhalte sollen Mehrwert bieten, keine bloße Aufzählung von Schlagworten sein.

5.2 Strukturierte Inhalte, Der Schlüssel zu einer erfolgreichen Webseite.

Google liebt Struktur. Deine Besucher auch. Eine gut strukturierte Webseite ist wie ein gut sortiertes Bücherregal: Du findest sofort, was du suchst, ohne lange rumwühlen zu müssen..

Tipp

Übersichtliche Navigation: Deine Besucher sollten sich auf deiner Seite mühelos zurechtfinden. Ein unübersichtliches Menü ist wie ein Labyrinth ohne Ausgang. Keep it simple.

Klare Überschriften: Verwende H1-, H2- und H3-Überschriften, um deine Inhalte zu strukturieren. Google scannt deine Seite und will auf den ersten Blick verstehen, worum es geht.

Interne Verlinkung: Verlinke clever zwischen deinen Inhalten. Das hilft nicht nur deinen Besuchern, sondern zeigt auch Google, dass deine Seite gut vernetzt ist.

5.3 SEO-Optimierung. Dein Schlüssel zum Erfolg.

SEO ist nicht nur ein nettes Extra, es ist der Motor, der deine Webseite antreibt. Ohne SEO bist du wie ein Auto im Leerlauf. Schön, aber wirkungslos.

Hier sind die Basics:

Keyword-Recherche: Finde heraus, welche Begriffe deine Zielgruppe sucht und integriere sie sinnvoll in deine Inhalte.

On-Page-Optimierung: Alles, was auf deiner Seite passiert, von Meta-Beschreibungen über Alt-Tags für Bilder bis hin zur Ladezeit, beeinflusst dein Ranking.

Backlinks: Hol dir Empfehlungen von anderen Webseiten. Je mehr hochwertige Seiten auf dich verlinken, desto besser wird dein Ranking bei Google.

Mach deine Seite zum Lead-Magneten.

Am Ende des Tages willst du, dass deine Webseite Leads generiert. Sie soll nicht nur hübsch aussehen, sondern auch performen. Das bedeutet, dass sie Besucher anzieht, sie hält und in Kunden verwandelt.

Ein gut strukturierter Blog, SEO-optimierte Inhalte und eine übersichtliche Navigation sind der Schlüssel. Kombiniere das mit cleverem Content-Marketing und du wirst sehen, wie deine Webseite zum echten Lead-Magneten wird.

Content-Marketing – Geschichten, die verkaufen

Fakten sind trocken. Wie Pappe. Und wenn du Pappe verkaufen willst, dann viel Glück. Aber wenn du Emotionen verkaufst, dann hast du die Welt auf deiner Seite. Denn Menschen kaufen nicht mit dem Kopf, sie kaufen mit dem Herzen. Zeit, deinen Content so zu gestalten, dass er nicht nur gelesen, sondern geliebt wird.

5

Wann hast du das letzte Mal etwas gekauft, weil die Fakten so toll waren? Vermutlich nie. Fakten allein bringen dir keinen Umsatz. Geschichten tun das.

5.4 Fakten sind gut, Geschichten sind besser

Denk mal an eine Party. Jemand erzählt dir, wie ein Gründer auf einer kaputten Couch schlief, um seinen Traum zu verfolgen und kurz davor war, alles hinzuschmeißen, bis ihm eine geniale Idee kam. Zack, du bist gefesselt.

Du fühlst mit ihm, du siehst ihn vor deinem inneren Auge. Und plötzlich ist dir dieses Unternehmen sympathisch. Du willst mehr wissen. Vielleicht sogar kaufen.

Das ist die Macht des Storytellings. Emotionen ziehen uns in ihren Bann. Sie lassen uns nicht mehr los. Und genau das musst du in deinem Content-Marketing erreichen.

5.5 Storytelling-Techniken für den Doppel-Whopper-Effekt

Keine Sorge, du musst keinen Bestseller schreiben. Aber du musst verstehen, wie Storytelling funktioniert. Hier sind die besten Techniken, die du sofort umsetzen kannst:

Der Held in deinem Kunden.

Mach den Leser zum Helden deiner Geschichte. Erkenne die Emotionen dahinter, die Angst, das Versagen, den Wunsch nach Erfolg. Zeige ihm, wie dein Produkt die Lösung ist.

Der Spannungsbogen.

Jede gute Geschichte braucht Spannung. Fang nicht mit der Lösung an, fang mit dem Problem an. Spann den Leser auf die Folter, bis er unbedingt wissen will, wie es ausgeht.

Die Emotionen ansprechen.

Sprich ihre Ängste an, ihre Hoffnungen, ihre Träume. Zeige, dass du sie verstehst. Dass du weißt, wie sie sich fühlen. Dann zeige, wie du ihnen helfen kannst.

Das Überraschungsmoment.

Gute Geschichten haben immer eine Wendung. Das macht deinen Content spannend und hält die Aufmerksamkeit hoch. Überrasch den Leser!

Der Call-to-Action als Showdown.

Jedes gute Buch endet mit einem Paukenschlag. Und so sollte auch dein Content enden. Dein Call-to-Action ist der Höhepunkt. Hier gibt es keine halben Sachen, du führst den Leser direkt zum Ziel.

Content, der sowohl Menschen als auch Google gefällt.

Jetzt fragst du dich vielleicht: »Toll, aber wie passt das zu SEO?« Keine Sorge, auch Google steht auf gute Geschichten. Denn am Ende will Google das, was die Nutzer wollen: relevante, wertvolle Inhalte.

So machst du beides richtig:

Verwende Keywords geschickt: Streue deine Keywords in den Text ein, aber mach sie zu einem natürlichen Teil deiner Geschichte.

Schreibe für Menschen, nicht für Maschinen: Google mag Technik, aber es bevorzugt Inhalte, die Menschen ansprechen.

Strukturiere deinen Content: Verwende Überschriften und Absätze, um deinen Text lesbar zu machen. Niemand mag Textblöcke, weder deine Leser noch Google.

5.6 Geschichten, die verkaufen, weil sie berühren.

Am Ende des Tages geht es darum, dass du mit deinem Content nicht nur informierst, sondern bewegst. Menschen kaufen keine Produkte, sie kaufen Emotionen. Und wenn du das verstanden hast, hast du den heiligen Gral des Content-Marketings in der Hand.

Fang an, Geschichten zu erzählen. Mach deine Leser zu Helden und lass sie mit einem Wow-Effekt zurück. Denn das ist es, was verkauft.

Und jetzt kommt der spannende Teil:

Du hast verstanden, dass deine Webseite mehr als nur ein hübsches Gesicht braucht. Aber hast du dir jemals vorgestellt, was passiert, wenn du all das, SEO, Storytelling und ein einzigartiges Nutzererlebnis, perfekt kombinierst? Das ist der Moment, in dem deine Webseite von einem bloßen digitalen Schaufenster zu einer Verkaufsmaschine wird. Und die Frage ist: Bist du bereit, diesen Schritt zu gehen?

5

EXKURS

Wie du echtes Storytelling lernst und Geschichten schreibst, die deine Leser fesseln. Ein Leitfaden für angehende Geschichtenerzähler.

5.7 Exkurs, Prolog: Warum gute Geschichten nicht vom Himmel fallen

Kennst du den Leeres-Blatt-Papier-Effekt? Es starrt dich an, weiß wie Schnee, kalt wie eine polare Winternacht. Die Angst vor diesem ungeschriebenen Text, diesem leeren Nichts, ist fast schon greifbar. Aber halt! Du bist nicht allein. Tausende Autoren haben genau diesen Moment erlebt, den Horror vor dem leeren Blatt. Und weißt du was? Sie alle mussten erst lernen, wie man Geschichten erzählt, die einen vom Hocker hauen.

Lass uns gleich mal mit einem Mythos aufräumen: Der »geborene Erzähler« ist so real wie ein Einhorn auf einem Skateboard. Klar, einige haben vielleicht eine natürliche Begabung. Aber selbst der talentierteste Geschichtenerzähler wird ohne Übung und Disziplin nie die Kunst beherrschen, die Leser in seinen Bann zu ziehen. Geschichten schreiben ist wie Klavierspielen. Du kannst die besten Finger der Welt haben, aber ohne Übung wirst du nur schräge Töne produzieren. Also, setz dich hin, schnapp dir einen Stift (oder deine Tastatur) und fang an zu schreiben, immer und immer wieder.

»Okay, ich schreibe, aber klingt das nicht alles irgendwie gleich? Wo ist meine Stimme?« Gute Frage. Deine innere Stimme, das, was deine Geschichten einzigartig macht, ist nicht einfach da. Sie ist versteckt, tief in deinem Inneren. Du musst sie ausgraben, Schicht für Schicht. Das ist manchmal ein schmerzhafter Prozess, aber hey, Rom wurde auch nicht an einem Tag erbaut. Dein Job ist es, dich zu trauen, ehrlich zu sein und das zu schreiben, was wirklich in dir steckt. Das ist der Moment, in dem du vom Möchtegern zum echten Erzähler wirst.

Warum aber dieser ganze Aufwand? Warum solltest du überhaupt erzählen? Ganz einfach: Weil Geschichten mächtig sind. Sie sind das älteste Kommunikationsmittel der Welt, älter als das Rad, älter als Feuer. Geschichten verbinden uns, lehren uns und lassen uns fühlen. Sie sind der Stoff, aus dem Träume gemacht sind und Albträume. Gute Geschichten haben Kriege beendet, Religionen begründet und uns gelehrt, was es heißt, Mensch zu sein. Dein Job als Erzähler ist es, diese uralte Tradition fortzuführen. Du kannst die Geschichte schreiben, die die Welt vielleicht verändert oder zumindest das Leben eines Einzelnen.

Also, worauf wartest du? Geschichten fallen nicht vom Himmel, aber wenn du bereit bist, zu graben, findest du Schätze, die es wert sind, erzählt zu werden. Bereit? Dann los!

5.8 Exkurs, Part 1:
Die Zutaten für eine großartige Geschichte. Dein literarisches Kochbuch.

Vergiss langweilige, blasse Figuren. Wenn deine Charaktere so spannend sind wie abgestandener Kaffee, dann brauchst du dich nicht wundern, wenn deine Leser einschlafen. Deine Figuren sollten atmen, leiden, lieben und Fehler machen. Der Leser muss das

Gefühl haben, neben ihnen zu sitzen und jeden verdammten Atemzug zu spüren. Denk an Harry Potter, Sherlock Holmes oder Lisbeth Salander. Sie sind nicht nur Namen auf Papier, sie sind Freunde (oder Feinde), die man nie vergisst. Schaffe Charaktere, die deine Leser lieben oder hassen, aber niemals ignorieren.

Wer braucht schon eine schnurgerade Handlung, wenn du deine Leser auf eine Achterbahnfahrt mitnehmen kannst? Eine großartige Geschichte ist mehr als ein einfaches »Anfang, Mitte, Ende«. Es geht um Spannung, Wendungen und das Unerwartete. Du willst, dass deine Leser sich fragen: »Was zum Teufel passiert als Nächstes?« Plane deinen Plot so, dass er überrascht und fesselt. Lass deine Leser keine Sekunde los, bis sie atemlos die letzte Seite umblättern.

Eine Geschichte ohne Setting ist wie ein Film ohne Kulisse. Völlig daneben. Das Setting ist die Bühne, auf der deine Charaktere agieren und dein Plot sich entfaltet. Es muss lebendig sein, so greifbar, dass der Leser den Regen auf seiner Haut spürt und den Rauch in seinen Lungen. Ob es nun ein verregneter Abend in London oder ein heißer Sommer in der Wüste ist, dein Setting sollte die Geschichte so sehr durchdringen, dass der Leser das Gefühl hat, direkt dort zu sein.

Spannung ist nicht nur etwas für Thriller-Autoren. Jede Geschichte braucht sie. Die unterschwellige, nagende Unsicherheit, die den Leser in den Wahnsinn treibt. Spannungsaufbau ist eine Kunst. Es ist wie ein gutes Verhör: Du gibst deinem Leser immer gerade genug, dass er neugierig bleibt, aber nie so viel, dass er sich zufrieden zurücklehnt. Halte ihn immer am Haken, bis er sich fragt, ob er die nächste Seite überlebt, ohne die Auflösung zu kennen. Ohne Konflikt ist deine Geschichte tot. Keine Spannung, keine Emotionen, keine Leser. Konflikt ist der Motor, der deine Story antreibt.

Ob innerlich oder äußerlich, deine Charaktere müssen kämpfen, mit sich selbst, mit anderen, mit der Welt. Konflikte lassen deine Leser mitfiebern, sie bringen die Emotionen zum Kochen. Aber lass sie nicht im Stich, gib ihnen eine Auflösung, die alles auf den Punkt bringt. Oder, wenn du wirklich mutig bist, lass sie noch mit ein paar offenen Fragen zurück, die sie nicht schlafen lassen.

So, da hast du sie: Die Zutaten für eine großartige Geschichte. Ein bisschen Würze hier, ein Hauch Drama dort und schon servierst du ein literarisches Festmahl, das deine Leser nie vergessen werden. Jetzt bleibt nur noch eins: Ran an die Töpfe und koch was Großes zusammen!

5.9 Exkurs, Part 2:
Storytelling lernen. Der Weg vom Anfänger zum Meister.

Inspiration ist nicht irgendeine göttliche Eingebung, die dich aus heiterem Himmel trifft. Sie steckt in den alltäglichsten Momenten. Ein zerknitterter Kassenbon, ein vergessener Regenschirm oder das Lächeln eines Fremden, all das kann der Funke für deine nächste Geschichte sein. Die Kunst liegt darin, mit offenen Augen durch die Welt zu gehen und die Geschichten zu sehen, die überall um dich herum schlummern. Jeder Mensch, den du triffst, jedes Gespräch, das du hörst, ist potenzielles Futter für deine Kreativität. Dein Job? Diese Fetzen Realität aufgreifen und zu etwas machen, das deine Leser packt.

Der Start ist immer der härteste Teil. Das leere Blatt ist ein tyrannisches Biest, das sich nur durch Mut und Entschlossenheit bezwingen lässt. Aber bevor du dich in die Panik stürzt: Keine Angst. Dein erster Entwurf muss nicht perfekt sein, er muss einfach nur existieren. Schreib drauf los, lass die Worte fließen, ohne sie zu sehr zu hinterfragen. Es ist völlig in Ordnung, wenn dein erster Satz schrecklich ist. Wichtig ist nur, dass du ihn aufschreibst. Sobald du den ersten Schritt gemacht hast, bist du im Spiel. Und im Spiel kann man sich immer verbessern.

Schreiben ist wie Muskeltraining, du musst regelmäßig trainieren, um besser zu werden. Schreibübungen sind dein tägliches Workout, um deine Schreibmuskeln zu stärken. Ob es nun ein zehnminütiger Freewrite ist, bei dem du ohne Pause schreibst, oder eine Übung, bei der du einen Dialog mit nur drei Worten beginnst. Diese kleinen Challenges halten deinen Schreibprozess in Schwung. Jeden Tag ein bisschen und du wirst sehen, wie deine Sätze schärfer werden, deine Dialoge lebendiger und deine Geschichten kraftvoller. Es ist das kontinuierliche Training, das den Anfänger vom Meister trennt. Du willst eine Geschichte erzählen, die wirkt? Dann schau dir die Strukturen an, die seit Jahrhunderten funktionieren. Die Heldenreise, die Drei-Akt-Struktur, der Erzählbogen. Das sind keine starren Regeln, sondern bewährte Methoden, die deiner Geschichte Form und Richtung geben. Jede gute Story hat einen Anfang, der packt, eine Mitte, die hält und ein Ende, das befriedigt. Nutze diese Strukturen als Gerüst, an dem du deine Geschichte aufhängst. Aber vergiss nicht: Du bist der Architekt. Du kannst diese Strukturen verbiegen, brechen oder neu erfinden, solange das Ergebnis deine Leser fesselt.

Der erste Satz ist wie der Türsteher zu deinem Club. Wenn er nicht überzeugt, kommt keiner rein. Dein Anfang muss knallen, er muss den Leser sofort in deine Welt ziehen, ohne Wenn und Aber. Das kann ein überraschender Fakt, eine starke Emotion oder ein provozierender Gedanke sein, Hauptsache, er lässt den Leser nicht mehr los. Der erste Satz ist das Versprechen, das du gibst: »Diese Geschichte wird es wert sein.« Also, mach ihn stark, mach ihn einladend und deine Leser werden bis zur letzten Seite bleiben.

Mit diesen Werkzeugen in deiner Schreibwerkstatt bist du bereit, vom Anfänger zum Storytelling-Meister zu werden. Also, fang an zu hämmern, zu sägen und zu feilen, es ist Zeit, deine Geschichten in Form zu bringen!

5.10 Exkurs, Part 3:
Charaktere, die dein Herz erobern. So erschaffst du Figuren, die bleiben.

Erwecke deine Helden und Anti-Helden zum Leben.

Deine Hauptfiguren sind der Motor deiner Geschichte. Ohne sie läuft nichts. Sie sind die Superhelden (oder Superschurken), die deine Leser lieben, hassen oder beides zugleich tun sollen. Aber Achtung: Ein Held ohne Fehler ist langweilig wie ein Butterbrot ohne Belag. Gib deinen Figuren Kanten, Ecken und Macken. Lass sie stolpern, zweifeln und kämpfen. Niemand will einen perfekt geschniegelten Helden lesen, der alles kann und nie schwitzt. Der Anti-Held? Noch spannender.

Warum? Weil er uns zeigt, dass auch die gebrochensten Typen eine Chance auf Erlösung haben. Also, vergiss das glattgebügelte Bild. Schaffe Charaktere, die sich anfühlen wie echte Menschen, die in deiner Geschichte atmen, fühlen und leiden.

Warum auch der Gärtner eine Geschichte verdient.

Nebenfiguren sind nicht nur schmückendes Beiwerk, sie sind das Salz in der Suppe. Sie geben deiner Geschichte Tiefe und Farbe. Wenn du sie ignorierst, wird deine Story so flach wie ein Pfannkuchen.

Nimm dir die Zeit, auch deine Nebenfiguren mit Leben zu füllen. Jeder von ihnen hat eine Vergangenheit, eine Motivation, vielleicht sogar ein Geheimnis. Der Gärtner, der nur zwei Sätze im ganzen Buch hat? Warum schneidet er die Hecke immer so exakt? Vielleicht ist es seine Art, die Kontrolle über ein Leben zurückzugewinnen, das ihm sonst entglitten ist. Gib auch den unscheinbarsten Figuren eine Geschichte. Du wirst überrascht sein, wie viel sie deiner Hauptstory hinzufügen können.

Wie du deine Figuren glaubwürdig und lebendig sprichst.

Ein guter Dialog ist wie ein Tanz. Er muss fließen, spontan wirken und dennoch präzise choreografiert sein. Wenn deine Figuren reden, sollten die Funken fliegen oder eben die Fetzen. Aber Vorsicht: Niemand spricht in ganzen Romanen. Halte deine Dialoge kurz, knackig und auf den Punkt. Lass deine Charaktere nicht nur Informationen austauschen, sondern auch Gefühle, Gedanken und Geheimnisse. Ein guter Dialog verrät oft mehr durch das, was nicht gesagt wird.

Und vor allem: Vermeide den Erklärbärmodus. Deine Leser sind nicht dumm. Sie brauchen keine Charaktere, die alles bis ins kleinste Detail ausbuchstabieren. Lass den Leser ruhig mal zwischen den Zeilen lesen.

Vom unscheinbaren Nobody zum großen Helden.

Niemand mag eine Stagnation. Deine Figuren müssen wachsen, sich verändern und an ihren Herausforderungen reifen. Der unscheinbare Nobody, der am Anfang noch nicht mal eine Blume über die Straße tragen kann, sollte am Ende deiner Geschichte bereit sein, gegen Drachen zu kämpfen oder zumindest gegen seine inneren Dämonen. Eine gute Figurenentwicklung zeigt uns, dass Veränderung möglich ist. Sie inspiriert deine Leser und gibt ihnen das Gefühl, dass auch sie das Zeug dazu haben, ihre eigenen Drachen zu besiegen.

Wie machst du das? Setze deine Figuren unter Druck, konfrontiere sie mit ihren Ängsten und zwinge sie, sich zu entscheiden. Jeder Sieg, jeder Rückschlag sollte sie ein Stück weiterbringen. So wird aus deinem unscheinbaren Nobody am Ende ein Held, den niemand so schnell vergisst.

Charaktere, die bleiben.

Das Herz jeder guten Geschichte schlägt in ihren Charakteren. Ob Hauptfigur oder Nebencharakter, jeder verdient es, mit Tiefe und Leben gefüllt zu werden. Gib deinen Figuren Raum zum Wachsen, lass sie kämpfen, lieben, verlieren und gewinnen. Mach sie zu den unvergesslichen Begleitern deiner Leser. Am Ende sind es nicht die spektakulärsten Plots, die in Erinnerung bleiben, es sind die Figuren, die uns ans Herz wachsen.

5.11 Exkurs, Part 4:
Plot-Twists und Cliffhanger. Die Geheimwaffen eines guten Erzählers.

Wie du deine Leser auf falsche Fährten lockst.

Du kennst das: Du liest eine Geschichte, denkst, du hast den Dreh raus und BAM!, der Plot-Twist haut dich aus den Socken. Genau das ist die Macht einer unerwarteten Wendung. Sie nimmt die Erwartungen deiner Leser, zerreißt sie in kleine Stücke und setzt alles neu zusammen.

Aber Plot-Twists sind keine Zaubertricks. Sie müssen glaubwürdig sein. Ein Twist, der aus dem Nichts kommt, wirkt billig. Dein Leser sollte im Nachhinein denken: »Natürlich, das ergibt Sinn!«, auch wenn er es vorher nicht kommen sah. Gib ihnen die Hinweise, lass sie aber in die falsche Richtung deuten. Es ist wie bei einem guten Versteckspiel. Die besten Verstecke sind immer in Sichtweite, aber eben gut getarnt.

Der Kunstgriff, der deine Leser nicht loslässt.

Nichts ist frustrierender und zugleich fesselnder als ein Cliffhanger. Du führst deine Leser zum Rand eines Abgrunds, lässt sie hineinblicken und dann. Nichts. Ende. Sie wollen mehr, brauchen mehr. Genau das ist der Punkt. Ein guter Cliffhanger bringt deine Leser dazu, die nächste Seite umzublättern, das nächste Kapitel zu verschlingen, das nächste

Buch in die Hand zu nehmen. Es ist dieser Moment, in dem sie sich sagen: »Ich lese nur noch dieses eine Kapitel.« und plötzlich ist es 3 Uhr morgens. Aber aufgepasst: Cliffhanger sind wie Schokolade. In Maßen genossen, wunderbar. Zu viel davon und die Sache wird unangenehm. Setze sie strategisch ein, um die Spannung zu halten, aber übertreibe es nicht. Sonst verlierst du die Geduld deiner Leser schneller, als du »Was zur Hölle passiert als Nächstes?« sagen kannst.

5 Ex

Wie du deine Handlung immer spannender machst.

Konflikt ist der Treibstoff deiner Geschichte. Ohne Konflikt dümpelt sie vor sich hin wie ein Boot ohne Wind. Aber einfach nur Konflikte reinzupacken reicht nicht. Du musst die Spannung kontinuierlich steigern.

Nun steht dein Protagonist vor einem Problem. Schön und gut. Aber jetzt pack noch einen drauf. Und noch einen. Jeder gelöste Konflikt sollte zu einem neuen, größeren führen. Bis dein Held am Rande des Zusammenbruchs steht. Und dann, du ahnst es schon, noch einen draufsetzen.

Diese Eskalation hält deine Leser bei der Stange. Sie wollen wissen, wie dein Held das alles überleben soll. Denn in der Regel lieben wir die Hoffnung, dass trotz aller Widrigkeiten am Ende alles gut wird. Aber mach es ihnen nicht zu einfach. Sie müssen sich das Happy End (wenn es denn eines gibt) wirklich verdienen.

Ein Ende, das deine Leser zufrieden, aber hungrig auf mehr macht.

Das Ende deiner Geschichte ist wie das Dessert nach einem guten Essen. Es sollte den Geschmack abrunden, die Sinne befriedigen und einen bleibenden Eindruck hinter-lassen. Ein schlechtes Ende kann die gesamte Mahlzeit ruinieren, äh, ich meine, die gesamte Geschichte.

Ein gutes Finale löst nicht nur die Konflikte, sondern hinterlässt auch einen Nachgeschmack, der den Leser zum Nachdenken bringt. Es sollte die Charakterentwicklung abschließen, offene Fragen beantworten (oder bewusst welche offen lassen) und das Gefühl vermitteln, dass die Reise nicht umsonst war.

Aber das ist der Kniff, lass deine Leser hungrig auf mehr zurück. Ein perfektes Ende bietet genug Abschluss, um zufrieden zu sein, aber auch genug offene Türen, damit man sich fragt, was als Nächstes kommt. Es ist die Kunst, einen Kreis zu schließen und gleichzeitig einen neuen zu eröffnen.

Die Geheimwaffen eines Erzählers.
Plot-Twists und Cliffhanger sind die scharfen Klingen im Arsenal eines jeden Erzählers. Sie halten deine Leser wach, lassen sie mitfiebern, rätseln und immer nach mehr lechzen. Aber wie bei jeder Waffe gilt: Setze sie klug ein. Zu viel und du überspannst den Bogen. Zu wenig und deine Geschichte plätschert dahin wie lauwarmes Wasser. Finde das richtige Maß, steigere den Konflikt und sorge für ein Finale, das deine Leser nicht nur zufrieden, sondern auch hungrig zurücklässt.

5.12 Exkurs, Part 5:
Show, don't tell. Der goldene Schreibgrundsatz.

Was dieser Satz wirklich bedeutet und wie du ihn meisterst.
»Show, don't tell«, diese drei Worte sollten in dein Gehirn eingebrannt sein, wenn du eine Geschichte schreibst.

Warum? Weil es der Unterschied zwischen einem lebendigen Bild und einem trockenen Bericht ist. Du kannst mir sagen, dass dein Charakter traurig ist, aber ich fühle es erst, wenn du es mir zeigst.

Zeigen heißt: Lass deinen Leser die Tränen in den Augen deines Charakters sehen, die zittrigen Hände spüren und das Herzklopfen hören. Sag nicht »es war ein kalter Tag«, beschreibe, wie der Atem in der Luft gefriert, wie sich die Kälte durch die Kleidung frisst. Lass den Leser den Frost auf der Haut spüren.

Wenn du »zeigst« anstatt »zu erzählen«, ziehst du deinen Leser in deine Welt hinein. Er erlebt die Geschichte, anstatt nur darüber zu lesen.

Der Unterschied zwischen erzählen und zeigen.

Einfach zu sagen »John war wütend« ist so spannend wie ein Glas lauwarmes Wasser. Spannend wirds, wenn du beschreibst, wie John die Fäuste ballt, die Adern auf seiner Stirn pulsieren und sein Blick einen Sturm heraufbeschwört, der jeden Moment losbrechen könnte.

Lebendige Szenen zu schreiben, bedeutet, den Leser mitten ins Geschehen zu katapultieren. Lass sie die Anspannung in einem Raum spüren, die Hitze einer Debatte, den Gestank eines verqualmten Zimmers. Gib ihnen genug Details, um sich die Szene selbst auszumalen, aber ohne sie zu erdrücken. Es geht um die Balance. Du musst genug zeigen, um den Leser zu fesseln, aber auch genug Raum lassen, damit seine Fantasie die Lücken füllt.

Wie du deine Leser zum Mitfühlen bringst.

Das Herz einer guten Geschichte sind Emotionen. Ohne sie bleibt alles blass und leblos. Du willst, dass dein Leser lacht, weint, wütend wird oder sich vor Spannung in die Sofakissen krallt? Dann musst du ihm die Emotionen deiner Charaktere so plastisch zeigen, dass er sie selbst spürt.

Statt zu schreiben »Lisa war traurig«, zeige, wie sie in ihrem Zimmer sitzt, die alte Spieluhr aufzieht und den vertrauten Melodien lauscht, die sie in die Vergangenheit zurückholen. Beschreibe, wie ihre Augen feucht werden, wie ihr Blick leer durch das Fenster ins Nichts starrt. Emotionen sind mächtig. Zeig sie und deine Leser werden mit deinen Charakteren mitfühlen, als wären sie selbst ein Teil der Geschichte.

Die richtigen Beschreibungen für maximale Wirkung.

Details sind das Salz in der Suppe deiner Geschichte. Ohne sie schmeckt alles fade, aber zu viel davon und es wird ungenießbar. Die Kunst liegt darin, die richtigen Details auszuwählen. Jene, die wirklich zählen. Beschreibungen sollten gezielt eingesetzt werden, um Atmosphäre zu schaffen, Charaktere zu vertiefen oder Emotionen zu verstärken. Aber Achtung: Nicht jedes Detail ist wichtig. Die goldene Regel lautet: »Beschreibe nur das, was die Szene, den Charakter oder die Handlung vorantreibt.« Eine staubige Flasche Wein in der Ecke? Könnte banal sein, oder das Symbol für eine vergessene Zeit, eine verdrängte

Erinnerung. Wähle die Details, die einen doppelten Boden haben, die mehr sagen, als das Offensichtliche.

Die Macht der Bilder.

»Show, don't tell« ist nicht nur ein Schreibtrick, es ist das Geheimnis, wie du aus Worten Bilder machst. Es ist die Fähigkeit, deine Leser zu packen, sie in deine Geschichte zu ziehen und sie nicht mehr loszulassen. Also weg mit den langweiligen Erklärungen und her mit den lebendigen Szenen. Deine Leser werden es dir danken, mit Herzklopfen und feuchten Augen.

5.13 Exkurs, Part 6:
Dein Schreibstil. Finde deine eigene Stimme.

Wie du deinen eigenen Stil entwickelst.

Dein Schreibstil ist wie ein Fingerabdruck, einzigartig und unverwechselbar. Aber ihn zu finden, ist oft leichter gesagt als getan. Viele Autoren versuchen, die Stile anderer zu kopieren, in der Hoffnung, dass sie irgendwann ihren eigenen finden. Das ist, als würdest du die Schuhe deines großen Bruders anziehen und hoffen, dass sie irgendwann passen. Der Trick? Schreibe viel, schreibe oft und schreibe ohne Angst, Fehler zu machen. Dein Stil entwickelt sich durch das Tun. Er ist das Ergebnis deiner Erfahrungen, deiner Gedanken, deiner Einflüsse, aber eben auch deiner Eigenarten. Wage es, anders zu sein. Sei unperfekt, sei mutig, sei du selbst.

Inspiration statt Nachahmung.

Vorbilder sind wichtig. Sie zeigen uns, was möglich ist. Aber es gibt einen feinen Unterschied zwischen Inspiration und Nachahmung. Deine Vorbilder sollten dir Anregungen geben, nicht als Blaupause für deinen eigenen Stil dienen. Nimm das Beste von ihnen, aber mach es zu deinem eigenen. Wie? Indem du ihre Techniken studierst, ihre Stärken erkennst und sie in deinen eigenen Stil integrierst, ohne sie eins zu eins zu kopieren. Am Ende sollte deine Stimme klar durchklingen, nicht die eines anderen.

Wenn die Worte einfach nicht fließen wollen

Jeder, der schreibt, kennt dieses Monster: die Schreibblockade. Du sitzt vor dem leeren Blatt und nichts passiert. Kein Wort, kein Satz, nur Leere. Aber keine Panik. Schreibblockaden sind keine unüberwindbaren Mauern, sondern eher kleine Hürden, die du überwinden kannst.

Der erste Schritt: Druck rausnehmen. Dein Schreibfluss kommt nicht zurück, indem du dich zwingst, etwas zu produzieren. Geh spazieren, lies ein gutes Buch, hör Musik. Mach den Kopf frei und die Worte werden zurückkommen, meistens, wenn du es am wenigsten erwartest.

Der zweite Schritt: Einfach schreiben. Auch wenn es Müll ist. Schreib, was dir in den Sinn kommt, auch wenn es unzusammenhängender Unsinn ist. Oft hilft dieser einfache Akt, den Knoten zu lösen. Und manchmal findest du dabei sogar ein paar echte Perlen.

Der dritte Schritt: Nutze ChatGPT. Lass dir ein paar knackige Vorschläge für die nächste Situation geben oder eine kleine Zusammenfassung des bisherigen Geschehens.

Kill your darlings: Warum du manchmal loslassen musst, um besser zu werden.

Das wohl härteste Gebot für jeden Autor: »Kill your darlings.« Es bedeutet, dass du bereit sein musst, die Teile deines Textes zu streichen, die dir am meisten am Herzen liegen, wenn sie nicht der Geschichte dienen. Es ist schmerzhaft, aber notwendig. Oft sind es genau diese überflüssigen Absätze, die deinen Text aufhalten, die Spannung rausnehmen oder den Leser verwirren. Also, sei gnadenlos. Wenn etwas nicht passt, muss es raus. Dein Text wird es dir danken.

Dein Schreibstil. Die Suche nach deiner eigenen Stimme.

Seinen eigenen Stil zu finden, ist ein Prozess. Es ist eine Reise, die Zeit, Geduld und Mut erfordert. Aber am Ende lohnt es sich. Denn wenn du deinen Stil gefunden hast, wirst du deine Leser auf eine Weise erreichen, die nur du kannst. Du wirst Geschichten erzählen, die niemand sonst erzählen könnte. Also, geh raus und finde deine Stimme. Die Welt wartet auf deine Geschichten.

5.14 Exkurs, Part 7:
Feedback und Überarbeitung. Der Feinschliff für deine Geschichte.

Wie du überarbeitest, ohne den Mut zu verlieren.

Herzlichen Glückwunsch, du hast die erste Fassung deines Manuskripts fertiggestellt! Aber bevor du den Champagner entkorkst, hier eine harte Wahrheit: Die erste Fassung ist meistens Mist. Das ist völlig normal. Die wahre Magie passiert in der Überarbeitung. Überarbeiten ist wie Schnitzen. Du hast einen groben Klotz geschaffen, jetzt geht es darum, die Feinheiten herauszuarbeiten. Das kann schmerzhaft sein, vor allem, wenn du merkst, dass dein vermeintliches Meisterwerk noch ganz schön roh ist. Aber bleib dran. Jeder Schnitt, jedes Streichen, jedes Hinzufügen bringt dich dem perfekten Manuskript näher. Der Schlüssel? Verliere nicht den Mut. Sieh die Überarbeitung nicht als Bürde, sondern als Chance, deine Geschichte wirklich zum Strahlen zu bringen.

Die Kunst der konstruktiven Kritik.

Feedback ist wie eine Prise Salz, es kann deinen Text enorm verbessern, wenn du es richtig einsetzt. Aber seien wir ehrlich: Kritik zu bekommen, kann verdammt wehtun. Vor allem, wenn du Monate oder Jahre in dein Werk gesteckt hast. Doch genau hier trennt sich die Spreu vom Weizen. Gutes Feedback ist Gold wert. Aber nicht jedes Feedback ist gut. Wähle deine Kritiker sorgfältig aus. Sie sollten ehrlich, aber konstruktiv sein. Jemand, der dir sagt, was nicht funktioniert und Vorschläge macht, wie es besser gehen könnte. Und das Wichtigste: Nimm es nicht persönlich. Dein Text ist nicht du. Kritik an deinem Text ist nicht Kritik an deiner Person. Sieh es als Lernprozess. Setze um, was sinnvoll ist und lass den Rest los.

Testleser finden: Wie du ehrliches Feedback bekommst und davon profitierst.

Testleser sind die Crash-Test-Dummies deiner Geschichte. Sie zeigen dir, ob deine Handlung funktioniert, ob deine Charaktere überzeugen und ob dein Plot Löcher hat. Aber auch hier gilt: Die richtigen Testleser zu finden, ist entscheidend. Familie und Freunde? Oft problematisch. Sie sind entweder zu nett oder zu kritisch, weil sie dir gefallen oder ihre eigenen Erwartungen auf dich projizieren wollen. Besser: Such dir Leute, die deiner Zielgruppe entsprechen, die viel lesen und vor allem ehrlich sind.

Gib ihnen klare Anweisungen, was du von ihnen wissen willst. Frag nicht einfach »Wie findest du das Buch?«, sondern »Welche Szenen haben dich gefesselt? Wo hast du den Faden verloren?« So bekommst du wertvolles, spezifisches Feedback, mit dem du arbeiten kannst.

5 Ex

Vom Grobschliff zur Feinjustierung, so wirds perfekt.

Der letzte Schritt vor der Veröffentlichung ist die Feinarbeit. Dein Text sollte jetzt wie ein Diamant funkeln, aber vielleicht braucht er noch den letzten Schliff. Das ist der Moment, in dem du auf jedes Wort, jede Formulierung, jede Interpunktion achtest.

Lies deinen Text laut vor. Das hilft, holprige Stellen zu identifizieren und deinen Stil zu verfeinern. Achte auf Wiederholungen, unnötige Füllwörter und Stolperfallen im Lesefluss. Und wenn du denkst, es geht nicht mehr besser, lass es noch einmal von jemand anderem lesen. Ein frischer Blick entdeckt oft Dinge, die dir nach der intensiven Arbeit entgangen sind.

Deine Geschichte auf Hochglanz polieren.

Der Weg zur perfekten Geschichte ist steinig und voller kleiner und großer Hürden. Aber genau diese Herausforderungen machen dein Werk besser, schärfer und letztendlich lesenswert. Feedback und Überarbeitung sind die Werkzeuge, die aus einem Rohdiamanten ein Juwel machen. Also, sei bereit, zu schleifen, zu polieren und dein Bestes zu geben, deine Geschichte verdient es.

5.15 Exkurs, Part 8:
Leser gewinnen und halten. So baust du deine Fangemeinde auf.
Wie du die Leser erreichst.

Es geht darum, deine Zielgruppe zu kennen und direkt anzusprechen. Wer sind die Menschen, die deine Geschichte lesen wollen? Wo halten sie sich auf, online und offline? Definiere deine Zielgruppe klar. Je genauer du weißt, wer deine Leser sind, desto besser kannst du sie erreichen. Und dann: Gehe dahin, wo sie sind. Foren, Facebook-Gruppen, Goodreads, dort, wo sich deine potenziellen Leser tummeln, solltest du präsent sein. Dein Ziel ist es, nicht nur zufällige Käufer, sondern echte Fans zu gewinnen. Menschen, die deinen Text lieben, ihn weiterempfehlen und sehnsüchtig auf dein nächstes Werk warten.

Geschichten erzählen auf neuen Wegen.

Social Media ist mehr als nur Katzenbilder und Foodporn. Es ist ein mächtiges Tool, um eine Verbindung zu deinen Lesern aufzubauen. Nutze Plattformen wie Instagram, Twitter oder Facebook, um nicht nur für dein Buch zu werben, sondern auch um deine Persönlichkeit zu zeigen.

Poste regelmäßig, aber authentisch. Teile Einblicke in deinen Schreibprozess, Zitate aus deinem Buch, Gedanken zu aktuellen Themen. Lass deine Follower an deinem Leben als Autor teilhaben. Und ganz wichtig: Interagiere! Antworte auf Kommentare, stelle Fragen, starte Diskussionen. Social Media ist keine Einbahnstraße. Es ist ein Dialog mit deinen Lesern. Und dieser Dialog baut die Beziehung auf, die aus einem Leser einen treuen Fan macht.

Leserbindung, wie du Fans für immer gewinnst.

Deine Leser haben dein Buch gekauft, jetzt geht es darum, sie zu halten. Ein guter Weg, um den Kontakt aufrechtzuerhalten, ist ein regelmäßiger Newsletter. Biete deinen Lesern exklusive Inhalte, wie Bonuskapitel, Einblicke in kommende Projekte oder einfach nur persönliche Updates. Sei kreativ und vor allem: Sei regelmäßig.

Denke auch an Offline-Möglichkeiten. Eine Lesung, eine Präsentation oder eine Schulung sind großartige Gelegenheiten, deine Fans persönlich zu treffen und eine stärkere Bindung aufzubauen. Je mehr du investierst, desto mehr bekommst du zurück. Ein treuer Leser ist Gold wert, er liest nicht nur deinen nächsten Blog, sondern empfiehlt dich auch weiter.

Wie du nach dem ersten Erfolg weitermachst.

Wie geht es weiter? Die Antwort: Immer weitermachen. Ruh dich nicht auf deinen Lorbeeren aus. Dein nächster Artikel sollte bereits in Arbeit sein, denn nichts hält Leser besser bei der Stange als die Aussicht auf neuen Lesestoff. Plane voraus, setze dir Deadlines und bleib produktiv. Ein Autor, der regelmäßig veröffentlicht, bleibt in den Köpfen der Leser präsent. Und vergiss nicht: Nutze den Schwung deines ersten Erfolgs, um deine Fangemeinde weiter auszubauen. Setze dir neue Ziele, experimentiere mit neuen Genres oder Formaten und bleib neugierig. Dein Erfolg ist nur der Anfang, die Reise geht weiter und sie wird immer spannender.

Leser gewinnen und halten, Deine Fangemeinde als Fundament.

Leser zu gewinnen ist eine Sache, sie zu halten eine ganz andere. Aber es ist genau das, was dich langfristig erfolgreich macht. Baue eine Beziehung zu deinen Lesern auf, sei präsent und authentisch und schaffe immer wieder neuen Content, der sie begeistert. Deine Fangemeinde ist das Fundament deines Erfolgs, pflege sie und sie wird mit dir wachsen.

5.16 Exkurs, Epilog:
Warum du niemals aufhören solltest, Geschichten zu erzählen.

Geschichten sind das Herz der Menschheit. Sie sind das, was uns verbindet, inspiriert und am Leben hält. Ob du es glaubst oder nicht, die Welt braucht deine Geschichten. Ja, genau deine. Nicht die kopierten, glatten Versionen, von denen du denkst, sie könnten jemandem gefallen. Sondern die echten, die rohen, die, die aus deinem Innersten kommen.

Schreiben ist nicht nur ein Handwerk, es ist ein Akt des Mutes. Es bedeutet, sich verletzlich zu zeigen, sich zu öffnen und die eigenen Gedanken, Gefühle und Erfahrungen mit der Welt zu teilen. Und ja, manchmal fühlt es sich an, als würdest du nackt in einem Raum voller Menschen stehen. Aber genau das macht es so kraftvoll.

Wenn du Geschichten erzählst, erschaffst du Welten. Du nimmst deine Leser mit auf eine Reise, zeigst ihnen neue Perspektiven und du berührst sie auf eine Weise, wie es sonst kaum möglich ist. Worte haben Macht. Sie können trösten, inspirieren, aufrütteln und verändern. Deine Geschichten haben das Potenzial, Menschen zu bewegen, vielleicht mehr, als du denkst.

Der Weg des Erzählers ist nicht immer einfach. Es gibt Zweifel, Schreibblockaden und manchmal auch harsche Kritik. Aber lass dich von nicht unterkriegen. Jede Herausforderung ist eine Gelegenheit, zu wachsen, zu lernen und besser zu werden. Das Wichtigste ist, dass du weitermachst. Denn jede Geschichte, die du erzählst, ist ein weiterer Schritt auf dem Weg, dein Potenzial voll auszuschöpfen. Schreiben ist eine Reise, kein Ziel. Es gibt immer mehr zu entdecken, mehr zu lernen und mehr zu erzählen. Solange du das Feuer in dir spürst, solange du Ideen hast, die raus müssen, solange du etwas zu sagen hast, schreib weiter! Die Welt braucht deine Stimme, deine Perspektive und deine Geschichten. Denn am Ende des Tages sind es die Geschichten, die uns ausmachen und die Welt ein Stück besser machen.

5.17 Exkurs, Bonus:
Die 10 größten Fehler beim Storytelling und wie du sie vermeidest.
1. Der lahme Anfang:
Wie du die ersten Seiten spannend machst.

Ein lahmer Anfang ist der Tod deiner Geschichte. Deine Leser entscheiden oft nach den ersten paar Seiten, ob sie weiterlesen oder das Buch zuklappen. Also pack sie von Anfang an. Wirf sie mitten ins Geschehen, lass sie sofort in deine Welt eintauchen. Spar dir die langen Einleitungen und Hintergrundinfos, die kannst du später einflechten.

2. Platter Plot:
Warum deine Handlung mehr als nur eine Abfolge von Ereignissen braucht.

Ein Plot ist nicht einfach eine Liste von Ereignissen. Ein guter Plot ist ein komplexes Geflecht aus Ursache und Wirkung, Spannung und Entspannung, Wendepunkten und Höhepunkten. Wenn deine Handlung nur von A nach B führt, wird es schnell langweilig. Gib deinem Plot Tiefe und Dimension, indem du überraschende Wendungen, unerwartete Herausforderungen und emotionale Konflikte einbaust.

3. Blasse Charaktere:
So gibst du deinen Figuren Farbe und Tiefe.

Blasse Charaktere sind wie fade Gewürze. Sie verleihen deiner Geschichte keinen Geschmack. Deine Figuren müssen leben, atmen und dem Leser ans Herz wachsen. Gib ihnen Fehler, Träume, Ängste und Geheimnisse. Lass sie wachsen, scheitern und wieder aufstehen. Je vielschichtiger deine Charaktere, desto mehr werden deine Leser mit ihnen mitfühlen.

4. Überladenes Ende:
Der Kunstgriff des Reduzierens für ein starkes Finale.

Ein überladenes Ende kann den besten Plot ruinieren. Versuche nicht, alle Handlungs-stränge bis ins letzte Detail zu erklären oder jeden Konflikt komplett aufzulösen. Das schwächt oft die Wirkung des Finales. Setze auf Klarheit und Konzentration. Lass das Ende kraftvoll, aber nicht überfüllt sein. Manchmal sind es die ungelösten Fragen, die deine Geschichte lange nachwirken lassen.

5. Zu viele Klischees:
Warum du die ausgetretenen Pfade vermeiden solltest.

Klischees sind die Feinde der Originalität. Sie sind die vorgefertigten Schablonen, die jeder schon tausendmal gesehen hat. Wenn du deine Leser wirklich packen willst, musst du frische, originelle Ideen liefern. Dreh Klischees um, spiel mit den Erwartungen deiner Leser, überrasche sie. Deine Geschichte sollte einzigartig sein, wie du selbst.

6. Langatmige Beschreibungen:
Wie du den richtigen Fokus findest.

Beschreibungen sind wichtig, aber zu viel davon kann die Geschichte ausbremsen. Deine Leser wollen in die Handlung eintauchen, nicht in endlose Details. Konzentriere dich auf die Details, die wirklich etwas zur Szene, zur Stimmung oder zur Charakterentwicklung beitragen. Weniger ist oft mehr, aber das Wenige sollte gut gewählt sein.

7. Übersehen von Logiklöchern:
Warum deine Geschichte Sinn ergeben muss.

Logiklöcher sind wie Stolperfallen, sie reißen den Leser aus der Geschichte. Jede Handlung deiner Charaktere muss Sinn ergeben, jeder Twist muss glaubwürdig sein. Wenn dein Leser das Gefühl bekommt, dass etwas nicht stimmt, verliert er das Vertrauen in deine Geschichte. Nimm dir die Zeit, alle Handlungsstränge logisch zu verknüpfen und sicherzustellen, dass alles in deiner Welt funktioniert.

8. Ignorieren des Tempos:
Wie du den richtigen Rhythmus findest.

Das Tempo deiner Geschichte ist entscheidend für den Lesefluss. Zu schnell und dein Leser wird überwältigt; zu langsam und er langweilt sich. Finde den richtigen Rhythmus, indem du actionreiche Szenen mit ruhigeren Momenten abwechselst. Spannende Wendungen und emotionale Höhepunkte sollten gut getaktet sein.

9. Mangel an emotionaler Tiefe:
Wie du deine Leser wirklich berührst.

Emotionen sind das Herz jeder Geschichte. Ohne sie bleibt alles flach und bedeutungslos. Deine Leser müssen fühlen, was deine Charaktere fühlen. Zeige, wie deine Figuren mit ihren Ängsten, Hoffnungen und Träumen ringen. Lass deine Leser lachen, weinen, hoffen und bangen, dann werden sie deine Geschichte nicht so schnell vergessen.

10. Das Happy-End: Warum ein starkes Ende wichtiger ist als ein glückliches.

Ein erzwungenes Happy-End kann eine großartige Geschichte ruinieren. Manchmal ist es besser, ein Ende zu schreiben, das bittersüß, offen oder sogar tragisch ist, wenn es der Geschichte gerecht wird. Ein starkes Ende hinterlässt einen bleibenden Eindruck und das muss nicht immer glücklich sein. Es sollte stimmig sein, die Geschichte abrunden und deine Leser mit einem Gefühl der Erfüllung zurücklassen.

Fehler vermeiden, Geschichten, die wirken.

Fehler gehören zum Schreibprozess dazu, aber sie sind auch die Stolpersteine, die du überwinden musst, um besser zu werden. Sei dir der häufigsten Fallen bewusst und arbeite daran, sie zu umgehen. Jede Geschichte hat das Potenzial, großartig zu sein, wenn du bereit bist, hart daran zu arbeiten, aus Fehlern zu lernen und nie aufzuhören, dich zu verbessern. Dein Ziel? Eine Geschichte, die deine Leser nicht nur lesen, sondern erleben.

Kapitel 6
EMAIL-MARKETING, DIREKT IN DEN POSTEINGANG UND INS HERZ DEINER KUNDEN

Warum Email-Marketing immer noch rockt

Du sitzt an deinem Schreibtisch, schreibst die perfekte Email-Kampagne und hörst im Hintergrund diese Stimme: »Emails sind tot. Niemand liest mehr Emails.« Diese Stimme ist wie das schlechte Gewissen nach einer Tüte Chips am Abend. Sie nervt und hat, genau wie der Kaloriengehalt dieser Chips, nicht recht. Email-Marketing lebt und blüht, während so mancher Trend schon längst ins digitale Nirwana übergegangen ist. Denken wir mal kurz an Myspace, Vine, Wer-kennt-wen und andere Modeerscheinungen, alle weg! Aber die Email? Die ist wie eine alte Jeans: Sie passt einfach immer.

Lass mich dir eine Reise durch die faszinierende Welt des Email-Marketings bieten. Es gibt Zahlen, Fakten, Beispiele und ganz viel Humor, um zu zeigen, dass dieses Medium immer noch mächtig ist wie du es in deinem Marketing-Mix richtig einsetzt. Zieh dich warm an, das wird eine Fahrt durch den digitalen Dschungel!

Jeder kennt diesen Mythos: »Emails? Wer liest heute noch Emails?« Solche Sprüche sind wie die Leute, die behaupten, Vinyl-Schallplatten wären ausgestorben. Nur um dann in ihrem Wohnzimmer stolz ihre 300er-Plattensammlung zu präsentieren. Die Wahrheit ist: Emails sind quicklebendig. Schätzungen zufolge werden jeden Tag über 300 Milliarden Emails weltweit verschickt. Das sind fast 4 Millionen Emails pro Sekunde. Ja, Sekunde. Emails sind ein bisschen wie Kakerlaken. Während soziale Netzwerke kommen und gehen, bleibt die Email bestehen. Sie ist einfach unverwüstlich. Und während Plattformen wie Facebook, Instagram und TikTok heiß um die Aufmerksamkeit kämpfen, bleibt die Email stabil wie ein Fels in der Brandung.

Stell dir vor: Dein Kunde sitzt morgens beim Frühstück, scrollt durch die neuesten Nachrichten und zack, da ist sie. Deine Email. Wie eine VIP-Einladung in den exklusivsten Club der Stadt. Kein Social-Media-Post, der irgendwo in einem unendlichen Strom von Memos

Mit KI trifft dein Email-Marketing genau ins Herz deines Kunden.

und Katzenvideos untergeht. Kein Blogbeitrag, der vielleicht gelesen wird, wenn der Nutzer den richtigen Suchbegriff eintippt. Nein, deine Email landet direkt im Posteingang, genau dort, wo sie hingehört. Der Posteingang ist wie der heilige Gral des Marketings. Du hast die volle Kontrolle darüber, wann deine Botschaft ankommt. Du entscheidest, welche Inhalte du sendest, wie oft und zu welcher Uhrzeit. Und das Beste: Deine Email wird meistens auch gelesen, sofern du nicht die Fehler machst, die wir später noch besprechen werden.

Warum? Weil Menschen ihre Emails lieben. Es ist das kleine Gefühl von Kontrolle im Chaos des digitalen Alltags. Jeder Klick auf »Posteingang aktualisieren« ist wie das Öffnen eines Adventskalenders. Manchmal ist es nur Werbung, aber manchmal ist es auch das eine Angebot, auf das man schon ewig gewartet hat.

Emails sind persönlicher, Punkt. Im Gegensatz zu Social-Media-Plattformen, wo du schreien musst, um überhaupt gehört zu werden, flüstert dir eine Email direkt ins Ohr. Sie ist wie eine Nachricht von einem Freund (auch wenn du vielleicht ein Unternehmen bist). Eine gute Email fühlt sich an wie ein Gespräch unter vier Augen. Du sprichst deine Empfänger direkt an, verwendest ihren Namen und schickst ihnen Inhalte, die genau auf ihre Interessen zugeschnitten sind. Vergiss nicht: Menschen lesen Emails, weil sie eine persönliche Beziehung zu dem Absender haben. Ob es die Lieblingsmarke ist, der exklusive Newsletter oder der persönliche Rabattcode. Die Beziehung, die du durch Email-Marketing aufbaust, ist stärker als bei jedem anderen Kanal.

Und jetzt stell dir mal vor: Social Media ist wie eine Party, bei der jeder lauter sein will als der andere. Du bist der DJ, der versucht, über die Menge hinweg seine Musik durchzubringen, während alle gleichzeitig reden. Bei Email-Marketing hingegen bist du der Gastgeber eines intimen Dinners. Du hast die volle Aufmerksamkeit deiner Gäste und das Gespräch geht nur zwischen dir und ihnen hin und her. Kein Lärm, keine Ablenkungen, nur du und dein Kunde.

Lass uns mal über Geld sprechen. Du willst ROI (Return on Investment), richtig? Also den größten Knall für dein Geld. Email-Marketing ist dabei der unangefochtene Champion. Während du für Anzeigen auf Social Media tief in die Tasche greifen musst und nicht mal sicher sein kannst, ob sie tatsächlich gesehen werden, sind Emails relativ günstig und liefern einen viel besseren Ertrag.

Wie gut? Es gibt Schätzungen, dass jeder in Email-Marketing investierte Euro im Durchschnitt 36 Euro zurückbringt. Wenn das keine Argumente sind! Versuche mal, eine ähnliche Quote bei PPC-Anzeigen (Pay-Per-Click) oder Display Ads zu erreichen. Emails erreichen den Kunden direkt, ohne dass ein Algorithmus dazwischenfunkt, der entscheidet, ob und wann deine Botschaft ausgespielt wird. Kein Social-Media-Dramaland, in dem du heute auf Wolke sieben bist und morgen wegen einer Änderung im Algorithmus aus allen Timelines verschwindest. Emails sind vielseitig, immer einsatzbereit und extrem effektiv.

Im Email-Marketing hast du keinen Gatekeeper. Niemand, der dir sagt, wann deine Nachricht gezeigt wird oder ob sie es überhaupt ins Sichtfeld deiner Zielgruppe schafft. Du hast den direkten Draht zu deinem Empfänger. Du kannst deine Botschaft so gestalten, wie es dir passt. Kein fieser Algorithmus, der deine Inhalte versteckt, wenn sie nicht »gut genug performen«. Das ist die Freiheit, die du in sozialen Netzwerken nicht hast. Wenn du Emails verschickst, gibt es keine schwankende Reichweite wie bei Facebook, Instagram oder TikTok. Du hast volle Kontrolle. Dein Inhalt landet direkt im Posteingang, wo er hingehört. Und du kannst sicher sein, dass er gelesen wird, solange du die Betreffzeile und den Inhalt richtig hinbekommst (dazu später mehr). Der Posteingang ist wie eine Direktverbindung zu deinem Kunden, ohne dass du durch den Dschungel von Kommentaren, Likes und Shares navigieren musst.

»Hallo [Vorname], du hast noch 10% Rabatt!«, Nichts schreit so sehr nach Ignoranz wie eine schlecht personalisierte Email. Aber wenn du es richtig machst, kann Personalisierung ein Game-Changer sein. Eine gut gemachte Email fühlt sich so an, als hättest du sie nur für den Empfänger geschrieben. »Wow, die wissen wirklich, was ich mag!«, das ist die Reaktion, die du willst. Personalisierung ist nicht nur die Verwendung des Vornamens. Es geht um das Verständnis der Interessen und Bedürfnisse deiner Kunden. Du musst wissen, was sie wollen, bevor sie es selbst wissen. Segmentiere deine Liste nach Vorlieben, Kaufhistorie und Verhalten. So erhält jeder genau die Botschaft, die ihn interessiert. Und das ist der Moment, in dem Magie passiert: Wenn sich dein Kunde verstanden fühlt, wird er reagieren. Sei es durch einen Kauf, einen Klick oder ein einfaches »Danke«.

Personalisierte Emails haben eine um bis zu 29 % höhere Öffnungsrate und 41 % höhere Klickrate als allgemeine Nachrichten.

Warum? Weil sie relevant sind. Niemand mag generische Massenmails. Die landen sofort im Papierkorb. Aber eine Email, die das Interesse des Empfängers trifft, wird geöffnet und gelesen.

Es gibt dieses Sprichwort: »Timing ist alles«. Und im Email-Marketing könnte es nicht wahrer sein. Der beste Inhalt bringt dir nichts, wenn du ihn zum falschen Zeitpunkt verschickst. Du musst wissen, wann deine Zielgruppe ihre Emails liest und das kann variieren.

Willst du ihnen am Montagmorgen auf die Nerven gehen, wenn sie eh schon vom Wochenstart gestresst sind? Wahrscheinlich nicht die beste Idee. Aber am Donnerstag gegen Mittag, wenn die Arbeitswoche fast geschafft ist und die Laune steigt, sind sie vielleicht viel eher bereit, sich deinen Newsletter anzuschauen. Oder wie wäre es mit automatisierten Emails, die direkt nach einem Kauf verschickt werden? Zum Beispiel eine Dankes-Mailoder eine »Hey, das könnte dir auch gefallen«-Empfehlung. Du erwischst deine Kunden genau dann, wenn sie am empfänglichsten sind, das ist Timing!

Die Kunst des Betreffs ist deine Tür zum Erfolg. Der Betreff einer Email ist wie der Türsteher vor einem Club. Wenn er gut ist, lässt er dich rein. Wenn er schlecht ist, wirst du abgewiesen. Und seien wir ehrlich: Es gibt kaum etwas Schwierigeres, als eine perfekte Betreffzeile zu schreiben. Du hast vielleicht die besten Inhalte überhaupt, aber wenn deine Betreffzeile langweilig ist, wird deine Email nie geöffnet. Der Schlüssel liegt darin, Neugier zu wecken, aber nicht zu viel zu verraten. Die besten Betreffzeilen sind kurz, knackig und gehen direkt auf das ein, was dem Empfänger wichtig ist.

Aber Vorsicht vor Clickbait! Ein reißerischer Betreff mag die Öffnungsrate kurz in die Höhe treiben, aber wenn der Inhalt nicht hält, was er verspricht, wird deine Marke schnell an Glaubwürdigkeit verlieren. Versuche stattdessen, Mehrwert zu kommunizieren: »Sichere dir heute 20 % auf dein Lieblingsprodukt« ist klar, direkt und verlockend. Und vor allem, es hält, was es verspricht.

Die goldene Formel: Wer, Was, Wann

Willkommen zu einem der besten Geheimnisse des Email-Marketings: Die heilige Dreifaltigkeit, Wer, Was, Wann. Oder einfacher ausgedrückt: Wenn du weißt, wer deine Emails liest, was du ihnen schicken solltest und wann der richtige Moment ist, sie zu erreichen, bist du fast unaufhaltbar.

Stell dir vor, du bist ein Rockstar auf einer Bühne (natürlich, im Email-Marketing bist du der Rockstar). Du hast die perfekte Setlist (den Inhalt), weißt genau, welches Publikum vor dir steht (Segmentierung) und die Show beginnt genau zur besten Zeit, kurz bevor alle ausrasten und deine Musik am meisten feiern (Timing). Wenn du eines davon verkackst, verpasst du den Applaus und im Email-Marketing endet das mit einer bitteren Realität: niedrigen Klickraten und gelangweilten Empfängern, die dich einfach wegklicken. Also, lasst uns tief in diese magische Formel eintauchen.

6.1 Wer: Dein Publikum verstehen (und lieben lernen).

Lass uns ehrlich sein: Niemand, wirklich niemand, liest gerne eine Email, die völlig an den eigenen Interessen vorbeigeht. Stell dir vor, du bekommst eine Email über Katzenspielzeug, obwohl du eine Vorliebe für Hunde hast. Das fühlt sich an, als ob jemand dir den falschen Kaffee serviert. Du willst doch kein Cappuccino, wenn du ein Espresso-Typ bist, oder?

Segmentierung ist der Schlüssel. Denn im Email-Marketing geht es nicht darum, mit der Schrotflinte auf alles zu schießen, was sich bewegt. Es geht darum, zielsicher und präzise die Personen zu treffen, die wirklich interessiert sind. Also: Kennst du dein Publikum? Wirklich? Wer sind die Leute, die deine Emails lesen? Was treibt sie an? Was haben sie am letzten Wochenende gemacht? Gut, du musst nicht alles wissen, aber du solltest eine verdammt gute Vorstellung haben, was sie wollen. Segmentierung ist das Gegenteil von »One size fits all«. Hier wird jeder Leser in eine Kategorie gepackt, die seiner Realität am nächsten kommt. Denke an eine Party: Du hast die Leute, die am liebsten auf der Couch sitzen und quatschen, die, die sofort auf die Tanzfläche springen und die, die die ganze Zeit am Buffet stehen. Für jede dieser Gruppen brauchst du eine andere Taktik, wenn du sie bei Laune halten willst.

Hier sind einige der besten Wege, dein Publikum zu segmentieren.

Demografische Segmentierung: Alter, Geschlecht, Einkommen, Wohnort. Das sind die Basics. Diese Informationen helfen dir, einen groben Überblick zu bekommen. Ein Rentner interessiert sich vielleicht nicht für das neueste Smartphone, während ein junger Student nicht viel mit Gartengeräten anfangen kann. (Es sei denn, wir sprechen von einem besonders nerdigen Studenten mit einem Faible für Pflanzen.)

Verhaltensbasierte Segmentierung: Wie haben sie bisher auf deine Emails reagiert? Öffnen sie regelmäßig deine Nachrichten, oder bist du nur ein Staubfänger in ihrem Posteingang? Menschen, die schon einmal bei dir gekauft haben, sollten anders angesprochen werden als jemand, der nur deinen Newsletter abonniert hat, weil er einen Rabatt wollte und dann nie wieder von sich hören ließ.

Psychografische Segmentierung: Jetzt wird's persönlich. Hier gehst du tiefer und segmentierst nach Lebensstil, Interessen und Werten. Wenn du deine Email-Liste wirklich im Griff hast, weißt du, ob jemand ein Fitness-Freak, ein Hobbykoch oder ein Serienjunkie ist. Und du sprichst ihn genau mit den Themen an, die ihn fesseln.

Kaufhistorie und Verhalten: Wenn jemand schon mehrmals bei dir eingekauft hat, dann weißt du, was er mag. Nutze dieses Wissen! Wenn ein Kunde regelmäßig deine Premiumprodukte kauft, dann schicke ihm nicht deine »Spar-Angebote«, sondern zeig ihm die neusten, luxuriösen Produkte. Kurz gesagt: Mach aus deinen Kundendaten dein Gold!

Wenn du dein Publikum nicht segmentierst, schickst du im Prinzip jedem das gleiche, fade Menü. Stell dir vor, du würdest bei einem Fünf-Gänge-Menü einfach jedem ein Marmeladenbrot servieren. Wird schon passen, oder? Natürlich nicht!

Also: Verstehe dein Publikum, dann weißt du auch, was es braucht. Okay, du willst also segmentieren. Aber wie sammelst du all die Daten, die du brauchst? Wie findest du heraus, ob dein Kunde ein Veganer ist, oder ob er im letzten Monat lieber Hundefutter als Katzenspielzeug gekauft hat?

Hier sind einige Möglichkeiten, wie du wertvolle Infos bekommst, ohne dass deine Kunden sofort das Gefühl haben, du würdest sie ausspionieren:

Formulare: Ein Klassiker. Du kannst Anmeldeformulare so gestalten, dass du direkt Informationen über die Vorlieben deiner Abonnenten bekommst. Aber Vorsicht: Niemand will ein endlos langes Formular ausfüllen. Halte es kurz, aber präzise. Frage nach den Dingen, die wirklich relevant sind, Geschlecht, Altersgruppe und was sie am meisten interessiert.

Umfragen und Quizze: Das macht sogar Spaß. Quizze wie »Welcher Produkttyp bist du?« oder »Finde dein perfektes Paar Schuhe« sind eine unterhaltsame Art, Infos zu sammeln. Gleichzeitig bekommst du wertvolle Einblicke in die Vorlieben deiner Kunden und sie haben nicht mal das Gefühl, dass sie dir ihre Lebensgeschichte aufdrängen.

Tracke ihr Verhalten: Moderne Email-Marketing-Tools können verfolgen, was deine Abonnenten anklicken (z. B. Tagging bei **Klick Tipp**, **CleverReach** etc.), welche Emails sie öffnen und wie oft sie deine Website besuchen. Dieses Verhalten gibt dir einen klaren Einblick in ihre Interessen. Wenn jemand regelmäßig auf deine »Fitness-Produkte der Woche« klickt, dann weißt du, dass dieser Kunde höchstwahrscheinlich an neuen Sportartikeln interessiert ist.

Kaufhistorie: Wie bereits erwähnt, ist das Wissen, was jemand bereits gekauft hat, Gold wert. Du kannst gezielt Produkte anbieten, die dazu passen oder ihm Updates zu seiner Bestellung schicken. Personalisierung in ihrer reinsten Form.

Nun, da du deine Segmente hast, ist es an der Zeit, deine VIPs entsprechend zu behandeln. Du willst nicht jedem die gleiche Nachricht schicken, sondern gezielt Inhalte an bestimmte Gruppen anpassen. Wenn jemand schon ein treuer Kunde ist, dann überrasche ihn mit einem exklusiven Rabatt oder einem Vorabzugang zu neuen Produkten. Wenn jemand immer wieder deine »How-to«-Inhalte liest, dann biete ihm doch mal ein ausführliches E-Book an. Gib den Leuten das Gefühl, dass sie etwas Besonderes sind und sie werden es dir mit Loyalität und Klicks danken.

6.2 Was: Der Inhalt, der zählt.

Du weißt jetzt, wer deine Emails lesen sollte. Jetzt geht es darum, was du ihnen schickst. Und hier trennt sich die Spreu vom Weizen. Der Inhalt ist König, aber wie der König regiert, ist entscheidend. Wenn du den falschen Inhalt verschickst, wirst du schnell im Spam-Ordner landen oder schlimmer noch: Du wirst ignoriert. (Und in der digitalen Welt ist ignoriert werden fast so schlimm wie in den Spam-Ordner zu rutschen.)

Es gibt diesen Begriff »Mehrwert«. Das klingt erst mal schick, aber was bedeutet das wirklich? Ganz einfach: Deine Emails müssen etwas bieten, das der Empfänger als wertvoll empfindet. Wenn du ihm ständig Dinge schickst, die ihn nicht interessieren, dann fühlt sich deine Email wie ein Kaugummi an, der seinen Geschmack verloren hat. Er spuckt dich aus. Mehrwert kann viele Formen annehmen:

Exklusive Angebote: Das ist der Klassiker. Ein Rabattcode, der nur für Newsletter-Abonnenten gilt. Oder ein Vorabzugang zu einem neuen Produkt, bevor es offiziell auf den Markt kommt. Menschen lieben das Gefühl, Teil eines exklusiven Zirkels zu sein.

Wissen und Informationen: Wenn du keine Rabatte oder Angebote hast, dann biete deinen Lesern Wissen. Schicke ihnen Tipps, Anleitungen oder interessante Infos, die sie nirgendwo anders finden. Wenn du beispielsweise einen E-Commerce-Shop für Outdoor-Artikel betreibst, dann versorge deine Kunden mit »Survival-Tipps für den nächsten Camping-Trip« oder »Wie du deine Ausrüstung richtig pflegst«.

Unterhaltung: Ja, auch das kann Mehrwert sein. Es muss nicht immer ernst sein. Unterhalte deine Abonnenten mit einer witzigen Geschichte oder einem lustigen Fakt. Menschen öffnen gerne Emails, wenn sie wissen, dass sie kurz unterhalten werden, bevor sie in den Alltag zurückkehren.

Dein Ziel ist es, dass deine Emails mehr sind als nur »Werbung«. Sie sollten eine kleine, wertvolle Überraschung im Posteingang sein. Stell dir vor, deine Email ist das »Happy Meal« der digitalen Welt. Mit einem kleinen Extra, das den Tag deines Empfängers ein kleines bisschen besser macht.

6.3 Der »Wann«-Moment im Email-Marketing. Dein geheimer Schlüssel.

Die Frage nach dem »Wann« ist wie das perfekte Timing für den letzten Espresso am Nachmittag. Triffst du es, wird der Empfänger wach und aufmerksam, verpasst du es, landest du im Spam oder in der Ablage »Les ich später, oder nie«.

Also, wann ist der richtige Moment?

Die besten Ergebnisse erzielst du, wenn du verstehst, wann dein Publikum seine Emails checkt. Überlege, wer deine Zielgruppe ist: Morgens beim Kaffee (B2B-Klientel), nach Feierabend (B2C, Hobbyisten), oder am Wochenende für die besonders tiefen Newsletter?

Statistiken sagen oft, Dienstag oder Donnerstag sind die perfekten Tage, genug Zeit nach dem Wochenstart und noch vor dem Wochenend-Modus. Doch Vorsicht: Teste lieber anstatt blind den Statistiken zu vertrauen! Die Interessen deiner Zielgruppe könnten abweichen.

Test, test, test! Probier es aus. Versende zu unterschiedlichen Zeiten und analysiere die Öffnungsraten. So findest du den magischen Zeitpunkt für deine Empfänger. Und denk dran: Das optimale Timing kann sich ändern, also bleib dran und passe dein Timing an. Also, finde das Timing, wo deine Email zwischen Kaffee und To-Do-Liste springt, dann wirst du gelesen.

Das richtige Wann, jetzt powered by KI.

Nutze KI-Tools wie **Mailchimp's Send Time Optimization** oder **HubSpot**'s Smart Send, die sich ins Hirn deines Empfängerprofils hacken (keine Sorge, ganz legal!) und herausfinden, wann die Neugier am größten ist. Morgens vor dem Kaffee? Abends nach Feierabend? Die KI kennt ihre Pappenheimer.

Datengetriebenes Timing: Vergiss die allgemeine Faustregel »Dienstags und Donnerstags«, die ist sowas von 2020. Deine KI analysiert jetzt, wann deine Zielgruppe wirklich klickt und liest. Und das Coole: Diese Algorithmen passen sich ständig an. Damit bleibst du flexibel, während die Tools sich den aktuellen Trends und Öffnungszeiten anpassen.

Lass die KI testen: Tools wie **Brevo** oder **Campaign Monitor** bieten A/B-Tests und sogar Predictive Analytics, um die besten Versandzeiten zu optimieren. Statt einfach draufloszusenden, probierst du aus und findest so dein magisches Timing, quasi das frische Brot deiner Email-Kommunikation. Dank KI versendest du deine Emails, wenn das Timing perfekt ist, anstatt einfach auf gut Glück. Denn dein Algorithmus kennt die Uhrzeit besser als die innere Uhr deines Kunden.

6

6.4 Zielgruppendefinition: Wen willst du auf deiner Liste haben?

Bevor du die Tasten deiner Email-Kampagne zum Glühen bringst, stellt sich eine zentrale Frage: Wer soll überhaupt deine Inhalte erhalten? Kurz gesagt, du willst eine hochgradig relevante Liste. Kein Haufen uninteressierter Empfänger, die deine Mails ungelesen in den digitalen Papierkorb befördern. Deine Zielgruppe ist nicht einfach »alle«. Sie besteht aus den Menschen, die wirklich einen Mehrwert aus deinem Angebot ziehen. Hier geht es ans Eingemachte.

Wer sind die Ideal-Abonnenten?

Setze auf klare Zielgruppensegmente: Frag dich, wer konkret von deinem Angebot profitiert. Welche Interessen, Bedürfnisse und Probleme haben diese Personen? Mit einem umfassenden KI-Tool wie **HubSpot** kannst du Segmentanalysen durchführen, die dir helfen, tief in die Lebenswelt deiner Wunschabonnenten einzutauchen. Stell dir vor, du bist in ihrem Alltag: Was beschäftigt sie? Welche Herausforderungen lösen sie mit deinen Produkten oder Inhalten? Je genauer du das Bild deiner Zielgruppe skizzierst, desto genauer wird dein Fokus und desto erfolgreicher deine Kampagnen.

Personas entwickeln, deine idealen Kunden als »Charaktere«.

Nutze das klassische Persona-Konzept, aber bring es auf's nächste Level. Gib deinen idealen Abonnenten fiktive Namen und Berufe. Ist es »Anna, die SEO-Agenturleiterin« oder »Max, der Marketingstudent«? Solche Personas helfen dir, jede Nachricht als direkte Ansprache zu gestalten. Moderne KI-Tools wie Adobe Analytics können sogar spezifische Interessensgruppen identifizieren und so die Erstellung realistischer und anpassbarer Personas unterstützen. Dadurch entsteht das Gefühl, du sprichst im Newsletter jeden Empfänger persönlich an. Das schafft Vertrauen und Nähe.

Segmentierung: Zielgruppen nach Interessen unterteilen.

Segmentiere deine Abonnenten, um zielgerichtete Inhalte zu versenden. Denn: Ein Einsteiger im Thema KI braucht andere Infos als ein fortgeschrittener Technik-Nerd. Überlege, welche Kategorien für deine Zielgruppe Sinn machen, nach Erfahrungslevel, Berufsfeld, Interessen, Alter oder sogar regional.

Tools wie **Mailchimp** oder **ActiveCampaign** bieten Optionen zur automatisierten Segmentierung, sodass jede Email wie maßgeschneidert wirkt. Und das Beste? Die richtige Segmentierung sorgt für mehr Interaktionen und eine höhere Conversionrate. So machst du aus deiner Liste nicht nur eine Ansammlung an Kontakten, sondern eine Community.

Botschaften, die ins Schwarze treffen.

Wenn du genau weißt, wer auf deiner Liste stehen sollte, wird jede Email zur präzisen Botschaft. KI-gestützte Algorithmen helfen dir sogar, die perfekte Wortwahl und Tonalität zu wählen. Das Ergebnis? Eine Nachricht, die bei jedem Empfänger wirklich ankommt. Mit einer klar definierten Zielgruppe und einer feinen Segmentierung wird jede Mail eine Punktlandung, kein Streufeuer, sondern ein gezielter Volltreffer!

6.5 Plattformen und Tools: Die richtige Technik wählen.

Du hast deine Zielgruppe glasklar im Kopf und bist bereit, deine Email-Liste so richtig in Schwung zu bringen. Aber bevor du loslegst, brauchst du das passende Equipment. Ohne das richtige Werkzeug bleibt deine Marketing-Strategie nur ein Plan auf Papier.

Die Wahl der richtigen Email-Marketing-Plattform ist wie das Finden des perfekten Schuhs für eine Bergtour: Es muss zu dir passen und dir den nötigen Schub geben. Die bekanntesten Namen sind **Mailchimp, ConvertKit, CleverReach, Klick-Tipp** und **ActiveCampaign**. Aber hier geht es nicht darum, den lautesten Anbieter zu wählen, sondern die Plattform, die deinen Bedürfnissen am besten gerecht wird. **Mailchimp** ist der Allrounder: leicht zu bedienen, aber mit genug Power, um auch größere Kampagnen zu meistern. **ConvertKit** ist ideal für Content Creators, die nicht nur schicke Emails, sondern ein echtes Erlebnis für ihre Abonnenten schaffen wollen. Es bietet dir Tools, um Inhalte gezielt zu steuern und Leser individuell abzuholen. **ActiveCampaign** bringt das

Ganze noch eine Stufe höher und bietet Automatisierungstools auf einem Level, das fast schon unheimlich ist, perfekt, um deine Marketingstrategie bis ins Detail durchzuplanen. **CleverReach** zeichnet sich durch einen intuitiven Drag-and-Drop-Editor, umfangreiche Automatisierungsfunktionen, detaillierte Analysen und DSGVO-konformen Versand aus. **KlickTipp** ist durch ein tagbasiertes Kontaktmanagement, umfangreiche Automatisierungs-funktionen und DSGVO-Konformität besonders für Unternehmen im deutschsprachigen Raum geeignet. Weitere Tools, die dein Arsenal komplett machen könnten, sind **Hub-Spot Marketing Hub**, **rapidmail**, **Brevo**, **GetResponse**, **Mailingwork**, **EASY2**, **Evalanche**, **Bloomreach**, **ELAINE**, **Inxmail**, **Optimizely Campaign**, **Salesforce Marketing Cloud**, **eworx Marketing Suite**, **Braze**, **AIC Marketing Automation** oder **JUNE - Online Marketing Cloud**. Achte darauf, dass deine Wahl nicht nur zu deinem Stil passt, sondern auch gut mit deiner Website und deinen Social-Media-Kanälen verknüpft werden kann. Je intuitiver die Plattform, desto mehr Zeit bleibt dir für das, was wirklich zählt: Killer-Emails zu schreiben und deine Liste wachsen zu lassen.

6.6 Lead-Magneten erstellen: So zieht KI deine ersten Abonnenten an.

Dein Schlüssel zu einer wachsenden Email-Liste ist ein Lead-Magnet, der mehr kann als nur das Interesse deiner Zielgruppe zu wecken. Er soll sie magnetisch anziehen. Hier hilft dir KI: Moderne KI-Tools analysieren, was potenzielle Abonnenten wirklich interessiert sorgen dafür, dass dein Angebot passgenau auf ihre Bedürfnisse abgestimmt ist.

KI-gestützte Bedarfsanalyse: Was wollen deine Abonnenten?

Statt im Dunkeln zu tappen, analysiert KI detailliert, welche Inhalte und Formate bei deinen Besuchern am besten ankommen. Tools wie **Surfer SEO** oder **MarketMuse** scannen dein Publikum und erstellen Profile über deren Interessen und Informationsbedarfe. Mit diesen Daten kannst du Lead-Magneten entwickeln, die garantiert anziehen, sei es ein E-Book, eine Checkliste oder ein Webinar.

E-Books: KI-gestützte Content-Tools wie **Copy.ai** oder **ChatGPT** erstellen und formatieren Content blitzschnell, sodass du Inhalte erstellen kannst, die präzise auf die Bedürfnisse deiner Zielgruppe abgestimmt sind. Ein E-Book über »10 Must-have KI-Tools für Unternehmen« könnte für technik-affine Nutzer unwiderstehlich sein.

Checklisten und Guides: Tools wie **Notion AI** helfen dir, übersichtliche Checklisten zu entwickeln und automatisch zu personalisieren. Eine »KI-optimierte Checkliste für Marketingkampagnen« könnte deine Besucher ansprechen, da sie praxisorientierte Unterstützung bietet.

Personalisierung durch KI, Wie man Lead-Magneten individuell gestaltet.

Nimm mal an, du bietest einen Lead-Magneten an, der sich automatisch an den jeweiligen Nutzer anpasst. Hyperpersonalisierungs-Tools wie **Dynamic Yield** nutzen KI, um Inhalte mdynamisch zu gestalten. So kann ein Student etwas anderes erhalten als ein erfahrener Manager, obwohl sie beide dieselbe Anmeldung ausfüllen.

Mit KI kannst du Segmentierung auf ein neues Level heben. Eine interaktive Quiz-Abfrage zum Beispiel kann über **Typeform** oder **Leadquizzes** erstellt werden und hilft dir, die Vorlieben deiner Besucher zu identifizieren. Das Ergebnis könnte sein, dass sie nicht nur etwas über KI erfahren, sondern ein individuell angepasstes Whitepaper oder sogar eine KI-gestützte Empfehlungsliste erhalten.

Platzierung und Testen: Den Lead-Magneten intelligent positionieren.

Wo sollte der Lead-Magnet sein? KI-gestützte A/B-Tests helfen hier enorm. Tools wie **Optimizely, VWO** oder **Neurons** analysieren, welche Position auf deiner Website am besten konvertiert, sei es im Header, als Popup oder in der Seitenleiste. KI analysiert die Performance deines Lead-Magneten kontinuierlich und passt die Platzierung automatisch an, um die Conversionrate zu maximieren. So kannst du sicherstellen, dass dein Angebot immer am sichtbarsten Punkt ist, quasi wie das Sonderangebot im Supermarkt direkt vor der Kasse.Ein Lead-Magnet ist nicht mehr nur ein nettes Goodie. Dank KI wird er zu einer maßgeschneiderten Einladung, die den Besucher mit Mehrwert überrascht. Dein Angebot wird so relevant und nützlich.

6.7 Opt-in-Formulare: Das Tor zu deiner Email-Liste.

Dein Lead-Magnet hat die Aufmerksamkeit deiner Besucher sicher im Griff. Jetzt musst du sie mit einem gut gestalteten Opt-in-Formular in Abonnenten verwandeln. Aber

Achtung: Ein Standardformular reicht hier nicht. Mit KI-Optimierung wird dein Formular zum interaktiven Anziehungspunkt.

Einfachheit durch intelligente KI-Analysen.

Verzichte auf komplexe Datenabfragen, denn mehr Felder bedeuten oft höhere Absprungraten. Nutze stattdessen Tools wie **Typeform** oder **Jotform**, die KI-gestützt Empfehlungen zu den effektivsten Formularfeldern geben. KI kann dir hier sogar helfen, Daten wie Standort oder Interessen zu prognostizieren und automatisch anzupassen, ohne dass der Nutzer alles manuell eingeben muss. Durch KI wird sogar das einfache Formular noch ansprechender. Tools wie **HubSpot** analysieren, welche Informationen wirklich benötigt werden und lassen unnötige Felder automatisch weg. So bleibt das Formular schlank und die Absprungrate niedrig.

Strategische Platzierung mit KI-gestützten Heatmaps.

Wo sollen deine Formulare erscheinen? KI-Tools wie **Hotjar** oder **Crazy Egg** zeigen dir Heatmaps, die genau aufzeigen, wo Nutzer am häufigsten interagieren. So weißt du, ob das Formular besser auf der Startseite, im Blog oder als dezentes Popup bei Kauf- oder Klicksignalen erscheinen sollte.

Popups haben eine schlechte Reputation, wenn sie wahllos auftauchen. **OptiMonk** oder **Sleeknote** nutzen KI, um Popups nur dann anzuzeigen, wenn Besucher ein bestimmtes Interesse oder eine Verweildauer auf der Seite erreicht haben. Das sorgt für ein gezieltes, persönliches Erlebnis, ohne nerviges Unterbrechen.

Visuelle Gestaltung mit KI-gesteuerten A/B-Tests.

Farbe, Stil, Texte optimieren: Die Optik muss stimmen das lässt sich mit KI sehr präzise anpassen. Nutze Tools wie **Unbounce** oder **VWO**, um A/B-Tests für verschiedene Formulare zu erstellen lass die KI analysieren, welche Button-Farben, Texte und Designs deine Conversionrate in die Höhe treiben. Ein prägnanter CTA wie »Hol dir jetzt dein kostenloses E-Book!« spricht besser an als ein neutrales »Anmelden«. KI-gestützte Textoptimierungstools wie **Copy.ai** oder **Persado** passen Texte dynamisch an, um Besucher optimal anzusprechen.

KI hebt dein Opt-in-Formular auf ein neues Level.

Mit dem richtigen Einsatz von KI wird dein Opt-in-Formular nicht nur zu einer einfachen Datensammelstelle, sondern zu einem echten Konversions-Booster. Dank smarter Platzierung, gezieltem Design und Datenoptimierung werden deine Abonnenten nicht nur durch das Formular »schlüpfen«, sondern mit einem Lächeln unterschreiben.

6.8 Landing Pages: Zielgerichtete Seiten für deine Abonnenten.

Landing Pages sind keine allgemeinen Webseiten, sondern gezielte Ziele, die Besucher dazu bringen sollen, eine konkrete Aktion durchzuführen, zum Beispiel die Anmeldung für deine Email-Liste. Ihr Zweck ist klar definiert alles auf der Seite sollte darauf ausgelegt sein, dass Besucher überzeugt werden und zur Handlung schreiten.

Die erste Voraussetzung für eine funktionierende Landing Page ist eine klare Botschaft. Vermeide unnötige Elemente und konzentriere dich auf das Wesentliche: Dein Angebot sollte sofort verständlich sein. Mithilfe von KI-Tools wie **Copy.ai** oder **Jasper** kannst du verschiedene Textvarianten erstellen lassen, die den Nutzen deines Angebots präzise und auf den Punkt bringen. So wird dein Lead-Magnet zum Hauptdarsteller auf der Seite und verlockt Besucher dazu, sich einzutragen.

Ein sauberes und übersichtliches Design sorgt für eine einfache Orientierung. **Unbounce** und **Instapage** bieten dir praktische Tools, um deine Seite mit klaren Strukturen aufzubauen. Mithilfe von KI-Analysen schlagen diese Plattformen Positionen für wichtige Elemente wie Call-to-Action-Buttons vor, basierend auf bewährten Konversionsdesigns. Wähle eine auffällige Farbe für deinen CTA-Button und sorge dafür, dass der Besucher intuitiv weiß, wo er klicken soll.

Vertrauen ist ebenfalls ein wichtiger Faktor für eine erfolgreiche Landing Page. Echtzeit-Plugins wie **TrustPulse** zeigen automatisch, welche Aktionen andere Nutzer auf der Seite durchgeführt haben, zum Beispiel erfolgreiche Anmeldungen. Auch Bewertungen und Testimonials haben eine überzeugende Wirkung. Tools wie **Yotpo** integrieren Kundenbewertungen automatisch an der passenden Stelle und steigern so die Glaubwürdigkeit deiner Seite. Um die beste Version deiner Landing Page zu finden, setze auf A/B-Testing. Mit **Neurons** oder **VWO** kannst du verschiedene Varianten testen, beispielsweise unterschiedliche Überschriften oder CTA-Texte. Die Tools sammeln Daten über die Performance der Seiten und analysieren, welche Version am besten konvertiert. So hast du die Möglichkeit, die Effektivität deiner Landing Page kontinuierlich zu steigern.

Durch den Einsatz von KI wird deine Landing Page nicht nur einladend, sondern auch strategisch optimiert, sodass sie genau das tut, wofür sie da ist: Besucher überzeugen und neue Abonnenten gewinnen.

6.9 Content-Strategie für Email-Marketing: Mehrwert für deine Abonnenten.

Du hast die Email-Adresse deines Abonnenten. Jetzt musst du ihm zeigen, dass er dafür echten Mehrwert bekommt. Eine durchdachte Content-Strategie ist das A und O, um langfristig zu überzeugen. Jede Email sollte Mehrwert bieten, unterhalten und informieren. Nur so bleiben deine Abonnenten interessiert und engagiert.

Beginne mit einem Redaktionsplan für deine Email-Kampagnen. Lege fest, welche Themen und Produkte du präsentieren möchtest und plane, wie du kontinuierlich Mehrwert bietest. Die Frequenz ist entscheidend: Bleibe regelmäßig in Kontakt, aber vermeide eine Email-Flut. Niemand möchte im Posteingang überfordert werden.

Für abwechslungsreiche Inhalte sorgt ein Mix aus informativem Content, exklusiven Angeboten, persönlichen Einblicken und Geschichten, die für Unterhaltung sorgen. Jede Email sollte eine kleine Überraschung bereithalten, etwas, das die Leser neugierig auf die nächste Nachricht macht. Storytelling spielt hier eine große Rolle: Geschichten über dein Unternehmen, deine Produkte oder Kunden schaffen eine emotionale Verbindung. Fakten allein können das nicht; Menschen erinnern sich besser an Geschichten und empfinden eine tiefere Bindung.

Damit deine Emails auch tatsächlich geöffnet werden, ist der Betreff entscheidend. Der Betreff ist der erste Eindruck, den deine Nachricht macht sollte entweder Neugier wecken, einen klaren Mehrwert signalisieren oder spannend klingen. Verschiedene

Betreffzeilen lassen sich durch A/B-Tests ausprobieren, sodass du genau herausfindest, was bei deiner Zielgruppe am besten ankommt.

6.10 Automatisierung: Dein Marketing auf Autopilot setzen.

Automatisierung im Email-Marketing ermöglicht dir, deine Nachrichten so zu konfigurieren, dass sie automatisch zur richtigen Zeit an die richtigen Empfänger verschickt werden. Es ist wie ein unsichtbarer Assistent, der den Alltag im Marketing erleichtert und dir wertvolle Zeit spart.

Willkommensserie einrichten.

Die Willkommensserie ist der erste Eindruck, den neue Abonnenten von dir und deinem Unternehmen bekommen. Automatisierte Tools wie **ActiveCampaign** oder **Mailchimp** ermöglichen dir, eine Abfolge von Emails zu planen, die automatisch ausgelöst wird, sobald sich jemand für deine Liste anmeldet. Diese Serie sollte deine Geschichte erzählen und klare Erwartungen setzen: Was bietet dein Unternehmen? Welchen Mehrwert kann der Abonnent erwarten?

Trigger-basierte Emails.

Automatisierung geht jedoch weit über die Willkommensserie hinaus. Trigger-basierte Emails werden durch spezifische Aktionen deiner Abonnenten ausgelöst, z. B. wenn jemand ein Produkt im Warenkorb zurücklässt oder eine Zeit nach dem Kauf zusätzliche Tipps benötigt. Plattformen wie **HubSpot** und **Klaviyo** erlauben es, diese Ereignisse in Echtzeit zu verfolgen und personalisierte Nachrichten automatisch zu versenden. So erreichst du den Kunden genau im richtigen Moment, ohne manuell einzugreifen.

Komplexe Kampagnen für langfristige Bindung.

Mit Automatisierung lassen sich auch mehrstufige Kampagnen entwickeln, die über Wochen oder Monate laufen. Das Einrichten solcher Sequenzen mag anfangs zeitintensiv sein, doch wenn sie erst einmal stehen, laufen sie selbstständig und generieren kontinuierlich Ergebnisse. Egal, ob es um Upselling nach einem Kauf oder das Anstoßen eines Produktinteresses durch eine saisonale Kampagne geht, eine gut geplante Automatisierung wirkt wie ein Autopilot.

Automatisierung bringt zudem den Vorteil, dass sie unabhängig von der Anzahl deiner Abonnenten funktioniert. Ob du 100 oder 10.000 Abonnenten hast, die Effizienz bleibt gleich. So wird die Automatisierung zum Turbo für dein Email-Marketing, weil sie bei minimalem Aufwand maximale Ergebnisse liefert. Automatisierung ist der Schlüssel zu exzellentem Email-Marketing. Sie sorgt für Struktur und konstante Ergebnisse, während du dich auf andere Kernaufgaben konzentrieren kannst und dein Email-Marketing läuft im Hintergrund weiter und generiert Umsatz.

6.11 Listenwachstum: Fortgeschrittene Techniken für mehr Abonnenten.

Um dein Listenwachstum zu steigern, helfen fortgeschrittene Techniken. Kooperationen mit Partnern und Influencern sind ein mächtiger Hebel. Mit den richtigen Partnern erreichst du eine Zielgruppe, die bereits an deinem Thema interessiert ist. Überlegt euch gemeinsame Aktionen, die beide Zielgruppen ansprechen, wie etwa ein Webinar oder ein exklusives Angebot. Durch Influencer-Marketing nutzt du die vertrauensvolle Beziehung, die diese Persönlichkeiten zu ihrem Publikum haben. Ihre Empfehlung kann das Vertrauen deiner Zielgruppe deutlich schneller gewinnen als eine klassische Werbeanzeige.

Auch Social Media bietet viel mehr als nur Likes und Shares. Nutze deine Kanäle gezielt, um auf deinen Lead-Magneten aufmerksam zu machen und exklusiven Content anzubieten, der Anmeldungen fördert. Eine gut geplante Social-Media-Kampagne, die gezielt auf deine Landing Pages verweist, kann wahre Wunder bewirken. Wettbewerbe oder Giveaways, bei denen eine Anmeldung erforderlich ist, verstärken diesen Effekt zusätzlich.

Mit Paid Ads kannst du deinem Listenwachstum gezielt einen Schub geben, wenn du bereit bist, etwas zu investieren. Plattformen wie Facebook, Google und LinkedIn bieten dir die Möglichkeit, genau die Menschen zu erreichen, die an deinem Angebot interessiert sind. Verwende Anzeigen, um deinen Lead-Magneten gezielt zu bewerben und neue Abonnenten zu gewinnen. Wichtig ist dabei, die Kampagnen im Auge zu behalten und laufend zu optimieren, sodass jeder investierte Euro maximalen Wert bringt. Listenwachstum erfordert strategisches Denken und Mut zu neuen Wegen. Mit den richtigen Techniken wirst du deine Email-Liste schneller wachsen sehen, als du es dir vorgestellt hast.

6.12 Segmentierung: Der Schlüssel zu personalisierten Emails.

Im Email-Marketing gehört Segmentierung zu den wichtigsten Schlüsseln, um deine Nachrichten relevant und personalisiert zu gestalten. Deine Abonnenten sind keine einheitliche Masse, sondern Menschen mit individuellen Interessen und Bedürfnissen. Segmentierung hilft dir, deine Liste in gezielte Gruppen aufzuteilen und so passgenaue Inhalte zu senden, die für bessere Öffnungs- und Klickraten sorgen.

Daten sammeln.

Beginne mit der Analyse der Daten, die dir zur Verfügung stehen. Jedes Mal, wenn ein Abonnent deine Email öffnet, klickt oder einen Kauf tätigt, hinterlässt er wertvolle Hinweise. Tools wie **HubSpot** oder **Mailchimp** speichern automatisch Interaktionen und ermöglichen dir, diese für gezielte Segmentierungen zu nutzen. Schon in den ersten Schritten kannst du Informationen wie Interessen oder bevorzugte Produkte abfragen, um von Anfang an die richtigen Gruppen zu erstellen.

Personalisierte Kampagnen erstellen.

Mit den passenden Segmenten kannst du dann spezifische Kampagnen starten. Stell dir vor, du hast ein Segment aus Kunden, die kürzlich etwas gekauft haben, diesen Abonnenten kannst du gezielt Upsell-Angebote senden. Neue Abonnenten hingegen profitieren vielleicht mehr von einer Einführungsserie, die ihnen den Wert deines Angebots näherbringt. Durch diese persönliche Ansprache fühlen sich deine Abonnenten nicht nur angesprochen, sondern auch wertgeschätzt.

Testen und optimieren.

Wie in allen Marketingbereichen ist auch bei der Segmentierung ständige Optimierung entscheidend. Teste verschiedene Segmentierungen und analysiere die Ergebnisse. Tools wie **Neurons** oder **Klaviyo** helfen dir, A/B-Tests zu fahren und die besten Ansätze zu finden, um deine Zielgruppen optimal anzusprechen. Durch Segmentierung bringst du deine Email-Kampagnen auf ein neues Niveau. Wenn deine Abonnenten das Gefühl haben, dass du sie individuell ansprichst, ist die Wahrscheinlichkeit höher, dass sie deine Nachrichten öffnen, lesen und darauf reagieren.

6.13 Pflege deiner Email-Liste: So bleiben deine Abonnenten aktiv.

Eine Email-Liste braucht Pflege, um gesund und aktiv zu bleiben. Hier einige Schritte, wie du bestehende Abonnenten langfristig bindest und das Engagement aufrechterhältst.

List Hygiene.

Regelmäßige »List Hygiene« ist entscheidend, um inaktive Abonnenten zu entfernen. Über die Zeit sammeln sich oft Nutzer an, die deine Emails nicht mehr öffnen oder darauf reagieren. Tools wie **Mailchimp** und **ActiveCampaign** bieten Funktionen, um Abonnenten zu segmentieren und inaktive Kontakte schnell zu identifizieren. Entferne diese regelmäßig, denn eine kleinere, aktive Liste hat einen höheren Wert als eine große, inaktive.

Reaktivierungskampagnen.

Manchmal brauchen inaktive Abonnenten nur einen kleinen Anstoß, um wieder aktiv zu werden. Eine spezielle Reaktivierungskampagne kann genau das bewirken. Schicke eine gezielte Email an inaktive Abonnenten, frage sie, ob sie weiterhin auf deiner Liste bleiben möchten, oder biete ihnen ein besonderes Angebot, das sie zur Interaktion anregt. **Klaviyo** und **Brevo** ermöglichen personalisierte Reaktivierungs-Kampagnen und helfen dir, verlorene Kontakte wieder zurückzuholen.

Abmeldungen managen.

Auch das Abmelden sollte so unkompliziert und freundlich wie möglich gestaltet sein. Ein klarer Abmeldelink zeigt, dass du die Entscheidung deiner Abonnenten respektierst und Professionalität bewahrst. Dies kann auch eine Brücke zurückbauen: Wer einmal eine einfache und angenehme Abmeldeerfahrung hatte, könnte später eher zur Liste zurückkehren.

Engagement fördern.

Halte das Interesse deiner Abonnenten hoch, indem du regelmäßig wertvolle Inhalte und exklusive Informationen bereitstellst. Einladungen zu Umfragen, Anfragen nach Feedback und die Bereitstellung von Premium-Inhalten für Abonnenten sorgen dafür, dass sie sich ernst genommen und geschätzt fühlen. Tools wie **SurveyMonkey** und **Typeform** helfen, Umfragen und Interaktionen gezielt einzubauen.

Eine gepflegte Liste ist das Rückgrat deines Email-Marketings. Wenn du regelmäßig aussortierst, Reaktivierungen förderst und deine Leser aktiv einbindest, wächst nicht nur deine Liste. Du baust eine treue Leserschaft auf, die sich auf jede neue Nachricht freut.

6.14 Analyse und Optimierung: Erfolg messen und verbessern

Um deine Kampagnen erfolgreich zu machen, brauchst du klare Analysen und regelmäßige Optimierungen. Jede Email-Aktion hinterlässt ihre Spuren in Form von Key Performance Indicators, kurz KPIs. Die Öffnungsrate zeigt, ob deine Betreffzeilen neugierig machen, die Klickrate verrät, ob der Inhalt interessiert und die Conversionrate sagt, ob deine Emails tatsächlich Verkäufe ankurbeln. Eine steigende Abmelderate ist ein rotes Warnsignal. Hier läuft etwas gründlich schief.

Um herauszufinden, was wirklich funktioniert, ist der A/B-Test dein bester Freund. Teste Betreffzeilen, Sendezeiten, Button-Texte oder die Länge deiner Emails. Aber immer nur eine Variable gleichzeitig, damit du genau erkennst, was den Unterschied macht. Mit der Zeit wirst du herausfinden, welche Taktiken deine Zielgruppe bevorzugt. Es reicht jedoch nicht, einmal eine gute Kampagne zu erstellen und sich dann entspannt zurückzulehnen. Märkte und Zielgruppen verändern sich ständig deine Emails müssen diesen Wandel mitmachen. Analysiere regelmäßig die Performance deiner Kampagnen und passe sie an. Vielleicht musst du die Segmente neu definieren, Inhalte anpassen oder Automatisierungen überarbeiten.

Nicht jede Kampagne wird ein Treffer sein, aber das ist in Ordnung, solange du daraus lernst. Wenn etwas nicht funktioniert, finde heraus, warum. Eine gescheiterte Kampagne ist immer eine Chance, es beim nächsten Mal besser zu machen. Wer nicht misst, kann nicht optimieren wer nicht optimiert, bleibt auf der Strecke. Mit der richtigen Analyse und kontinuierlicher Verbesserung sorgst du dafür, dass deine Emails nicht nur gut aussehen, sondern auch die gewünschten Ergebnisse liefern.

6.15 Rechtliche Aspekte: Compliance im Email-Marketing.

Email-Marketing ohne rechtliche Grundlage ist wie Autofahren ohne Führerschein, riskant und, wenn etwas schiefgeht, äußerst kostspielig. Selbst die besten Kampagnen nützen nichts, wenn du die rechtlichen Vorschriften missachtest. Compliance ist also kein »nice to have«, sondern ein absolutes Muss. Die Datenschutz-Grundverordnung (DSGVO) ist in der EU das A und O für den Schutz personenbezogener Daten. Was bedeutet das für dein Email-Marketing? Du brauchst die ausdrückliche Zustimmung deiner Abonnenten, bevor du ihnen Emails senden darfst. Ein Double-Opt-In-Verfahren ist hier Pflicht: Abonnenten melden sich erst über ein Formular an und bestätigen dann ihre Anmeldung per Email. So stellst du sicher, dass nur wirklich interessierte Personen auf deiner Liste landen und schützt dich gleichzeitig vor rechtlichen Problemen. KI-gestützte Tools wie **HubSpot** oder **Mailchimp** bieten automatisierte Double-Opt-In-Workflows und halten deine Prozesse DSGVO-konform. Eine klare Datenschutzerklärung auf deiner Website ist unverzichtbar. Hier informierst du darüber, welche Daten du sammelst, warum du sie sammelst und wie lange du sie speicherst. Deine Erklärung sollte gut sichtbar und verständlich sein. Tools wie Termly oder GetTerms helfen dir, einfache und dennoch rechtlich wasserdichte Datenschutzerklärungen zu erstellen.

Jede Email muss einen leicht zugänglichen Abmeldelink enthalten. Kein Abonnent sollte sich abmühen müssen, ein Klick er ist aus deiner Liste entfernt. KI-gestützte Email-Plattformen wie **ActiveCampaign** bieten integrierte Abmelde-Optionen, die Abmeldungen automatisch verarbeiten. Damit vermeidest du Frustrationen und mögliche rechtliche Folgen, wenn Abonnenten dennoch Mails erhalten, obwohl sie sich abgemeldet haben.

Gesetze und Vorschriften ändern sich stetig es ist deine Verantwortung, auf dem neuesten Stand zu bleiben. Dies kannst du durch Schulungen, regelmäßige Updates und die Zusammenarbeit mit einem Datenschutzbeauftragten sicherstellen. Auch KI-gestützte Tools wie OneTrust helfen dir, Compliance-Richtlinien kontinuierlich zu überwachen und anzupassn. Im Email-Marketing gilt: Halte dich an die Regeln und baue das Vertrauen deiner Abonnenten auf. So bleibt deine Liste stark, wertvoll und gesetzeskonform.

6.16 Tipps und Tricks für erfolgreiches Email-Marketing.

Du hast dir schon ein solides Fundament im Email-Marketing aufgebaut, doch es sind oft die kleinen Tricks, die aus einer guten Kampagne eine großartige machen. Hier kommen einige Insider-Tipps, die dein Email-Marketing aufs nächste Level bringen.

Die richtige Versandzeit.

Wann du deine Emails verschickst, ist fast genauso wichtig wie der Inhalt. Studien zeigen, dass morgens zwischen 9 und 11 Uhr und nachmittags zwischen 13 und 15 Uhr oft Spitzenzeiten für hohe Öffnungsraten sind. Doch die beste Zeit hängt immer von deiner Zielgruppe ab. Teste verschiedene Zeiten und analysiere die Ergebnisse, um die »goldene Stunde« für deine Abonnenten zu finden.

Betreffzeilen mit Power.

Die Betreffzeile ist der Türöffner für deine Email. Starke Worte, Fragen oder Neugier weckende Formulierungen sind der Schlüssel zu hohen Öffnungsraten. Achte jedoch darauf, dass der Inhalt hält, was die Betreffzeile verspricht, niemand mag Enttäuschungen durch leere Versprechen.

Psychologische Trigger.

Entscheidungen werden oft emotional getroffen, nicht nur rational. Verknappung wie »Nur noch 3 Plätze frei«, Dringlichkeit wie »Letzte Chance, heute noch 10 % Rabatt zu sichern« oder soziale Bewährtheit à la »Über 1.000 zufriedene Kunden« können wahre Wunder wirken. Solche kleinen Details heben deine Conversionrate auf ein neues Level.

Mobile Optimierung.

Immer mehr Menschen lesen ihre Emails auf dem Smartphone. Deine Emails müssen daher auf jedem Bildschirm perfekt aussehen. Setze auf responsives Design, kurze Absätze und eine gut lesbare Schrift. Die CTA-Buttons (Call to action-Buttons) sollten groß und leicht anklickbar sein, damit sie auch mit dem Daumen treffsicher getroffen werden können.

Persönliche Ansprache.

»Hallo [Vorname]« ist nur der Anfang. Nutze die Daten, die du über deine Abonnenten hast, um die Emails noch persönlicher zu gestalten. Segmentierte Emails, die auf die spezifischen Interessen deiner Abonnenten eingehen, fühlen sich relevanter und wertvoller an. Email-Marketing ist eine Kunst und der Teufel liegt im Detail. Deine Öffnungsraten steigen, deine Liste wächst deine Abonnenten werden treue Fans.

6.17 Häufige Fehler und wie du sie vermeidest.

Email-Marketing kann mächtig sein. Wenn man es richtig macht. Doch selbst die besten Strategien entgleisen schnell durch ein paar einfache Fehler. Es ist wie beim Motorradfahren: Ein kleiner Fehler in der Kurve und schon liegst du im Graben. Lass uns die häufigsten Stolperfallen durchgehen, damit du sie direkt vermeidest.

Erstens: Laaaangweilig.

Falls du die ersten Sätze deiner Email darauf verwendest, dich umständlich vorzustellen oder zu entschuldigen, dass du »störst«, hast du deine Leser meist schon verloren. Der Einstieg muss sitzen, packe deinen Leser sofort mit einer spannenden Frage, einer provokanten Aussage oder einem interessanten Aufhänger. Diese ersten Worte sind entscheidend, um die Aufmerksamkeit zu fesseln und den Leser in den Text hineinzuziehen.

Zweitens: Fehlendes Targeting.

Ein und dieselbe Nachricht an alle Empfänger zu schicken, ohne auf deren Bedürfnisse einzugehen, ist im Email-Marketing das sichere Rezept für Langeweile. Segmentiere deine Liste und richte deine Nachrichten gezielt auf verschiedene Gruppen aus. Deine Abonnenten wollen sich angesprochen fühlen. Eine allgemeine »One-size-fits-all«-Strategie bringt meist nur geringe Erfolge. Zielgenaue Botschaften, die ihre Interessen und Bedürfnisse berücksichtigen, erhöhen die Wahrscheinlichkeit, dass sie sich mit deinem Angebot auseinandersetzen.

Drittens: Überkommunikation vs. Unterkommunikation.

Die Balance zwischen zu vielen und zu wenigen Emails ist entscheidend. Zu viele Mails nerven die Abonnenten und führen oft zur schnellen Abmeldung. Schreibst du hingegen zu selten, erinnern sie sich nicht an dich und dein Angebot. Der richtige Rhythmus ist entscheidend: ausreichend, um präsent zu bleiben, aber nicht so häufig, dass deine Abonnenten überfordert werden.

Viertens: Ignorieren von Feedback.

Wenn deine Abonnenten sich abmelden oder schlechte Rückmeldungen geben, darfst du das nicht einfach ignorieren. Nutz die Chance, daraus zu lernen. Frage nach, warum sie gehen und überlege, was du besser machen kannst. Feedback ist das Gold, das dir hilft, deine Emails ständig zu verbessern und noch gezielter zu gestalten.

Email-Marketing ist eine Wissenschaft für sich, aber die häufigsten Fehler lassen sich vermeiden, wenn du aufmerksam bist und bereit, ständig dazuzulernen. Denn jeder Fehler, den du ausmerzt, bringt dich einen Schritt näher an deine idealen Kampagnen heran.

6.18 Erfolgsgeschichten: Inspiration von den Besten.

Manchmal hilft ein Blick auf die Erfolgsgeschichten anderer, um sich selbst zu motivieren und neue Ideen zu sammeln. Große Unternehmen und kleine Start-ups gleichermaßen haben gezeigt, wie kraftvoll Email-Marketing sein kann und von ihren Erfolgen können wir alle lernen.

Ein starkes Beispiel ist die Frankfurter Buchmesse, die **Maileon** nutzt, um ihre Email-Kampagnen zielgerichtet und effizient zu gestalten. Mit Hilfe benutzerfreundlicher Vorlagen und einem strukturierten Support steigerte sie die Effektivität ihrer Kommunikation, was die Reichweite und das Engagement ihrer Zielgruppe deutlich erhöhte. Die klare Struktur und die Möglichkeit, gezielt Informationen und Ankündigungen zu versenden, halfen, die Buchmesse für das Publikum digital greifbarer zu machen.

Auch die MEGA Möbel SB konnte durch gezielte Email-Kampagnen signifikante Erfolge erzielen. Durch eine enge Zusammenarbeit mit **Maileon** optimierte das Unternehmen seine Kampagnen und konnte so die Reichweite der Kommunikation deutlich ausbauen. Die Einbindung automatisierter Prozesse sparte Zeit und erhöhte gleichzeitig die Kundenzufriedenheit, da die Emails relevanter und gezielter versendet werden konnten.

Ein weiteres Beispiel ist der Online-Shop Reisen Aktuell. Hier lag der Fokus darauf, die Buchungen durch gezielte Email-Kampagnen zu steigern. Dank der schnellen Umsetzung personalisierter Angebote und eines verbesserten Nutzererlebnisses gelang es, die Interaktionen und letztlich die Verkaufszahlen zu erhöhen. Durch regelmäßige Segmentierung und personenspezifische Angebote wurde sichergestellt, dass die Emails auch die gewünschten Ergebnisse liefern.

Diese Erfolgsgeschichten zeigen, dass Email-Marketing in Deutschland nicht nur ein wertvolles Werkzeug für internationale Marken ist, sondern auch für lokal verankerte Unternehmen. Von gut durchdachten Kundenbindungsstrategien bis hin zu datenbasierten Trigger-Emails. Die richtige Strategie und die passende Plattform können eine Kampagne erheblich verstärken und deine Zielgruppe effektiv erreichen.

6.19 Zukunft des Email-Marketings: Trends und Entwicklungen.

Email-Marketing entwickelt sich kontinuierlich weiter. Die Zukunft hält zahlreiche spannende Entwicklungen bereit, die deine Strategien auf ein neues Level heben können. Wer sich frühzeitig mit den neuesten Trends vertraut macht, bleibt im Vorteil.

KI-Integration.

Ein großer Schwerpunkt liegt auf der Integration Künstlicher Intelligenz (KI). KI wird zunehmend genutzt, um Email-Kampagnen personalisierter und effizienter zu gestalten. Sie kann bei der Erstellung individueller Betreffzeilen, bei der Segmentierung und sogar bei der optimalen Versandzeit punkten. Tools wie **HubSpot** oder **Brevo** nutzen KI, um basierend auf Nutzerdaten personalisierte Inhalte zu generieren und die Öffnungs- und Klickraten zu steigern. Dies ermöglicht auch kleineren Unternehmen den Zugang zu datengetriebenen Kampagnen, die früher nur Großunternehmen vorbehalten waren.

Mobile Optimierung.

Da immer mehr Menschen ihre Emails auf dem Smartphone lesen, ist mobile Optimierung unerlässlich. Heute müssen Emails nicht nur responsiv sein, sondern speziell für mobile Geräte optimiert werden. Dies bedeutet kurze und prägnante Texte, klare Call-to-Action-Buttons und Bilder, die schnell geladen werden. Inhalte, die auf einem kleinen Bildschirm genauso gut funktionieren wie auf dem Desktop, sind mittlerweile ein Muss.

Interaktive Emails.

Ein weiterer wachsender Trend ist die Nutzung interaktiver Elemente direkt in der Email. Interaktive Emails ermöglichen dem Empfänger, direkt in der Nachricht zu interagieren, etwa durch eingebettete Umfragen, Animationen oder kleine Produktdemos. Durch solche

Elemente können Emails zu einem Erlebnis werden, das die Aufmerksamkeit der Empfänger bindet und die Interaktionsraten erhöht.

Dynamischer Content.

Dynamischer Content ist eine weitere spannende Entwicklung. Dies bedeutet, dass sich der Inhalt einer Email in Echtzeit ändern kann, je nachdem, wann und wo der Empfänger die Email öffnet. Beispielsweise könnte eine Morgenmail andere Inhalte anzeigen als eine, die abends geöffnet wird. Auch CTA-Buttons können sich dynamisch an den Standort des Lesers anpassen. Mit dynamischem Content schaffst du eine neue Stufe der Personalisierung und Relevanz, die Empfänger anspricht und begeistert.

Die Zukunft des Email-Marketings ist vielversprechend und voller neuer Möglichkeiten. Wer bereits jetzt die kommenden Trends im Blick hat, kann seine Strategien auf ein völlig neues Niveau heben und sicherstellen, dass seine Emails nicht nur geöffnet, sondern auch gelesen und geschätzt werden.

6.20 Abschluss: Dein Fahrplan für nachhaltigen Erfolg im Email-Marketing.

Du hast es geschafft! Jetzt ist es an der Zeit, dein Email-Marketing nachhaltig auf Kurs zu bringen. Ein klarer Plan ist entscheidend, denn ohne Struktur wird selbst die beste Strategie schnell zur Sackgasse.

Erster Schritt: Klare Ziele setzen.

Definiere messbare Ziele. Möchtest du deine Abonnentenliste verdoppeln, deine Öffnungsrate um 10 % steigern oder bestimmte Verkaufszahlen erreichen? Ziele bieten Orientierung und helfen dir, den Fortschritt zu messen. Und wenn du ein Ziel erreichst, leg dir das nächste fest, so bleibst du auf Kurs und wächst kontinuierlich.

Zweiter Schritt: Aktionsplan erstellen.

Ein Plan ist dein Kompass im Email-Marketing-Dickicht. Überlege dir konkret, welche Schritte dich zu deinen Zielen führen: Welche Lead-Magneten willst du nutzen? Welche Inhalte sollen regelmäßig verschickt werden? Halte diese Schritte fest und folge deinem Plan, so wird aus einer Idee ein strukturiertes Projekt, das dich Stück für Stück voranbringt.

Dritter Schritt: Dranbleiben,

Erfolgreiches Email-Marketing ist ein Marathon, kein Sprint. Geduld, Ausdauer und regelmäßige Optimierung sind der Schlüssel. Analysiere deine Kampagnen, passe sie an und sei bereit, aus Fehlern zu lernen. Die besten Ergebnisse entstehen durch stetige Anpassungen und Verbesserungen, das schärft deine Strategie langfristig.

Vierter Schritt: Langfristig denken.

Deine Email-Liste ist ein wertvolles Kapital, das du pflegen solltest. Sie bringt dir nicht nur kurzfristige Erfolge, sondern ist eine langfristige Verbindung zu deinen Abonnenten. Liefere konstant Mehrwert, baue Vertrauen auf und gib deinen Lesern das Gefühl, dass sie immer etwas Besonderes erwarten können. Dein Engagement und die langfristige Pflege deiner Liste zahlen sich aus und führen zu nachhaltigem Erfolg. Mit einem klaren Plan, einer langfristigen Perspektive und der Bereitschaft zur kontinuierlichen Optimierung wirst du nicht nur kurzfristige Erfolge feiern, sondern dein Email-Marketing auf ein stabiles Fundament für die Zukunft stellen.

6.21 Bonusmaterial: Checklisten und Vorlagen.

Jetzt, wo du die Theorie kennst, ist es an der Zeit, ins Handeln zu kommen. Aber ich lasse dich nicht allein auf der Straße stehen. Hier ist das Bonusmaterial, das dir den Einstieg und den Erfolg im Email-Marketing erleichtert. Denn wer gut vorbereitet ist, fährt schneller ans Ziel.

6

Checkliste für das Einrichten von Opt-in-Formularen

1. Design des Formulars:

- Einfache, klare Struktur wählen.
- Begrenzte Anzahl an Feldern (nur Email und ggf. Vorname).
- CTA-Button mit auffälliger Farbe und klarer Botschaft (»Jetzt downloaden«).

2. Platzierung des Formulars:

- Prominent auf der Startseite platzieren.
- Am Ende von Blogbeiträgen einfügen.
- In der Sidebar oder im Footer der Website platzieren.
- Popup oder Slide-in-Formulare auf stark frequentierten Seiten einsetzen.

3. Formular testen:

- Funktionalität des Formulars auf verschiedenen Geräten prüfen.
- Formulare auf Ladezeiten und mobile Ansicht testen.
- Double-Opt-In-Prozess testen.

4. Tracking und Analyse:

- Conversion-Tracking für jedes Formular einrichten.
- A/B-Tests für unterschiedliche Versionen des Formulars planen.
- Regelmäßige Überprüfung der Formularleistung
  (Klick- und Conversionrates).

5. Rechtliche Aspekte:

- Datenschutzerklärung klar verlinken.
- Einverständnis zum Erhalt von Emails im Formular textlich sichern.

Checkliste für den Aufbau deiner Email-Liste

1. Zielgruppe definieren:

- Wer sind deine idealen Abonnenten?
- Welche Probleme oder Bedürfnisse haben sie?
- Welche Inhalte interessieren sie am meisten?

2 Lead-Magneten erstellen:

- Thema und Format festlegen (E-Book, Checkliste, Webinar etc.).
- Mehrwert des Lead-Magneten klar definieren.
- Lead-Magnet gestalten und als PDF, Video oder andere Datei speichern.
- Call-to-Action (CTA) für den Lead-Magneten formulieren.

3 Opt-in-Formulare einrichten:

- Einfaches, übersichtliches Formular gestalten.
- Lead-Magnet im Opt-in-Formular prominent hervorheben.
- Formulare auf relevanten Seiten (Startseite, Blog, Footer) platzieren.
- Mobile Optimierung sicherstellen.

4 Double-Opt-In einrichten:

- Email-Vorlage für die Bestätigungs-Email erstellen.
- Dankes-Seite für bestätigte Abonnenten einrichten.
- Testen, ob der Double-Opt-In-Prozess reibungslos funktioniert.

5 Landing Pages erstellen:

- Zielgerichtete Landing Page für den Lead-Magneten gestalten.
- Klare, überzeugende Headline formulieren.
- CTA-Button hervorheben und auf das Opt-in-Formular verlinken.
- Trust-Elemente wie Testimonials oder Garantien einfügen.
- A/B-Test für unterschiedliche Varianten der Landing Page einplanen.

6 Promotions starten:

- Lead-Magnet in Social Media bewerben.
- Kooperationen mit Influencern oder Partnern für größere Reichweite nutzen.
- Bezahlte Anzeigen für Lead-Generierung einrichten.
- Blogbeiträge, Gastartikel oder Podcasts erstellen, die auf den Lead-Magneten hinweisen.

6

Checkliste für die Erstellung deines ersten Lead-Magneten

1. Thema auswählen:
- Relevanz für deine Zielgruppe sicherstellen.
- Ein spezifisches Problem lösen oder wertvolle Informationen bieten.

2. Format festlegen:
- E-Book, Checkliste, Webinar, Video, Email-Kurs oder Vorlage wählen.
- Format abhängig von den Vorlieben und Bedürfnissen der Zielgruppe.

3. Inhalt erstellen:
- Gliederung des Lead-Magneten erstellen.
- Hochwertige, leicht verständliche Inhalte verfassen.
- Grafiken, Diagramme oder Illustrationen einfügen, falls notwendig.
- Inhalt mehrmals Korrektur lesen oder von jemand anderem prüfen lassen.

4. Design gestalten:
- Ein ansprechendes, professionelles Layout wählen.
- Branding-Elemente wie Logos, Farben und Schriftarten einfügen.
- Sicherstellen, dass das Design auch mobil gut aussieht.

5. Call-to-Action hinzufügen:
- Klare Anweisungen geben, wie der Nutzer den Lead-Magneten erhalten kann.
- Auf den Mehrwert und die Vorteile hinweisen.

6. Lead-Magnet speichern und testen:
- Lead-Magnet in verschiedenen Formaten speichern (PDF, Video etc.).
- Download- oder Zugriffslink testen, um sicherzustellen, dass alles reibungslos funktioniert.

Kapitel 7
SOCIAL MEDIA,
MEHR ALS KATZENVIDEOS UND ESSENSBILDER

Social Media, der Ort, an dem jeder versucht, Influencer zu sein und dein Feed von Smoothie-Bowls, Katzenvideos und Fitness-Tipps überquillt. Klar, das sieht oft nach der reinsten Oberflächenshow aus.

Aber wenn du denkst, dass Social Media nur aus Hashtags und flachen Inhalten besteht, dann hast du den eigentlichen Kern völlig verpasst. Denn Social Media ist wie ein Leatherman Tool: vielseitig, immer zur Hand und extrem mächtig, wenn du weißt, wie du es nutzt.

Das Beste daran?

Social Media ist das perfekte Werkzeug, um deine Produkte, clever zu vermarkten und eine Community aufzubauen, die sich auf dein nächstes Angebot stürzt, als wäre es der neue iPhone-Launch. Und ja, das ist kein Übertreibung. Hier erfährst du, wie du das schaffst!

7.1 Social Media: Dein persönlicher Marketing-Motor.

Vergiss die Idee, dass Social Media nur ein Spielplatz für Selbstdarsteller ist. Es ist eine Plattform, auf der du deine Marke präsentieren, deine Expertise teilen und vor allem Vertrauen aufbauen kannst. Denn was passiert, wenn du regelmäßig Mehrwert lieferst und mit deiner Community in Kontakt trittst? Richtig, du wirst zum »Go-to-Experten« in deinem Bereich.

Die richtige Strategie: Mehr als nur Likes und Shares.

Du brauchst eine Strategie, die über »Ich poste mal was und hoffe, dass es gut ankommt« hinausgeht. Setze auf Inhalte, die deine Zielgruppe wirklich interessieren. Überleg dir, welche Fragen deine potenziellen Kunden haben und beantworte sie in deinem Content. Gib wertvolle Tipps, die deine Expertise unterstreichen und wecke so das Interesse an deinen Produkten.

Mit KI und SEO ziehst du die Social Media Likes förmlich an.

Storytelling: Erzähl deine Geschichte, nicht nur Fakten.

Menschen lieben Geschichten. Also nutze das! Erzähl nicht nur, wie toll deine Produkte sind, sondern zeig den Weg dorthin.

Wie hast du dein Wissen aufgebaut?

Welche Herausforderungen hast du gemeistert?

Warum brennst du für dieses Thema?

Wenn deine Follower sehen, wie du deinen Weg gegangen bist, werden sie inspiriert und sind viel eher bereit, sich dir anzuschließen.

Community aufbauen: Deine loyale Anhängerschaft wartet schon.

Eine Community aufzubauen, ist wie einen Garten anzulegen. Du musst regelmäßig gießen, Unkraut zupfen und geduldig sein, bis die Früchte wachsen. Und was ist der Dünger für deine Community? Engagement!

Tipps für mehr Engagement:

Interagiere mit deinen Followern: Antworte auf Kommentare, stelle Fragen in deinen Posts und mach Umfragen in deinen Stories. Zeig, dass du dich für deine Community interessierst.

Exklusive Inhalte: Biete deiner Community Mehrwert, den sie sonst nirgendwo bekommt. Sei es ein kostenloses Webinar, besondere Tipps oder ein Blick hinter die Kulissen, das schafft Nähe und Vertrauen.

User-generated Content: Lass deine Follower an deinem Content mitwirken. Fordere sie auf, Bilder zu posten oder ihre Erfolgsgeschichten zu teilen. So stärkst du das Gemeinschaftsgefühl und baust eine starke Bindung auf.

Social Media für Kursverkäufe nutzen: Vom Follower zum Kunden

Hast du deine Community aufgebaut, ist der nächste Schritt, sie in Kunden zu verwandeln. Aber Achtung: Das bedeutet nicht, deine Follower mit Verkaufsangeboten zu erschlagen. Du brauchst eine clevere Strategie, die den Kauf fast zur logischen Konsequenz macht.

So gehts:

Tease deine Produkte an: Gib kleine Einblicke in die Inhalte deiner Produkte. Zeig den Nutzen auf und lass deine Follower sehen, wie viel sie lernen können.

Testimonial-Videos: Lass zufriedene Kursteilnehmer sprechen. Nichts verkauft besser als echte Erfolgsgeschichten.

Call-to-Action: Sei klar und direkt. Wenn du möchtest, dass sie sich anmelden, dann sag es auch! »Jetzt anmelden und vom Early-Bird-Rabatt profitieren!«, keine falsche Bescheidenheit.

7.2 Der Turbo-Boost: Social Media Ads.

Mit organischen Posts allein wirst du vielleicht nicht alle erreichen, die von deinen Produkten profitieren könnten. Jetzt kommen Social Media Ads an den Start. Sie sind der Turbo-Boost für deine Reichweite und helfen dir, deine Zielgruppe punktgenau zu erreichen.

Was du beachten solltest:

Zielgruppen-Targeting: Richte deine Ads gezielt auf die Personen aus, die sich für dein Thema interessieren. Facebook und Instagram bieten hier unzählige Möglichkeiten.

Testen und Optimieren: Starte mit kleinen Budgets, teste verschiedene Varianten deiner Ads und optimiere sie kontinuierlich. So findest du heraus, was wirklich funktioniert.

Retargeting: Sprich gezielt Personen an, die deine Seite bereits besucht haben oder mit deinen Inhalten interagiert haben. Das erhöht die Conversionrate massiv.

Sei kein Zuschauer, sei ein Akteur!

Social Media ist mehr als nur eine Bühne für Katzenvideos und Smoothie-Bowls. Es ist deine Chance, deine Expertise zu zeigen, eine Community aufzubauen und dein Business auf das nächste Level zu heben. Also, raus aus dem Zuschauer-Modus und rein ins Geschehen!

Denn jetzt kommts: Nimm an, du hast eine Community, die auf jeden deiner Posts wartet, deine Angebote sofort ausverkauft sind und dein Engagement explodiert. Klingt toll, aber kann das wahr zu sein? Dann leg los, denn der Erfolg wartet nicht auf dich. Bist du bereit, die Bühne zu betreten?

7.3 Social Media für mehr als nur Likes und Herzen.

Viele denken, Social Media sei nur was für Influencer, die Selfies posten und Produkte bewerben, die sie selbst nie benutzen würden. Aber Moment mal: Es ist auch eine Goldmine für dein Business, wenn du weißt, wie du den richtigen Schacht anbohrst. Du musst nicht ständig stundenlang posten, um sichtbar zu sein. Es geht darum, gezielt und strategisch vorzugehen.

Statt dich in endlosen Post-Schleifen zu verlieren und täglich neuen Content rauszuhauen, als gäbe es kein Morgen, konzentrier dich lieber darauf, wo deine Zielgruppe wirklich unterwegs ist. Denn mal ehrlich, was bringt es, deine Angebote auf Plattformen zu promoten, die deine potenziellen Kunden gar nicht nutzen?

Das ist so, als würdest du im Wald ein Konzert geben. Nur die Eichhörnchen hören zu und die haben sicher kein Interesse an deinen Sachen.

Wo ist deine Zielgruppe wirklich unterwegs?

Jeder spricht von Facebook, Instagram, LinkedIn und Co., als wären sie die goldene Eintrittskarte zum Erfolg. Aber in Wahrheit ist jede Plattform nur so gut wie die Menschen, die du dort erreichst. Wenn du mit deinen Angeboten beispielsweise Business-Profis ansprichst, wirst du auf TikTok vermutlich wenig Glück haben . Es sei denn, du verkaufst einen Kurs »Wie man im Business tanzt wie ein Profi«.

7.4 So findest du den richtigen Kanal.

Finde heraus, wo deine Zielgruppe abhängt: Schalte den Privatdetektiv-Modus an. Schau, welche Plattformen sie nutzen, welche Inhalte sie dort konsumieren und wo sie am meisten interagieren.

Werde aktiv, wo es zählt: Bist du dir sicher, dass deine Kunden eher auf LinkedIn als auf Instagram unterwegs sind? Dann rein in die Businesswelt! Hier geht es nicht darum, überall präsent zu sein, sondern dort, wo es sich wirklich lohnt.

Nutze die Stärken der Plattformen: Jede Plattform hat ihre Eigenheiten. Nutze Instagram für visuell starke Inhalte, LinkedIn für Fachartikel und Facebook für Community-Building. So holst du aus jedem Kanal das Maximum raus.

7.5 Qualität über Quantität: Der Content-Königsweg

Viele denken, dass man im Social Media Spiel nur erfolgreich ist, wenn man ständig Content raushaut. Aber es geht nicht darum, täglich das Internet zu fluten. Viel wichtiger ist, dass das, was du postest, wirklich gut ist.
Qualität schlägt Quantität, immer!

Wie du das machst?

Poste Inhalte, die deine Zielgruppe interessieren: Frag dich bei jedem Post: Hilft das meinen Followern weiter? Unterhält es sie? Regt es sie zum Nachdenken an? Biete echten Mehrwert: Deine Follower sollen nach dem Lesen deiner Posts schlauer sein als vorher. Gib ihnen Tipps, die sie sofort anwenden können. Mach sie neugierig auf mehr.

Weniger ist mehr: Du musst nicht jeden Tag posten. Wenn ein Post pro Woche richtig einschlägt, bringt dir das mehr, als wenn du fünf mittelmäßige Posts ablieferst.

Der Mix macht's: Content-Formate clever nutzen.

Dein Content muss abwechslungsreich sein, um nicht in der Masse unterzugehen. Denn seien wir ehrlich, wir alle scrollen lieber durch den Feed, als auf einem Beitrag hängen zu bleiben. Also mach's deinen Followern schwer, an dir vorbeizuscrollen!

Hier ein paar Ideen:

Videos: Kurz und knackig. Zeig deine Expertise in einem kurzen Tutorial oder gib einen spannenden Einblick hinter die Kulissen.

Stories: Nutze Instagram oder Facebook Stories, um kurze Updates oder Einblicke in deinen Alltag zu geben. Sie sind perfekt, um deine Follower auf dem Laufenden zu halten, ohne den Feed zu überladen.

Grafiken und Zitate: Sie sind leicht zu konsumieren und bringen deine Botschaft auf den Punkt. Perfekt für visuell starke Plattformen wie Instagram oder Pinterest.

Live-Sessions: Interagiere direkt mit deinen Followern. Ob Q&A, Produktvorstellung oder einfach nur ein lockeres Gespräch. Das schafft Nähe und Vertrauen.

Automatisierung: Lass die Maschine für dich arbeiten
Du hast weder Zeit noch Lust, den ganzen Tag an deinem Smartphone zu hängen? Verständlich. Aber das bedeutet nicht, dass dein Social Media Auftritt leiden muss.

Wie du es angehst:
Planung ist alles: Nutze Tools wie **Buffer** oder **Hootsuite**, um deine Posts im Voraus zu planen. So bleibt dein Content-Plan strukturiert und du kannst dich auf wichtigere Dinge konzentrieren.

Interaktion trotz Automatisierung: Automatisiere deine Posts, aber lass deine Interaktionen nicht völlig automatisiert ablaufen. Antworte selbst auf Kommentare und Nachrichten. Das zeigt, dass du deine Community schätzt.

Wiederverwertung von Inhalten: Hast du einen erfolgreichen Blogpost? Mach daraus mehrere Social Media Posts. Nutze die besten Zitate oder Fakten und verwandle sie in Grafiken oder Videos. So schöpfst du den Content bis zum letzten Tropfen aus.

7.6 Analysiere, optimiere, wiederhole.
Wie weißt du, ob deine Strategie funktioniert? Analysiere regelmäßig deine Ergebnisse. Welche Posts performen gut? Welche nicht? Finde heraus, was deine Zielgruppe mag und gib ihnen mehr davon.

Die goldenen Fragen:

- Welche Inhalte bekommen die meisten Likes, Kommentare oder Shares?
- Zu welcher Uhrzeit erreichst du die meisten Follower?
- Welche Art von Content führt zu den meisten Klicks auf deinen Kurs?

Wenn du das weißt, kannst du deinen Content-Plan kontinuierlich verbessern und deine Social Media Präsenz auf das nächste Level heben.

Social Media: Dein Schlüssel zum Business-Erfolg.

Social Media ist kein Spielzeug. Es ist ein mächtiges Business-Tool, das dir Türen öffnen kann, wenn du es richtig anstellst. Sei strategisch, sei clever und vor allem: Sei authentisch.

Denn jetzt mal ehrlich: Was, wenn du mit gezieltem, qualitativ hochwertigem Content und der richtigen Strategie deine Produkte so erfolgreich vermarkten könntest, dass du bald nicht mehr weißt, wohin mit all den neuen Kunden? Klingt wie ein Traum? Dann fang an, ihn wahr zu machen!

7.7 Welche Plattformen bringen wirklich was?

Nicht alle Social Media-Plattformen sind gleich und es macht keinen Sinn, deine Energie überall zu verstreuen. Hier ist eine kleine Anleitung, um herauszufinden, welche Plattform für dich die beste ist:

Instagram: Perfekt, wenn deine Zielgruppe visuell ansprechende Inhalte liebt. Hier geht es um Bilder und Stories, die Emotionen wecken. Und ja, auch deine Produkte kannst du hier clever inszenieren.

LinkedIn: Die Business-Plattform schlechthin. Wenn deine Produkte sich an Fachleute und Unternehmen richten, dann ist LinkedIn dein Place-to-be. Hier kannst du Fachwissen teilen und dich als Experte positionieren.

Facebook: Es mag zwar nicht mehr der neueste Schrei sein, aber Facebook-Gruppen sind immer noch Gold wert. Hier kannst du Communities aufbauen, die sich für deine Themen interessieren und mit denen du regelmäßig in Kontakt treten kannst.

TikTok: Ja, es ist nicht nur für Tanzvideos. Wenn du deine Produkte kreativ verpacken kannst, dann hast du auf TikTok die Chance, viral zu gehen und eine völlig neue Zielgruppe zu erreichen.

7.8 Wie baust du eine Community auf, die auf dein nächstes Angebot wartet?

Eine Community ist mehr als nur eine Anzahl von Followern. Es sind Menschen, die mit dir interagieren, die deine Inhalte lieben und die bereit sind, zu kaufen, wenn du etwas Neues anbietest. Aber wie baust du so eine Community auf?

Echtes Engagement.

Vergiss gekaufte Follower. Was du brauchst, sind echte Menschen, die sich für das interessieren, was du zu sagen hast. Nimm dir die Zeit, auf Kommentare zu antworten, Fragen zu stellen und Diskussionen anzuregen. Social Media ist keine Einbahnstraße, es ist ein Dialog.

Regelmäßige Inhalte.

Du musst nicht jeden Tag posten, aber du solltest regelmäßig Inhalte liefern, die Mehrwert bieten. Ob das Tipps, Anleitungen oder Einblicke hinter die Kulissen sind. Deine Follower sollten einen Grund haben, dir zu folgen und auf deine Posts zu warten.

Storytelling.

Menschen lieben Geschichten. Erzähl die Geschichte hinter deinen Produkten, zeige deine Erfolge und Herausforderungen. Mach deine Marke menschlich und deine Follower werden sich mit dir identifizieren. Exklusive Angebote: Belohne deine treuesten Follower mit exklusiven Inhalten oder Angeboten. Das schafft nicht nur Loyalität, sondern auch eine gewisse FOMO (Fear of Missing Out), die mehr Menschen dazu bringt, deiner Community beizutreten.

7.9 Social Media ist dein Werkzeug, nicht dein Zeitfresser.

Social Media ist mehr als Katzenvideos und Essensbilder. Es ist ein mächtiges Werkzeug, das du nutzen kannst, um dein Business zu boosten. Aber nur, wenn du es strategisch angehst. Finde die Plattformen, die für dich funktionieren, baue eine echte Community auf und liefere regelmäßig Inhalte, die deine Follower begeistern. Mach das und du wirst sehen, wie deine Produkte mehr Aufmerksamkeit bekommen, als du je erwartet hast.

Also, schnapp dir dein Smartphone und fang an, Social Media zu nutzen, um wirklich etwas zu bewegen und nicht nur, um durch endlose Feeds zu scrollen.

7.10 Wie du eine Community aufbaust .

Schritt-für-Schritt-Anleitung für Facebook, Instagram, LinkedIn und X (ehemals Twitter).

Machen wir's kurz und knackig. Du willst eine Community aufbauen, die dich liebt, dir folgt und bei dir kauft? Dann schnall dich an, denn hier kommt die Anleitung. In vier Varianten, angepasst an die Plattform deiner Wahl. Kein Bullshit, nur umsetzbare Schritte.

1. Facebook: Die Kunst der Gruppenführung.

FB 1.1 Definiere dein Thema (Schritt 1).

Warum? Facebook-Gruppen sind keine »One-Size-Fits-All«. Du brauchst ein klares Thema. Nicht »Marketing«, sondern »Influencer-Marketing für Nischenprodukte«.

Aktion: Brainstorme 10 Themen, die dich und deine Zielgruppe brennend interessieren. Wähle das aus, bei dem du und deine potenziellen Mitglieder den größten Mehrwert bieten könnt.

FB 1.2 Erstelle deine Gruppe (Schritt 2).

Warum? Einmal klicken und los geht's. Aber warte! Der Titel muss sitzen. Er sollte klar und spezifisch sein, z. B. »SEO für E-Commerce-Profis«.

Aktion: Gehe zu »Gruppen« auf Facebook, erstelle deine Gruppe, wähle ein ansprechendes Bild und beschreibe in einem Satz, warum deine Gruppe einzigartig ist.

FB 1.3 Lade die richtigen Leute ein (Schritt 3).

Warum? Qualität > Quantität. Du willst aktive Mitglieder, keine Karteileichen.

Aktion: Lade gezielt Leute ein, die bereits in deinem Thema aktiv sind. Freunde? Ja, aber nur die, die sich wirklich dafür interessieren.

FB 1.4 Content is King (Schritt 4).

Warum? Kein Inhalt, keine Community. So einfach ist das.

Aktion: Plane deine Inhalte. Biete Tipps, Diskussionsanregungen und exklusive Inhalte an. Poste regelmäßig, aber nicht zu viel. Qualität vor Quantität.

FB 1.5 Führe Diskussionen (Schritt 5).

Warum? Facebook liebt Engagement. Und du auch. Je mehr deine Mitglieder reden, desto lebendiger deine Gruppe.

Aktion: Stelle Fragen, die Diskussionen anregen. Antworte immer auf Kommentare. Mach dich zum Moderator, nicht zum Monologisten.

FB 1.6 Wachstum durch Events und Kooperationen (Schritt 6).

Warum? Events schaffen Gemeinschaft. Kooperationen bringen neue Mitglieder.

Aktion: Organisiere Webinare, Live-Chats oder Q&A-Sessions. Kooperiere mit anderen Gruppen oder Influencern in deinem Bereich.

7

2. Instagram: Dein Weg zu einer loyalen Follower-Gemeinschaft.

Insta 2.1 Finde deine Nische (Schritt 1).

Warum? Du kannst nicht alle begeistern. Also fang erst gar nicht damit an.

Aktion: Definiere deine Nische.

Mode? Zu breit.

Sustainable Streetwear für Millennials? Perfekt.

Insta 2.2 Baue ein einheitliches Profil auf (Schritt 2).

Warum? Dein Feed ist dein Schaufenster. Chaos? Da kauft keiner ein.

Aktion: Wähle ein Farbschema, einen Stil und bleibe dabei. Dein Profiltext sollte klar sagen, wer du bist und was du bietest.

Insta 2.3 Posten, aber richtig (Schritt 3).

Warum? Timing und Regelmäßigkeit sind der Schlüssel. Nur so bleibst du im Kopf deiner Follower.

Aktion: Erstelle einen Content-Kalender. Poste 3-4 Mal pro Woche, idealerweise zu den Zeiten, an denen deine Zielgruppe online ist.

Insta 2.4 Nutze Stories und Reels (Schritt 4).

Warum? Stories und Reels sind nicht nur Spielerei. Sie sind deine Chance, ganz oben in den Feeds zu landen.

Aktion: Poste täglich Stories und experimentiere mit Reels. Nutze dabei immer passende Hashtags und Standorte.

Insta 2.5 Interagiere aktiv mit deiner Community (Schritt 5).

Warum? Du willst, dass deine Follower sich mit dir verbunden fühlen? Dann fang an, sie zu beachten.

Aktion: Like, kommentiere und antworte auf Nachrichten. Zeige, dass du ein Mensch und keine Marke bist.

Insta 2.6 Hashtags und Kooperationen (Schritt 6).

Warum? Hashtags bringen dich zu neuen Augen. Kooperationen zu neuen Herzen.

Aktion: Finde und nutze die Top-Hashtags deiner Nische. Kooperiere mit Influencern, die deine Werte teilen.

3. LinkedIn: Dein Netzwerk, deine Bühne.

LI 3.1 Optimiere dein Profil (Schritt 1).

Warum? Dein Profil ist deine Visitenkarte. Ein schlechtes Profil? Niemand ruft dich an.

Aktion: Füge ein professionelles Bild und einen klaren, prägnanten Slogan hinzu. Verfasse eine ansprechende Zusammenfassung, die dein Angebot klar macht.

LI 3.2 Vernetze dich strategisch (Schritt 2).

Warum? Qualität über Quantität. Du willst keine Masse, sondern Klasse und möchtest die »richtigen« Leute ansprechen.

Aktion: Füge gezielt Menschen hinzu, die in deinem Bereich tätig sind oder daran interessiert sein könnten. Schreibe eine personalisierte Nachricht, wenn du eine Kontaktanfrage sendest.

LI 3.3 Teile wertvollen Content (Schritt 3).

Warum? LinkedIn lebt von Inhalten, die Mehrwert bieten. Dein Inhalt muss sitzen.

Aktion: Teile wöchentlich 1-2 Artikel oder Beiträge, die deine Expertise zeigen. Schreibe eigene Artikel zu Themen, die in deiner Branche relevant sind.

LI 3.4 Interagiere mit deinem Netzwerk (Schritt 4).

Warum? LinkedIn ist keine Einbahnstraße. Reaktion erzeugt Aktion.

Aktion: Kommentiere regelmäßig Beiträge von anderen, stelle Fragen und beteilige dich an Diskussionen. Zeige Präsenz.

LI 3.5 Nutze Gruppen und Events (Schritt 5).

Warum? Gruppen und Events sind die Hotspots für Vernetzung und Austausch.

Aktion: Tritt relevanten Gruppen bei und sei aktiv. Organisiere oder nimm an Webinaren, Panels und Diskussionsrunden teil.

LI 3.6 Personal Branding und Sichtbarkeit (Schritt 6)

Warum? Du bist deine Marke. Präsentiere dich so, dass du unvergesslich wirst.

Aktion: Optimiere dein LinkedIn-Profil kontinuierlich, halte es aktuell und erweitere dein Netzwerk durch strategische Inhalte und Interaktionen.

4. X (ehemals Twitter): Kurz und knackig zum Erfolg.

X 4.1 Finde deine Stimme (Schritt 1).

Warum? Twitter ist kurz, schnell und direkt. Deine Stimme muss klar und wiedererkennbar sein.

Aktion: Definiere deinen Stil, bist du informativ, humorvoll oder provokant? Entscheide und bleibe dabei.

X 4.2 Wähle deine Themen (Schritt 2).

Warum? Niemand folgt jemandem, der über alles und nichts redet.

Aktion: Wähle 2-3 Hauptthemen, die deine Tweets dominieren. Vermeide es, zu viele Themen gleichzeitig zu behandeln.

X 4.3 Interagiere in Echtzeit (Schritt 3).

Warum? Twitter ist live. Wenn du nicht reagierst, bist du weg vom Fenster.

Aktion: Setze dir Benachrichtigungen für relevante Themen und Tweets. Reagiere schnell und schlagfertig auf Trending Topics in deiner Nische.

X 4.4 Verwende Hashtags und Retweets (Schritt 4).

Warum? Hashtags und Retweets sind dein Weg zu mehr Sichtbarkeit und Reichweite.

Aktion: Nutze relevante Hashtags in jedem Tweet. Retweete Inhalte von anderen, die zu deinen Themen passen und Mehrwert bieten.

X 4.5 Folge und werde gefolgt (Schritt 5).

Warum? Follower sind auf Twitter die Währung. Aber die richtigen Follower machen den Unterschied.

Aktion: Folge Accounts, die Einfluss in deiner Nische haben und interagiere regelmäßig mit ihnen. So ziehst du deren Follower auf dich.

X 4.6 Beteilige dich an Twitter Chats und Listen (Schritt 6).

Warum? Twitter Chats und Listen sind unterschätzte Tools, um gezielt Netzwerke aufzubauen.

Aktion: Nimm an regelmäßigen Twitter Chats teil, die für deine Branche relevant sind. Erstelle und folge Twitter Listen, um wichtige Accounts im Auge zu behalten.

So ist es also. Du hast jetzt die Werkzeuge in der Hand, die dir den Weg weisen. Schritt für Schritt kannst du auf Facebook, Instagram, LinkedIn und X eine Community aufbauen, die bleibt, die mit dir geht. Aber machen wir uns nichts vor, es wird nicht immer einfach sein. Es wird Momente geben, in denen du an dir zweifelst, in denen dir die Ideen ausgehen, in denen dir das »Warum mache ich das alles?« wie ein lästiger Ohrwurm im Kopf herumschwirrt.

Doch hey, genau in diesen Momenten zeigt sich, ob du wirklich bereit bist, diesen Weg zu gehen. Die Schritte sind klar, der Plan liegt vor dir. Es ist, als würdest du an der Startlinie eines Marathons stehen. Jeder Meter ist eine Herausforderung, jeder Schritt kostet Kraft. Aber am Ende, am Ende siehst du das Ziel, die Ziellinie, über die du stolz triumphierend schreiten wirst. Der Erfolg? Er ist nicht fern. Er ist so nah, dass du ihn fast schon spüren kannst. Aber du musst bereit sein, ihn zuzulassen. Erfolg ist kein Zufall. Erfolg ist das Ergebnis harter Arbeit, kluger Entscheidungen und, ja, manchmal auch ein bisschen Glück. Doch das Glück wird nicht einfach so bei dir anklopfen. Du musst rausgehen und es dir schnappen.

Mach den ersten Schritt, auch wenn er sich unsicher anfühlt. Poste dein erstes Video, auch wenn die Stimme wackelt. Schick die erste Nachricht raus, auch wenn dir das Herz in die Hose rutscht. Denn weißt du was? Die meisten Menschen bleiben stehen. Sie träumen, sie planen, sie reden. Aber sie gehen nicht. Sie bleiben an der Startlinie und schauen den anderen zu, wie sie losrennen.

Du? Du wirst nicht stehen bleiben. Du wirst loslaufen. Du wirst rennen, auch wenn der Weg steinig wird, auch wenn es mal weh tut. Und irgendwann, früher, als du es jetzt vielleicht glaubst, wirst du zurückschauen und erkennen, wie weit du schon gekommen bist.

Kapitel 8

ERFOLGSMESSUNG, WIE DU SICHERSTELLST, DASS DU NICHT NUR LUFT VERKAUFST

Du hast also alles gegeben.

Du hast dein Herzblut in dein Projekt gesteckt, Inhalte erstellt, Kampagnen gestartet und dich reingehängt, als gäbe es kein Morgen. Jetzt ist der Moment der Wahrheit: Bringt das alles wirklich etwas? Oder verkaufst du nur heiße Luft? Diese Frage könnte dir den Schlaf rauben. Aber keine Sorge, in diesem Kapitel zeige ich dir, wie du sicherstellst, dass dein Erfolg mehr ist als nur ein laues Lüftchen.

8.1 Erfolgsmessung: Nicht nur was für Zahlen-Nerds.

Erfolgsmessung klingt erstmal nach etwas, das nur die Zahlen-Nerds im Unternehmen interessiert. Aber hier kommt der Haken: Wenn du nicht misst, was funktioniert und was nicht, tappst du im Dunkeln. Und im Dunkeln wird kein Business gemacht. Also, lass uns das Licht anschalten und herausfinden, wie du wirklich den Puls deiner Strategie fühlen kannst. Denn eins ist klar: Du könntest der beste Verkäufer der Welt sein, aber wenn du nicht weißt, was deine Kunden wirklich wollen oder wie sie auf deine Angebote reagieren, bist du auf dem Holzweg. Erfolgsmessung bedeutet nicht nur, zu schauen, wie viele Leute auf »Kaufen« klicken. Es geht darum, die ganze Reise deiner Kunden zu verstehen: Woher kommen sie, was motiviert sie und wo verlierst du sie möglicherweise?

Ohne Erfolgsmessung könntest du genauso gut in den Himmel starren und hoffen, dass dich irgendwann ein Blitz der Erkenntnis trifft. Aber wir sind hier, um genau das zu vermeiden. Du brauchst harte Fakten, auf die du deine nächsten Schritte stützen kannst.

Warum Erfolgsmessung so wichtig ist.

Es geht nicht nur um Klicks und Likes. Es geht darum, den kompletten Weg deiner Kunden zu kennen. Wo steigen sie ein? Was bringt sie zum Bleiben? Wo und warum steigen sie wieder aus? Jede dieser Fragen ist wie ein Puzzleteil, das dir hilft, das Gesamtbild zu verstehen. Und nur wer das ganze Bild sieht, kann sein Business auf das nächste Level heben.

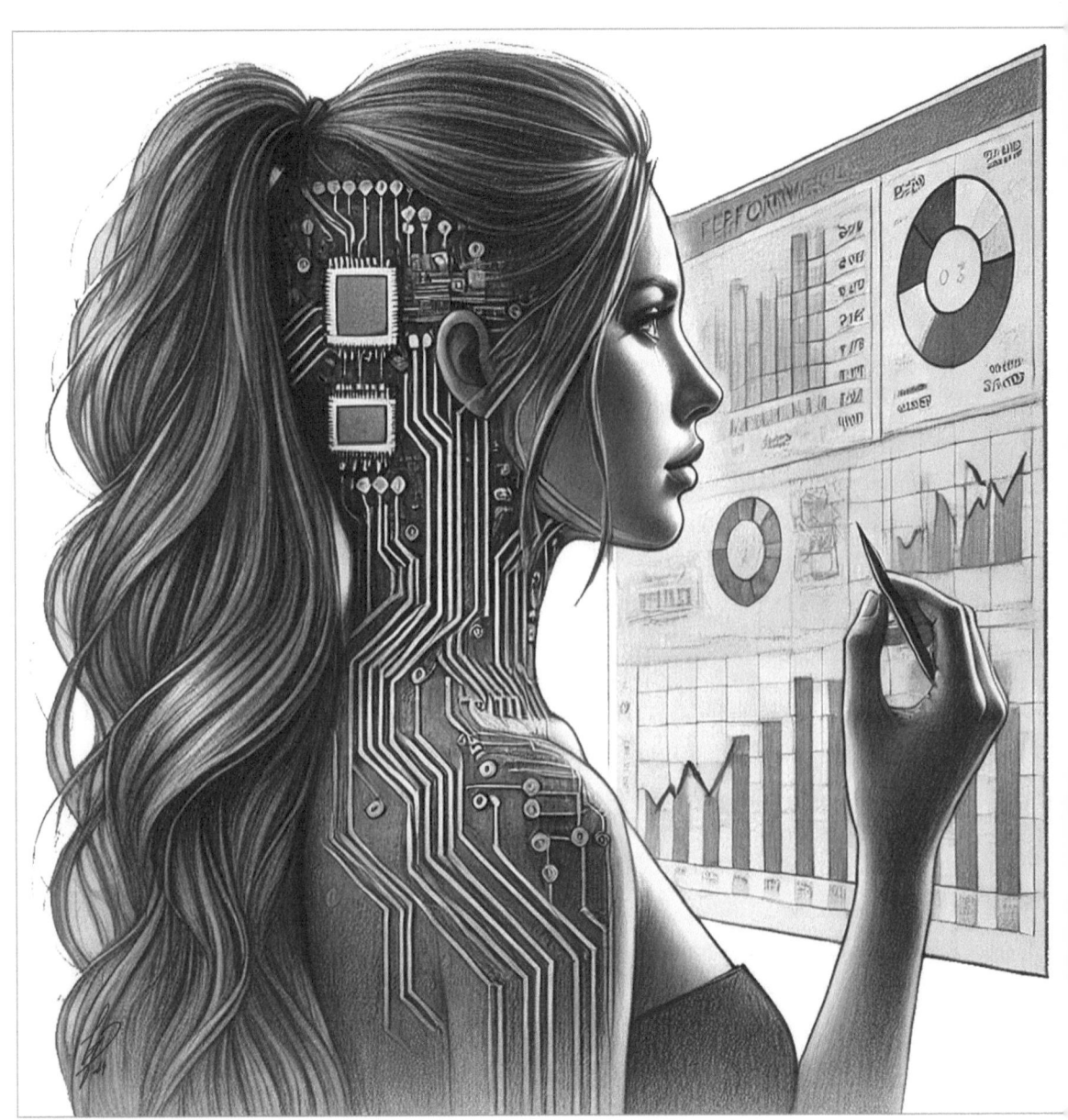

Mit KI misst du deinen Erfolg, stetig, stressfrei und mit klaren Handlungsempfehlungen.

Erfolgsmessung gibt dir die Kontrolle über dein Business. Du wärst der Kapitän eines Schiffes. Ohne zu wissen, wo du gerade auf der Karte stehst, segelst du blind umher. Erfolgsmessung ist dein Kompass und dein Steuer. Es zeigt dir, wohin du gerade steuerst und ob du überhaupt in die richtige Richtung unterwegs bist.

8.2 Die besten Tools und Techniken, um nicht in der Datenflut unterzugehen.

Okay, du denkst jetzt wahrscheinlich: »Erfolg messen ist wichtig, aber wie soll ich das alles machen, ohne in einer Flut von Daten unterzugehen?«. Die gute Nachricht ist: Es gibt Tools, die dir dabei helfen, den Überblick zu behalten, ohne dass du dich in Zahlen-kolonnen verstrickst.

Die Must-Have Tools:

Google Analytics: Dein persönlicher Spion im Netz. Es zeigt dir, wer deine Seite besucht, woher die Leute kommen und wie sie sich auf deiner Seite verhalten. Von Absprungraten bis Conversionrates, hier erfährst du alles.

Google Search Console: Perfekt, um zu verstehen, wie Google deine Seite sieht. Sie zeigt dir, bei welchen Suchanfragen deine Seite erscheint und wie oft darauf geklickt wird.

Hotjar: Willst du wissen, wie Besucher auf deiner Seite agieren? **Hotjar** zeigt dir Heat-maps und Aufzeichnungen des Nutzerverhaltens. So siehst du genau, wo geklickt wird und wo nicht.

SEMrush oder Ahrefs: Für die tiefergehende Analyse deiner SEO-Performance. Sie zeigen dir, wo du im Vergleich zur Konkurrenz stehst und welche Keywords dir wirklich Traffic bringen.

CRM-Systeme wie HubSpot oder Salesforce: Diese Tools helfen dir, die Kundenreise nachzuverfolgen, vom ersten Kontakt bis zum Kaufabschluss.

Die besten Techniken:

Conversion-Tracking: Miss nicht nur die Gesamtzahl der Besucher, sondern auch, wie viele davon tatsächlich zu Kunden werden. Das ist das Herzstück jeder Erfolgsmessung.

Customer Journey Mapping: Zeichne die typischen Schritte deiner Kunden auf. So erkennst du genau, wo es hakt und welche Touchpoints optimiert werden müssen.

A/B-Testing: Teste verschiedene Versionen deiner Inhalte, um herauszufinden, was am besten funktioniert. Egal ob Headlines, Bilder oder Call-to-Actions, kleine Änderungen können große Unterschiede machen.

8.3 Daten in Handlungen umsetzen.

Daten sind nutzlos, wenn du sie nicht in konkrete Handlungen umsetzt. Wenn du siehst, dass deine Conversionrate niedrig ist, überleg dir, woran es liegen könnte. Ist deine Seite unübersichtlich? Dauert der Checkout-Prozess zu lange? Wenn du herausfindest, wo das Problem liegt, kannst du gezielt optimieren.

Die Schritte zur Umsetzung:

Daten analysieren: Was läuft gut, was läuft nicht?
Hypothesen aufstellen: Warum läuft etwas nicht so, wie du es dir vorstellst?
Änderungen vornehmen: Teste deine Hypothesen mit gezielten Anpassungen.
Ergebnisse messen: Hat die Änderung die gewünschten Effekte gebracht?
Wenn ja, super! Wenn nicht, zurück zu Schritt 1.

Es wird nicht immer einfach sein.

Erfolgsmessung ist kein Spaziergang. Es wird Momente geben, in denen du frustriert bist, weil sich deine Zahlen nicht so entwickeln, wie du es willst. Es wird Zeiten geben, in denen du dich fragst, ob das alles überhaupt einen Sinn macht. Aber das gehört dazu. Nur wer die Tiefen durchläuft, kann die Höhen wirklich genießen. Und genau darum geht es: die Höhen zu erreichen. Zu wissen, dass dein Erfolg kein Zufall ist, sondern das Ergebnis harter Arbeit und cleverer Analysen. Also, fang an zu messen. Fang an, deine Daten zu verstehen. Und vor allem: Fang an, sie zu nutzen.

Und jetzt?

Du hast die Werkzeuge, die Technik und die Erkenntnisse. Jetzt gibt es nur noch eine Sache zu tun: Loslegen. Denn der Erfolg wartet nicht auf dich. Er ist da draußen, bereit, von dir erobert zu werden. Also, leg los und lass uns sehen, wie weit du gehen kannst.

Google Analytics

Fangen wir mit dem Klassiker an. **Google Analytics** ist das Idealtool der Erfolgsmessung. Es zeigt dir, woher deine Besucher kommen, was sie auf deiner Seite machen und wo sie abspringen. Es gibt dir die Möglichkeit, genau zu sehen, welche Seiten performen und welche ein Update brauchen.

8.4 Wie du Google Analytics meisterst: Deine Geheimwaffe für die Daten-Dominanz

Google Analytics ist dein Kontrollzentrum. Mit diesem Tool weißt du immer genau, wo dein Traffic herkommt, wie deine Besucher ticken und wie du dein Ziel, mehr Conversions, erreichst. Also schnall dich an, setz den Helm auf und los gehts!

Schritt 1: Anmeldung und Konto erstellen, Der erste Start

Bevor du durch die Weiten des Daten-Universums fliegst, musst du dein Schiff, äh, Konto, erstmal startklar machen. Das ist einfacher, als den Autopiloten zu programmieren.

So gehts: Gehe auf (https://analytics.google.com/) und melde dich mit deinem Google-Konto an. Wenn du noch kein Konto hast, ist jetzt der Moment, eines anzulegen. Keine Sorge, das dauert nur ein paar Minuten.

Konto erstellen: Klicke auf »Konto erstellen« und gib deinem Analytics-Konto einen Namen. Das könnte so kreativ sein wie »Mein supercooles SEO-Projekt« oder einfach der Name deines Unternehmens. Dann richtest du eine Property ein, das ist im Grunde deine Website. Gib die URL ein, wähle die Zeitzone und die Währung, in der du die Daten sehen willst.

Schritt 2: Tracking-Code einfügen. Die Raketen zünden.

Jetzt kommt der Zaubertrick: Du musst **Google Analytics** beibringen, wie es deine Besucher trackt. Dazu braucht es einen kleinen Tracking-Code, den du auf deiner Website einbaust, das ist so, als würdest du deinem Raumschiff die Zielkoordinaten geben.

So gehts: Nachdem du dein Konto und deine Property eingerichtet hast, bekommst du einen Tracking-Code. Das ist ein Stückchen JavaScript, das du in den <head>-Bereich deiner Website einfügst. Keine Panik, das klingt komplizierter, als es ist.

Für WordPress-User: Nutze ein Plugin wie »Insert Headers and Footers«, um den Code einzufügen. Einfach Plugin installieren, Tracking-Code einfügen, speichern, fertig!
Manuell: Kopiere den Code und füge ihn direkt in den <head>-Bereich deiner HTML-Dateien ein. Wenn du dich nicht traust, frag deinen Webentwickler, der macht das im Handumdrehen.

Schritt 3: Erste Daten sammeln, Die Maschinen hochfahren

Nachdem du den Tracking-Code eingebaut hast, kann **Google Analytics** endlich Daten sammeln. Das ist so, als würdest du dein Raumschiff starten und die ersten Scans der Umgebung machen.

So gehts: Geh zurück zu **Google Analytics** und schau dir dein Dashboard an. Anfangs wirst du vielleicht noch keine Daten sehen, das ist normal. Lass **Google Analytics** ein paar Stunden oder Tage arbeiten und dann siehst du die ersten Besucher, die auf deiner Seite landen.

Tipp Schau regelmäßig in »Echtzeit« rein. Hier siehst du sofort, was auf deiner Website passiert, als würdest du durch die Fenster deines Kontrollzentrums blicken.

Schritt 4: Wichtige Berichte verstehen. Deine Sternenkarten lesen.

Jetzt, wo die ersten Daten reinkommen, wollen wir wissen, was sie bedeuten. **Google Analytics** bietet dir eine Menge Berichte, das ist wie eine Schatzkarte, die dir zeigt, wo deine Traffic-Goldadern liegen.

So gehts:

Zielgruppen-Bericht: Hier findest du alles über deine Besucher, woher sie kommen, welche Geräte sie nutzen und wie oft sie wiederkehren. So erfährst du, ob du mehr Schub in den mobilen Bereich geben musst oder ob deine Seite in Deutschland besser läuft als in Österreich.

Akquisition-Bericht: Woher kommen deine Besucher? Google? Social Media? Email-Kampagnen? Der Akquisitionsbericht zeigt dir genau, welcher Kanal wie viel Traffic bringt, damit du weißt, wo du mehr Energie reinstecken solltest.

Verhaltens-Bericht: Hier siehst du, welche Seiten am meisten besucht werden, wie lange die Leute bleiben und wann sie abspringen. Das ist dein Radar für die Inhalte, die richtig rocken und die, die vielleicht noch ein Upgrade brauchen.

Conversions-Bericht: Was bringen all die Besucher, wenn keiner das tut, was du willst? Der Conversions-Bericht zeigt dir, wie viele Leute deine Ziele erreichen, sei es ein Kauf, eine Anmeldung oder ein Download. Hier siehst du, ob du nachjustieren musst.

Schritt 5: Ziele einrichten. Deine Mission festlegen.

Was nützt dir die beste Sternenkarte, wenn du nicht weißt, wohin die Reise geht? In **Google Analytics** kannst du Ziele einrichten, die du verfolgen willst, das ist wie der Kompass deines Raumschiffs.

So gehts: Gehe zu »Verwaltung« (das Zahnradsymbol) und klicke unter deiner Property auf »Ziele«. Wähle »Neues Ziel« und bestimme, was du tracken willst, z. B. eine abgeschlossene Bestellung, ein ausgefülltes Kontaktformular oder eine bestimmte Verweildauer auf der Seite.

Tipp Setze realistische Ziele, die zu deiner Website passen. Wenn du merkst, dass ein Ziel nicht erreicht wird, überlege, ob die Hürde zu hoch ist oder ob deine Strategie angepasst werden muss.

Schritt 6: Anpassungen und Filter setzen, Feintuning

Nicht jeder Besucher ist gleich wichtig. Mit Filtern und Segmenten in **Google Analytics** kannst du genau festlegen, welche Daten du sehen willst.

So gehts: Gehe in »Verwaltung« und wähle »Filter«. Hier kannst du beispielsweise internen Traffic (also deine eigenen Besuche) herausfiltern oder nur bestimmte Länder anzeigen lassen. Das hilft dir, den Fokus auf die wirklich wichtigen Daten zu legen.

Tipp Erstelle Segmente, um z. B. nur neue Besucher oder nur mobile Nutzer zu analysieren. So bekommst du ein besseres Gefühl dafür, wie verschiedene Zielgruppen auf deiner Seite interagieren.

Schritt 7: Regelmäßig prüfen und optimieren. Ständiges Monitoring.

Schau regelmäßig in **Google Analytics** vorbei, um zu sehen, wie sich deine Besucherzahlen entwickeln und ob du auf dem richtigen Weg bist.

So gehts: Setze dir feste Zeiten, um deine Daten zu checken, etwa einmal pro Woche oder monatlich. Vergleiche die Daten mit früheren Zeiträumen und sieh dir an, ob deine Änderungen positive Effekte haben.

Tipp Nutze die »Benachrichtigungen«-Funktion, um automatische Alerts zu erhalten, wenn bestimmte Dinge passieren, zum Beispiel, wenn dein Traffic plötzlich stark ansteigt oder abfällt.

Mit **Google Analytics** bist du nicht nur der Captain deines SEO-Raumschiffs, sondern auch der Mastermind, der weiß, wo der Traffic herkommt, wie die Besucher ticken und wie du sie auf Kurs hältst. Setze deine Ziele, überwache die Berichte und optimiere deine Strategie, so wirst du zum absoluten Daten-Commander, der Google in die Knie zwingt.

Conversion-Tracking

Du willst nicht nur wissen, wer auf deine Seite kommt, sondern auch, wer konvertiert, sprich, wer tatsächlich kauft oder sich für deinen Newsletter anmeldet. Tools wie **Google**

Tag Manager oder **Facebook Pixel** helfen dir, diese Conversions genau nachzuverfolgen. So weißt du, welche Marketingmaßnahmen wirklich funktionieren.

8.5 **Wie du den** Google Tag Manager **meisterst: Dein Wegweiser durch den Tag-Dschungel.**

Google Tag Manager dein All-in-One-Gadget. Mit diesem Werkzeug kannst du auf deiner Website unsichtbare Fäden spannen, die alles überwachen. Von Klicks auf Buttons bis hin zu Downloads von PDF-Dateien. Also schnapp dir deinen Agentenkoffer, wir legen los!

Schritt 1: Anmeldung und Konto erstellen. Dein erster Einsatz.

Bevor wir uns ins Abenteuer stürzen, müssen wir erstmal unser Agentenbüro aufmachen. Das geht ruckzuck.

So gehts: Geh auf tagmanager.google.com und melde dich mit deinem Google-Konto an. Hast du noch keines? Kein Problem, das ist schnell erstellt. Dann klickst du auf »Konto erstellen«. Gib deinem Konto einen Namen, vielleicht so cool wie »Mein geheimer SEO-Bunker«. Dann legst du einen »Container« an, das ist sozusagen dein Werkzeugkasten für eine Website oder App. Wähle als Zielplattform »Web«, wenn du eine Website hast.

Schritt 2: Den Container-Code einfügen. Das Spionage-Netzwerk aufbauen.

Jetzt wirds spannend! Dein Container braucht einen Platz auf deiner Website, damit er seine Arbeit tun kann. Das ist wie eine Wanze, die du platzierst, um alles im Auge zu behalten.

So gehts: Nach der Erstellung deines Containers bekommst du zwei kleine Code-Schnipsel. Diese musst du auf deiner Website einfügen.Kopiere den ersten Code und füge ihn direkt nach dem `<head>`-Tag auf jeder Seite deiner Website ein. Kopiere dann den zweiten Code und platziere ihn direkt nach dem <body>-Tag auf jeder Seite.

Wenn du mit **WordPress** arbeitest, kannst du auch hier ein Plugin wie »Insert Headers and Footers« verwenden, um den Code einzufügen.

Schritt 3: Tags erstellen. Deine Geheimagenten im Einsatz.

Jetzt kommt das Herzstück des **Google Tag Manager**s: die Tags. Sie sind wie deine Agenten, die verschiedene Missionen auf deiner Website erfüllen, sei es, Besucheraktionen zu tracken oder Analysen zu starten.

So gehts: Klicke im Tag Manager auf »Tags« und dann auf »Neu«. Du wirst gefragt, welche Art von Tag du erstellen möchtest. Hier kannst du z. B. **Google Analytics** Tags, **Facebook Pixel** oder benutzerdefinierte HTML-Tags einrichten.

Beispiel: Möchtest du **Google Analytics** einrichten? Wähle »Google Analytics: Universal Analytics« als Tag-Typ, dann wähle »Seitenaufruf« als Tracking-Typ. Jetzt noch deine Analytics-ID eingeben (die bekommst du aus deinem **Google Analytics**-Konto) und speichern.

Tipp Benenne deine Tags sinnvoll, z. B. »GA, Seitenaufrufe«, damit du den Überblick behältst. Niemand will ein Tag-Chaos, wenn es mal schnell gehen muss.

Schritt 4: Trigger einrichten, Die scharfen Augen des Agenten

Ein Tag alleine tut noch nichts. Es braucht einen Trigger, um aktiviert zu werden, das ist wie der Moment, wenn der Agent sein »Go!« erhält.

So gehts: Klicke unter deinem Tag auf »Trigger hinzufügen«. Hier kannst du festlegen, wann der Tag ausgelöst werden soll. Zum **Beispiel:** »Alle Seitenaufrufe«, »Bestimmte Seiten«, oder wenn jemand auf einen Button klickt.

Beispiel: Du willst tracken, wenn jemand ein Formular absendet? Wähle den Trigger »Formularübermittlung«. Danach kannst du genau festlegen, welches Formular getrackt werden soll.

Tipp Spiel ein bisschen mit den Triggern rum, du kannst sehr spezifisch werden, zum Beispiel nur Klicks auf einen bestimmten Button oder Seitenaufrufe auf einer spezifischen URL. Je genauer, desto besser deine Daten!

Schritt 5: Vorschau und Debugging. Die Mission genau prüfen.

Bevor du deine Tags in die Wildnis schickst, solltest du sicherstellen, dass alles funktioniert. Der Vorschau-Modus ist dein Testlauf, bevor die Mission live geht.

So gehts: Klicke im **Google Tag Manager** auf »Vorschau«. Dadurch öffnet sich deine Website in einem speziellen Modus, in dem du siehst, welche Tags und Trigger funktionieren. Schau dir an, ob alles wie geplant ausgelöst wird.

Tipp Geh auf deine Website und klicke ein bisschen rum, während der Vorschau-Modus aktiv ist. Schau nach, ob die richtigen Tags bei den richtigen Aktionen aktiviert werden. Wenn nicht, zurück in den Tag Manager und die Einstellungen anpassen.

8

Schritt 6: Veröffentlichung. Die Mission startet.

Alles getestet und für gut befunden? Dann ist es Zeit, die Mission zu starten und deine Tags live zu schalten.

So gehts: Wenn alles passt, gehst du zurück in den Tag Manager und klickst auf »Senden«. Hier kannst du deiner Veröffentlichung noch einen Namen geben, z. B. »Erste Tag-Einrichtung«. Danach klickst du auf »Veröffentlichen« und zack, deine Tags sind live!

Tipp Veröffentliche regelmäßig neue Versionen, wenn du Änderungen vornimmst. So behältst du den Überblick und kannst immer nachvollziehen, was wann geändert wurde.

Schritt 7: Ergebnisse überprüfen. Der Bericht ans Hauptquartier.

Jetzt, wo deine Tags live sind, ist es Zeit, die Ergebnisse zu analysieren. Geh in deine Tools wie **Google Analytics** oder Facebook Ads und schau dir an, welche Daten reinkommen. Dein **Google Tag Manager** sammelt fleißig alle Informationen und sendet sie an die richtigen Stellen.

Tipp Überprüfe regelmäßig die Daten und optimiere bei Bedarf. Vielleicht merkst du, dass ein Trigger nicht oft genug ausgelöst wird, dann anpassen und wieder live schalten!

Mit dem **Google Tag Manager** wirst du zum wahren Meister-Agenten, der seine Website bis ins kleinste Detail überwachen kann. Ob Klicks, Seitenaufrufe oder Formulare, nichts bleibt dir verborgen. Halte deine Missionen sauber, prüfe sie regelmäßig und mach dich bereit, mit deinen Daten zu glänzen. Also, Agent, raus aus dem Büro und ran an die Tags, der Erfolg wartet auf dich!

A/B-Tests

Willst du wissen, ob deine neu gestaltete Landingpage besser performt als die alte? Dann teste es. Mit A/B-Tests kannst du verschiedene Versionen deiner Seiten gegeneinander antreten lassen und sehen, welche am besten abschneidet. So optimierst du Schritt für Schritt und verlässt dich nicht auf dein Bauchgefühl.

8.6 A/B-Tests für jedermann: Schritt-für-Schritt

Du willst wissen, welche Version deiner Kampagne rockt? Dann brauchst du A/B-Tests, Baby! Hier kommt der ultimative Guide, wie du mit den besten bezahlbaren und kostenlosen Tools richtig durchstartest. Alles in einfachen Schritten. Und keine Sorge, du brauchst kein Entwicklergenie zu sein, um diese Tools zu beherrschen.

VWO (Visual Website Optimizer)
Konto erstellen und loslegen (Schritt 1).
Warum? Ohne Konto geht hier nix. Also, ab die Post!
Aktion: Geh auf [VWO](https://VWO.com/), registriere dich und abonniere einen der bezahlbaren Pläne. Keine Sorge, die Einstiegskosten sind moderat.

Dein erstes A/B-Test-Setup (Schritt 2).
Warum? Testen ohne Setup ist wie Kaffee ohne Koffein, einfach sinnlos.
Aktion: Klicke auf »Test erstellen«, wähle »A/B-Test« und verknüpfe deine Website. Benenne deinen Test und definiere das Ziel (z. B. mehr Conversions).

Variationen erstellen (Schritt 3).
Warum? Die Variation ist der Star. Sie zeigt, was anders, besser oder schlechter läuft.

Aktion: Erstelle deine Variation. Ändere, was getestet werden soll, zum Beispiel die Position eines Buttons oder die Headline. **VWO** macht das mit Drag-and-Drop super einfach.

Zielgruppen und Traffic-Allokation festlegen (Schritt 4).

Warum? Du willst nicht alle Besucher über einen Kamm scheren, oder? Also, setz die richtige Zielgruppe und Traffic-Zuweisung.

Aktion: Bestimme, welche Zielgruppe deinen Test sehen soll (z. B. neue vs. wiederkehrende Besucher) und wie viel Prozent des Traffics auf jede Version aufgeteilt wird.

Test durchführen und auswerten (Schritt 5).

Warum? Jetzt kommt der spannende Teil, wer gewinnt?

Aktion: Lass den Test laufen, bis du signifikante Ergebnisse hast. Schau dir dann die detaillierten Berichte in **VWO** an. Welche Version bringt dir mehr Conversions? Entscheide und implementiere den Gewinner!

Mailchimp A/B Testing

Konto und Zielgruppe aufbauen (Schritt 1).

Warum? Ohne Empfänger, kein A/B-Test. Logisch, oder?

Aktion: Registriere dich auf https://mailchimp.com, richte dein Konto ein und importiere oder erstelle deine Zielgruppe. Deine Liste sollte aktuell und segmentiert sein.

A/B-Test-Kampagne erstellen (Schritt 2).

Warum? Nur eine A/B-Test-Kampagne zeigt dir, welcher Betreff oder Inhalt zieht.

Aktion: Klicke auf »Erstellen« und wähle »Email« aus. Dann auf »A/B-Test« gehen. Gib deiner Kampagne einen Namen und wähle aus, was du testen möchtest: Betreffzeilen, Inhalte, Sendezeiten, oder Absendernamen.

Variationen hinzufügen (Schritt 3).

Warum? Keine Varianten, kein Vergleich. Du willst ja wissen, was besser ist.

Aktion: Erstelle deine verschiedenen Varianten. Ändere z. B. die Betreffzeile in Variante B oder probiere eine andere Sendezeit. **Mailchimp** macht das super einfach.

Ziel und Erfolgskriterium wählen (Schritt 4).

Warum? Was willst du messen? Ohne klare Ziele tappst du im Dunkeln.

Aktion: Wähle, welches Erfolgskriterium entscheidend ist: Öffnungsraten, Klicks oder Conversions? **Mailchimp** übernimmt den Rest.

Test senden und analysieren (Schritt 5).

Warum? Jetzt wird es ernst. Nur die Ergebnisse zeigen, was funktioniert.

Aktion: Sende deinen A/B-Test, lass ihn laufen und checke nach ein paar Tagen die Ergebnisse. Welche Variante rockt die Öffnungsraten? Setze den Gewinner als Standard für zukünftige Kampagnen!

Optimizely

Konto einrichten (Schritt 1).

Warum? Ohne Anmeldung geht nix. Klar, oder?

Aktion: Geh auf https://www.optimizely.com, registriere dich und wähle einen der bezahlbaren Pläne aus. Starte mit einem kleinen Projekt, um dich einzuarbeiten.

Projekt erstellen und Zielsetzung (Schritt 2).

Warum? Zielsetzung ist der Anfang. Du willst ja wissen, was du testen möchtest.

Aktion: Erstelle dein erstes Projekt und wähle die Seite, die du testen willst. Definiere dein Ziel (z. B. Klicks auf eine bestimmte Schaltfläche).

Variationen definieren (Schritt 3).

Warum? Du brauchst mindestens zwei Varianten, um zu vergleichen.

Aktion: Erstelle eine Variation deiner Originalseite. Ändere das Layout, den Text oder das Bild und speichere die Änderungen.

Zielgruppe und Traffic-Aufteilung (Schritt 4).

Warum? Du willst wissen, wie verschiedene Zielgruppen reagieren? Klar, dann leg los.

Aktion: Wähle die Zielgruppe und entscheide, wie viel Traffic auf jede Variation gelenkt wird. **Optimizely** macht es einfach, das im Interface zu setzen.

Test durchführen und analysieren (Schritt 5).

Warum? Die Ergebnisse entscheiden. So einfach ist das.

Aktion: Starte den Test und lass ihn laufen, bis du genug Daten gesammelt hast. Optimizely liefert dir dann eine detaillierte Analyse, mit der du den Gewinner bestimmen kannst.

Crazy Egg

Konto einrichten und Tracking-Code einfügen (Schritt 1).

Warum? Ohne Tracking-Code keine Daten. Ohne Daten kein Test.

Aktion: Registriere dich bei [Crazy Egg](https://www.crazyegg.com/) und füge den Tracking-Code auf deiner Website ein. Crazy Egg ist super simpel zu implementieren.

Testziel auswählen (Schritt 2).

Warum? Du musst wissen, was du testen willst, sonst bist du verloren.

Aktion: Wähle das Testziel, z. B. das Verhalten der Nutzer auf einer Landingpage. Crazy Egg zeigt dir, wo Besucher klicken und scrollen.

Snapshots erstellen und Variationen definieren (Schritt 3).

Warum? Snapshots zeigen dir, was läuft und was nicht.

Aktion: Erstelle einen Snapshot deiner Seite und definiere Variationen, die du testen möchtest, z. B. eine andere Platzierung eines Call-to-Action-Buttons.

A/B-Test einrichten (Schritt 4).

Warum? Ohne A/B-Test kein Vergleich und ohne Vergleich kein Sieger.

Aktion: Erstelle einen A/B-Test innerhalb von Crazy Egg und teile den Traffic auf die verschiedenen Varianten deiner Seite auf.

Test auswerten und optimieren (Schritt 5).

Warum? Nur wer auswertet, kann gewinnen.

Aktion: Lass den Test laufen und analysiere dann die Heatmaps und Klick-Daten. Finde heraus, welche Version besser funktioniert und implementiere die Ergebnisse auf deiner Seite.

Customer Lifetime Value (CLV)

Der Customer Lifetime Value gibt dir eine Vorstellung davon, wie viel ein Kunde im Laufe seiner Beziehung zu dir wert ist.

Es ist nicht nur wichtig, Neukunden zu gewinnen, sondern auch bestehende Kunden zu halten und den Wert dieser Kunden zu maximieren. Wenn du weißt, wie hoch der CLV ist, kannst du besser entscheiden, wie viel du in Marketing investieren solltest.

8.7 Wie du den Customer Lifetime Value (CLV) berechnest: Eine Schritt-für-Schritt-Anleitung.

Du willst wissen, wie viel dir jeder Kunde über die gesamte Zeit seiner Beziehung zu deinem Unternehmen wert ist? Dann musst du den Customer Lifetime Value (CLV) ermitteln. Klingt kompliziert? Keine Sorge! Mit dieser Schritt-für-Schritt-Anleitung bekommst du den CLV so schnell in den Griff wie einen heißen Kaffee am Morgen.

Durchschnittlicher Bestellwert (Average Order Value, AOV)
Berechne den durchschnittlichen Bestellwert (Schritt 1).
Warum? **Du musst wissen, wie viel deine Kunden im Durchschnitt bei jedem Kauf ausgeben. Ohne diesen Wert bist du blind.**
Aktion: Addiere den Gesamtumsatz für einen bestimmten Zeitraum (z. B. ein Jahr) und teile diesen Betrag durch die Anzahl der Bestellungen im gleichen Zeitraum.
Formel: AOV = Gesamtumsatz / Anzahl der Bestellungen
Beispiel: Wenn du in einem Jahr 100.000 € Umsatz gemacht hast und 1.000 Bestellungen hattest, dann ist dein AOV 100 €.

Kaufhäufigkeit (Purchase Frequency, PF)
Ermittele die Kaufhäufigkeit (Schritt 2).
Warum? Du willst wissen, wie oft deine Kunden in einem bestimmten Zeitraum bei dir einkaufen. Häufige Käufer sind dein Gold.
Aktion: Teile die Gesamtzahl der Bestellungen durch die Anzahl der einzigartigen Kunden in einem bestimmten Zeitraum.
Formel: PF = Anzahl der Bestellungen / Anzahl der Kunden

Beispiel: Wenn du in einem Jahr 1.000 Bestellungen und 200 einzigartige Kunden hattest, dann liegt deine Kaufhäufigkeit bei 5 (d.h. jeder Kunde hat im Durchschnitt 5 Mal gekauft).

Kundenwert (Customer Value, CV)

Berechne den Kundenwert (Schritt 3).

Warum? Jetzt wird es spannend. Hier erfährst du, wie viel jeder Kunde dir in einem bestimmten Zeitraum wert ist.

Aktion: Multipliziere den durchschnittlichen Bestellwert (AOV) mit der Kaufhäufigkeit (PF).

Formel: CV = AOV x PF

Beispiel: Wenn dein AOV 100 € und deine PF 5 ist, dann ist der Kundenwert 500 €. Das bedeutet, jeder Kunde bringt dir im Durchschnitt 500 € Umsatz pro Jahr.

Kundenlebensdauer (Customer Lifespan, CL)

Schätze die Kundenlebensdauer (Schritt 4).

Warum? Du musst wissen, wie lange ein Kunde bei dir bleibt, bevor er abwandert. Das ist der Schlüssel zum CLV.

Aktion: Schätze, wie lange ein Kunde im Durchschnitt aktiv bleibt, bevor er abspringt. Das kann je nach Branche und Geschäftsmodell variieren, oft wird ein Zeitraum von 1-3 Jahren verwendet.

Formel: CL = 1 / Kunden-Abwanderungsrate

Beispiel: Wenn du eine Kunden-Abwanderungsrate von 20% pro Jahr hast, beträgt die Lebensdauer deines Kunden 5 Jahre (1 / 0,20).

Customer Lifetime Value (CLV) berechnen

Multipliziere den Kundenwert mit der Kundenlebensdauer (Schritt 5).

Warum? Jetzt kommt der finale Showdown: Hier erfährst du, wie viel ein Kunde dir während seiner gesamten Beziehung zu deinem Unternehmen wert ist.

Aktion: Multipliziere den Kundenwert (CV) mit der geschätzten Kundenlebensdauer (CL).

Formel: CLV = CV x CL

Beispiel: Wenn dein CV 500 € pro Jahr beträgt und die Kundenlebensdauer 5 Jahre ist, dann beträgt der CLV 2.500 €. Das heißt, jeder Kunde ist dir im Durchschnitt 2.500 € wert.

Optional: CLV bereinigen (Kosten und Gewinn berücksichtigen).

8

Ziehe die Kundenakquisitionskosten (CAC) ab (Schritt 6).

Warum? Was bringt dir der CLV, wenn du nicht weißt, was dich ein Kunde gekostet hat? Zeit, die Realität zu prüfen.

Aktion: Ziehe die durchschnittlichen Kosten ab, die du aufwenden musst, um einen Kunden zu gewinnen (Customer Acquisition Cost, CAC).

Formel: Netto-CLV = CLV - CAC

Beispiel: Wenn dein CLV 2.500 € beträgt und dein CAC 500 € ist, dann liegt dein Netto-CLV bei 2.000 €.

Berücksichtige die Gewinnmarge (Schritt 7).

Warum? Du willst den Gewinn, nicht nur den Umsatz. Also zieh die Kosten ab, die für die Herstellung oder den Verkauf der Produkte anfallen.

Aktion: Multipliziere den CLV mit deiner durchschnittlichen Gewinnmarge, um den realen Wert zu erhalten.

Formel: CLV x Gewinnmarge

Beispiel: Bei einer Gewinnmarge von 30% und einem CLV von 2.500 € beträgt der tatsächliche Gewinn 750 € pro Kunde.

Glückwunsch, du hast den CLV berechnet! Jetzt weißt du, wie viel jeder Kunde dir wirklich wert ist. Mit diesem Wissen kannst du klügere Marketingentscheidungen treffen und deine Ressourcen gezielt einsetzen. Keine Vermutungen mehr, kein Rätselraten, nur noch gezielte, datenbasierte Entscheidungen.

Aber halt! Hast du wirklich alles bedacht?

Klar, jetzt kennst du den Wert deiner Kunden. Aber was, wenn du diesen Wert noch steigern könntest? Was, wenn es Möglichkeiten gäbe, deine Kundenbindung zu stärken und deinen CLV zu maximieren?

Und nun mal angedacht, du könntest jeden Kunden nicht nur länger halten, sondern ihn auch dazu bringen, öfter und mehr zu kaufen. Klingt spannend? Dann lies weiter, denn das nächste Kapitel zeigt dir, wie du genau das erreichst ...

8.8 Heatmaps: Blick ins digitale Schaufenster.

Hast du jemals davon geträumt, in die Köpfe deiner Website-Besucher zu schauen? Zu wissen, wohin ihre Augen schweifen, welche Buttons magisch anziehend wirken und welche Bereiche sie eher links liegen lassen?

Keine Sorge, du brauchst kein Sci-Fi-Szenario heraufzubeschwören, wir sind nicht bei »Star Trek«. Willkommen in der Welt der Heatmaps! Mit Tools wie **Hotjar** oder **Crazy Egg** bekommst du diesen Blick ins digitale Schaufenster. Sie leuchten dir farbenfroh auf, wo deine Besucher klicken, scrollen und verweilen. Denk an eine Schatzkarte, die dir zeigt, wo das Gold liegt, oder in deinem Fall: wo die Aufmerksamkeit deiner User wirklich ist.

8

Warum zur Hölle ist das wichtig?

Ganz einfach: Nur weil du einen Button riesengroß und knallbunt auf deiner Seite platziert hast, heißt das noch lange nicht, dass jemand draufklickt. Vielleicht tanzen deine Besucher einfach daran vorbei, wie ein Kind, das den Spinat auf dem Teller gekonnt ignoriert. Es ist wie mit Werbeanzeigen: Laut und bunt ist gut, aber wenn der Inhalt nicht zieht, bringt's nix. Heatmaps zeigen dir gnadenlos, welche Teile deiner Website wirklich »Wow!« rufen und welche so aufregend sind wie das Handbuch deines Toasters.

Du willst wissen, warum dein grandioser Call-to-Action Button kaum Beachtung findet? Oder wieso deine Besucher scheinbar immer auf der Hälfte der Seite abspringen? Die Antwort steht in leuchtenden Farben vor dir. Heatmaps geben dir das notwendige Rüstzeug, um deine Website zu einer echten Rakete zu machen.

Erfolg ist kein Zufall, sondern harte Arbeit.

Stell dir Erfolg nicht als einmaliges Ding vor. Es ist nicht wie ein Gewinn beim Rubbellos. Erfolg ist das Ergebnis ständiger Feinarbeit, immer wieder prüfen, anpassen und verbessern.

Denk an deinen Garten: Nur weil du ihn einmal hübsch gemacht hast, heißt das nicht, dass du die Gießkanne für immer in die Ecke stellen kannst. Nein, du musst jäten, schneiden, düngen. Und genauso ist es mit deiner Website. Die kontinuierliche Optimierung ist der Unterschied zwischen Unternehmen, die Jahr für Jahr erfolgreich sind und denen, die irgendwann ins Nirgendwo verschwinden.

Du hast deine KPIs im Blick, oder? Diese Key Performance Indicators sind deine ständigen Begleiter. Stell dir vor, sie sind deine digitalen Spione, die dir flüstern: »Hey, da läuft was nicht ganz rund!« Die Kunst liegt darin, diese Daten zu nutzen, um Schwächen zu entdecken und gezielt nachzuschärfen. Der Feinschliff hört nie auf. Immer wieder optimieren, verfeinern und testen, das ist das Mantra für Unternehmen, die vorne bleiben wollen.

Messbar erfolgreich, oder einfach nur heiße Luft?

Erfolg fällt nicht vom Himmel. Der Grundstein ist die Planung, der Bau die Analyse und die Deko die Optimierung. Doch ohne Messung? Sorry, dann tappst du im Dunkeln. Kein seriöses Unternehmen verlässt sich auf »gefühlt läuft's gut«. Du brauchst knallharte Zahlen, Daten und Fakten.

Deshalb: Hol dir die besten Tools an Bord, die du kriegen kannst. Heatmaps, KPIs und detaillierte Analysen sind deine besten Freunde. Aber lass uns ehrlich sein: Du kannst die tollsten Daten haben, aber wenn du nicht weißt, was du damit anfangen sollst, bleibt's heiße Luft.

Nutz diese Werkzeuge, als ob dein Unternehmen davon abhängt, denn das tut es! Du wirst nicht nur die Klickzahlen nach oben schießen sehen, sondern auch echte Resultate spüren. Glaub mir, das fühlst du auf deinem Konto genauso wie in den Gesichtern zufriedener Kunden.

Und jetzt das Beste:

Okay, du kennst die Theorie. Du weißt, wie du Daten sammelst, analysierst und optimierst. Aber jetzt mal Hand aufs Herz: Die größten Chancen liegen oft direkt vor deiner Nase und du siehst sie einfach nicht. Manchmal versteifen wir uns so sehr auf die großen Änderungen, dass wir die kleinen, aber potenziell explosiven Hebel übersehen.

Klingt bekannt? Dann bleib dran, denn im nächsten Kapitel zeige ich dir, wie du mit ein paar einfachen, aber cleveren Anpassungen nicht nur minimale, sondern massive Sprünge in deiner Performance machen kannst. Neugierig? Na dann, lass uns loslegen, da draußen warten echte Erfolgsgeschichten.

Aber halt, da geht noch mehr!

Du denkst, du hast jetzt alles optimiert, was ging? Falsch gedacht! Die digitalen Land-schaften ändern sich ständig. Nutzerverhalten, Trends, technische Möglichkeiten, alles ist im Wandel. Heute bist du der König des digitalen Schaufensters, morgen bist du schon der verstaubte Flyer an der Supermarktkasse. Es ist also kein Sprint, sondern ein Marathon. Du musst dranbleiben, neue Features testen, Feedback auswerten und vor allem flexibel bleiben. Stillstand ist Rückschritt den können wir uns im digitalen Zeitalter nicht leisten. So wirst du nicht nur Klicks generieren, sondern echte Kunden, die immer wieder zu dir zurückkommen.

8

Mit KI wirst du zum Star und machst deine Kunden zu echten Fans.

Kapitel 9
KUNDENBINDUNG UND UPSELLING, VOM EINMAL-KÄUFER ZUM TREUEN FAN

9.1 Der Kauf ist nur der Anfang.
Wie KI und SEO dir helfen, deine Kunden zu binden.

Herzlichen Glückwunsch, du hast einen Kunden an Land gezogen! Er hat den »Kaufen«-Button gedrückt und du freust dich wie ein Schneekönig. Aber halt mal, hier geht's erst richtig los. Der Verkauf ist nicht das Ende der Reise, sondern der Startpunkt. In der echten Welt würdest du ja auch nicht jemanden nach einem Date einfach für immer ignorieren und hoffen, dass er irgendwann einfach wieder vor deiner Tür steht, oder? Genau. Also, warum sollten deine Kunden anders behandelt werden?

Es reicht nicht mehr, einfach nur zu verkaufen und die Sache dann auf sich beruhen zu lassen. Willst du aus Einmal-Käufern echte Fans machen, die immer wiederkommen? Dann brauchst du einen gut durchdachten Plan. Und weißt du, wer dir dabei unglaublich viel helfen kann? Deine neuen besten Freunde: KI und SEO.

Im heutigen Business-Universum sind KI und SEO wie Batman und Robin. Sie sorgen dafür, dass du schneller, effizienter und vor allem smarter agierst. Denn mit künstlicher Intelligenz und einer soliden SEO-Strategie hast du die Superkräfte, die du brauchst, um aus einem Neukunden einen Stammkunden zu machen. Lass uns tiefer eintauchen und schauen, wie genau KI und SEO deine Kundenbindung auf das nächste Level bringen.

Die Macht von KI: Dein Assistent, der niemals schläft.

Bevor du denkst, dass KI nur was für Silicon Valley-Giganten ist, lass mich dir gleich eines klarstellen: KI ist für jeden, auch für dich und dein Business. Stell dir vor, du hättest einen Assistenten, der niemals schläft, niemals Urlaub braucht und immer einen klaren Kopf behält. Das ist KI für dich. Künstliche Intelligenz ist der perfekte Begleiter, um dein Email-Marketing zu automatisieren, deinen Kundenservice zu verbessern und Upselling-Möglichkeiten zu erkennen zwar alles ohne, dass du dich dabei verausgabst.

Wie hilft KI konkret bei der Kundenbindung?

Einer der größten Vorteile von KI ist die Fähigkeit, personalisierte Inhalte für jeden einzelnen Kunden zu erstellen. Stell dir vor, dein Kunde bekommt eine Email, die genau auf seine Interessen zugeschnitten ist, basierend auf seinem Surfverhalten, seinen früheren Käufen und sogar der aktuellen Jahreszeit. So etwas schaffst du manuell nicht, aber KI macht's möglich. Diese Hyper-Personalisierung sorgt dafür, dass deine Kunden sich verstanden und wertgeschätzt fühlen. Das ist Kundenbindung auf Steroiden.

Erinnerst du dich noch daran, wie mühsam es war, Emails manuell zu verschicken? Oder Kundenlisten zu aktualisieren? Vergiss das alles! Mit KI kannst du ganze Marketing-kampagnen automatisieren. Deine Kunden bekommen genau die richtigen Botschaften zur richtigen Zeit, ohne, dass du ständig eingreifen musst. Der Kunde hat gerade bei dir gekauft? KI schickt ihm automatisch eine personalisierte Dankesnachricht, gefolgt von einem Angebot für ein passendes Zubehör. Upselling war noch nie so einfach! KI kann auf Basis von Daten analysieren, wann ein Kunde bereit für den nächsten Kauf ist. Sie erkennt Muster und Verhaltensweisen, die dir vielleicht entgehen würden und schlägt genau dann zu, wenn die Wahrscheinlichkeit am höchsten ist, dass dein Kunde wieder kauft. Im Grunde liest die KI die Gedanken deiner Kunden nein, dafür braucht sie keine Kristallkugel.

SEO: Der unsichtbare Magnet für deine Kunden.
Was hat SEO mit Kundenbindung zu tun? Eine Menge! SEO, also die Suchmaschinen-optimierung, ist nicht nur dafür da, dass potenzielle Kunden dich im Internet finden. Es geht auch darum, dass die richtigen Inhalte zur richtigen Zeit gefunden werden dass du deinen Bestandskunden einen echten Mehrwert lieferst. Wenn Kunden nach Antworten auf ihre Fragen suchen und immer wieder auf deine Website stoßen, weil du die besten Inhalte lieferst, dann baust du Vertrauen auf. Vertrauen führt zu Loyalität und Loyalität ist der Schlüssel zu wiederkehrenden Käufen.

Aber wie genau hilft SEO bei der Kundenbindung?
Der Schlüssel zu gutem SEO ist guter Content. Aber guter Content ist nicht nur dazu da, Kunden zu gewinnen, er hält sie auch fest. Wenn du regelmäßig Inhalte veröffentlichst,

die deine Kunden interessieren, werden sie immer wieder zurückkommen. Blogbeiträge, How-Tos, FAQs, das alles hilft, Vertrauen aufzubauen. Und dank SEO kommen deine Kunden auch immer wieder zu dir zurück, wenn sie nach Antworten suchen.

Hey, Google! Was ist das beste Email-Marketing-Tool für kleine Unternehmen? Willkommen in der Zukunft der Suche: Voice Search. Dank KI und Sprachassistenten verändert sich die Art, wie Menschen nach Informationen suchen. Und du musst darauf vorbereitet sein. Indem du deine Inhalte für Voice Search optimierst, stellst du sicher, dass deine Kunden dich finden, selbst wenn sie keine Tasten drücken. Sie fragen einfach und du bist zur Stelle. Es ist wie Magie, nur ohne Zauberstab.

Hast du schon mal diese kleinen Infoboxen in den Google-Suchergebnissen gesehen, die sofort die Antwort auf eine Frage liefern? Diese sogenannten Featured Snippets sind Gold wert. Wenn du es schaffst, dort zu erscheinen, bist du der Held des Tages und zwar in den Augen deiner Kunden. Sie finden die Antwort auf ihre Frage und wissen, dass du der Experte bist. Und wenn sie dich als Experten wahrnehmen, kommen sie immer wieder zu dir zurück.

Personalisierung durch KI und SEO: So machst du Kunden zu Fans.

Wie oft hast du schon eine generische Email bekommen, die so offensichtlich an tausende andere Menschen gleichzeitig gesendet wurde? Ja, du weißt, wovon ich rede: »Sehr geehrter Kunde, kaufen Sie jetzt unser Produkt XYZ!«, Ugh, nichts schreit so sehr nach Desinteresse wie eine unpersönliche Email. Personalisierung durch KI ist das Zauberwort. Kunden erwarten heute, dass die Marken, bei denen sie kaufen, sie verstehen. Sie wollen nicht nur irgendein Produkt. Sie wollen das Gefühl haben, dass das Produkt genau für sie gemacht wurde. Und das erreichst du durch personalisierte Inhalte, die auf den individuellen Vorlieben und Bedürfnissen deiner Kunden basieren. Wie machst du das? Mit einer smarten Kombination aus KI und SEO.

Mit KI kannst du deine Kunden in verschiedene Gruppen segmentieren, basierend auf ihrem Verhalten, ihren Interessen und ihrer Kaufhistorie. Das bedeutet, dass du gezielt Inhalte erstellen kannst, die für jede dieser Gruppen relevant sind. Kein Gießkannen-Prinzip mehr, bei dem jeder das Gleiche bekommt. Stattdessen bekommt jeder Kunde genau das, was er braucht. Zur richtigen Zeit, auf dem richtigen Kanal.

SEO hilft dir, die Fragen deiner Kunden zu verstehen, bevor sie überhaupt wissen, dass sie sie stellen wollen. Durch Keyword-Recherchen und die Analyse von Suchanfragen kannst du herausfinden, was deine Kunden interessiert. Diese Daten fließen dann direkt in deine Inhalte und dein Email-Marketing ein. So baust du eine starke Verbindung auf, weil du genau das lieferst, wonach deine Kunden suchen.

Upselling und Cross-Selling: Mit KI zum Verkaufs-Boost.

Upselling und Cross-Selling sind nichts Neues, aber mit KI wird es so präzise wie nie zuvor. Du kannst deinen Kunden genau das richtige Produkt im richtigen Moment anbieten, ohne dass es aufdringlich wirkt. Du weißt genau, wann und was sie kaufen wollen, noch bevor sie es selbst wissen. Dein Kunde hat gerade ein neues Smartphone bei dir gekauft. Dank KI weißt du, dass dieser Kunde in der Vergangenheit oft Zubehör wie Hüllen oder Ladegeräte gekauft hat. Anstatt ihm einfach nur eine langweilige Dankes-Email zu schicken, schlägt deine KI-gestützte Marketingplattform ihm direkt passendes Zubehör vor und das alles vollautomatisch. Ein Angebot, das nicht nur relevant, sondern auch genau auf die Bedürfnisse des Kunden zugeschnitten ist. SEO spielt hier ebenfalls eine wichtige Rolle. Durch das Optimieren deiner Produktseiten und Inhalte für Suchmaschinen stellst du sicher, dass deine Kunden auf ihrer Suche nach zusätzlichen Produkten immer wieder bei dir landen. Sie suchen nach einer Hülle für ihr neues Smartphone? Deine SEO-optimierte Seite liefert die Antwort schwupps, schon hast du einen weiteren Verkauf.

Der unschlagbare Vorteil: Kundenbindung auf Autopilot.

Eines der besten Dinge an KI und SEO ist, dass sie dir ermöglichen, viele der zeitaufwändigen Aufgaben zu automatisieren zwar so, dass es sich für deine Kunden immer noch persönlich anfühlt. Kundenbindung war noch nie so effizient. Stell dir vor, deine Kunden erhalten regelmäßig personalisierte Angebote, Empfehlungen und Inhalte, die genau ihren Interessen entsprechen du musstest nichts weiter tun, als einmal die richtigen Einstellungen vorzunehmen. KI und SEO machen Kundenbindung zum Kinderspiel. Du bist nicht mehr nur der Verkäufer, der einmal ein Produkt absetzt und dann verschwindet.

Du wirst zum ständigen Begleiter deiner Kundenreise und zwar ohne, dass du dafür jeden Tag stundenlang manuell arbeiten musst.

Der Kauf ist nur der Anfang KI sowie SEO sind deine Werkzeuge.

Wenn du jetzt denkst, dass der Verkauf das Ende der Fahnenstange ist, dann hast du den besten Teil noch nicht entdeckt. Der wahre Spaß beginnt nach dem Kauf wenn du KI und SEO in deinem Arsenal hast, dann spielst du nicht nur das Spiel, sondern gewinnst es.

Du kannst deine Kundenbindung effizienter, persönlicher und langfristiger gestalten. Egal, ob es darum geht, personalisierte Emails zu verschicken, deinen Content für Suchmaschinen zu optimieren oder das perfekte Upselling-Angebot zu machen. KI und SEO helfen dir, aus einem Einmal-Käufer einen echten Fan zu machen. Und am Ende des Tages? Da wirst du sehen, dass deine Kundenbindung stärker ist als je zuvor dein Business wächst, während du entspannt den nächsten Kaffee genießt.

9.2 Warum Kundenbindung mehr wert ist als Neukundengewinnung.

Du hast es sicherlich schon hundertmal gehört: »Kunden zu gewinnen ist das A und O!« Stimmt das? Na ja, nicht ganz. Neukundengewinnung ist wie das Sahnehäubchen auf dem Kuchen, aber weißt du, was der echte Kuchen ist? Kundenbindung. Und das Beste: Mit der Hilfe von Künstlicher Intelligenz (KI) und Suchmaschinenoptimierung (SEO) wird Kundenbindung zu einer gut geölten Maschine, die Tag und Nacht für dich arbeitet. Während du für jeden neuen Kunden tief in die Tasche greifen musst, sind deine bestehenden Kunden wie ein endlos sprudelnder Quell des Umsatzes, wenn du es richtig anstellst. Lass uns mal genauer hinschauen, warum Kundenbindung mehr wert ist als Neukunden-gewinnung und wie KI und SEO dich dabei unterstützen können, diese Goldgrube zu erschließen.

Der Kostenfaktor: Neukundengewinnung vs. Kundenbindung.

Fangen wir mal ganz nüchtern mit den Zahlen an. Es ist kein Geheimnis, dass es bis zu fünfmal teurer ist, einen neuen Kunden zu gewinnen, als einen bestehenden zu halten. Und jetzt stell dir vor: Du setzt eine riesige Kampagne auf, gibst Unsummen für Facebook-Anzeigen, Google Ads und Social Media Promotion aus, nur um einen neuen Kunden zu gewinnen das alles, während dein treuer Kunde, der bereits bei dir gekauft hat, praktisch ignoriert wird. Verpasstes Potenzial, oder? Stell dir KI wie eine Art Superheld vor, der immer auf der Lauer liegt, um sicherzustellen, dass deine bestehenden Kunden nicht einfach von der Bildfläche verschwinden. Wie das funktioniert? Durch Automatisierung und Personalisierung.

Dank KI kannst du Prozesse automatisieren, die deine Kundenbindung stärken. Automatisierte Emails, die auf das Verhalten deiner Kunden abgestimmt sind, wie »Willkommen zurück!« oder »Wir haben etwas, das dir gefallen könnte«, halten die Beziehung warm, ohne dass du jedes Mal selbst Hand anlegen musst. Die Tage von Massen-Emails sind vorbei. Mit KI kannst du maßgeschneiderte Botschaften senden, die perfekt auf jeden Kunden abgestimmt sind. Dein Kunde hat gerade ein neues Produkt gekauft?

Die KI schlägt automatisch passende Produkte oder Services vor, die für den Kunden relevant sind. Es ist, als ob du deinen Kunden die perfekte Empfehlung zur richtigen Zeit gibst das ganz automatisch!

Die Macht der Daten: Wie SEO und KI zusammenarbeiten, um Kunden zu halten.
Jetzt fragst du dich wahrscheinlich, wie SEO in diese Geschichte passt. SEO ist nicht nur ein Werkzeug, um Kunden zu gewinnen, sondern auch eines, um sie zu binden. Wenn du regelmäßig relevante und wertvolle Inhalte veröffentlichst, die gut ranken, wird dein Kunde immer wieder auf deine Website zurückkehren. Und das ist genau das, was du willst: Wiederholte Berührungspunkte mit deinen Kunden, um langfristige Beziehungen aufzubauen.

SEO und KI gehen dabei Hand in Hand:
Durch die Analyse des Kundenverhaltens kann KI dir sagen, welche Inhalte für deine Kunden am interessantesten sind. SEO sorgt dafür, dass diese Inhalte gut ranken. Wenn du siehst, dass viele deiner Kunden sich für ein bestimmtes Thema interessieren, kannst du deine Inhalte entsprechend anpassen. Das sorgt nicht nur für zufriedene Kunden, sondern auch für eine bessere Position in den Suchmaschinen. Mit KI kannst du Unmengen an Daten analysieren und herausfinden, was deine Kunden wirklich wollen. SEO hilft dir, diese Erkenntnisse in wertvollen Content zu verwandeln, der die Bedürfnisse deiner

Kunden befriedigt. Wenn du weißt, welche Fragen deine Kunden haben, kannst du genau die Antworten liefern, bevor sie überhaupt danach fragen.

Vertrauen aufbauen mit Personalisierung: KI als Schlüssel zur Loyalität.

Kundenbindung hat viel mit Vertrauen zu tun. Kunden bleiben bei dir, wenn sie dir vertrauen. Aber wie baust du Vertrauen auf? Hier kommt wieder die Personalisierung an die Reihe und KI ist der Schlüssel dazu. Wenn du deinem Kunden das Gefühl gibst, dass du ihn verstehst und ihm genau das bietest, was er braucht, wird er dir vertrauen bei dir bleiben. Dank KI kannst du deine Kunden auf einer ganz neuen Ebene ansprechen. Die künstliche Intelligenz analysiert das Verhalten deiner Kunden, um maßgeschneiderte Empfehlungen zu geben. Du erinnerst dich an die »Kunden, die dieses Produkt gekauft haben, haben auch.«-Empfehlungen? KI macht das besser. Sie geht tiefer, indem sie analysiert, welche Produkte oder Dienstleistungen für einen bestimmten Kunden am wahrscheinlichsten relevant sind.

Stell dir vor, dein Kunde hat seit ein paar Monaten nichts mehr bei dir gekauft. Anstatt zu hoffen, dass er zurückkommt, sendet deine KI-gesteuerte Marketing-Software automatisch eine personalisierte Email mit einem Sonderangebot, genau zu dem Zeitpunkt, an dem der Kunde am wahrscheinlichsten bereit ist, wieder zu kaufen. Das ist Kundenbindung auf Autopilot, ohne dass du jemals eingreifen musst.

SEO für die Langzeitbeziehung: Immer präsent, wenn der Kunde sucht.

Lass uns über Langzeitbeziehungen sprechen. In der Welt des Business bist du nicht auf der Suche nach One-Night-Stands. Du willst die große, dauerhafte Liebe. SEO sorgt dafür, dass du immer präsent bist, wenn deine Kunden nach Antworten oder Lösungen suchen. Selbst nachdem sie bei dir gekauft haben, suchen sie möglicherweise nach weiteren Informationen oder nach ergänzenden Produkten. Wenn du hier richtig agierst, baust du eine langfristige Beziehung auf.

SEO lebt von ständig frischem, relevantem Content. Wenn du regelmäßig Inhalte erstellst, die auf die Bedürfnisse deiner Kunden zugeschnitten sind, bleibst du in ihrem Blickfeld. Mit der Zeit baust du Vertrauen auf und wirst zur ersten Anlaufstelle, wenn deine Kunden

9

Hilfe brauchen. Je öfter deine Website in den Suchergebnissen auftaucht und Antworten liefert, desto mehr Vertrauen gewinnst du. Dein Kunde wird dich nicht mehr nur als eine von vielen Marken sehen, sondern als die Autorität in deinem Bereich. Und Autoritäten, denen vertraut man, bei denen kauft man und bei denen bleibt man.

Upselling und Cross-Selling: Mit KI mehr Umsatz aus bestehenden Kunden holen.

Jetzt mal ehrlich, du weißt, dass Upselling und Cross-Selling zu den mächtigsten Werkzeugen gehören, um den Umsatz mit bestehenden Kunden zu steigern. Aber hier ist der Trick: Wenn du es falsch machst, wirkt es plump und aufdringlich. Wenn du es aber richtig machst, dank der Hilfe von KI und SEO, wirkt es so, als ob du die Gedanken deiner Kunden lesen kannst. Dank KI kannst du die Kaufhistorie und das Verhalten deiner Kunden analysieren und genau vorhersagen, wann der beste Zeitpunkt für ein Upselling ist. Die KI erkennt Muster und schlägt automatisch Produkte oder Dienstleistungen vor, die für den Kunden relevant sind das genau dann, wenn die Wahrscheinlichkeit am höchsten ist, dass er kauft. So sieht intelligentes Upselling aus. SEO sorgt dafür, dass deine Produktseiten optimal für relevante Suchanfragen ranken. Wenn dein Kunde nach einem spezifischen Zubehör für ein bereits gekauftes Produkt sucht, findet er deine Website sofort zwar genau die Seite, die ihm das passende Zubehör anbietet. Durch diese gezielte Platzierung von Inhalten erhöhst du die Chancen, dass dein Kunde bei dir bleibt und seine Käufe erweitert.

Am Ende des Tages geht es nicht nur um den schnellen Umsatz, es geht um den langfristigen Erfolg. Loyalität ist der Schlüssel und KI sowie SEO sind die Werkzeuge, um diese Loyalität zu schaffen und zu erhalten. Kunden, die bereits bei dir gekauft haben und positive Erfahrungen gemacht haben, sind eher bereit, erneut bei dir zu kaufen. KI hilft dir, diese Kunden zu identifizieren und gezielt anzusprechen, während SEO sicherstellt, dass sie dich auch bei ihren nächsten Suchen finden. Kundenbindung durch KI und SEO ist nicht nur effizienter, sondern auch kostengünstiger. Du musst nicht ständig in teure Neukundenakquise investieren, sondern kannst dich darauf konzentrieren, aus bestehenden Kunden langfristige Fans zu machen. Wenn es darum geht, deine Kunden langfristig zu binden, sind KI und SEO deine ultimativen Geheimwaffen. Sie arbeiten Hand in Hand, um sicherzustellen, dass du nicht nur neue Kunden gewinnst, sondern sie auch langfristig an dich bindest. Und das Beste:

Diese Tools helfen dir, das Ganze auf Autopilot zu stellen, während du dich auf andere wichtige Bereiche deines Geschäfts konzentrieren kannst.

Denke daran: Neukundengewinnung mag glänzend und aufregend sein, aber der echte, nachhaltige Erfolg liegt in der Kundenbindung. Und wenn du KI und SEO richtig einsetzt, wirst du nicht nur einmalige Kunden haben, sondern echte Fans, die immer wieder zu dir zurückkommen.

9.3 Wie du deine Kunden verstehst und zu Fans machst.

Bist du bereit für den nächsten Schritt in deinem Business? Gut, denn es wird spannend. Kunden gewinnen ist schön und gut, aber weißt du, was richtig zählt? Verstehen, was deine Kunden wollen und sie zu deinen größten Fans machen. Und mit den Superkräften von Künstlicher Intelligenz (KI) und Suchmaschinenoptimierung (SEO) wird das Ganze fast schon ein Kinderspiel. Stell dir mal vor, du gehst in einen Laden und der Verkäufer weiß sofort, was du willst, noch bevor du es selbst aussprechen kannst. Klingt nach Magie, oder? Aber genau das kann KI für dein Business tun in Kombination mit einer starken SEO-Strategie wirst du zum ultimativen Kundenflüsterer. Deine Kunden werden nicht nur einmal bei dir kaufen, sie werden dich lieben und immer wieder zurückkommen.

Kundensegmentierung: Der Schlüssel zu personalisierten Erlebnissen.

Wir wissen alle, dass die Zeiten, in denen man eine Botschaft an alle Kunden geschickt hat und gehofft hat, dass es schon irgendwie passt, längst vorbei sind. Heute geht es darum, personalisiert und zielgerichtet zu kommunizieren. KI-basierte Segmentierung ist das A und O, wenn es darum geht, deine Kunden wirklich zu verstehen. Statt sich mit groben demografischen Daten wie Alter und Geschlecht zufrieden zu geben, analysiert die KI das Verhalten deiner Kunden, ihre Vorlieben, ihre bisherigen Käufe und sogar die Art und Weise, wie sie auf deiner Website interagieren. So kannst du dein Publikum in extrem präzise Segmente unterteilen und ihnen genau das bieten, was sie wollen, zu genau dem Zeitpunkt, an dem sie es brauchen. Durch KI werden nicht nur allgemeine Daten ausgewertet, sondern tiefgreifende Verhaltensmuster analysiert. Weißt du, dass einige deiner Kunden nachts surfen und andere eher morgens nach Produkten suchen?

KI weiß das kann dir dabei helfen, diesen Unterschied in deine Kampagnen einfließen zu lassen. So bekommt der Nachteule um 23 Uhr einen personalisierten Newsletter und der Frühaufsteher um 8 Uhr seine maßgeschneiderte Empfehlung. KI ermöglicht dir, das Kundenverhalten zu verstehen, bevor dein Kunde überhaupt über seinen nächsten Schritt nachgedacht hat. Hat dein Kunde gerade eine Produktseite mehrfach besucht, ohne zu kaufen? Perfekt, schick ihm eine Email mit einem sanften Hinweis oder einem Rabatt. Das ist Kundenbindung in Echtzeit, Du musst dich nicht mal darum kümmern, KI erledigt das für dich.

Wie KI und SEO dir helfen, das Kundenfeedback zu optimieren.

Lass uns ehrlich sein. Umfragen und Feedback-Formulare haben oft den Charme eines Zahnarztbesuchs. Niemand füllt sie gerne aus die, die es tun, liefern meistens nicht die besten Daten. Aber was, wenn ich dir sage, dass du das Feedback deiner Kunden durch KI und SEO viel effizienter und wertvoller gestalten kannst? Anstatt darauf zu warten, dass deine Kunden umständliche Umfragen ausfüllen, kannst du durch KI-Tools automatisch Kundenfeedback analysieren. Egal ob Social Media Kommentare, Emails oder Bewertungen auf Plattformen, KI scannt das alles für dich. Sie erkennt Muster, analysiert Stimmungen und gibt dir klare Hinweise darauf, wo du dich verbessern kannst oder welche Punkte deine Kunden besonders schätzen.

Es geht nicht nur darum, deine Inhalte für Google und Co. zu optimieren, sondern auch die Art und Weise, wie du deine Kunden ansprichst. SEO-optimierte Umfragen, die in deinen Blogposts oder auf relevanten Landingpages eingebunden sind, führen zu mehr Interaktionen und qualitativ hochwertigerem Feedback. Indem du die richtigen Keywords verwendest und die Umfrage so gestaltest, dass sie im Kontext der Seite sinnvoll ist, bekommst du das Feedback, das du wirklich brauchst nicht nur allgemeines Bla-Bla.

Das »Wow«-Erlebnis: Wie du mit KI und SEO deine Kunden begeisterst.

Okay, jetzt wird's spannend. Denn weißt du, was den Unterschied macht zwischen einem zufriedenen Kunden und einem echten Fan? Das Wow-Erlebnis. Wenn du es schaffst, deine Kunden immer wieder positiv zu überraschen, wirst du aus einfachen Käufern treue Fans machen. Und weißt du, was die besten Helfer auf diesem Weg sind? Genau: KI und SEO.

Ein Wow-Erlebnis entsteht, wenn dein Kunde etwas bekommt, mit dem er nicht gerechnet hat das genau auf ihn zugeschnitten ist. KI analysiert das Verhalten deiner Kunden und kann ihnen maßgeschneiderte Erlebnisse bieten. Ein Beispiel: Ein Kunde kauft bei dir eine Yoga-matte. Dank KI weißt du, dass dieser Kunde auch Interesse an Meditation haben könnte. Ein paar Tage nach dem Kauf schickt deine KI-gesteuerte Plattform ihm eine personalisierte Email mit einem Rabatt auf Meditationszubehör. Der Kunde fühlt sich verstanden und wertgeschätzt das sorgt für das begehrte Wow-Erlebnis. SEO sorgt dafür, dass deine Kunden nicht nur einmal bei dir landen, sondern regelmäßig auf dich stoßen das an genau den richtigen Stellen. Durch kluge Content-Strategien kannst du sicherstellen, dass deine Kunden auf ihrem Weg durch den Kaufprozess immer wieder von dir begleitet werden. Wenn sie nach Tipps zum Einsatz ihres neuen Produkts suchen, findest du SEO-optimierte Blogartikel oder Videos auf deiner Seite. So wirst du zur unverzichtbaren Informationsquelle baust eine langfristige Beziehung auf.

Fallstudien: Erfolgreiche Kundenbindungsstrategien durch KI und SEO.

Lass uns mal einen Blick auf einige erfolgreiche Fallstudien werfen, die zeigen, wie mächtig KI und SEO wirklich sein können, wenn es darum geht, Kunden in Fans zu verwandeln.

Beispiel 1: Netflix, Der Meister der Personalisierung.

Du kennst Netflix, oder? Klar, wer nicht. Aber weißt du, warum Netflix so erfolgreich ist? Weil sie KI nutzen, um das Sehverhalten ihrer Nutzer zu analysieren und so maßgeschnei-derte Empfehlungen zu geben. Die Plattform lernt, welche Serien und Filme du magst und schlägt dir basierend auf deinen Vorlieben neue Inhalte vor. Das Ergebnis? Du bleibst länger auf der Plattform, schaust mehr Inhalte und wirst zu einem treuen Fan. Genauso kannst du KI in deinem Business nutzen. Analysiere das Kaufverhalten deiner Kunden und schlage ihnen Produkte oder Dienstleistungen vor, die wirklich relevant sind. Das sorgt für eine tiefere Bindung langfristig für mehr Umsatz.

Beispiel 2: Amazon, Die SEO-Könige.

Dann haben wir Amazon. Die Jungs und Mädels bei Amazon wissen genau, wie sie SEO nutzen, um immer wieder ganz oben in den Suchergebnissen zu landen. Aber es geht nicht nur um die erste Interaktion mit dem Kunden. Amazon nutzt SEO und KI, um Kunden langfristig zu

9

binden. Sie haben es geschafft, dass ihre Kunden immer wieder auf Amazon zurückkehren, weil sie genau wissen, dass sie dort die besten Empfehlungen und die einfachste Navigation finden. Durch gezieltes Upselling und Cross-Selling, basierend auf KIs Empfehlungen und durch SEO-optimierte Produktseiten, bleibt Amazon immer im Gedächtnis seiner Kunden macht aus Einmalkäufern wiederkehrende Käufer.

Automatisierung: Der stille Held der Kundenbindung,

Lass uns über die unauffälligen Helden sprechen: Automatisierte Prozesse. Denn während du schläfst, sorgt KI dafür, dass deine Kunden rund um die Uhr die beste Betreuung bekommen, ohne, dass du dabei einen Finger rühren musst.

Mit KI kannst du dein Email-Marketing so automatisieren, dass Kunden genau dann relevante Nachrichten erhalten, wenn sie am wahrscheinlichsten darauf reagieren. Hast du zum Beispiel einen Kunden, der schon lange nicht mehr bei dir gekauft hat? Kein Problem. KI erkennt dieses Verhalten und schickt ihm automatisch eine personalisierte Nachricht mit einem Sonderangebot, zur richtigen Zeit und ohne aufdringlich zu wirken.

SEO-gesteuerte Inhalte, die immer liefern: SEO sorgt dafür, dass deine Kunden jederzeit auf deine Inhalte stoßen, wenn sie nach relevanten Informationen suchen. Durch eine clevere Content-Strategie, die auf SEO-Daten basiert, stellst du sicher, dass deine Website immer die Antworten liefert, nach denen deine Kunden suchen das jederzeit, 24/7.

Am Ende des Tages geht es darum, aus Kunden treue Fans zu machen. KI und SEO sind deine besten Werkzeuge, um genau das zu erreichen. Sie helfen dir, deine Kunden besser zu verstehen, personalisierte Erlebnisse zu schaffen und deine Kommunikation auf Autopilot zu stellen das alles, während du gleichzeitig die Effizienz deines Unternehmens steigerst.

Wenn du KI und SEO in deinem Business geschickt einsetzt, wirst du nicht nur kurzfristige Verkäufe erzielen. Du wirst langfristige Beziehungen aufbauen und eine Fangemeinde um deine Marke schaffen, die dich nicht nur liebt, sondern aktiv unterstützt und weiterempfiehlt.

9.4 Die Kunst des richtigen Kontakts.

Du kennst das. Manche Unternehmen sind wie der aufdringliche Typ auf einer Party, der einfach nicht aufhört zu reden und dir permanent auf die Pelle rückt. Du willst einfach nur weg! Und dann gibt es die anderen, diejenigen, die sich genau im richtigen Moment melden, mit der perfekten Botschaft, die dich sofort interessiert. Das ist die wahre Kunst der Kundenkommunikation. Und jetzt stell dir vor, du könntest immer dieser coole Typ oder diese coole Marke sein, der/die genau weiß, wann er/sie sprechen muss und wann nicht.

Die gute Nachricht ist, mit Künstlicher Intelligenz (KI) und Suchmaschinenoptimierung (SEO) kannst du genau das erreichen. Du wirst zur Marke, die genau die richtige Balance findet, nicht zu viel, nicht zu wenig und immer on point. Kunden lieben diese Art von Kommunikation und wenn du das meisterst, wirst du nicht nur im Gedächtnis bleiben, sondern auch zur ersten Anlaufstelle für alle Bedürfnisse deiner Kunden.

Hier lernst du, wie du durch smarte Tools und Strategien zur perfekten Kommunikation gelangst und Kunden auf eine Art ansprichst, die sie nicht nur bei Laune hält, sondern zu treuen Fans macht.

Relevante Inhalte statt »Kauf mich!«-Spam.

Stell dir vor, du bekommst täglich dieselbe langweilige Werbemail: »Jetzt kaufen, 10% Rabatt!« Ziemlich nervig, oder? Und seien wir ehrlich: Diese Nachrichten landen meistens im Papierkorb, ohne dass du sie jemals wirklich liest. Genau das ist der Albtraum jeder Marketingabteilung. Was du wirklich willst, sind Nachrichten, die deine Kunden zum Klicken und Interagieren bewegen. Und jetzt kommt KI, sie hilft dir, deine Kommunikation zu personalisieren, sodass sie nicht nur gelesen wird, sondern bei deinen Kunden auch Anklang findet.

Eine der größten Stärken von KI ist die Fähigkeit, riesige Datenmengen zu analysieren und daraus sinnvolle Informationen zu generieren. Das bedeutet, dass KI nicht nur erkennt, was deine Kunden in der Vergangenheit gekauft haben, sondern auch vorhersagen kann, was sie in Zukunft interessieren könnte. So kannst du maßgeschneiderte Emails verschicken, die genau die Bedürfnisse deiner Kunden treffen das in Echtzeit. Anstatt einfach allen dasselbe langweilige Angebot zu schicken, sorgt KI dafür, dass jede Nachricht relevant ist. Du kannst personalisierte Angebote verschicken, die wirklich Sinn ergeben. Beispiel: Ein Kunde hat bei dir vor Kurzem ein Fitnessgerät gekauft? Perfekt, dann schickt deine KI-gestützte Plattform ihm eine Email mit einem Rabatt auf passende Fitness-Accessoires oder ein kostenloses E-Book mit Fitness-Tipps. Das fühlt sich für den Kunden wie ein Service an, nicht wie nervige Werbung das baut Vertrauen auf.

Email-Marketing auf einem neuen Level.

Email-Marketing gehört nach wie vor zu den effektivsten Methoden, um mit deinen Kunden in Kontakt zu bleiben. Aber seien wir ehrlich: Es kann auch ganz schön mühsam sein, wenn du jede Email manuell erstellen und verschicken musst, nicht so mit dem KI-Assistenten. Dank KI musst du nie wieder manuell Hunderte von Emails verschicken. Du kannst automatisierte Email-Kampagnen erstellen, die auf bestimmten Aktionen oder Verhaltensweisen deiner Kunden basieren. Hat ein Kunde gerade einen Artikel in den Warenkorb gelegt, aber den Kauf nicht abgeschlossen? Kein Problem, KI erkennt das und schickt ihm automatisch eine freundliche Erinnerung, vielleicht sogar mit einem kleinen Anreiz wie einem Rabattcode, um den Kauf abzuschließen.

Mit KI kannst du sogar in Echtzeit auf das Verhalten deiner Kunden reagieren. Wenn ein Kunde deine Website besucht und ein bestimmtes Produkt mehrmals ansieht, ohne es zu kaufen, kann die KI automatisch eine personalisierte Email mit einem speziellen Angebot für genau dieses Produkt generieren. Du musst dich um nichts kümmern, die KI erledigt alles für dich.

Wie SEO und KI dir helfen, im richtigen Moment zu glänzen.

Jetzt fragst du dich vielleicht, »Und was ist mit Social Media? Da muss ich doch auch aktiv sein!« Ganz genau! Aber wie schaffst du es, dass deine Marke auf Social Media im richtigen Moment auffällt, ohne deine Kunden zu nerven? Wenn du die richtigen Keywords und Inhalte verwendest, die durch eine fundierte SEO-Strategie gestützt werden, kannst du sicherstellen, dass deine Social-Media-Beiträge genau dann sichtbar werden, wenn deine Kunden nach bestimmten Informationen suchen. SEO sorgt dafür, dass du nicht nur auf Google rankst, sondern auch auf Social Media die richtigen Keywords und Hashtags verwendest, um gefunden zu werden. Mit KI-gestützten Social Listening Tools kannst du in Echtzeit analysieren, was über deine Marke gesprochen wird genau dann reagieren, wenn es am wichtigsten ist. Du kannst Trends erkennen, auf Kundenanfragen eingehen und relevante Inhalte posten, bevor deine Konkurrenz überhaupt merkt, was los ist. So bleibst du im Gespräch und zeigst, dass du immer auf dem Laufenden bist.

Deine Geheimwaffe für ständige Präsenz ohne Stress.

Sicher, Präsenz ist wichtig, aber wer hat schon die Zeit, rund um die Uhr aktiv zu sein? Nun, mit KI kannst du das, ohne auch nur einen Finger krumm zu machen. KI-basierte Automatisierung sorgt dafür, dass deine Kundenkommunikation kontinuierlich läuft, ohne dass du ständig am Rechner sitzen musst.

9

Automatisierte Social Media Posts: Stell dir vor, du kannst deine Social-Media-Posts für die gesamte Woche oder sogar den ganzen Monat im Voraus planen. Mit KI-Tools wie **Buffer** oder **Hootsuite** ist das ein Kinderspiel. Diese Tools analysieren auch, wann die beste Zeit ist, um zu posten, basierend auf den Interaktionen deiner Follower sorgen so dafür, dass deine Inhalte immer zur richtigen Zeit erscheinen.

Kundenanfragen in Echtzeit beantworten: Kundenservice ist ein zentraler Bestandteil der Kundenbindung. Aber was, wenn du nicht rund um die Uhr erreichbar sein kannst? Hier helfen dir KI-gesteuerte Chatbots weiter. Diese kleinen Helferlein können häufig gestellte Fragen beantworten, Probleme lösen und sogar personalisierte Produktvorschläge machen das alles, während du schläfst.

SEO, Die Langzeitstrategie für ständige Sichtbarkeit.

Während KI dir hilft, die Kommunikation mit deinen Kunden zu automatisieren und zu personalisieren, sorgt SEO dafür, dass du sichtbar bleibst. SEO ist wie der unsichtbare Faden, der deine gesamte Kundenkommunikation zusammenhält. Wenn deine Inhalte in den Suchmaschinen gut ranken, bist du immer zur Stelle, wenn deine Kunden nach dir suchen. Guter Content ist die Grundlage jeder Kommunikation. Aber guter Content allein reicht nicht. Du musst sicherstellen, dass dieser Content auch gefunden wird. Dafür nutzt du

On-Page SEO. Durch die Optimierung deiner Inhalte für Suchmaschinen stellst du sicher, dass deine Kunden dich finden, wenn sie nach relevanten Informationen suchen. Du weißt, was sie brauchen, also liefer es ihnen und zwar auf eine Weise, die von Google und Co. belohnt wird.

Ein weiterer wichtiger Aspekt von SEO sind Backlinks. Wenn andere Websites auf deine Inhalte verlinken, stärkt das nicht nur dein Ranking, sondern auch dein Vertrauen bei den Kunden. Du wirst zur Autorität in deinem Bereich wer vertraut nicht gern einem Experten?

Automatisierung und SEO: Die perfekte Kombi.
Jetzt stell dir vor, du kombinierst KI-gestützte Automatisierung mit einer klugen SEO-Strategie. Das ist wie der perfekte Cocktail, der dich nicht nur für den Moment begeistern lässt, sondern dich auch langfristig in Erinnerung bleibt. SEO sorgt dafür, dass deine Inhalte kontinuierlich Traffic bringen, auch lange nachdem du sie veröffentlicht hast. Mit einer guten SEO-Strategie wirst du langfristig gefunden und baust eine kontinuierliche Präsenz auf, ohne ständige neue Kampagnen fahren zu müssen. Während SEO dafür sorgt, dass die Kunden zu dir finden, hält KI die Kommunikation am Laufen. Sie analysiert das Verhalten deiner Kunden und sorgt dafür, dass sie immer relevante Inhalte und Angebote von dir erhalten, genau dann, wenn sie sie am meisten brauchen.

Den Kunden nicht überfordern.
Aber Vorsicht: Zu viel Automatisierung kann auch nach hinten losgehen. Nichts ist schlimmer, als den Eindruck zu erwecken, dass man nur noch von Robotern betreut wird. Deswegen ist es wichtig, eine feine Balance zwischen Automatisierung und persönlicher Kommunikation zu finden. Der Schlüssel ist, dass die automatisierte Kommunikation menschlich bleibt. Kunden wollen das Gefühl haben, dass sie wertgeschätzt werden. Auch wenn KI vieles automatisieren kann, sollte sie nie den menschlichen Aspekt vergessen. Eine nette, personalisierte Nachricht oder ein ehrliches »Danke« können Wunder wirken. Mit KI kannst du das perfekte Timing für deine Kommunikation finden. Zu viele Nachrichten und deine Kunden fühlen sich genervt, zu wenig und du gerätst in Vergessenheit. KI-gestützte Tools helfen dir, das richtige Gleichgewicht zu finden und sicherzustellen, dass du immer zur richtigen Zeit die richtige Nachricht verschickst.

Deine Kommunikationskünstler für die perfekte Ansprache.

Am Ende geht es darum, die richtige Balance zu finden: Relevante Inhalte, die deine Kunden interessieren, personalisierte Botschaften, die genau im richtigen Moment kommen und eine sichtbare Präsenz dank SEO, die dich im Gedächtnis hält. KI sorgt dafür, dass deine Kommunikation automatisiert und dennoch persönlich bleibt, während SEO dafür sorgt, dass deine Inhalte immer gefunden werden. Die Kombination dieser beiden Technologien macht dich zur unschlagbaren Kommunikationsmaschine, die deine Kunden liebt und die dafür sorgt, dass sie dich auch lieben. Mit dieser Strategie wirst du nicht nur im Gedächtnis deiner Kunden bleiben, du wirst sie zu echten Fans machen, die immer wieder auf dich zurückkommen.

9.5 Support, der rockt: Wie du den Kundenservice zum Superhelden machst.

Hast du schon mal versucht, einen Kundenservice zu erreichen und wurdest dabei von einer endlosen Warteschleife in den Wahnsinn getrieben? Ja? Dann weißt du, dass schlechter Support das Tor zur Hölle ist möglicherweise auch das Ende der Beziehung zu einem Kunden. Auf der anderen Seite kann großartiger Support einen Kunden so sehr begeistern, dass er zu deinem größten Fan wird. Die Realität ist: Probleme tauchen immer auf. Aber wie du damit umgehst, entscheidet darüber, ob dein Kunde dir weiterhin die Treue hält oder sich schnell einen neuen Anbieter sucht. Mit den Superkräften von KI kannst du den Support so auf ein neues Level heben, dass Kunden nicht nur Lösungen bekommen, sondern echte Wow-Erlebnisse erfahren. SEO sorgt dafür, dass du sogar schon proaktiv agierst, bevor der Kunde überhaupt ein Problem hat. Klingt nach Zauberei? Lass uns gemeinsam eintauchen.

Dein 24/7-Assistent, der nie müde wird.

Stell dir vor, du hättest einen Mitarbeiter, der niemals schläft, nie Pause macht und immer mit der gleichen freundlichen Stimme auf Kundenanfragen reagiert, ob morgens um 3 oder an Heiligabend. Willkommen in der Welt der KI-gestützten Chatbots und automatisierten Supportsysteme.

Einer der größten Vorteile von KI im Support ist die Möglichkeit, Chatbots einzusetzen, die rund um die Uhr verfügbar sind. Diese kleinen digitalen Helfer können grundlegende

Fragen beantworten, Bestellungen nachverfolgen und sogar Beschwerden annehmen das, ohne dass du ein ganzes Support-Team im Nachtdienst beschäftigen musst. Du kannst also schlafen, während deine KI den Kundenservice rockt.

Der Clou bei KI-gestützten Supportsystemen ist, dass sie lernfähig sind. Das bedeutet, dass sie mit der Zeit immer besser werden. Wenn ein Kunde eine Frage stellt, die der Chatbot bisher noch nicht kennt, wird diese Information gespeichert und beim nächsten Mal verwendet. Dein Support wird also automatisch intelligenter, je länger er im Einsatz ist. Schon bald beantwortet deine KI Fragen, die deine menschlichen Mitarbeiter vielleicht nicht mal so schnell parat hätten.

Personalisierung im Support.

Kunden hassen es, wenn sie das Gefühl haben, nur eine Nummer im System zu sein. Und seien wir ehrlich: Wer würde nicht genervt reagieren, wenn er eine allgemeine Standardantwort auf eine individuelle Frage bekommt? Hier kommt die wahre Superkraft von KI aufs Parkett: Personalisierung im Kundenservice.

Kundenhistorie auf Abruf: Mit KI kannst du nicht nur allgemeine Fragen beantworten, sondern auch personalisierte Lösungen anbieten. Ein KI-gestütztes Supportsystem kann die gesamte Kaufhistorie eines Kunden einsehen und sofort verstehen, welches Produkt er besitzt und welches Problem er wahrscheinlich hat. Das bedeutet, dass der Kunde keine langen Erklärungen abgeben muss, die KI weiß schon Bescheid und kann sofort weiterhelfen. Ein Kunde, der das Gefühl hat, dass seine Situation verstanden wird, bleibt treu. Manchmal reicht ein Chatbot oder ein einfacher Support nicht aus, es muss ein Mensch ran. Auch hier ist die KI wieder von unschätzbarem Wert. Wenn das System erkennt, dass ein Problem komplexer ist oder ein Kunde unzufrieden wird, eskaliert es die Anfrage automatisch an einen menschlichen Supportmitarbeiter das, bevor der Kunde überhaupt realisiert, dass er Hilfe von einem Menschen benötigt.

Wie du Probleme löst, bevor sie auftreten.

SEO kann dir helfen, Probleme zu lösen, bevor sie überhaupt auftreten. Wie? Ganz einfach: durch proaktiven Support.

SEO-optimierte FAQs: Einer der einfachsten Wege, Probleme schon im Vorfeld zu lösen, sind gut gestaltete, SEO-optimierte FAQs. Wenn du die häufigsten Fragen deiner Kunden bereits beantwortest und diese Antworten durch SEO ganz oben in den Suchmaschinen ranken, finden deine Kunden die Lösung ihrer Probleme, bevor sie überhaupt auf die Idee kommen, den Support zu kontaktieren. Das spart nicht nur Zeit und Ressourcen, sondern sorgt auch für zufriedene Kunden, die schnelle Lösungen schätzen.

Featured Snippets und schnelle Antworten: Dank SEO kannst du dafür sorgen, dass deine Support-Inhalte in den Featured Snippets von Google auftauchen, also den kleinen Infoboxen, die direkt die Antwort auf eine Frage geben, ohne dass man auf eine Website klicken muss. Wenn deine Support-Fragen hier auftauchen, bist du der Held für Kunden, die sofort eine Antwort brauchen. Und das ohne, dass sie lange durch dein Hilfesystem klicken müssen.

Wie du Support leistest, bevor Kunden es merken.

KI kann Probleme identifizieren, bevor sie überhaupt auftreten. Klingt futuristisch? Ist es auch. Aber genau so baust du langfristig Kundenloyalität auf. Mit KI kannst du das Verhalten deiner Produkte und Systeme überwachen. Wenn die KI erkennt, dass ein Problem bevorsteht, zum Beispiel ein Bug in einer Software oder ein Ausfall eines Servers, kann sie automatisch Maßnahmen ergreifen, um das Problem zu beheben, bevor der Kunde es überhaupt bemerkt.

Stell dir das vor: Der Kunde erhält eine Email, in der steht, dass du ein Problem erkannt und bereits gelöst hast er hat nichts davon mitbekommen. Das ist der Support der Zukunft.

Proaktive Benachrichtigungen: In Kombination mit deinen Daten und deiner SEO-Strategie kannst du deinen Kunden regelmäßig Tipps geben, wie sie Probleme vermeiden oder das Beste aus deinen Produkten herausholen können. Zum Beispiel: Du siehst, dass ein Kunde regelmäßig deinen Support für ähnliche Fragen nutzt. Die KI analysiert das und schlägt ihm proaktiv eine Lösung oder ein Tutorial vor, noch bevor er wieder das Problem hat. So bietest du nicht nur erstklassigen Support, sondern baust auch Vertrauen auf.

9

KI-gestützte Wissensdatenbanken.

Ein weiterer großer Vorteil von KI im Support ist die Möglichkeit, eine selbstlernende Wissensdatenbank zu erstellen. Anstatt deine Mitarbeiter ständig mit denselben Fragen zu belästigen oder Kunden in Warteschleifen festzuhalten, kannst du eine smarte Wissensdatenbank aufbauen, die sich ständig weiterentwickelt. Die KI analysiert alle Supportanfragen und aktualisiert die Wissensdatenbank automatisch, um sicherzustellen, dass immer die besten und aktuellsten Antworten bereitstehen. Wenn ein Kunde eine Frage stellt, kann die KI die richtige Antwort aus der Datenbank extrahieren und sofort eine hilfreiche Lösung liefern. Dein Support wird so schneller und effizienter. Durch die Optimierung deiner Wissensdatenbank für Suchmaschinen stellst du sicher, dass Kunden nicht nur auf deiner Website, sondern auch durch externe Suchmaschinen schnell die Lösungen für ihre Probleme finden. Die SEO-Optimierung stellt sicher, dass deine Kundenanfragen und Support-Artikel leicht auffindbar sind das weltweit.

Support-Tools, die KI und SEO perfekt kombinieren.

Wie kannst du diese großartigen KI- und SEO-Funktionen in deinem Support nutzen? Es gibt jede Menge Tools, die dir dabei helfen, diese Technologien zu kombinieren und das Beste aus deinem Support herauszuholen.

Zendesk **mit KI-Integration:** Eines der führenden Support-Tools ist Zendesk, das du mit KI-Tools wie Answer Bot kombinieren kannst. Der Answer Bot analysiert automatisch Supportanfragen und schlägt passende Antworten aus deiner Wissensdatenbank vor, in Echtzeit. Die Kombination mit einer gut strukturierten, SEO-optimierten Datenbank macht dein Supportsystem unschlagbar.

Intercom **für personalisierte Unterstützung:** Intercom ist ein weiteres großartiges Tool, das durch KI und Automatisierung deine Kundenkommunikation revolutioniert. Intercom kann personalisierte Nachrichten an Kunden senden, basierend auf ihrem Verhalten auf deiner Website. Mit SEO kombinierst du diese Funktion, indem du dafür sorgst, dass deine Kunden die passenden Artikel und FAQs über Google und andere Suchmaschinen schnell finden.

Fallbeispiele: Unternehmen, die KI und SEO im Support meisterhaft einsetzen.

Schauen wir uns an, wie einige Unternehmen KI und SEO bereits heute erfolgreich im Kundenservice einsetzen, um aus Support-Anfragen echte Fans zu machen:

Jeder kennt Amazon, aber weißt du, was Amazon so unglaublich effizient macht? KI im Support. Der Amazon-Support-Chatbot kann Bestellungen nachverfolgen, Retouren bearbeiten und Anfragen beantworten: 24/7. Kunden fühlen sich verstanden, weil der Bot auf die individuelle Bestellhistorie zugreifen kann. Durch eine SEO-optimierte Wissensdatenbank können Kunden auch ohne direkten Support viele ihrer Probleme selbst lösen.

Spotify nutzt KI, um Support-Probleme zu lösen, bevor sie entstehen. Wenn ein Kunde z. B. Probleme mit dem Download von Musik hat, analysiert die KI das Problem und schickt dem Kunden proaktiv eine Anleitung zur Fehlerbehebung. Ihre FAQs sind SEO-optimiert, sodass Kunden, die nach Lösungen suchen, schnell auf die richtigen Support-Seiten geleitet werden.

Support, der zum unschlagbaren Kundenservice rockt.

Großartiger Support ist nicht nur eine nette Geste, er ist der Schlüssel zur Kundenbindung und sorgt dafür, dass deine Kunden immer wieder zu dir zurückkehren. KI und SEO sind dabei deine besten Helfer. Während KI deinen Support automatisiert, personalisiert und smarter macht, sorgt SEO dafür, dass deine Kunden die richtigen Antworten finden, bevor sie überhaupt eine Frage stellen müssen.

Mit der richtigen Kombination aus KI und SEO kannst du Support bieten, der so effizient, schnell und maßgeschneidert ist, dass deine Kunden dich lieben werden. Du machst aus einem potenziellen Problem eine Win-Win-Situation das macht dich zu einem echten Superhelden im Support.

9.6 Loyalitätsprogramme, die wirklich funktionieren.

Stell dir vor, deine Kunden wären nicht einfach nur Käufer, sondern Fans. Menschen, die dich nicht nur weiterempfehlen, sondern regelrecht darauf bestehen, dass alle in ihrem Umfeld bei dir kaufen. Klingt gut, oder? Das ist das Ziel von Loyalitätsprogrammen. Doch mal ehrlich, die meisten Programme, die da draußen herumschwirren, fühlen sich so an wie das Sammeln von Kassenbons für einen Toaster, uninteressant, kompliziert und vor allem: nicht personalisiert. Aber hey, wir leben in einer Welt, in der KI und SEO auf dem Vormarsch sind, also warum sollten wir nicht auch Loyalitätsprogramme auf die nächste Stufe heben? Mit der richtigen Strategie, gestützt auf smarte Technologien, kannst du nicht nur das Vertrauen deiner Kunden gewinnen, sondern sie zu echten Markenbotschaftern machen. Lass uns also eintauchen und sehen, wie du mit KI und SEO Loyalitätsprogramme erstellst, die wirklich funktionieren deine Kunden so fest an dich binden, dass sie gar nicht erst auf die Idee kommen, woanders einzukaufen.

Die Macht der Personalisierung.

Wir alle kennen diese Standard-Loyalitätsprogramme: »Sammle 10 Stempel und du bekommst einen Kaffee gratis.« Funktioniert das? Manchmal. Aber seien wir ehrlich, das ist nicht wirklich aufregend. Heutzutage erwarten die Kunden mehr, viel mehr. Sie wollen das Gefühl haben, dass sie als Individuen wertgeschätzt werden und nicht als einer von vielen. Mit KI kannst du ein Loyalitätsprogramm schaffen, das sich anfühlt, als wäre es speziell für jeden einzelnen Kunden maßgeschneidert. Die KI analysiert das Kaufverhalten deiner Kunden, ihre Vorlieben, wie oft sie bei dir einkaufen und welche Produkte sie besonders mögen. Auf Basis dieser Daten kannst du maßgeschneiderte Belohnungen anbieten, die den Kunden das Gefühl geben, dass du genau weißt, was sie wollen.

Einer der größten Vorteile von KI ist die Möglichkeit, dynamische und personalisierte Belohnungen zu erstellen. Stell dir vor, ein Kunde kauft regelmäßig Sportkleidung bei dir. Anstatt ihm Punkte für jedes gekaufte Produkt zu geben, könnte dein KI-gestütztes System ihm nach dem Kauf eines neuen Paar Laufschuhe einen Rabatt auf die neueste Kollektion von Fitness-Gadgets anbieten. Dein Kunde fühlt sich verstanden und schätzt, dass du ihm etwas anbietest, das er wirklich gebrauchen kann nicht einfach den Standard-Gutschein.

Automatisierte Loyalitätsprogramme.

Loyalitätsprogramme können oft ziemlich zeitaufwendig sein, oder? Punkte sammeln, Emails verschicken, Rabatte anbieten, Prämien verteilen, das klingt nach einer Menge Arbeit.

Aber was wäre, wenn du das alles auf Autopilot stellen könntest? Hier glänzt KI besonders. Mit KI-gestützten Tools kannst du dein Loyalitätsprogramm fast vollständig automatisieren. Du kannst automatische Emails versenden, die Kunden über ihren Punktestand informieren, sie ermutigen, mehr Punkte zu sammeln, oder sie auf die nächste Prämie hinweisen. Das Beste daran? Du musst dich um nichts kümmern. Die KI übernimmt den kompletten Prozess und sorgt dafür, dass deine Kunden regelmäßig an dein Loyalitätsprogramm erinnert werden, ohne dass du ständig manuell eingreifen musst.

Hat dein Kunde seine Punkte lange nicht mehr eingelöst? Kein Problem! Deine KI-basierte Plattform erkennt das und sendet ihm eine freundliche Erinnerung, vielleicht sogar mit einem kleinen zusätzlichen Anreiz, um ihn zu motivieren, seine Punkte einzulösen. So bleibt dein Programm immer präsent, ohne aufdringlich zu sein.

So bleibst du in Erinnerung.
Jetzt fragst du dich vielleicht: »Okay, aber was hat SEO mit Loyalitätsprogrammen zu tun?« Überraschung: Eine ganze Menge! SEO spielt eine entscheidende Rolle, wenn es darum geht, Sichtbarkeit und Wiedererkennungswert zu steigern.

Wenn Kunden nach Treueprogrammen oder speziellen Angeboten suchen, willst du sicherstellen, dass dein Programm ganz oben in den Suchergebnissen steht. SEO sorgt dafür, dass dein Loyalitätsprogramm auf deiner Website gut sichtbar ist und durch gezielte Keywords in den Suchmaschinen rankt. Stell dir vor, ein Kunde sucht nach »beste Loyalitätsprogramme für Sportgeschäfte« schwupps, dank deiner SEO-Strategie landest du ganz oben und machst ihn neugierig auf dein Programm.

Ein weiteres cleveres Tool ist das Erstellen von SEO-optimierten Blogbeiträgen oder Landingpages, die dein Loyalitätsprogramm bewerben. Du kannst Inhalte erstellen, die nicht nur deine bestehenden Kunden ansprechen, sondern auch neue Kunden auf dein Programm aufmerksam machen. Zum Beispiel könntest du einen Blogartikel schreiben, der die Vorteile eines personalisierten Loyalitätsprogramms erklärt dabei subtil auf deines verlinken. Kunden, die nach Infos zu Treueprogrammen suchen, landen so auf deiner Seite und werden Teil deines Systems.

Emotionale Bindung: Wie KI und SEO Vertrauen aufbauen.

Ein Loyalitätsprogramm ist mehr als nur das Sammeln von Punkten. Es geht um den Aufbau von Vertrauen und einer emotionalen Bindung zwischen dir und deinen Kunden. Kunden, die eine emotionale Verbindung zu deiner Marke haben, sind nicht nur treuer, sondern geben im Durchschnitt auch mehr Geld aus. Also, wie helfen dir KI und SEO dabei?

Emotionale Personalisierung durch KI: Es geht nicht nur um Daten und Statistiken. KI kann auch genutzt werden, um emotionale Verbindungen zu deinen Kunden aufzubauen. Durch das Sammeln und Analysieren von Kundenfeedback kannst du die Gefühle und Bedürfnisse deiner Kunden besser verstehen und gezielt darauf eingehen. Zum Beispiel: Wenn ein Kunde regelmäßig hochwertige Produkte bei dir kauft, kannst du ihm durch personalisierte Emails und Prämien zeigen, dass du seine Treue schätzt zwar auf eine Art und Weise, die ihn emotional anspricht. Ein einfaches »Danke« ist gut, aber ein »Danke für deine jahrelange Unterstützung, wir wissen das sehr zu schätzen« ist besser.

SEO für langfristige Markenbindung: SEO hilft nicht nur dabei, neue Kunden zu gewinnen, sondern auch, bestehende Kunden immer wieder auf deine Seite zu bringen. Durch SEO-optimierte Inhalte, die Vertrauen aufbauen und den Mehrwert deines Loyalitätsprogramms betonen, bleibst du in den Köpfen deiner Kunden. Ein loyaler Kunde, der weiß, dass er durch das Treueprogramm echte Vorteile hat, wird deine Seite regelmäßig besuchen, um seine Punkte einzulösen das wiederum stärkt die emotionale Bindung zu deiner Marke.

Beispiele für erfolgreiche KI- und SEO-gestützte Loyalitätsprogramme.

Schauen wir uns mal ein paar echte Beispiele an, wie große Marken KI und SEO nutzen, um ihre Loyalitätsprogramme zu optimieren und ihre Kunden zu echten Fans zu machen: Starbucks, Personalisierte Belohnungen durch KI: Starbucks hat eines der erfolgreichsten Loyalitätsprogramme weltweit und das nicht ohne Grund. Sie nutzen KI, um personalisierte Belohnungen anzubieten, die auf den Kaufgewohnheiten ihrer Kunden basieren. Bestellst du regelmäßig einen Cappuccino? Die KI weiß das und schickt dir einen Gutschein für deinen nächsten Cappuccino, oder vielleicht einen Rabatt auf etwas Neues, das du noch nicht probiert hast. Gleichzeitig sorgen ihre SEO-optimierten Inhalte dafür, dass Kunden das Loyalitätsprogramm leicht finden und verstehen.

Automatisierte Kommunikation und SEO.

Die Kosmetikkette Sephora nutzt eine Kombination aus KI und Automatisierung, um sicherzustellen, dass ihre Kunden regelmäßig über ihren Punktestand informiert werden. Durch KI-basierte Email-Kampagnen bekommen Kunden personalisierte Angebote, basierend auf ihrem Einkaufsverhalten. Gleichzeitig sind ihre Treueprogramme SEO-optimiert, sodass Kunden immer wieder auf ihre Seite zurückkommen, um die neuesten Belohnungen zu entdecken.

Belohnungen, die zählen.

Was nützt das beste Loyalitätsprogramm, wenn die Prämien langweilig oder uninteressant sind? KI hilft dir dabei, herauszufinden, was deine Kunden wirklich wollen bietet ihnen Prämien, die sie auch tatsächlich einlösen möchten. KI kann das Kaufverhalten und die Vorlieben deiner Kunden analysieren, um herauszufinden, welche Prämien am beliebtesten sind. Anstatt einfach nur Standard-Gutscheine anzubieten, kannst du Belohnungen basierend auf den individuellen Vorlieben deiner Kunden erstellen. Hat dein Kunde eine Vorliebe für bestimmte Produkte? Biete ihm einen Rabatt auf genau diese Produktkategorie an. So wird dein Loyalitätsprogramm relevant und nützlich. Du hast exklusive Prämien, die nur deinen treuesten Kunden zur Verfügung stehen? Mach sie durch SEO-optimierte Inhalte sichtbar. Erstelle Landingpages und Blogartikel, die deine besten Prämien hervorheben und durch gezielte Keywords sicherstellen, dass Kunden, die nach exklusiven Angeboten suchen, diese auch finden. Durch die richtige SEO-Strategie machst du dein Loyalitätsprogramm zu etwas, das Kunden unbedingt haben wollen.

Treue belohnen, Kunden binden.

Am Ende des Tages geht es bei jedem Loyalitätsprogramm darum, die Treue deiner Kunden zu belohnen und sicherzustellen, dass sie nicht nur einmal, sondern immer wieder bei dir kaufen. Mit KI und SEO kannst du diesen Prozess automatisieren, personalisieren und vor allem effektiver gestalten. Die Kombination aus KI und SEO sorgt dafür, dass dein Loyalitätsprogramm nicht nur funktioniert, sondern begeistert. Kunden, die das Gefühl haben, dass ihre Treue wertgeschätzt wird, bleiben länger bei dir geben im Laufe der Zeit mehr Geld aus. Gleichzeitig sorgt SEO dafür, dass neue Kunden auf dein Programm aufmerksam werden und deine bestehende Kundschaft immer wieder auf deine Seite zurückkehrt.

Die Automatisierung durch KI spart dir Zeit und Mühe, während SEO dafür sorgt, dass dein Programm stets sichtbar ist und neue Kunden anzieht. Zusammen sind sie das unschlagbare Duo, um dein Loyalitätsprogramm erfolgreich und nachhaltig zu machen.

Das Erfolgsrezept für Loyalitätsprogramme, die wirklich funktionieren.
Wenn du dir wünschst, dass deine Kunden zu treuen Fans werden, brauchst du ein Loyalitätsprogramm, das mehr bietet als nur Punkte und Rabatte. KI und SEO sind die Schlüssel, um dieses Ziel zu erreichen. Sie helfen dir, dein Programm zu personalisieren, zu automatisieren und sichtbar zu machen das alles, ohne dass du ständig manuell eingreifen musst. Mit der richtigen Mischung aus smarter Technologie und einer gut durchdachten SEO-Strategie wirst du nicht nur die Treue deiner Kunden gewinnen, sondern sie zu echten Markenbotschaftern machen. Dein Loyalitätsprogramm wird zum Herzstück deines Geschäfts und deine Kunden werden es lieben, immer wieder bei dir einzukaufen.

9.7 Upselling. Echter Mehrwert.
Upselling. Kaum ein Wort lässt die Alarmglocken in den Köpfen der Kunden so laut läuten wie dieses. Du weißt schon, dieses »Oh nein, jetzt will er mir noch was andrehen!«-Gefühl, das sich einschleicht, sobald jemand versucht, dir mehr zu verkaufen, als du ursprünglich wolltest. Es gibt wahrscheinlich nichts Nervigeres, oder? Aber was wäre, wenn ich dir sage, dass Upselling auch ganz anders geht? Dass es eine Kunst ist, die, richtig angewendet, nicht nur deinen Umsatz steigert, sondern auch deinen Kunden echten Mehrwert bietet?

Mit unseren beiden Power-Tools kannst du das Upselling so umsetzen, dass deine Kunden nicht das Gefühl haben, etwas aufgeschwatzt zu bekommen, sondern denken: »Wow, das brauche ich wirklich!« Klingt nach Magie? Vielleicht, aber mit KI und SEO ist das einfach smarte Technik. Lass uns gemeinsam eintauchen und sehen, wie du mit den richtigen Tools das perfekte Upselling meisterst, ohne das nervige »Gebrauchtwagenhändler-Gefühl«, sondern mit echtem Mehrwert für deine Kunden.

Was ist Upselling eigentlich warum ist es so wichtig?

Bevor wir loslegen, lass uns kurz über Upselling sprechen und warum es ein absolutes Must-Have für jedes Business ist. Stell dir vor, du gehst in ein Restaurant und bestellst eine Pizza. Die Pizza ist lecker, aber dann kommt der Kellner und fragt, ob du vielleicht noch eine extra Portion Trüffel oben drauf möchtest. Klingt gut, oder? Das ist Upselling, du bekommst nicht nur das, was du ursprünglich wolltest, sondern ein Upgrade, das den Wert deiner Bestellung steigert.

Upselling bedeutet also, dem Kunden ein höherwertiges oder zusätzliches Produkt anzubieten, das seine ursprüngliche Bestellung aufwertet. Bestehende Kunden sind viel eher bereit, mehr Geld auszugeben als Neukunden. Upselling kann also deinen Umsatz erheblich steigern, ohne dass du viel Zeit und Geld in die Neukundenakquise stecken musst. Aber: Upselling muss smart sein. Niemand mag es, wenn man ihm etwas andreht, das er nicht braucht. Künstliche Intelligenz sorgt dafür, dass das Upselling genau den Nerv deiner Kunden trifft und ihnen genau das bietet, was sie wirklich interessiert.

Smarte Empfehlungen, die wirklich passen.

Das größte Problem bei schlechtem Upselling? Es ist nicht relevant. Kunden werden mit Produkten überschüttet, die sie gar nicht interessieren. Aber wenn du mit KI arbeitest, kannst du dieses Problem ein für alle Mal lösen.

Eine der größten Stärken von KI ist die Fähigkeit, riesige Mengen an Kundendaten zu analysieren und daraus Vorhersagen zu treffen. KI analysiert das Verhalten deiner Kunden:
Was haben sie in der Vergangenheit gekauft? Welche Produkte haben sie sich angesehen, ohne sie in den Warenkorb zu legen? Wann haben sie das letzte Mal gekauft? Auf dieser Basis kann die KI maßgeschneiderte Empfehlungen aussprechen, die den Kunden wirklich interessieren. Das fühlt sich nicht mehr wie »Upselling« an, sondern wie ein nützlicher Tipp von einem guten Freund.

Stell dir vor, dein Kunde hat gerade ein Smartphone gekauft. Dank KI kannst du ihm in Echtzeit passendes Zubehör wie Schutzhüllen oder Ladegeräte anbieten. Die KI erkennt, welche Produkte zu seiner Bestellung passen und schlägt ihm genau die Artikel vor, die ihm einen Mehrwert bieten. Das ist Upselling auf den Punkt, genau das Richtige zur richtigen Zeit.

Die Kunst, gefunden zu werden, wenn der Kunde bereit ist

Du fragst dich jetzt vielleicht: »Und wie hilft mir SEO beim Upselling?« Gute Frage. Die Antwort: SEO sorgt dafür, dass deine Upselling-Angebote genau dann gefunden werden, wenn der Kunde bereits auf deiner Seite ist bereit ist, mehr zu kaufen.

SEO-optimierte Produktseiten: Deine Produktseiten sind das Herzstück deiner Website. Sie müssen so optimiert sein, dass sie nicht nur gut ranken, sondern auch perfekt für Upselling geeignet sind. Durch gezielte SEO-Strategien kannst du dafür sorgen, dass ergänzende oder höherwertige Produkte direkt auf der Produktseite sichtbar sind zwar auf eine Art und Weise, die den Kunden anspricht. Beispielsweise kannst du durch interne Verlinkungen und »Ähnliche Produkte«-Abschnitte sicherstellen, dass Kunden, die ein günstigeres Produkt ansehen, auch auf höherpreisige Optionen aufmerksam werden. Kunden, die bereits wissen, dass sie etwas Spezifisches suchen, geben oft sehr detaillierte Suchanfragen ein. Durch die Optimierung deiner Produktseiten für Long-Tail-Keywords stellst du sicher, dass deine Seite auch dann gefunden wird, wenn ein Kunde nach einer ganz bestimmten Produktkategorie oder -eigenschaft sucht. Und wenn er schon auf deiner Seite ist? Zack, dann ist es Zeit für dein Upselling-Angebot!

So wird Upselling ein echter Mehrwert für den Kunden

Das Geheimnis für erfolgreiches Upselling? Relevanz. Wenn du es schaffst, deinem Kunden genau die Produkte zu zeigen, die ihm wirklich weiterhelfen, dann wird das Upselling zu einem echten Mehrwert. Hier spielt KI ihre ganze Stärke aus. KI kann das Verhalten jedes einzelnen Kunden analysieren und dir sagen, welches Upselling-Produkt am besten passt. Hat der Kunde bereits eine Kamera gekauft? Dann biete ihm ein passendes Objektiv oder eine hochwertige Kameratasche an. Das ist nicht aufdringlich, sondern zeigt, dass du verstehst, was er braucht.

Neben den smarten Produktempfehlungen kannst du auch durch SEO-optimierte Inhalte dafür sorgen, dass der Kunde von deinem Upselling-Angebot überzeugt wird. Zum Beispiel könntest du Blogartikel oder Tutorials erstellen, die die Vorteile eines höherwertigen Produkts oder Zubehörs erklären. Wenn der Kunde gerade nach Tipps sucht und auf deinen Artikel stößt, wird er eher bereit sein, das teurere Produkt in Betracht zu ziehen.

Timing ist alles.
Glaubst du, dass das Timing im Upselling eine Rolle spielt? Auf jeden Fall! Denn wenn du versuchst, dem Kunden zu früh ein Upgrade anzubieten, wirkt es aufdringlich. Bietest du es zu spät an, ist der Moment schon verpasst. KI hilft dir, das perfekte Timing für dein Upselling zu finden.

KI analysiert das Kaufverhalten: Die KI erkennt Muster im Kaufverhalten deiner Kunden und weiß, wann der beste Moment für ein Upselling ist. Hat dein Kunde gerade einen großen Einkauf abgeschlossen? Vielleicht ist er in Kauflaune und offen für ein zusätzliches Produkt. Hat er schon länger nichts mehr gekauft? Dann könnte ein Rabatt auf ein höherwertiges Produkt genau das sein, was ihn zurückbringt. Durch KI kannst du den perfekten Moment erkennen und dein Angebot genau dann präsentieren, wenn der Kunde am ehesten zuschlägt.

SEO für den richtigen Moment: SEO spielt eine entscheidende Rolle, wenn es darum geht, den Kunden im richtigen Moment zu erreichen. Wenn Kunden bereits auf deiner Seite nach einem Produkt suchen, ist das der ideale Zeitpunkt, um ihnen Upselling-Angebote zu präsentieren. Durch gezielte SEO-Optimierung kannst du sicherstellen, dass diese Produkte nicht nur gefunden werden, sondern auch im richtigen Kontext präsentiert werden.

9.8 Wie du aus Kunden Markenbotschafter machst.
Du hast es geschafft, der Kunde hat gekauft, ist zufrieden und vielleicht sogar schon zum zweiten Mal bei dir aufgetaucht. Bravo! Doch jetzt beginnt die wahre Kunst: Wie machst du aus zufriedenen Kunden echte Markenbotschafter, die nicht nur immer wieder bei dir einkaufen, sondern begeistert von dir und deiner Marke in ihrem Freundes- und Familienkreis erzählen?

Das Geheimnis liegt in der Kombination aus Loyalitätsprogrammen, cleveren Upsell-Möglichkeiten und einer Kommunikation, die Kunden emotional bindet. Und das Beste? Künstliche Intelligenz (KI) und Suchmaschinenoptimierung (SEO) machen es dir heute leichter denn je, diese Kundenbindung auf das nächste Level zu bringen. Jetzt zeige ich dir, wie du die Kraft von KI und SEO nutzt, um die Loyalität deiner Kunden nicht nur zu belohnen, sondern sie in echte Markenbotschafter zu verwandeln.

Loyalität ist Gold wert.

Bevor wir ins Detail gehen, lass uns kurz klären, warum es überhaupt so wichtig ist, dass deine Kunden zu treuen Markenbotschaftern werden. Denk mal darüber nach: Bestandskunden geben im Schnitt 67% mehr aus als Neukunden. Außerdem ist es bis zu fünfmal teurer, einen neuen Kunden zu gewinnen, als einen bestehenden Kunden zu halten. Aber der echte Knaller? Loyalitätsprogramme und starke Kundenbindung führen dazu, dass diese Kunden nicht nur immer wieder bei dir kaufen, sondern auch andere zu dir bringen.

Markenbotschafter sind die Superhelden im Hintergrund deines Unternehmens. Sie empfehlen dich weiter, posten über dich in den sozialen Medien und loben deine Produkte im Freundeskreis, alles ohne, dass du sie groß dazu auffordern musst. Sie tun es aus Überzeugung. Und genau das ist der Punkt: Loyalität bedeutet nicht nur, dass der Kunde wiederkommt, sondern dass er dich aktiv unterstützt. Mit KI und SEO kannst du diesen Prozess automatisieren und perfektionieren.

Wie du jedem Kunden das Gefühl gibst, einzigartig zu sein.

Eines der größten Probleme bei klassischen Loyalitätsprogrammen ist, dass sie oft wie ein Gießkannen-Prinzip funktionieren: Jeder Kunde bekommt das Gleiche. Doch das war gestern. Heute erwarten die Kunden mehr mit KI kannst du ihnen genau das bieten. KI-basierte Loyalitätsprogramme sind der Schlüssel, um deine Kunden individuell anzusprechen und zu belohnen.

Stell dir vor, deine KI analysiert das Kaufverhalten eines jeden Kunden und erstellt basierend auf diesen Daten maßgeschneiderte Belohnungen. Ein Kunde, der regelmäßig Sportartikel kauft, bekommt einen speziellen Rabatt auf die neueste Kollektion oder einen

Gutschein für Fitness-Workshops. Ein anderer Kunde, der sich eher für technische Gadgets interessiert, wird mit einem speziellen Angebot für die neuesten Geräte belohnt. So fühlt sich jeder Kunde verstanden und wertgeschätzt genau das fördert die Loyalität.

Eine weitere Möglichkeit, die Loyalität deiner Kunden zu belohnen, ist durch dynamische Punktevergabe. Statt dem klassischen »Sammle 10 Punkte und bekomme einen Rabatt« kann die KI das Punktesystem an das individuelle Verhalten anpassen. Kunden, die besonders aktiv sind, erhalten beispielsweise doppelte Punkte, wenn sie innerhalb eines bestimmten Zeitraums erneut kaufen. Oder sie bekommen spezielle Prämien, wenn sie ihre Punkte für Produkte einlösen, die besonders gut zu ihrem Kaufverhalten passen. KI macht dein Loyalitätsprogramm lebendig und sorgt dafür, dass jeder Kunde das Gefühl hat, speziell belohnt zu werden.

Sichtbarkeit und Mehrwert schaffen.

Jetzt fragst du dich vielleicht, wie SEO in dieses ganze Loyalitäts-Spiel passt. Ganz einfach: SEO sorgt dafür, dass dein Loyalitätsprogramm, deine Belohnungen und deine speziellen Angebote nicht nur von deinen bestehenden Kunden gesehen werden, sondern auch für potenzielle neue Kunden attraktiv sind. SEO ist das unsichtbare Netz, das deine Loyalitätspunkte und Belohnungen online sichtbar macht. Deine Kunden müssen nicht nur wissen, dass es ein Loyalitätsprogramm gibt, sie müssen es überall sehen können!

SEO hilft dir, spezielle Landing Pages zu erstellen, die perfekt auf Keywords optimiert sind, die deine Zielgruppe anspricht. Diese Seiten erklären nicht nur die Vorteile deines Loyalitätsprogramms, sondern sind auch so optimiert, dass sie bei relevanten Suchanfragen ganz oben in den Suchmaschinen auftauchen. Zum Beispiel: »Bestes Treueprogramm für Fashion-Fans« schon wird deine Seite angezeigt, wenn ein potenzieller Kunde nach einem Loyalitätsprogramm sucht.

SEO hilft dir auch, regelmäßig hochwertigen Content zu erstellen, der deine Kunden an dein Loyalitätsprogramm erinnert und sie immer wieder auf deine Website zurückführt. Du kannst Blogartikel, Ratgeber und How-Tos erstellen, die den Mehrwert deines Programms hervorheben. Zum Beispiel könnte ein Artikel mit dem Titel »5 Wege, wie du deine Punkte am besten einlöst« nicht nur für deine bestehenden Kunden interessant sein, sondern auch neue Kunden anziehen, die neugierig auf dein Programm sind.

Wie du Kunden zum perfekten Zeitpunkt ansprichst.

Das richtige Timing machts. Du kannst das beste Loyalitätsprogramm der Welt haben, aber wenn du deine Kunden nicht im richtigen Moment ansprichst, verpufft der Effekt. Jetzt kommt wieder die KI herein. KI hilft dir, das Verhalten deiner Kunden in Echtzeit zu analysieren und den perfekten Moment für deine Ansprache zu finden.

Stell dir vor, ein Kunde hat seine Punkte schon länger nicht eingelöst. Anstatt zu hoffen, dass er irgendwann von alleine darauf zurückkommt, erkennt die KI dieses Verhalten und sendet ihm eine personalisierte Email, die ihn daran erinnert, seine Punkte zu nutzen. Vielleicht bekommt er sogar einen kleinen zusätzlichen Anreiz, um ihn zum Handeln zu motivieren: »Nur noch 100 Punkte und du erhältst ein exklusives Geschenk!« Die Automatisierung dieser Prozesse sorgt dafür, dass du immer zur richtigen Zeit am richtigen Ort bist, ohne, dass du ständig selbst nachhaken musst. KI kann auch die gesamte Kaufhistorie und das Verhalten deiner Kunden analysieren und dir sagen, wann der Kunde am wahrscheinlichsten bereit ist, erneut bei dir einzukaufen. Das ist besonders wertvoll, wenn es darum geht, Upselling oder Cross-Selling-Angebote zu platzieren, die in dein Loyalitätsprogramm integriert sind. Zum Beispiel könnte die KI feststellen, dass ein Kunde, der kürzlich ein Produkt aus deiner Premiumlinie gekauft hat, auch an ergänzenden Produkten interessiert ist bietet ihm genau diese im richtigen Moment an.

Social Media und SEO. Die perfekte Kombination für treue Kunden.

Wir leben in einer Welt, in der soziale Netzwerke eine große Rolle spielen. Kunden, die sich mit deiner Marke identifizieren, posten über dich auf Instagram, Facebook und Co. SEO hilft dir, diesen sozialen Traffic zu nutzen und noch weiter zu verstärken.

Deine Website und dein Loyalitätsprogramm sollten so optimiert sein, dass sie nahtlos mit deinen sozialen Netzwerken verbunden sind. SEO-optimierte Inhalte, die auf deinen Social Media-Profilen geteilt werden, sorgen dafür, dass nicht nur deine bestehenden Kunden, sondern auch deren Freunde und Follower auf dein Programm aufmerksam werden. Du kannst beispielsweise gezielte SEO-optimierte Inhalte für deine Social Media-Kampagnen erstellen, die dein Loyalitätsprogramm bewerben und neue Kunden anziehen. Aber auch hier spielt KI wieder eine Rolle. Mithilfe von KI-Tools kannst du analysieren, wie deine Kundendeine Inhalte in den sozialen Medien teilen und wie diese Interaktionen den Traffic auf deiner Seite beeinflussen. Die KI kann dir dabei helfen, herauszufinden, welche Arten von Inhalten besonders gut ankommen und welche Beiträge am ehesten geteilt werden. So kannst du gezielt Inhalte erstellen, die das Potenzial haben, viral zu gehen dein Loyalitätsprogramm in den sozialen Medien verbreiten.

Kundenbewertungen als SEO-Turbo.

Ein weiteres mächtiges Tool, um Kundenbindung zu stärken und neue Markenbotschafter zu gewinnen, sind Kundenbewertungen. Positive Bewertungen stärken das Vertrauen neuer Kunden und sorgen dafür, dass bestehende Kunden stolz sind, Teil deines Loyalitätsprogramms zu sein. KI kann dir helfen, Kundenbewertungen zu analysieren und Trends zu erkennen. Du kannst herausfinden, welche Aspekte deines Loyalitätsprogramms besonders geschätzt werden und wo du noch nachbessern kannst. Gleichzeitig kannst du die KI nutzen, um automatische Emails an zufriedene Kunden zu versenden, die sie dazu motivieren, eine positive Bewertung zu hinterlassen. Kunden, die mit deinem Programm zufrieden sind, sind eher bereit, eine Bewertung abzugeben das stärkt nicht nur deine Online-Reputation, sondern auch dein SEO-Ranking.

Positive Bewertungen wirken sich nicht nur positiv auf die Wahrnehmung deiner Marke aus, sondern auch auf dein SEO-Ranking. Je mehr gute Bewertungen du hast, desto höher steigt dein Ranking in den Suchmaschinen. Suchmaschinen wie Google sehen Bewertungen als einen wichtigen Indikator für die Qualität deiner Seite belohnen dich mit besseren Positionen. Das bedeutet, dass potenzielle Neukunden schneller auf deine Website stoßen und dein Loyalitätsprogramm entdecken.

Die Zukunft gehört dir.

Die Kombination aus KI und SEO ist nicht nur ein kurzfristiger Gewinn, sondern eine langfristige Strategie, die dir hilft, deine Kunden über Jahre hinweg zu binden. Kundenbindung ist keine einmalige Aktion, sie ist ein fortlaufender Prozess. Mit den richtigen

Tools kannst du sicherstellen, dass deine Kunden immer wieder bei dir kaufen und dich aktiv weiterempfehlen. KI lernt ständig dazu. Sie analysiert das Verhalten deiner Kunden, passt deine Angebote und Belohnungen an und sorgt dafür, dass deine Kundenbindung immer auf dem neuesten Stand ist. Je länger du die KI einsetzt, desto besser wird sie darin, individuelle Vorlieben zu erkennen und Kunden gezielt anzusprechen.

SEO sorgt dafür, dass du langfristig sichtbar bleibst. Eine gut optimierte Website, die regelmäßig frische und relevante Inhalte bietet, wird von den Suchmaschinen bevorzugt. So stellst du sicher, dass nicht nur deine Bestandskunden immer wieder zurückkommen, sondern auch neue Kunden auf dich aufmerksam werden.

9.9 Aus jedem Feedback einen strategischen Vorteil ziehen.

Kundenfeedback, diese zwei kleinen Worte klingen so harmlos und doch können sie eine echte Goldmine für dein Unternehmen sein. Stell dir vor, du hättest Zugang zu einer Schatztruhe voller Informationen darüber, was deine Kunden wirklich denken, was sie mögen, was sie nicht mögen und, am wichtigsten, wie du dein Angebot so verbessern kannst, dass sie noch zufriedener sind. Klingt gut, oder? Das Problem: Viele Unternehmen wissen entweder nicht, wie sie an dieses wertvolle Feedback kommen, oder sie sind schlicht überfordert, all diese Daten richtig auszuwerten.

Doch keine Sorge: Künstliche Intelligenz (KI) und Suchmaschinenoptimierung (SEO) machen das schon. Mit diesen beiden Power-Tools kannst du Kundenfeedback nicht nur effizient sammeln, sondern es auch in nützliche Insights verwandeln, die dein Business auf das nächste Level bringen. Dabei geht es nicht nur darum, die lauten Stimmen zu hören, sondern auch die leisen, oft übersehenen Feedbacks zu erkennen und in echte Handlungsvorteile umzuwandeln. Lass uns gemeinsam erkunden, wie KI und SEO dir dabei helfen können, jedes Feedback in einen strategischen Vorteil zu verwandeln.

Warum Kundenfeedback der Schlüssel zum Erfolg ist.

Bevor wir tief in die Technologie eintauchen, lass uns kurz darüber reden, warum Kundenfeedback überhaupt so wichtig ist. Die einfache Antwort: Kunden sind die wahren Experten, wenn es darum geht, was gut ankommt und was nicht. Sie sind diejenigen, die deine

Produkte und Dienstleistungen täglich nutzen und ihre Meinungen können dir dabei helfen, dein Angebot zu optimieren.

Verbesserungspotenzial aufdecken: Kundenfeedback zeigt dir, wo es hakt. Vielleicht gibt es ein Feature, das deine Kunden nicht mögen, oder eine Funktion, die sie schätzen würden, die aber fehlt. Ohne Feedback würdest du das vielleicht nie erfahren. Doch mit dem richtigen Feedback kannst du dein Produkt oder deinen Service zielgerichtet verbessern. Kundenfeedback ist auch ein direkter Indikator dafür, wie zufrieden deine Kunden mit dir sind. Zufriedene Kunden sind treue Kunden und treue Kunden sind das Rückgrat jedes erfolgreichen Unternehmens. Feedback hilft dir also, die Zufriedenheit zu messen und potenzielle Schwachstellen frühzeitig zu erkennen. Wenn du das Feedback deiner Kunden ernst nimmst und darauf reagierst, zeigst du, dass dir ihre Meinung wichtig ist. Das schafft Vertrauen und Loyalität. Kunden, die wissen, dass sie gehört werden, fühlen sich mehr mit deiner Marke verbunden das kann den Unterschied machen, ob sie nur einmal kaufen oder zu regelmäßigen Kunden werden.

Wie KI Kundenfeedback effizient analysiert.

KI kann Unmengen von Feedback-Daten analysieren, schneller und präziser, als es ein Mensch jemals könnte. Ob du nun 10 oder 10.000 Bewertungen, Emails oder Social-Media-Kommentare hast, die KI kann all diese Daten in Echtzeit durchkämmen und Muster, Trends sowie wichtige Erkenntnisse herausfiltern. Aber wie genau funktioniert das?

Eines der mächtigsten Werkzeuge im Bereich Kundenfeedback ist die Sentiment-Analyse. Diese Technologie ermöglicht es, nicht nur zu sehen, was Kunden sagen, sondern auch, wie sie es sagen. Die KI analysiert die Tonalität und Stimmung des Feedbacks und kann dir sagen, ob die Rückmeldungen überwiegend positiv, neutral oder negativ sind. So bekommst du ein klares Bild davon, wie deine Kunden über dein Unternehmen und deine Produkte denken das in Echtzeit. KI geht weit über das einfache Zählen von positiven oder negativen Kommentaren hinaus. Sie erkennt Muster im Kundenfeedback. Zum Beispiel könnte die KI feststellen, dass viele Kunden in den letzten Wochen dasselbe Problem mit einem bestimmten Feature deines Produkts hatten. Diese Musteranalyse hilft dir, gezielt Verbesserungen vorzunehmen, bevor sich die Probleme häufen und zu größeren

Unzufriedenheiten führen. Ein weiteres Plus von KI: Sie hilft dir, Feedback zu priorisieren. In einem Meer von Kundenstimmen weiß man oft nicht, wo man anfangen soll. Die KI kann dir dabei helfen, die wichtigsten Themen zu identifizieren, basierend auf der Dringlichkeit und der Häufigkeit bestimmter Feedbacks. So kannst du die Punkte zuerst angehen, die deinen Kunden am meisten auf dem Herzen liegen.

Die Rolle von SEO im Kundenfeedback-Prozess.

Du denkst vielleicht, dass SEO mit Kundenfeedback nichts zu tun hat. Aber weit gefehlt! Suchmaschinenoptimierung spielt eine wichtige Rolle dabei, wie du Feedback sammelst und wie du es für die Außendarstellung deines Unternehmens nutzt. SEO-optimierte Feedback-Formulare: Einer der ersten Schritte, um Feedback zu sammeln, ist, dass deine Kunden wissen, wo sie es abgeben können. Hier hilft SEO, indem du sicherstellst, dass deine Feedback-Seiten und Formulare leicht über Google und Co. zu finden sind. Du kannst spezifische Landing Pages erstellen, die auf Keywords wie »Feedback zu [deiner Marke]« oder »Erfahrungsberichte zu [deinem Produkt]« optimiert sind. Dadurch stellst du sicher, dass potenzielle und bestehende Kunden direkt auf deine Feedback-Seiten stoßen und dort ihre Meinungen hinterlassen.

SEO für Kundenbewertungen nutzen: Kundenbewertungen sind nicht nur für dich wertvoll, sie sind auch ein SEO-Turbo. Positive Bewertungen, die auf deiner Website oder Drittplattformen wie Google und Yelp erscheinen, helfen dabei, dein Ranking in den Such-maschinen zu verbessern. Google liebt Bewertungen, weil sie ein Vertrauenssignal für deine Seite sind. Wenn du also viele gute Bewertungen hast, steigt dein Ranking du wirst für potenzielle Kunden sichtbarer. SEO sorgt dafür, dass diese Bewertungen gut gefunden und richtig eingebunden werden.

KI-basierte Automatisierung für sofortige Reaktionen.

Ein weiterer Vorteil der KI ist, dass sie dir ermöglicht, auf Feedback automatisiert und sofort zu reagieren. Früher war das eine mühsame Aufgabe: Du musstest jede Bewertung oder jeden Kommentar manuell beantworten, was bei einem hohen Feedback-Aufkommen schnell unübersichtlich wird. Doch mit KI wird dieser Prozess erheblich vereinfacht. Dank KI-gestützter Chatbots oder automatisierter Antwort-Tools kannst du auf Kundenfeedback sofort reagieren. Natürlich sollten kritische oder komplexe Themen immer noch von einem Menschen bearbeitet werden, aber für allgemeines Feedback oder kleinere Anfragen sind automatisierte Antworten eine fantastische Lösung. Die KI kann Antworten vorschlagen, die auf der spezifischen Rückmeldung basieren, freundlich, personalisiert und effizient. Hat ein Kunde eine negative Bewertung abgegeben? Die KI erkennt das sofort und kann eine Email-Benachrichtigung an dein Support-Team senden, damit sie sich der Angelegenheit annehmen. Du kannst sogar automatisierte Dankes-Emails für positive Bewertungen verschicken, um die Kundenzufriedenheit weiter zu steigern.

Kundenfeedback als Grundlage für SEO-Strategien.

Kommen wir nun zum nächsten spannenden Punkt: Kundenfeedback als SEO-Booster. Ja, du hast richtig gelesen. Das Feedback deiner Kunden kann eine wertvolle Quelle für deine SEO-Strategie sein. Wenn du Kundenfeedback analysierst, wirst du feststellen, dass Kunden oft bestimmte Begriffe oder Phrasen verwenden, um deine Produkte oder Dienstleistungen zu beschreiben. Diese Begriffe sind Gold wert für deine SEO-Strategie. Die Worte deiner Kunden sind die Keywords, nach denen sie suchen.

Durch die Analyse dieses Feedbacks kannst du neue Long-Tail-Keywords entdecken, die du in deine Website und deine Inhalte einbauen kannst. Dies sorgt dafür, dass deine Seite besser rankt und du mehr organischen Traffic erhältst. Kundenfeedback gibt dir wertvolle Einblicke in die häufigsten Fragen und Probleme deiner Kunden. Diese Fragen kannst du nutzen, um SEO-optimierte Inhalte zu erstellen, die genau diese Probleme lösen. Stell dir vor, viele Kunden fragen in ihren Bewertungen nach einer bestimmten Funktion deines Produkts oder haben ähnliche Herausforderungen bei der Nutzung. Du könntest einen Blogbeitrag oder eine FAQ-Seite erstellen, die diese Fragen beantwortet schon hast du relevanten Content, der sowohl deinen bestehenden Kunden hilft als auch potenzielle Kunden anzieht.

Die Zukunft des Kundenfeedbacks.

Mit KI und SEO kannst du nicht nur Kundenfeedback in Echtzeit analysieren und sofort darauf reagieren, sondern es auch als strategisches Werkzeug nutzen, um deine Kunden-bindung zu verbessern und neue Kunden zu gewinnen. In Zukunft werden diese Technologien noch intelligenter und ermöglichen es dir, nicht nur auf Feedback zu reagieren, sondern auch proaktiv Verbesserungen vorzunehmen. Künftige Entwicklungen in der KI-Technologie werden es ermöglichen, Kundenfeedback nicht nur zu analysieren, sondern auch proaktiv Trends zu erkennen. So kannst du Probleme frühzeitig lösen, bevor sie eskalieren und deinen Kunden immer den bestmöglichen Service bieten.

SEO für die Kundenakquise nutzen: SEO wird auch in Zukunft ein wichtiger Teil deiner Feedback-Strategie bleiben. Mit SEO kannst du dafür sorgen, dass nicht nur bestehende Kunden, sondern auch potenzielle Kunden auf deine Feedback-Seiten, Bewertungen und Blogposts stoßen. So nutzt du das Feedback deiner zufriedenen Kunden, um neue Kunden zu gewinnen, eine Win-Win-Situation.

Kundenfeedback in goldene Insights verwandeln.
Kundenfeedback ist nicht nur eine nette Geste, es ist ein strategisches Asset, das dir dabei hilft, dein Business zu verbessern, deine Kundenbindung zu stärken und deine SEO-Strategie auf das nächste Level zu heben. KI hilft dir, Feedback effizient zu analysieren und automatisch auf Kundenbedürfnisse zu reagieren, während SEO dafür sorgt, dass dieses Feedback gut sichtbar ist und sowohl bestehende als auch neue Kunden anzieht.

Mit der richtigen Kombination aus KI und SEO verwandelst du jede Kundenmeinung in wertvolle Insights, die dein Unternehmen langfristig wachsen lassen. Feedback ist nicht nur eine lästige Aufgabe, es ist der Schlüssel zu deinem Erfolg.

Kapitel 10
EINFÜHRUNG IN DIE VOICE SEARCH OPTIMIZATION

10.1 Was ist Voice Search?

Voice Search ist wie die Suche nach der TV-Fernbedienung, aber digital. Du sagst deinem Gerät einfach, was du brauchst und voilà: Die Antwort kommt schneller als ein ungebetener Anruf während des Abendessens. Statt zu tippen, sprichst du einfach in dein Handy, deine Smartwatch oder in irgendein anderes Gerät, das dich wie ein langjähriger Kumpel versteht. »Hey Siri, wie ist das Wetter?« oder »Alexa, erzähl mir einen Witz« sind mittlerweile keine magischen Zaubersprüche mehr, sondern Alltag.

Und warum ist das jetzt wichtig für uns? Weil Voice Search nicht nur für faule Finger gedacht ist, sondern die Art und Weise verändert, wie wir online suchen. Sätze wie »Klempner Köln« verwandeln sich in »Wo finde ich den besten Klempner in Köln, der auch am Sonntag Zeit hat, meine katastrophale Spüle zu reparieren?«, präziser und menschlicher. Und das bedeutet, dass wir unsere SEO-Strategien auf dieses veränderte Verhalten anpassen müssen, sonst gehen wir im digitalen Nirvana verloren. Klingt spannend? Wart's ab!

Historische Entwicklung und aktuelle Trends.

Die Voice Search Reise begann wie ein schlechter Science-Fiction-Film: Computer, die nur bei bestimmten Kommandos reagierten und dich öfter missverstanden haben als ein gelangweilter Teenager beim Hausaufgabenmachen. In den 2000ern kam dann der Durchbruch: Sprachassistenten wie Siri und Google Now tauchten auf, wie unerwartete Partygäste, die plötzlich die Stimmung anheizten. Heutzutage sind wir weit davon entfernt.

Mit fortschrittlichen Technologien wie NLP (Natural Language Processing) können unsere digitalen Assistenten nicht nur verstehen, was wir sagen, sondern auch, was wir meinen. Statistiken zeigen, dass bis 2025 fast die Hälfte aller Suchanfragen über Sprache erfolgen werden. Also, falls du immer noch nicht auf den Voice-SEO-Zug aufgesprungen bist, ist jetzt der richtige Zeitpunkt, bevor er schneller abfährt als der letzte Bus nach Feierabend.

Exaktes Suchen mit Spracheingabe, durch intelligentes Voice Search überhaupt erst möglich.

Warum Voice Search die SEO-Welt verändert.

Voice Search ist die Revolution, die die SEO-Welt durchrüttelt wie ein heftiges Erdbeben. Während traditionelle Suchanfragen wie »beste Pizza Berlin« kurz und knackig sind, stellen Nutzer bei Voice Search Fragen wie bei einem Verhör: »Wo ist die beste Pizzeria in Berlin, die bis Mitternacht geöffnet hat?« Das führt zu einem Wandel in der Keyword-Strategie. Longtail-Keywords, die früher als Nischenmarkt galten, sind jetzt der heilige Gral.

Aber das ist noch nicht alles. Die Suchergebnisse selbst verändern sich. Wo früher die Top 10 das Maß aller Dinge waren, geht es jetzt oft nur noch um eine Antwort, die berühmte »Position 0«. Wenn dein Content nicht für die Frage des Nutzers optimiert ist, wird er nicht nur auf Seite zwei der Suchergebnisse landen, er wird einfach ignoriert. Es ist, als ob du zu einer Party eingeladen bist, aber niemand dich begrüßt.

Voice Search zwingt uns dazu, SEO neu zu denken. Weg vom reinen Keyword-Stuffing hin zu natürlichem, konversationsorientiertem Content, der nicht nur die Algorithmen anspricht, sondern vor allem die Menschen dahinter. Und ja, das ist anspruchsvoller, aber hey, niemand hat gesagt, dass SEO ein Spaziergang im Park wird.

10.2 Funktionsweise und Technologien hinter der Sprachsuche.
Wie funktionieren Sprachassistenten?

Jetzt hast einen persönlichen Assistenten, der nie schläft, nie isst und niemals »Nein« sagt. Willkommen in der Welt der Sprachassistenten! Siri, Alexa und Co. sind im Grunde nichts anderes als digitale Butler, die deine Befehle blitzschnell in Aktionen umsetzen, ohne Murren und ohne Trinkgeld. Aber wie schaffen sie das?

Der Prozess beginnt, wenn du sprichst. Dein Gerät nimmt deine Stimme auf und verwandelt die Schallwellen in digitale Signale, ähnlich wie ein Musiker, der ein Live-Konzert in eine CD verwandelt (ja, CDs gibt's immer noch). Diese Signale werden dann durch eine Sprach-zu-Text-Engine gejagt, die versucht, deine Worte in Klartext zu verwandeln. Hier entscheidet sich, ob du gefragt hast, wie das Wetter morgen wird, oder ob du Wetter-Moderator werden willst. Das klingt einfach, aber die Technik dahinter ist komplexer als eine IKEA-Bauanleitung in Chinesisch.

10

Sobald der Klartext steht, geht's ans Eingemachte: Der Assistent analysiert die Bedeutung deiner Worte. Ist »Pizza bestellen« gleichbedeutend mit »Pizza machen«? Nein, natürlich nicht. Also muss der Assistent deinen Befehl mit Kontext anreichern. Das ist wie ein Gedankenleser, der nicht nur weiß, was du sagst, sondern auch, was du meinst. Und falls du dir jetzt denkst, das sei Magie, keine Sorge, es wird noch besser!

Sprachverarbeitung und KI: Natural Language Processing (NLP).

Jetzt kommen wir zum wahren Zauberkünstler im Hintergrund: Natural Language Processing, kurz NLP. Während wir Menschen nur selten mit »Hochleistungs-Schaltkreisen« aufwarten können, arbeiten Sprachassistenten mit Maschinengehirnen, die schneller denken als ein Pokerprofi auf Koffein.

NLP ist die Kunst und Wissenschaft, Maschinen beizubringen, Sprache so zu verstehen wie wir, naja, fast. Es geht darum, den Kontext zu deuten, Ironie zu erkennen und sogar mehrdeutige Ausdrücke zu entschlüsseln. Hast du je Alexa gesagt: »Mach das Licht aus«, während du das Fenster meintest? Wenn sie es trotzdem verstanden hat, dann hast du NLP in Aktion erlebt.

Und wie funktioniert das Ganze? NLP nutzt statistische Modelle und große Datenmengen, um Wörter, Sätze und deren Beziehungen zueinander zu analysieren. Stellen wir uns vor, es ist wie ein riesiges Wörterbuch, nur dass dieses Wörterbuch nicht nur die Bedeutung eines Wortes kennt, sondern auch, wie häufig es in bestimmten Zusammenhängen vorkommt. Diese Infos helfen der KI, aus »Bank« den richtigen Kontext zu ziehen, Sitzgelegenheit oder Finanzinstitut? Doch das ist nur die halbe Miete. NLP muss auch lernen, zwischen den Zeilen zu lesen. »Ich hätte gerne eine Pizza« klingt harmlos, aber was ist, wenn du fragst: »Kannst du mir eine Pizza liefern?«, plötzlich geht's um eine Bestellung. NLP muss also nicht nur die Worte, sondern auch die Absicht dahinter erkennen. Und das bringt uns zum nächsten Akteur.

10.3 Die Rolle von Machine Learning in der Sprachsuche.

Machine Learning ist das, was Sprachassistenten von naiven Fragestellern zu allwissenden Orakeln macht. Es ist der Motor, der dafür sorgt, dass Siri mit jedem deiner Befehle schlauer wird, ja, sogar wenn du nachts um 3 Uhr betrunken nach einem »Schaf zum Knuddeln« suchst.

Durch Machine Learning wird die KI mit jedem Befehl, den du ihr gibst, klüger. Es ist, als würde sie ständig ihre eigenen Lernkarten aktualisieren. Deine bevorzugten Pizzerien, dein Weg zur Arbeit und sogar deine Sprachgewohnheiten, alles wird analysiert, um dir passgenaue Antworten zu geben. Klingt nach Big Brother? Vielleicht. Aber im Wesentlichen geht es darum, dass die KI nicht nur versteht, was du sagst, sondern auch, wie du es sagst.

Das Herzstück des Machine Learnings sind neuronale Netze, die so aufgebaut sind, dass sie ähnlich wie unser Gehirn funktionieren. Sie nehmen Daten auf, verarbeiten sie und passen sich an. Sie lernen aus Fehlern, schneller als wir Menschen nach dem ersten Date-Fiasko. Genau das ermöglicht es ihnen, immer genauer zu werden und auch komplexe Anfragen wie »Zeige mir das Rezept für den Pizzateig, den ich letzte Woche gegoogelt habe« präzise zu beantworten.

10

Und jetzt kommt der Knackpunkt: Während Machine Learning die Sprachsuche immer smarter macht, stellt es uns vor eine zentrale Frage: Wie lange wird es dauern, bis Sprach-assistenten nicht nur unsere Suchanfragen, sondern auch unsere Gedanken lesen können? Werden sie uns irgendwann besser verstehen, als wir uns selbst? Und was passiert, wenn sie sich entscheiden, uns zu widersprechen? Nun fragst du irgendwo nach dem besten Weg zur nächsten Pizzeria und bekommst die Antwort: »Nein, iss lieber einen Salat, das wird besser für deine Gesundheit sein.« Was das für die Zukunft der Sprachsuche bedeutet? Wir werden sehen. Aber eins ist klar: Wir stehen erst am Anfang einer Reise, die noch viele Überraschungen für uns bereithält und vielleicht auch die ein oder andere schlaflose Nacht.

10.4 Unterschiede zwischen Sprach- und Textsuche

Suchmuster sind wie Handschriften: Jeder hat seine Eigenheiten. Während wir beim Tippen eher die Minimalisten sind, »beste Burger Berlin«, neigen wir beim Sprechen dazu, ganze Romane rauszuhauen: »Hey Google, wo gibt's die besten Burger in Berlin, die nicht nur schmecken, sondern auch meine Freundin beeindrucken?« Klingt komisch, ist aber so.

Warum machen wir das? Ganz einfach: Beim Tippen sind wir darauf trainiert, präzise und schnell zu sein. Niemand will eine Suchanfrage schreiben, die länger dauert als ein IKEA-Regal zusammenzubauen. Bei Sprachsuchen hingegen ist die Hemmschwelle niedriger. Es ist, als würdest du deinem besten Kumpel eine Frage stellen, direkt, ungefiltert und oft mit einem kleinen Schuss Hoffnung, dass die Antwort ebenso locker aus dem Ärmel geschüttelt kommt.

Das bedeutet für SEO: Während du bei der Textsuche auf knackige Keywords setzen kannst, musst du bei der Sprachsuche eher auf vollständige Sätze und Fragen optimieren. Deine Website ist wie ein Gesprächspartner, der sich auf jede noch so detaillierte Frage vorbereiten muss. Wenn du also immer noch nur auf »beste Burger Berlin« optimierst, wird's höchste Zeit für ein Update. Die Sprachsuche hat das Spielfeld verändert und wir müssen lernen, mitzuspielen.

Längere, konversationsartige Suchanfragen.

Du erinnerst dich noch an die kurzen Suchanfragen? Vergiss sie! Bei der Sprachsuche reden wir von »Longtail«-Keywords auf Steroiden. Es geht nicht mehr nur um »Pizzeria«, sondern um »Wo finde ich eine Pizzeria in München, die glutenfreie Optionen anbietet und auch sonntags geöffnet hat?«, eine Frage, die sich liest wie ein Bewerbungsschreiben.

Diese Art der Suche nennt man »Conversational Search« und sie hat ein Ziel: Uns das Gefühl zu geben, dass wir mit unseren Geräten sprechen können, wie mit einem Kumpel beim Feierabendbier. Doch warum dieser Wandel? Ganz einfach: Sprachassistenten sind darauf trainiert, wie Menschen zu kommunizieren. Wir geben ihnen nicht nur Fakten, sondern Kontexte, Nuancen und Absichten.

Während wir früher vielleicht gefragt hätten: »Rezept Pizza«, sagen wir heute eher: »Wie mache ich eine leckere Pizza mit dem, was ich gerade im Kühlschrank habe?«, als ob der Assistent gleich ein paar kreative Kochvorschläge aus dem Ärmel schüttelt. Für dich bedeutet das: Deine Website muss auf solche Fragen Antworten parat haben. Statt nur »Rezept Pizza« anzubieten, musst du den gesamten Dialog abdecken: Von den Zutaten, die im Kühlschrank verstauben, bis hin zur Frage, ob es okay ist, Ananas auf eine Pizza zu legen.

Bedeutung von »Featured Snippets« in der Sprachsuche.

»Featured Snippets« sind die VIP-Lounge der Suchergebnisse. Es ist der Platz, den jeder will, aber nur wenige bekommen. Sie tauchen als allererstes auf und bieten die prägnante Antwort auf eine Frage, wie ein Elevator Pitch, der genau auf den Punkt kommt. Doch während sie in der Textsuche schon lange als heiliger Gral der SEO gelten, spielen sie in der Sprachsuche eine noch wichtigere Rolle: Hier sind sie oft die einzige Antwort, die der Nutzer hört. Du fragst Alexa: »Wie wechselt man einen Reifen?« Wenn deine Website als »Featured Snippet« ausgewählt wurde, liest Alexa deine Anleitung vor. Das ist der Jackpot! Es bedeutet nicht nur, dass du als Experte anerkannt wirst, sondern auch, dass die Wahrscheinlichkeit steigt, dass der Nutzer deiner Seite einen Besuch abstattet, vielleicht sogar, um sich das Ganze nochmal in Ruhe anzusehen oder nach weiteren Tipps zu stöbern.

Aber Achtung: Die Konkurrenz schläft nicht. Es reicht nicht mehr, einfach nur eine Antwort zu liefern. Du musst die beste, prägnanteste und nutzerfreundlichste Antwort bieten, idealerweise in einem leicht verdaulichen Format, das sowohl den Assistenten als auch den Zuhörer begeistert. Das bedeutet, dass deine Inhalte nicht nur informativ, sondern auch unterhaltsam und strukturiert sein müssen. Denn niemand will einen langweiligen Monolog hören, wenn es um etwas so Aufregendes wie das Reifenwechseln geht.

Und jetzt kommt's: Während viele noch versuchen, sich in den klassischen Suchergebnissen zu behaupten, bietet die Optimierung für »Featured Snippets« in der Sprachsuche eine Art Abkürzung zur Pole-Position. Aber und das ist ein großes ABER, nur die Besten kommen durch. Also, was ist deine Strategie? Wirst du weiter auf die klassischen Text-Keywords setzen oder deine Inhalte so aufpolieren, dass sie in der Voice Search strahlen? Bleib dran, denn die nächsten Entwicklungen im Voice-SEO könnten alles verändern, was wir bisher über Suchmaschinenoptimierung dachten. Aber das ist eine Geschichte für später. und vielleicht die entscheidende Frage, die dein gesamtes digitales Marketing auf den Kopf stellt.

10.5 Optimierungstechniken für Voice Search.
Keyword-Strategien für Sprachsuchen.

Wenn es um Voice Search geht, kannst du deine klassischen SEO-Karten getrost mischen und neu verteilen. Keywords wie »Pizzeria Köln« reichen nicht mehr. Stattdessen musst du denken wie ein Mensch, der Siri nicht nur als Werkzeug, sondern als Berater betrachtet. Denn Sprachsuchen sind nicht nur eine Ansammlung von Keywords, sie sind ganze Konversationen. Wie sieht also eine gute Keyword-Strategie für die Sprachsuche aus? Ganz einfach: Lang und menschlich. Denke in kompletten Sätzen und Fragen. »Wo finde ich die beste Pizzeria in Köln, die glutenfreie Optionen anbietet?« ist die neue Benchmark. Deine Inhalte müssen auf diese Fragen optimiert sein, mit Fokus auf Kontext, Relevanz und natürliches Sprachgefühl. Und denk daran: Wenn du bei Sprachsuchen punkten willst, dann solltest du deine Texte so schreiben, als würdest du mit einem Freund sprechen. Ein sehr hungriger Freund, der auf der Suche nach dem besten Essen ist.

Long-Tail-Keywords und Frageformate.

Langweilige Ein-Wort-Keywords? Schnee von gestern. Die Zukunft gehört den Long-Tail-Keywords, jenen Wortmonstern, die so spezifisch sind, dass sie schon fast wie ein eigener Blogbeitrag wirken. Die Zeiten, in denen »Friseur Berlin« ausgereicht hat, sind vorbei. Heute sucht man eher nach: »Welcher Friseur in Berlin hat am Sonntag geöffnet und kann Balayage färben?« Ja, das ist genau so kompliziert, wie es klingt.

Warum sind Long-Tail-Keywords so wichtig? Weil Sprachsuchen in der Regel viel spezifischer sind als getippte Anfragen. Und wenn du nicht auf diese spezifischen Suchmuster optimierst, landest du nicht mal in der Nähe der Top-Ergebnisse. Frageformate wie »Wie kann ich.?« oder »Wo finde ich.?« sind dabei deine besten Freunde. Sie machen deinen Content nicht nur benutzerfreundlicher, sondern helfen auch den Suchmaschinen, deine Inhalte besser zu verstehen und einzustufen. Du musst also mehr Sherlock Holmes sein und weniger Roboter.

Strukturierte Daten und ihre Bedeutung.

Strukturierte Daten sind das, was die Matrix für Neo ist: ein Blick hinter die Kulissen. Sie ermöglichen es Suchmaschinen, deine Inhalte zu verstehen, wie ein Mensch es tun würde, nur schneller und präziser. Denk an strukturierte Daten wie an kleine Notizzettel, die du Google und Co. zusteckst: »Hey, dieser Abschnitt ist ein Rezept«, »Das hier ist eine Produktbewertung« und so weiter. Das hilft, deinen Content klar zu definieren und ihn besser für die Voice Search zu positionieren.

Besonders wichtig sind strukturierte Daten für die Sprachsuche, da sie den digitalen Assistenten helfen, relevante Antworten zu extrahieren und an die Nutzer weiterzugeben. Du willst, dass Alexa dein Restaurant als bestes italienisches Lokal der Stadt nennt? Dann solltest du sicherstellen, dass deine Menü- und Öffnungszeiteninformationen sauber strukturiert sind.

Alles, was Maschinen dabei hilft, dich besser zu verstehen, bringt dich weiter nach vorne. Aber halt! Strukturierte Daten sind nicht nur dafür da, die Suchmaschinen glücklich zu machen. Sie sind auch der Schlüssel, um in den heiß begehrten »Featured Snippets« zu landen. Was uns zu unserem nächsten Punkt bringt.

Optimierung von »Featured Snippets« für Sprachantworten.

In der Welt der Sprachsuche sind »Featured Snippets« der heilige Gral.

10

Warum? Weil sie in der Regel die erste und oft einzige, Antwort liefern, die ein Sprachassistent wiedergibt. Das bedeutet, dass du entweder in den Snippets auftauchst oder gar nicht existierst. Deine Mission? Den Platz an der Sonne zu ergattern.

Wie kommst du dahin? Der erste Schritt ist, deine Inhalte klar und präzise zu strukturieren. Liste, Tabellen, kurze Absätze, alles, was den Inhalt leicht verdaulich macht, wird belohnt. Der zweite Schritt ist, deine Antworten so zu formulieren, dass sie direkt auf eine spezifische Frage antworten. Stell dir vor, du gibst einem Fünfjährigen Nachhilfe, kurz und prägnant, aber informativ.

Und hier kommt der Clou: Einfache Antworten reichen nicht. Wenn jemand fragt: »Wie wechselt man einen Reifen?«, sollte deine Antwort nicht nur eine Schritt-für-Schritt-Anleitung sein, sondern auch hilfreiche Tipps beinhalten, die zeigen, dass du ein Experte auf deinem Gebiet bist. Denn genau das sucht Google: Experten, die relevante, umfassende und dennoch einfach verständliche Antworten liefern. Klingt herausfordernd? Ja, aber die Mühe lohnt sich, denn wer in den Snippets glänzt, hat das Ohr der Welt, oder zumindest das der Sprachassistenten.

Lokale SEO für Sprachsuche: »Near Me«-Anfragen.

Lokale SEO ist wie die Geheimzutat, die aus einem einfachen Burger eine Gourmet-Bombe macht. Und bei der Sprachsuche geht es noch eine Stufe höher. Anfragen wie »Bäckerei in meiner Nähe« oder »Wo ist die nächste Apotheke?« gehören zu den häufigsten Sprachsuchen. Dein Ziel? Sicherstellen, dass du bei diesen »Near Me«-Anfragen ganz oben landest, sonst bist du unsichtbar.

Wie machst du das? Zunächst einmal musst du dein **Google My Business**-Profil auf Hochglanz polieren. Öffnungszeiten, Adresse, Telefonnummer, all das sollte immer auf dem neuesten Stand sein. Danach geht es an die Feinabstimmung deiner Website: Nenne deine Stadt, dein Stadtviertel und deine Branche so oft und so natürlich wie möglich. Verlinke auf lokale Partner und Sponsoren. Erwähne Events, an denen du teilnimmst und lass die Leute wissen, dass du mehr bist als nur eine anonyme Online-Präsenz. Während du dich auf die Optimierung für diese »Near Me«-Anfragen konzentrierst, stellt sich eine entscheidende Frage: Was passiert, wenn Sprachassistenten nicht mehr nur sagen, wo der nächste Bäcker ist, sondern auch entscheiden, welcher Bäcker am besten zu deinen Vorlieben passt? Werden wir bald so weit sein, dass Algorithmen uns den Cappuccino mit extra viel Schaum empfehlen, weil sie wissen, dass wir den normalen Latte immer links liegen lassen? Die Zukunft der Voice Search ist ungewiss, aber eines ist sicher: Die Karten werden neu gemischt und nur wer sich schnell genug anpasst, wird am Tisch der Gewinner Platz nehmen. Bleib also am Ball, denn die nächste Welle der Innovation steht schon vor der Tür und könnte alles auf den Kopf stellen.

10.6 Content-Erstellung für die Sprachsuche.

Die Spielregeln haben sich geändert. Während du früher Inhalte erstellen konntest, die wie ein schnöder Einkaufszettel für Keywords klangen, musst du jetzt in ganzen Sätzen denken, so wie du es in einem entspannten Gespräch tun würdest. Dein Content muss mehr sein als eine Aneinanderreihung von Keywords. Er muss Fragen beantworten, bevor sie gestellt werden. Du schreibst einen Ratgeber, den du deinem neugierigen Neffen erklärst, der immer wissen will, warum der Himmel blau ist und warum man Nutella nicht einfach löffelweise aus dem Glas essen darf.

Aber wie machst du das? Ganz einfach: Versetze dich in die Schuhe deiner Zielgruppe. Was könnten sie fragen, wenn sie auf deine Seite kommen? »Wie optimiere ich meine Website für die Sprachsuche?«, Das ist ein direkter Einstieg. Aber es reicht nicht, einfach nur die Antwort hinzuklatschen. Dein Inhalt muss wie ein kleines Abenteuer wirken, das den Leser Schritt für Schritt durch die Lösung führt. Strukturierte Überschriften, prägnante Absätze und eine klare Sprache sind der Schlüssel. So kommt die Antwort nicht nur an, sondern bleibt auch im Kopf hängen. Und vergiss nicht, auch unkonventionelle Fragen zu beantworten. Denn es gibt immer jemanden, der fragt: »Kann ich meine Sprachsuche auch mit einem Kater nutzen?«, Spoiler: Ja, aber die Antworten könnten lustiger sein, als dir lieb ist.

Die Bedeutung von FAQ-Seiten und Frage-Antwort-Formaten.

FAQ-Seiten sind die stillen Helden des Internets. Früher galten sie als trocken und langweilig, ein Sammelsurium von Fragen, die niemand gestellt hat. Heute sind sie Gold wert, besonders für die Sprachsuche.

Warum? Weil sie genau das tun, was Sprachassistenten brauchen: Sie bieten prägnante Antworten auf klare Fragen.

Ein gut gemachtes FAQ ist wie ein First-Class-Ticket in die Welt der Sprachsuchen. Stelle Fragen, die deine Zielgruppe stellen könnte und beantworte sie so, als ob du einem Fünfjährigen erklären müsstest, warum der Kühlschrank brummt. Kurz, knackig und auf den Punkt. Doch mach es dir nicht zu einfach. Die klassische »Wie viel kostet.?« oder »Wie funktioniert.?« reicht nicht aus. Sei kreativ. »Was passiert, wenn ich meine SEO vernachlässige?«, da klingeln doch gleich alle Alarmglocken, oder? Solche Fragen machen neugierig und sorgen dafür, dass die Leute weiterlesen und dass die Suchmaschinen dich als relevante Quelle einstufen.

Übrigens: Frage-Antwort-Formate sind nicht nur in FAQs zu Hause. Sie eignen sich hervorragend für Blogbeiträge oder Landingpages. Stell dir einfach vor, du würdest mit deinem Leser einen Kaffee trinken und ihm bei seinen Problemen helfen. Klingt gut? Ist es auch!

10.7 Storytelling und konversationsbasierter Content.

Storytelling, das ist nicht nur was für Märchenonkels und Romanautoren. Es ist eine Technik, die deine Inhalte von »naja« zu »Wow!« katapultieren kann, besonders wenn es um Sprachsuche geht. Denn was machen wir, wenn wir eine Geschichte hören? Wir hören zu, hängen an den Lippen des Erzählers und lassen uns mitreißen. Genau das will auch die Sprachsuche.

Anstatt einfach nur Daten und Fakten herunterzurasseln, baue Geschichten um deine Informationen. Erzähl von deinem ersten Versuch, eine Website für Voice SEO zu optimieren und wie du dabei fast dein Laptop aus dem Fenster geworfen hättest. Mach es lebendig, echt, greifbar. Denn wenn ein Sprachassistent deine Geschichte vorliest, klingt sie wie ein Gespräch unter Freunden, nicht wie ein langweiliger Vortrag.

Konversationsbasierter Content bedeutet, dass du nicht einfach nur Wissen vermittelst, sondern einen Dialog mit deinem Leser führst. Stell Fragen, baue Pausen ein, gib deinem Text ein natürliches Fließen. Und, ganz wichtig: Lass Raum für Emotionen. Wenn du schreibst, als ob du direkt mit deinem Publikum sprichst, wird dein Inhalt nicht nur informativ, sondern auch unterhaltsam und packend.

Wie weit geht's noch?

Du hast jetzt die Basics für die Content-Erstellung in der Sprachsuche drauf: Fragen beantworten, FAQ-Magie und Storytelling. Aber was kommt als Nächstes? Was, wenn die Sprachassistenten nicht mehr nur auf unsere Fragen warten, sondern selbst aktiv werden? Was, wenn sie nicht nur antworten, sondern auch vorschlagen, uns erinnern und uns in Gespräche verwickeln?

Dein Sprachassistent fragt dich eines Morgens nicht nur, ob du den Wetterbericht hören möchtest, sondern empfiehlt dir gleich das beste Outfit für den Tag, basierend auf deinem Terminkalender, deinen Vorlieben und dem Wetterbericht. Science-Fiction? Vielleicht. Aber die Technologie entwickelt sich rasend schnell weiter. Und wenn wir nicht aufpassen, könnten wir bald mehr als nur den nächsten Schritt in der Optimierung verpassen.

Bist du bereit, den nächsten Schritt zu gehen? Bleib dran, denn die Zukunft der Sprachsuche könnte alles verändern, was du über Content und SEO bisher gelernt hast. Und wer weiß, vielleicht sind wir näher dran, als wir denken.

10.8 Technische SEO-Anforderungen für Voice Search.
Website-Geschwindigkeit und Mobilfreundlichkeit.

Jetzt sitzt du in deinem Lieblingscafé und bestellst einen Cappuccino. Der Barista lächelt und sagt: »Klar, in 20 Minuten.« Was machst du? Genau, du gehst. Niemand wartet gern, weder auf Kaffee noch auf Webseiten. Für die Sprachsuche gilt dasselbe: Je schneller deine Website lädt, desto besser. Sprachassistenten mögen keine Warteschlangen und bevorzugen Inhalte, die blitzschnell verfügbar sind.

Die Website-Geschwindigkeit ist also nicht nur ein Nice-to-Have, sondern ein Muss. Google hat klargemacht, dass die Ladezeit ein entscheidender Rankingfaktor ist, besonders bei der Sprachsuche. Untersuchungen zeigen, dass Voice Search-Ergebnisse im Durchschnitt 4,6 Sekunden laden. Das klingt nach einem Wimpernschlag, aber in der digitalen Welt zählt jede Millisekunde. Wenn deine Website länger braucht, um ihre Inhalte auszuservieren, bist du raus. Schnell optimiert sind Bilder, Caching und unnötige Scripts, oder einfach eine dicke Portion AMP (Accelerated Mobile Pages).

10

Und dann ist da noch die Mobilfreundlichkeit. Bei Sprachsuchen wird die Information oft direkt auf dem Handy abgerufen. Eine Seite, die auf dem Smartphone wie ein Puzzle aussieht, hat keine Chance. Deine Seite muss so flexibel sein wie eine Yogamatte, damit sie sich jedem Gerät perfekt anpasst. Check also immer wieder deine Mobiloptimierung und frag dich selbst: Kann man deine Seite bequem auf einem 5-Zoll-Display lesen, ohne den Fingerknoten des Todes zu riskieren?

HTTPS und Sicherheit: Ein Muss für Sprachsuche.

HTTPS ist das digitale Äquivalent zum Türsteher im Club. Ohne dieses Sicherheitsprotokoll bleibt deine Website draußen und zwar nicht nur in den Suchergebnissen. Denn in der Welt der Sprachsuche zählt Sicherheit mehr als jemals zuvor. Google bevorzugt Websites mit HTTPS und wenn deine Seite immer noch mit einem unsicheren »HTTP«

daherkommt, dann sei nicht überrascht, wenn dich die Suchmaschinen ignorieren, als wärst du der Typ, der beim Karaoke immer das Mikro kapert.

Warum ist das so? Sprachassistenten wollen ihren Nutzern nur vertrauenswürdige Informationen liefern. Und Vertrauen beginnt mit Sicherheit. Niemand möchte, dass persönliche Daten in die falschen Hände geraten, nur weil die Website keinen Sicherheitsstandard hat. Deshalb: Stelle sicher, dass deine Seite verschlüsselt ist. Es ist ein kleiner Schritt, aber ein großer Sprung in Richtung besserer Rankings und einem Gefühl von digitaler Sicherheit.

Einsatz von Schema.org und strukturierten Daten

Strukturierte Daten sind wie ein persönlicher Assistent, der Google flüstert: »Hey, hier geht es um das Rezept für die beste Lasagne.« Mit Schema.org kannst du deine Inhalte so kennzeichnen, dass Suchmaschinen genau verstehen, worum es geht. Das ist besonders für die Sprachsuche wichtig, da Sprachassistenten häufig auf diese strukturierten Informationen zugreifen, um schnelle und präzise Antworten zu liefern.

Ein *Beispiel:* Du hast ein Restaurant und möchtest, dass es bei Sprachsuchen nach »italienisches Restaurant in meiner Nähe« angezeigt wird. Mit Schema.org-Markups kannst du Google sagen, dass dein Restaurant italienische Küche anbietet, welche Speisekarte du hast und welche Öffnungszeiten gelten. Es ist, als würdest du dein Business in ein Schaufenster stellen, nur eben digital und für Sprachassistenten gut lesbar.

Und es geht noch weiter: Verwende Markups für FAQs, Rezepte, Bewertungen und mehr. Je besser du deine Inhalte strukturierst, desto wahrscheinlicher ist es, dass deine Seite nicht nur in den klassischen Suchergebnissen auftaucht, sondern auch als »Featured Snippet« hervorgehoben wird, dem heiligen Gral der Sprachsuche. Es ist ein bisschen wie ein VIP-Ticket: Du wirst nicht nur bemerkt, sondern auch bevorzugt behandelt.

10.9 Sprachoptimierte URL-Strukturen

URL-Strukturen sind oft das Stiefkind der SEO, sie werden übersehen, vernachlässigt und stören dann doch im entscheidenden Moment. Bei der Sprachsuche sollten deine URLs jedoch genauso sauber und klar sein wie der Rest deiner Seite. Kurze, prägnante URLs, die dem Nutzer (und dem Suchmaschinen-Bot) direkt verraten, worum es auf der Seite geht, sind ein Muss.

Denn: Sprachassistenten greifen häufig auf die URL zurück, um den Kontext einer Seite zu verstehen. Eine kryptische URL wie »/p123?art=45« sagt niemandem etwas. »/bestes-restaurant-in-koeln« hingegen schon. Sprich: Mach es kurz, präzise und aussagekräftig. Und ja, vermeide Sonderzeichen und zu lange Strukturen. Je einfacher, desto besser. Darüber hinaus sollten deine URLs auch Keywords enthalten, die häufig in Sprachsuchen verwendet werden. Nutzer fragen oft konkret und möchten klare Antworten. Wenn du das in deinen URLs abbildest, gibst du Google und Co. einen weiteren Anreiz, deine Seite bei relevanten Sprachsuchen zu präsentieren. Und vergiss nicht: Struktur und Übersichtlichkeit gelten auch für die Navigation. Jeder Klick, den der User spart, bringt dir Punkte und verbessert deine Chancen, von den Sprachassistenten in den Olymp der Antworten gehoben zu werden.

10

Wie weit können wir gehen?
Du hast jetzt die wichtigsten technischen SEO-Anforderungen für die Sprachsuche drauf: blitzschnelle Ladezeiten, sichere Verbindungen, strukturierte Daten und knackige URLs. Aber das ist nur die Basis. Was passiert, wenn die Technologie noch weitergeht? Was, wenn Sprachassistenten anfangen, deine Inhalte aktiv zu bewerten, zu interpretieren, ja, sogar zu bewerten?
Nimm mal an, dein Sprachassistent könnte nicht nur sagen, dass dein Restaurant das beste italienische in der Stadt ist, sondern auch, dass dein letzter Blogartikel die Leser nicht überzeugt hat. Werden die Assistenten irgendwann so weit sein, dass sie uns nicht nur helfen, sondern auch unsere Inhalte bewerten und anpassen können? Wird künstliche Intelligenz zur ultimativen SEO-Polizei, die entscheidet, welche Inhalte es wert sind, gehört zu werden und welche nicht?

Die Zukunft der technischen SEO für Sprachsuchen ist voller Herausforderungen und Möglichkeiten. Bist du bereit, dich auf das nächste Level einzulassen? Denn eines ist sicher: Es wird spannend. und die Spielregeln könnten sich schneller ändern, als wir »Hey Google« sagen können.

10.10 Messung und Analyse von Sprachsuchanfragen
Tools und Techniken zur Erfassung von Voice-Search-Daten

Voice Search ist wie ein launisches Orakel: Sie erzählt dir viel, aber lässt auch einiges im Dunkeln. Die Erfassung von Sprachsuchanfragen ist deshalb so spannend wie ein Krimi, bei dem die Spuren nicht immer offensichtlich sind. Hier zählen spezialisierte Tools und Techniken, die dir helfen, Licht ins Dunkel zu bringen.

Erste Anlaufstelle: Die klassischen SEO-Tools wie **SEMrush, Ahrefs** oder **Moz**. Diese bieten mittlerweile Funktionen an, mit denen du die Suchanfragen analysieren kannst, die typisch für Voice Search sind. Doch wirklich spezifische Insights liefern sie nicht immer. Spezialisierte Tools wie **Answer The Public**. Das ist beispielsweise ein nützliches Tool, um herauszufinden, welche Fragen Nutzer stellen. Du gibst ein Thema ein und das Tool spuckt dir eine ganze Liste von möglichen Fragestellungen aus, die du in deinem Content aufgreifen kannst. Ein weiteres Tool ist »**AlsoAsked**«, das dir zeigt, welche Fragen in Zusammenhang mit einem bestimmten Suchbegriff am häufigsten gestellt werden.

Dann gibt es noch die sogenannten »Voice Search Analytics«-Tools wie »**Keyworddit**« oder »**SEMrush Voice Search Analytics**«. Sie sind darauf spezialisiert, Sprachsuchen zu tracken und auszuwerten. Diese Tools geben dir Informationen darüber, welche Sprachanfragen deine Seite triggern und wie deine Seite in den Sprachsuchergebnissen abschneidet. Wichtig ist dabei, dass du ein klares Verständnis dafür hast, welche Art von Daten du überhaupt sammeln willst: Geht es dir um die klassischen Metriken wie Klickrate und Impressionen, oder möchtest du tiefer eintauchen und verstehen, welche Fragestellungen zu deinem Content führen? Je klarer deine Ziele, desto effektiver kannst du die Tools einsetzen.

Analyse von Sprachsuchanfragen mit Google Search Console

Die **Google Search Console** ist das Schweizer Taschenmesser der SEO und das gilt auch für Voice Search. Zwar gibt es in der **Search Console** kein spezielles Dashboard für Sprachsuchanfragen, aber du kannst dennoch interessante Insights gewinnen, wenn du weißt, wie du die Daten richtig filterst.

Beginne damit, deine Suchanfragen (Queries) zu filtern. Du suchst nach Fragen, die typisch für Sprachsuchen sind, wie »Wie kann ich…?«, »Was ist…?« oder »Wo finde ich…?«. Indem du diese Queries filterst, erhältst du ein klareres Bild davon, welche deiner Seiten gut für Voice Search optimiert sind und welche noch Potenzial haben. Ein weiterer Trick: Verwende längere Phrasen und natürliche Sprache als Filter. Sprachsuchen sind in der Regel länger und komplizierter als getippte Suchanfragen. Also suchst du gezielt nach längeren Suchphrasen in deinem Query-Report.

Aber die Search Console kann noch mehr. Sie zeigt dir, welche Seiten deiner Website besonders gut in den sogenannten »Featured Snippets« ranken, den heiligen Gral der Voice Search, da Sprachassistenten oft diese Snippets als Quelle ihrer Antworten verwenden. Wenn du siehst, dass eine bestimmte Seite in vielen Snippets auftaucht, ist das ein gutes Zeichen dafür, dass diese Seite schon gut für Voice Search optimiert ist. Schau dir dann genau an, was diese Seite ausmacht und übertrage die Erkenntnisse auf andere Inhalte deiner Website. Überprüfe auch die durchschnittliche Position deiner Inhalte bei relevanten Anfragen. Seiten, die auf Position 1 bis 3 ranken, haben die besten Chancen, als Sprachsuchergebnis vorgelesen zu werden. Wenn du also siehst, dass du oft auf Platz 4 bis 5 rangierst, dann ist das ein Weckruf: Hier ist Feintuning gefragt, um auf die begehrte Pole-Position zu springen.

10.11 KPIs und Metriken für den Erfolg von Voice Search SEO

Erfolg muss messbar sein, auch im Bereich der Voice Search. Aber welche KPIs und Metriken sind hier relevant? Fangen wir mit den Klassikern an: Klickrate (CTR), Impressionen und durchschnittliche Position. Diese Werte sind auch für Voice Search von Bedeutung, da sie dir zeigen, wie gut deine Inhalte in den Suchergebnissen performen.

Eine neue Metrik ist die »Snippet-Abdeckung«. Wie oft tauchen deine Inhalte in »Featured Snippets« auf? Je höher dieser Wert, desto besser stehen deine Chancen, dass Sprachassistenten deine Seite als Quelle für ihre Antworten verwenden. Eine andere interessante Metrik ist die »Voice Share«, die angibt, wie oft deine Inhalte bei Sprachsuchen im Vergleich zu deinen Mitbewerbern genannt werden. Tools wie »SEMrush« oder »Keyworddit« können dir dabei helfen, diese Werte zu tracken.

Eine weitere wichtige KPI ist die sogenannte »**Verweildauer**«. Wenn Nutzer über eine Sprachsuche auf deine Seite gelangen, bleibt es dann bei einem kurzen Blick, oder lesen sie den gesamten Inhalt? Eine hohe Verweildauer zeigt, dass deine Inhalte nicht nur für die Sprachsuche optimiert sind, sondern auch tatsächlich Mehrwert bieten. Genauso wichtig: die »**Absprungrate**«. Wenn Nutzer deine Seite sofort wieder verlassen, könnte das ein Hinweis darauf sein, dass der Content zwar gut gerankt, aber nicht relevant oder überzeugend genug ist.

Jetzt kommt der spannende Teil: Die **Conversionrate** für Voice Search. Tracke, wie viele Nutzer, die über Sprachsuche kommen, tatsächlich konvertieren, sei es ein Kauf, eine Newsletter-Anmeldung oder ein Download. Hier siehst du, ob deine Inhalte nicht nur für die Suchmaschine, sondern auch für den Leser optimiert sind.

Was passiert als Nächstes?
Du hast jetzt alle Tools, Techniken und Metriken, um deine Voice Search Performance zu messen und zu optimieren. Doch das Spiel wird gerade erst spannend. Die Sprachsuche entwickelt sich weiter und wird so präzise, dass sie nicht nur die besten Antworten liefert, sondern auch versteht, welche Informationen du am liebsten hättest, noch bevor du die Frage stellst. Werden wir irgendwann so weit sein, dass uns Sprachassistenten vorschlagen, welches Buch wir als Nächstes lesen oder welche Marketingstrategie am besten zu unserem Unternehmen passt, noch bevor wir selbst daran denken? Die Zukunft der Voice Search ist nicht nur aufregend, sondern auch unberechenbar. Die Frage ist: Wie weit wird die Technologie gehen? Und vor allem: Bist du bereit für den nächsten großen Sprung? Es könnte schneller gehen, als wir »Hey Siri« sagen können.

10.12 Best Practices und Fallstudien.
Erfolgreiche Voice Search Strategien sind wie das geheime Rezept deiner Oma: Jeder hat eins, aber nur wenige haben wirklich den Dreh raus. Lassen wir uns mal von den besten Köchen der Voice-Search-Küche inspirieren.

Ein Paradebeispiel ist Domino's Pizza. Der Konzern hat es geschafft, die gesamte Bestell-routine in ein nahtloses Voice-Erlebnis zu verwandeln. Kunden können nicht nur ihre

Lieblingspizza per Sprachbefehl bestellen, sondern auch ihren Lieferstatus in Echtzeit abfragen, alles ohne einen Finger zu rühren. Dabei nutzt Domino's eine ausgeklügelte Kombination aus natürlicher Sprachverarbeitung (NLP) und personalisierten Kunden-profilen. Das Ergebnis? Ein massiver Anstieg der Bestellungen und eine Kundenzufrie-denheit, die so hoch ist wie der Stapel benutzter Pizzakartons nach einer Studentenparty.

Ein weiteres Erfolgsbeispiel ist die »Johnnie Walker« Whisky-Marke. Durch eine geschickte Nutzung von Amazon Alexa bietet die Marke eine interaktive Whisky-Tour an, bei der Kunden ihre Vorlieben äußern können und im Gegenzug personalisierte Empfehlungen erhalten. Hier wird Voice Search nicht nur als Suchwerkzeug, sondern als Markenerlebnis genutzt, das Vertrauen aufbaut und gleichzeitig die Verkaufszahlen ankurbelt. Doch auch kleinere Unternehmen zeigen, dass Voice Search keine Spielwiese für die Großen sein muss. Ein kleines Bistro in New York hat seine Website so optimiert, dass es bei jeder »beste Frühstücksplätze in meiner Nähe«-Anfrage auf Position 1 landet. Das Geheimnis? Eine gezielte lokale SEO-Strategie, strukturierte Daten und FAQ-Seiten, die typische Voice-Search-Fragen beantworten. Ergebnis: 30% mehr Besucher und doppelt so viele Bestellungen über Google Assistant. Klingt beeindruckend, oder?

10.13 Wie Top-Marken Voice Search erfolgreich nutzen.

Die Big Player sind nicht nur groß, sie denken auch groß, besonders wenn es um Voice Search geht. Marken wie Starbucks, Nestlé und Nike setzen auf innovative Voice-Strategien, um ihren Kunden ein einzigartiges Erlebnis zu bieten. Starbucks hat eine Sprachbestell-funktion in seine App integriert, die es den Kunden ermöglicht, ihre Lieblingsgetränke auf dem Weg zur Arbeit per Sprachbefehl zu bestellen und abzuholen. Dadurch hat sich nicht nur die Wartezeit reduziert, sondern auch die Kundenbindung massiv verbessert. Die Kombination aus Bequemlichkeit und einer personalisierten Nutzererfahrung hat Starbucks einen entscheidenden Vorteil im umkämpften Kaffeebusiness verschafft. Nestlé hingegen nutzt Sprachsuche, um sich als Experten für Rezepte zu positionieren. Über Sprachassistenten wie Google Home können Nutzer Kochanleitungen Schritt für Schritt abfragen, ohne ihre fettigen Finger vom Kochlöffel zu nehmen. Jede Anfrage bringt die Marke in den Alltag der Nutzer und schafft eine subtile, aber effektive Verbindung zwischen Produkten und Marke.

10

Nike geht noch einen Schritt weiter und nutzt Voice Search, um seinen Kunden personalisierte Trainingspläne zu bieten. Ob Laufanfänger oder Marathon-Profi, über den Sprachassistenten bekommen Nutzer individuelle Empfehlungen, die genau auf ihr Fitnesslevel zugeschnitten sind. Die Folge: eine gesteigerte Nutzerbindung und das Gefühl, dass Nike den Sportler in jedem von uns versteht und unterstützt.

Diese Beispiele zeigen, dass erfolgreiche Marken Voice Search nicht nur als nettes Gimmick, sondern als strategisches Werkzeug einsetzen, um ihre Kunden direkt in ihrem Alltag zu erreichen. Der Schlüssel liegt darin, die Bedürfnisse der Kunden zu verstehen und eine nahtlose, unkomplizierte Lösung anzubieten. Denn wer es schafft, die Bedürfnisse seiner Zielgruppe mit einer Handbewegung (oder besser: einem gesprochenen Wort) zu erfüllen, hat schon halb gewonnen.

10.14 Do's and Don'ts: Häufige Fehler bei der Voice Search Optimization

Voice Search kann ein echter Game-Changer sein, wenn man es richtig angeht. Leider stolpern viele über die typischen Stolpersteine, die eine gute Strategie in eine verkorkste Chance verwandeln. Hier kommen die wichtigsten Do's und Don'ts:

Do's:

Natürliche Sprache nutzen: Verwende Long-Tail-Keywords und Frageformate, die der Art und Weise entsprechen, wie Menschen tatsächlich sprechen. Anstatt »SEO Best Practices 2024« lieber »Was sind die besten SEO-Praktiken für 2024?«.

Content für die »Position 0« optimieren: Schaffe Inhalte, die kurz, prägnant und auf den Punkt sind. Verwende Listen, Aufzählungen und kurze Absätze, die direkt auf typische Voice Search Fragen antworten.

Lokale Suchanfragen bedienen: »Near Me«-Suchen sind das Rückgrat der Sprachsuche. Stelle sicher, dass dein Unternehmen in lokalen Verzeichnissen eingetragen ist und deine Kontaktdaten sowie Öffnungszeiten immer aktuell sind.

Strukturierte Daten einsetzen: Nutze Schema.org, um Google und Co. genau zu sagen, worum es auf deiner Website geht. So kannst du sicherstellen, dass die Suchmaschinen dich besser verstehen und anzeigen.

Don'ts:

Vermeidung von Keyword-Stuffing: Keine Keyword-Wüste à la »beste Pizza Berlin, Pizza Berlin kaufen, Pizza bestellen Berlin«. Das wirkt unnatürlich und schreckt sowohl Nutzer als auch Suchmaschinen ab.

Ignorieren der Mobilfreundlichkeit: Sprachsuchen sind zu 50% mobil. Wenn deine Seite auf dem Smartphone aussieht wie ein explodiertes Puzzle, kannst du deine Voice Search Optimierung vergessen.

Verzicht auf HTTPS: Sicherheit ist das A und O. Wenn deine Seite noch nicht auf HTTPS umgestellt ist, wirst du in den Sprachsuchergebnissen selten auftauchen. Niemand will unsichere Seiten vorschlagen.

Unklare Strukturen und Navigation: Wenn Nutzer deine Seite nicht intuitiv nutzen können, verlassen sie sie schneller, als du »Hey Siri« sagen kannst. Klare Strukturen und eine einfache Navigation sind Pflicht.

10

Die Zukunft der Voice Search, was kommt als Nächstes?

Du hast jetzt die besten Beispiele gesehen und weißt, was funktioniert und was nicht. Aber wohin entwickelt sich die Voice Search? Werden wir bald nicht nur sprechen, sondern auch über Gesten und Emotionen kommunizieren? Was passiert, wenn Sprachassistenten nicht nur zuhören, sondern auch unsere Stimmung erkennen und darauf reagieren können? Du fragst Siri nach einem Restaurantvorschlag und bekommst eine Antwort, die nicht nur auf deinen Geschmack, sondern auch auf deine aktuelle Laune abgestimmt ist: »Du wirkst heute gestresst. Wie wäre es mit einem ruhigen Sushi-Restaurant, das weniger als fünf Minuten von dir entfernt ist?« Das wäre eine neue Dimension der Interaktion und sie könnte schneller Realität werden, als wir denken.Bist du bereit für diese Zukunft? Es wird Zeit, die Augen und Ohren offen zu halten, denn die Voice Search Evolution hat gerade erst begonnen. Und die nächste Welle könnte alles verändern, was du über digitale Interaktion weißt.

10.15 Zukünftige Entwicklungen in der Sprachsuche
Wie KI die Zukunft der Sprachsuche weiter prägen wird.

Die Sprachsuche steckt noch in den Kinderschuhen, aber diese Schuhe wachsen schnell. Künstliche Intelligenz (KI) spielt dabei die Rolle des persönlichen Trainers, der die

Sprachassistenten von netten Plauderern zu echten Alleskönnern formt. Während die heutige KI oft noch an den Nuancen unserer Sprache scheitert (»aus den Latschen kippen« ist eben nicht wörtlich gemeint), lernen Sprachassistenten stetig dazu.

Zukünftig wird die KI aber nicht nur in der Lage sein, Worte zu verstehen, sondern auch Emotionen und Kontexte zu erkennen. Nun würdest du deinen Assistenten nach dem Wetter fragen und er registriert anhand deines Tons, dass du müde bist. Daraufhin bietet er dir nicht nur den Wetterbericht, sondern auch gleich Tipps, wie du deinen Schlaf verbessern kannst. KI wird zunehmend intuitiver und kann so individuelle Bedürfnisse proaktiv erfüllen, noch bevor du sie bewusst wahrnimmst.

Aber das ist noch lange nicht alles. Die KI der Zukunft wird aus früheren Interaktionen lernen, deine Präferenzen verfeinern und sogar »vorhersehen«, welche Informationen du in einem bestimmten Kontext benötigst. Du stehst im Supermarkt? Dein Assistent schlägt dir gleich die Einkaufsliste vor, die du letzte Woche gespeichert hast und erinnert dich daran, dass du noch Milch brauchst. Die Vision: Sprachassistenten, die nicht nur Fragen beantworten, sondern als echte digitale Assistenten fungieren, die unsere Alltagsroutinen optimieren. Das klingt nach Science-Fiction, aber die Grundlagen sind bereits gelegt.

Neue Technologien und Innovationen im Bereich der Sprachverarbeitung.
Die Sprachverarbeitung hat in den letzten Jahren gigantische Fortschritte gemacht, von starren, regelbasierten Systemen hin zu neuronalen Netzen, die Sprache so natürlich verarbeiten, dass wir manchmal vergessen, dass wir mit Maschinen sprechen. Doch wohin geht die Reise? Eine der spannendsten Entwicklungen ist die Integration von Multimodalität. Sprachassistenten werden nicht mehr nur auf auditive Signale reagieren, sondern auch auf visuelle Inputs. Stell dir vor, du hältst deinem Smart Speaker ein Bild einer Speisekarte unter die Kamera und fragst: »Welches Gericht passt am besten zu einem Sauvignon Blanc?« Die KI wird nicht nur deine Frage verstehen, sondern auch den Text auf der Karte erkennen und analysieren.

Dann gibt es da noch die Fortschritte im Bereich der semantischen Suche. Während Sprachassistenten heute schon relativ gut darin sind, direkte Fragen zu beantworten, stehen sie oft auf dem Schlauch, wenn es um komplexe oder mehrdeutige Anfragen geht. Neue Technologien, wie die Entwicklung von noch leistungsfähigeren Sprachmodellen (z. B. GPT-4 und darüber hinaus), werden diese Lücke schließen. Sie ermöglichen eine tiefere semantische Analyse und Kontextverarbeitung, sodass selbst verschachtelte Fragen korrekt beantwortet werden können.

Auch der Bereich der »Conversational AI« entwickelt sich weiter. Statt isolierter Fragen und Antworten werden Sprachassistenten bald in der Lage sein, echte Gespräche zu führen, inklusive Rückfragen, Kontextwechseln und dem Erkennen von Unsicherheiten in deiner Stimme. So wird die Interaktion mit KI immer menschlicher und natürlicher. Fragst du zukünftig: »Welches Auto ist umweltfreundlicher?« könnte die KI nicht nur Fakten liefern, sondern auch fragen: »Interessierst du dich mehr für Elektrofahrzeuge oder Hybridmodelle?« Das ist kein Gespräch mehr mit einer Maschine, das ist eine echte Konversation.

10

Auswirkungen der Sprachsuche auf das Nutzerverhalten und die SEO-Strategien.
Die Art und Weise, wie wir suchen, hat sich in den letzten Jahren dramatisch verändert und die Sprachsuche ist einer der Hauptverursacher dieser Revolution. Früher tippten wir einfache Schlagwörter ein (»beste Pizzeria Berlin«), heute stellen wir Fragen, als würden wir mit einem Freund sprechen: »Wo gibt es die beste Pizzeria in Berlin, die heute Abend geöffnet hat?« Diese Entwicklung hat tiefgreifende Auswirkungen auf das Nutzerverhalten und die Art und Weise, wie Unternehmen ihre SEO-Strategien gestalten müssen.

Erstens: Die Länge und Komplexität von Suchanfragen nimmt zu. Sprachsuchen sind oft länger und detailreicher als getippte Suchen. Dies erfordert eine Anpassung der Keyword-Strategien. Short-Tail-Keywords verlieren an Bedeutung, während Long-Tail-Keywords und vollständige Fragen immer wichtiger werden. »Pizza Berlin« wird zu »Welche Pizzeria in Berlin hat glutenfreie Optionen und ist sonntags geöffnet?«. SEO-Strategien müssen daher auf den sogenannten »Conversational Search« abzielen, das bedeutet, Inhalte zu erstellen, die direkt auf solche Fragen antworten.

Zweitens: Die Bedeutung von lokalem SEO nimmt weiter zu. Sprachsuchen sind häufig standortbezogen (»in meiner Nähe«) und extrem spezifisch. Für Unternehmen bedeutet das: Aktualität und Genauigkeit der lokalen Angaben sind ein Muss. Öffnungszeiten, Adressen und Kontaktdaten müssen immer auf dem neuesten Stand sein. Auch Bewertungen und Kundenfeedback spielen eine größere Rolle, da sie oft direkt in den Sprachsuchergebnissen wiedergegeben werden.

Drittens: Die Position 0, das »Featured Snippet«, wird noch wichtiger. Bei Sprachsuchen liest der Assistent in der Regel nur das oberste Suchergebnis vor. Wer diese Position besetzt, gewinnt das Spiel. Das bedeutet, dass SEO-Strategien zunehmend darauf abzielen müssen, diese Position zu erobern, was durch gut strukturierte Inhalte, schnelle Ladezeiten und eine präzise Beantwortung von häufigen Fragen erreicht wird.

Die nächste Stufe der Sprachsuche?

Wir stehen erst am Anfang einer spannenden Reise. KI und neue Technologien werden die Sprachsuche weiter revolutionieren. Doch was passiert, wenn Sprachassistenten nicht mehr nur passiv Fragen beantworten, sondern aktiv Vorschläge machen? Was, wenn sie nicht nur zuhören, sondern auch unsere Vorlieben und Verhaltensmuster erkennen und uns damit genau die Informationen liefern, die wir brauchen, noch bevor wir wissen, dass wir sie brauchen? Die Sprachsuche der Zukunft könnte mehr als ein Werkzeug sein, sie könnte zu einem echten digitalen Assistenten werden, der unser Leben in einer Weise bereichert, die wir uns heute kaum vorstellen können. Bereit für die nächste Stufe? Es wird spannend. und die Entwicklung könnte schneller auf uns zukommen, als wir denken!

10.16 Zusammenfassung und Handlungsempfehlungen.
Die wichtigsten Takeaways für die Voice Search Optimization.

Voice Search ist nicht nur ein Hype, sie ist gekommen, um zu bleiben. Mit dem Aufstieg von Alexa, Siri und Google Assistant hat sich die Art und Weise, wie wir Informationen suchen, grundlegend verändert. Nutzer erwarten schnelle, präzise und konversationsartige Antworten auf ihre Fragen. Und genau hier muss deine Website ansetzen.

Die wichtigsten Erkenntnisse im Überblick:

Natürlichkeit zählt: Sprachsuchen sind in der Regel länger und folgen einer natürlichen

Sprache. Nutzer fragen »Wie baue ich ein Bücherregal?«, nicht »Bücherregal bauen Anleitung«. Deine Inhalte müssen diese Sprache widerspiegeln.

Lokale Suchanfragen dominieren: Viele Sprachsuchen beziehen sich auf lokale Dienstleistungen. Dein Unternehmen sollte in **Google My Business** und anderen lokalen Verzeichnissen topaktuell vertreten sein.

Featured Snippets sind der Schlüssel: Diese kleinen Info-Kästen sind bei der Sprachsuche oft die einzige Antwort, die der Nutzer erhält. Wer hier auftaucht, hat gewonnen.

Mobilfreundlichkeit und Geschwindigkeit sind Pflicht: Da die meisten Sprachsuchen auf mobilen Geräten stattfinden, müssen deine Website und Inhalte schnell laden und perfekt für mobile Ansichten optimiert sein.

Strukturierte Daten nutzen: Mit Schema.org und anderen Markup-Formaten kannst du Suchmaschinen helfen, deine Inhalte besser zu verstehen und diese für Sprachsuchen zu optimieren.

Schritt-für-Schritt-Anleitung zur Optimierung.

Wie setzt du das Ganze jetzt konkret um? Hier kommt die Schritt-für-Schritt-Anleitung für deine Voice Search-Strategie:

Schritt 1: Keyword-Recherche für Voice Search
- Finde heraus, welche Fragen deine Zielgruppe häufig stellt.
- Nutze Tools wie »**Answer The Public**« oder die **Google Search Console**, um häufige Fragen und Long-Tail-Keywords zu identifizieren.
- Erstelle eine Liste mit Fragen und Aussagen, die deinen potenziellen Kunden helfen, ihre Probleme zu lösen.

Schritt 2: Inhalte für Sprachsuche optimieren
- Verwende die identifizierten Fragen als Überschriften (H2, H3) und beantworte sie direkt darunter.
- Schreibe deine Inhalte so, als würdest du einem Freund das Thema erklären. Natürlich, präzise und konversationsartig.
- Achte darauf, dass deine Antworten kurz und bündig sind, idealerweise unter 50 Wörtern.

10

Schritt 3: Strukturierte Daten einbauen

- Implementiere Schema.org-Markups auf deiner Website, um Suchmaschinen mehr Kontext zu bieten.
- Nutze strukturierte Daten für häufige Fragen (FAQs), Rezepte, Bewertungen und mehr.
- Überprüfe regelmäßig, ob deine Markups korrekt angezeigt werden und aktualisiere sie bei Bedarf.

Schritt 4: Mobile Optimierung sicherstellen

- Teste deine Website auf Ladegeschwindigkeit und mobile Nutzerfreundlichkeit (z. B. mit dem **Google Mobile-Friendly Test**).
- Komprimiere Bilder und minimiere CSS- und JavaScript-Dateien, um die Ladezeit zu reduzieren.
- Sorge dafür, dass alle wichtigen Informationen »above the fold« (sichtbar ohne Scrollen) platziert sind.

Schritt 5: Google My Business und lokale SEO optimieren

- Halte dein **Google My Business**-Profil immer aktuell, mit richtigen Öffnungszeiten, Adresse und Kontaktinformationen.
- Ermutige zufriedene Kunden, Bewertungen zu hinterlassen. Diese spielen eine wichtige Rolle bei lokalen Suchergebnissen.
- Optimiere deine Website für »Near Me«-Suchen, indem du gezielt lokale Keywords verwendest.

Schritt 6: Regelmäßige Überwachung und Anpassung

- Analysiere regelmäßig deine Ergebnisse in der **Google Search Console** und anderen SEO-Tools.
- Passe deine Inhalte an neue Trends und häufig gestellte Fragen an.
- Teste verschiedene Formate (Videos, Podcasts) für deine Antworten, um deine Zielgruppe noch besser zu erreichen.

Was Unternehmen jetzt tun sollten, um von der Sprachsuche zu profitieren.

Voice Search entwickelt sich rasant weiter und Unternehmen, die jetzt auf den Zug aufspringen, haben die besten Chancen, langfristig davon zu profitieren. Doch wie genau solltest du vorgehen?

1. Jetzt investieren, um vorne mit dabei zu sein:

Setze auf die Optimierung deiner Inhalte und Technologie. Schaffe eine solide Basis, auf der du weiter aufbauen kannst. Voice Search ist kein Trend, der wieder verschwindet, es ist ein Wandel, der unser Suchverhalten dauerhaft beeinflusst.

2. Sichere dir die Pole-Position in deinem Markt:

Besetze die begehrten Featured Snippets und werde zur ersten Anlaufstelle für sprach-basierte Anfragen. Das erfordert nicht nur optimierten Content, sondern auch eine klare Strategie für die wichtigsten Fragen deiner Zielgruppe.

3. Fokussiere dich auf Conversational Marketing:

Sprachsuchen basieren auf Konversationen. Nutze dies zu deinem Vorteil, indem du Chatbots und Sprachassistenten einsetzt, um den Dialog mit deinen Kunden zu fördern. Personalisiere deine Antworten und baue eine tiefere Verbindung auf.

10

4. Sei bereit für die nächste Welle der Innovation:

Die Zukunft der Sprachsuche ist spannend und unvorhersehbar. Bleibe offen für neue Technologien und Trends. Denk daran: Was heute funktioniert, könnte morgen überholt sein. Flexibilität und die Bereitschaft zur Veränderung sind entscheidend.

Die Zukunft gehört den Mutigen.

Du hast jetzt das Rüstzeug, um deine Website und deine Inhalte für die Sprachsuche zu optimieren. Doch die Reise ist noch lange nicht zu Ende. Sprachassistenten werden intelligenter, Nutzer anspruchsvoller und die Technologie entwickelt sich in einem Tempo, das einem schwindelig werden kann. Wer sich jetzt nicht positioniert, könnte schnell abgehängt werden.

Stell dir mal vor: Eine Welt, in der Sprachassistenten nicht nur Fragen beantworten, sondern unser tägliches Leben aktiv mitgestalten. Sie könnten bald unsere Einkaufsgewohnheiten analysieren, uns den perfekten Urlaub vorschlagen oder sogar unsere Gesundheit überwachen. Wer weiß, welche Rolle sie in ein paar Jahren spielen werden?

Künstliche Intelligenz (KI) analysiert das Nutzerverhalten auf deiner Website.

Kapitel 11
KI-BASIERTE DATENANALYSE UND SEO-STRATEGIEENTWICKLUNG

Künstliche Intelligenz revolutioniert die Welt der Suchmaschinenoptimierung. Was früher mühsame Datenarbeit und monatelanges Fine-Tuning erforderte, lässt sich heute durch den Einsatz intelligenter Algorithmen und maschinellem Lernen in Minuten erledigen. Doch was bedeutet das konkret für deine SEO-Strategie? Schauen wir uns das genauer an.

11.1 Predictive Analytics: SEO in die Zukunft denken.

Angenommen du könntest heute schon wissen, wonach deine Zielgruppe in sechs Monaten sucht. Klingt utopisch? Mit Predictive Analytics ist das nicht mehr Science-Fiction. Durch die Analyse historischer Daten und aktueller Trends erkennt die KI Muster und Prognosen für die Zukunft.

Beispiel: Wenn deine Kunden im letzten Herbst vermehrt nach »Herbstmode 2023« gesucht haben, kann die KI auf Grundlage dieser Daten Trends für »Herbstmode 2024« vorhersagen. Das gibt dir die Möglichkeit, Inhalte und Keywords frühzeitig zu optimieren, bevor die Konkurrenz überhaupt ahnt, dass ein neuer Trend im Anflug ist.

Handlungsempfehlung: Setze Tools wie **Google Analytics**, **SEMrush** oder **Ahrefs** ein, um historische Suchdaten auszuwerten und saisonale Trends zu erkennen. Nutze diese Erkenntnisse, um deine Content-Planung strategisch auszurichten.

11.2 Nutzerverhalten: Die Customer Journey entschlüsseln.

KI ermöglicht es, das Verhalten deiner Website-Besucher in Echtzeit zu analysieren und ihre komplette Customer Journey nachzuvollziehen. Von der ersten Suchanfrage bis zur finalen Conversion lassen sich alle Interaktionen präzise nachvollziehen.

Das hilft dir nicht nur zu verstehen, welche Inhalte gut performen, sondern auch, wo Nutzer abspringen und warum.

Beispiel: Du stellst fest, dass viele Besucher über einen Blogbeitrag zu »SEO-Tipps 2024« auf deine Seite kommen, aber kurz danach wieder abspringen. Die KI analysiert automatisch die User-Signale und identifiziert mögliche Probleme, vielleicht ist der CTA nicht überzeugend genug oder die Ladezeit der Seite zu lang.

Handlungsempfehlung: Nutze KI-basierte Tools wie **Hotjar** oder **Crazy Egg**, um das Nutzerverhalten auf deiner Seite zu analysieren. Verbessere deine Inhalte und die User Experience basierend auf diesen Daten, um die Conversionrate zu steigern.

11.3 Wettbewerbsvorteile: Der Konkurrenz immer einen Schritt voraus.

KI-Tools ermöglichen dir, die SEO-Strategien deiner Konkurrenz detailliert zu analysieren. Welche Keywords nutzen sie? Wie performen ihre Inhalte? Welche Backlinks treiben ihren Traffic? Diese Informationen helfen dir, Lücken in ihrer Strategie zu erkennen und diese zu deinem Vorteil zu nutzen.

Beispiel: Deine Konkurrenz rankt auf Platz 1 für »Marketing Automation Tools«, aber deren Content ist veraltet oder zu generisch. Du kannst diesen Schwachpunkt ausnutzen, indem du einen umfassenderen und aktuelleren Beitrag erstellst und durch gezielte Backlink-Strategien die Autorität deiner Seite erhöhst.

Handlungsempfehlung: Analysiere die Inhalte und Strategien deiner Hauptkonkurrenten mit Tools wie **SEMrush**, **Ahrefs** oder **SimilarWeb**. Identifiziere Schwächen in ihren Top-Keywords und erstelle hochwertigeren Content, der diese Lücken schließt.

11.4 KI-basierte Keyword-Optimierung: Intelligente Content-Strategie.

Traditionelle Keyword-Analyse basiert oft auf reinen Volumendaten. KI geht einen Schritt weiter und berücksichtigt nicht nur, was gesucht wird, sondern auch, wie die Suchanfragen formuliert sind. Das ist besonders wichtig bei Long-Tail-Keywords, die oft spezifischer und weniger umkämpft sind.

Beispiel: Anstatt nur nach »Schuhe kaufen« zu optimieren, analysiert die KI Variationen wie »bequeme Schuhe für lange Spaziergänge kaufen« oder »stylische Wanderschuhe Damen«. Diese tiefere Analyse ermöglicht es dir, deine Inhalte so zu gestalten, dass sie gezielt auf die Bedürfnisse deiner Zielgruppe eingehen.

Handlungsempfehlung: Setze auf KI-basierte Tools wie **Clearscope** oder **SurferSEO**, um semantische Keywords und verwandte Begriffe zu identifizieren. Optimiere deine Inhalte mit diesen Keywords, um eine höhere Relevanz und Sichtbarkeit zu erreichen.

11.5 Personalisierung und Automatisierung: Content auf Autopilot.

KI kann nicht nur analysieren, sondern auch Inhalte automatisiert erstellen und personalisieren. Mit NLP (Natural Language Processing) und NLG (Natural Language Generation) lassen sich individuelle Blogbeiträge, Produktbeschreibungen oder sogar Email-Kampagnen erstellen, die exakt auf deine Zielgruppe zugeschnitten sind.

Beispiel: Ein Online-Shop für Sportbekleidung kann mit Hilfe von KI automatisiert Produktbeschreibungen generieren, die auf die Präferenzen und das Verhalten des jeweiligen Nutzers abgestimmt sind. »Diese Laufhose ist perfekt für deinen nächsten Marathon, weil sie atmungsaktiv und wasserabweisend ist«, personalisiert und relevant.

Handlungsempfehlung: Nutze Tools wie **Copy.ai** oder **Jasper**, um personalisierte Inhalte zu erstellen. Kombiniere diese mit dynamischen Webseiten-Elementen, die sich basierend auf dem Nutzerverhalten verändern, um die User Experience zu maximieren.

Was kommt als Nächstes?

KI hat das Potenzial, die SEO-Welt auf den Kopf zu stellen. Aber was passiert, wenn KI nicht nur unsere Strategien unterstützt, sondern die Regeln des Spiels selbst neu schreibt? Was, wenn Algorithmen eines Tages selbstständig optimierte Inhalte erstellen und verbreiten, bevor wir überhaupt wissen, welche Keywords wichtig sind?

Die Zukunft gehört denen, die bereit sind, neue Wege zu gehen und die Chancen, die KI bietet, mutig zu nutzen. Doch wie weit sind wir bereit, diese Entwicklung zuzulassen? Werden wir bald mehr KI-gestützte Maschinen haben, die miteinander kommunizieren, als Menschen, die mit ihren Webseiten interagieren?

11

SERP-Features dominieren die Suchergebnisse. KI steuert deine SEO-Superstars.

Kapitel 12
KI FÜR SERP-FEATURE-OPTIMIERUNG

12.1 Die Bedeutung von SERP-Features für SEO.
Was sind SERP-Features und warum sind sie wichtig?

SERP-Features sind die geheimen Superstars der Suchmaschinenoptimierung. Sie sind die zusätzlichen Informationsblöcke, die in den Suchergebnissen von Google auftauchen und die klassische Liste von blauen Links ergänzen. Wenn du jemals nach einer schnellen Antwort gesucht hast und ohne Klicken sofort die Information erhalten hast, dann bist du bereits einem SERP-Feature begegnet.

Ob es sich um ein Rezept, eine Definition oder den Wetterbericht handelt, diese Features machen die Suchergebnisse bunter, informativer und oft auch nützlicher. Warum sind SERP-Features so wichtig für SEO? Ganz einfach: Sie dominieren die Suchergebnisse und ziehen die Aufmerksamkeit der Nutzer auf sich. Wenn deine Website es in ein solches Feature schafft, erhöhst du deine Sichtbarkeit enorm. Studien zeigen, dass Ergebnisse, die in SERP-Features erscheinen, eine höhere Klickrate haben und als vertrauenswürdiger wahrgenommen werden. Aber Vorsicht: Ein Feature kann auch bedeuten, dass der Nutzer gar nicht erst auf deine Seite klickt, weil er die Antwort direkt auf der Suchergebnisseite findet. Daher ist es entscheidend, dass du verstehst, welche Features relevant für deine Inhalte sind und wie du sie zu deinem Vorteil nutzen kannst.

Überblick über die gängigsten SERP-Features.
Featured Snippets

Featured Snippets sind die Kronjuwelen der SERP-Features. Sie erscheinen meist an der absoluten Spitze der Suchergebnisse, noch über den organischen Links und oft als Position 0 bezeichnet. Diese Snippets beantworten gezielt die Fragen der Nutzer und präsentieren die Antwort in einem kurzen Textabschnitt, einer Liste oder einer Tabelle.
Beispiel: Suchst du nach »Wie bindet man eine Krawatte?«, zeigt dir Google direkt eine Schritt-für-Schritt-Anleitung, bevor du auch nur auf einen Link geklickt hast. Für die SEO bedeutet das: Wer es schafft, seine Inhalte in diese begehrte Position zu bringen, hat

einen riesigen Vorteil. Allerdings muss die Antwort prägnant und strukturiert sein, damit sie von Google ausgewählt wird.

Tipp Erstelle Inhalte, die gezielt Fragen deiner Zielgruppe beantworten. Nutze klare Überschriften wie »Wie funktioniert…?« oder »Was ist…?« und beantworte diese direkt in kurzen Absätzen. So erhöhst du die Wahrscheinlichkeit, als Featured Snippet angezeigt zu werden.

People Also Ask (PAA).

Das »People Also Ask«-Feature ist wie der neugierige Nachbar, der immer noch eine Frage mehr hat. Es handelt sich um eine dynamische Liste von Fragen, die thematisch zu deiner ursprünglichen Suchanfrage passen. Klickst du auf eine dieser Fragen, erweitert sich der Abschnitt und zeigt dir eine kurze Antwort, oft aus einer anderen Quelle als dem Haupt-Suchergebnis.

Beispiel: Suchst du nach »Was ist eine Keto-Diät?«, erscheinen im PAA-Block Fragen wie »Was darf man bei der Keto-Diät essen?« oder »Wie schnell nimmt man bei Keto ab?«. Diese Funktion bietet dir eine großartige Möglichkeit, Inhalte zu platzieren, die auf häufig gestellte Fragen deiner Zielgruppe abzielen.

Tipp Analysiere die häufig gestellten Fragen zu deinen Hauptthemen mit Tools wie »**Answer The Public**« oder der **Google Search Console**. Erstelle dann Inhalte, die diese Fragen klar und umfassend beantworten.

Video-Carousels.

Die Video-Carousels sind wie die Filmvorschau in den Suchergebnissen. Sie präsentieren eine Reihe von Videos zu einem bestimmten Thema und erlauben es dem Nutzer, direkt auf der SERP durch verschiedene Clips zu scrollen. Besonders bei Anleitungen, Reviews und Erklärvideos ist diese Art von Feature extrem beliebt.

Beispiel: Gib »Wie wechselt man einen Autoreifen?« ein und du bekommst eine Reihe von Videos angezeigt, die dir Schritt für Schritt zeigen, wie es geht. Wenn du also in der Video-Suche gut rankst, kannst du über dieses Feature eine Menge Traffic auf deinen YouTube-Kanal oder deine Website lenken.

Tipp Erstelle Videos zu deinen wichtigsten Themen und optimiere sie mit passenden Keywords, Titeln und Beschreibungen. Achte darauf, dass deine Videos eine hohe Zuschauerbindung haben, da dies ein wichtiger Rankingfaktor ist.

Knowledge Panels

Das Knowledge Panel ist die digitale Visitenkarte in den Suchergebnissen. Es erscheint rechts neben den organischen Suchergebnissen und liefert auf einen Blick umfassende Informationen zu Personen, Unternehmen, Orten oder Dingen. Diese Panels basieren auf der Knowledge Graph-Datenbank von Google und werden aus einer Vielzahl von Quellen gespeist, darunter Wikipedia, offizielle Websites und Verzeichnisse.

Beispiel: Suchst du nach »Elon Musk«, erhältst du ein Panel mit einem Foto, einer kurzen Biografie, Informationen zu seinen Unternehmen und vielem mehr, alles, ohne dass du die Website verlassen musst.

Tipp Wenn du möchtest, dass dein Unternehmen oder deine Person in einem Knowledge Panel erscheint, stelle sicher, dass deine Website und deine Social-Media-Profile korrekt verlinkt sind und konsistente Informationen enthalten. Nutze strukturierte Daten, um Google klare Informationen über dein Unternehmen oder deine Marke zu liefern.

Die Evolution der SERP-Features, Was kommt als Nächstes?

SERP-Features sind längst nicht mehr nur nette Ergänzungen zu den klassischen Suchergebnissen, sie sind die neuen Anführer. Die ständige Weiterentwicklung und der immer gezieltere Einsatz dieser Features bedeuten, dass die Konkurrenz um Sichtbarkeit härter wird. Doch was ist der nächste Schritt? Nehmen wir einmal an Google entwickelt ein SERP-Feature, das nicht nur Fragen beantwortet, sondern interaktive Elemente bietet: Live-Chats mit virtuellen Assistenten, dynamische Widgets, die dir nicht nur das Wetter anzeigen, sondern auch sofort passende Kleidungsvorschläge liefern, oder gar Shopping-Features, die dir ermöglichen, Produkte direkt von der Such-ergebnisseite aus zu kaufen. Die Frage ist: Wie bereitest du deine SEO-Strategie auf eine Zukunft vor, in der SERP-Features immer mehr an Bedeutung gewinnen? Die Spielregeln ändern sich und nur die, die am Ball bleiben, werden vorne mitspielen. Bist du bereit, die nächste Evolutionsstufe der SERP-Features mitzugestalten? Die Zukunft hält spannende Entwicklungen bereit und wer sie verpasst, schaut bald nur noch zu!

12.2 Wie KI-Tools bei der SERP-Feature-Optimierung unterstützen.

Der Einsatz von KI-Tools in der Suchmaschinenoptimierung ist wie das Upgrade von einem Taschenrechner zu einem Supercomputer, die Möglichkeiten explodieren förmlich. Insbesondere bei der Optimierung für SERP-Features bieten KI-basierte Tools eine Vielzahl von Vorteilen. Sie helfen nicht nur dabei, relevante Daten schneller zu analysieren, sondern ermöglichen auch eine gezieltere Content-Strategie und Strukturierung der Inhalte.

Datenanalyse-Tools

KI-gestützte Datenanalyse-Tools sind die Augen und Ohren jeder SEO-Strategie. Sie durchforsten riesige Mengen an Daten und helfen dabei, Trends und Muster zu erkennen, die mit traditionellen Methoden leicht übersehen werden könnten. Tools wie **SEMrush**, **Ahrefs** oder **Moz** verwenden maschinelles Lernen, um detaillierte Informationen darüber zu liefern, welche Keywords, Snippets oder SERP-Features für bestimmte Suchanfragen genutzt werden. **Beispiel:** Du möchtest wissen, welche Art von Featured Snippets zu einem bestimmten Keyword dominiert? Ein KI-Tool kann dir in wenigen Sekunden zeigen, ob es sich um Textsnippets, Listen oder Tabellen handelt und welche Inhalte besonders gut performen. **Vorteil:** Mit diesen Erkenntnissen kannst du gezielt auf die am häufigsten vorkommenden Snippet-Formate optimieren, anstatt blind Keywords zu verfolgen. Die Wahrscheinlichkeit, in einem relevanten Snippet zu erscheinen, steigt dadurch erheblich.

Content-Optimierungstools

Während herkömmliche SEO-Tools oft nur Schlüsselwörter und deren Volumen analysieren, gehen KI-basierte Content-Optimierungstools wie **Clearscope**, **SurferSEO** oder **Frase** einen Schritt weiter. Sie verwenden Natural Language Processing (NLP), um zu verstehen, wie die besten Inhalte zu einem bestimmten Thema strukturiert sind. Dadurch können sie dir helfen, Content zu erstellen, der nicht nur für die Suchmaschine, sondern auch für den Leser optimiert ist.
Beispiel: Du erstellst einen Artikel über »gesunde Ernährung«. Ein KI-Tool könnte dir sagen, dass erfolgreiche Inhalte in diesem Bereich typischerweise Unterthemen wie »Nährstoff-

dichte«, »Ernährungspläne« und »Superfoods« beinhalten. Es zeigt dir auch, welche Fragen Nutzer zu diesem Thema stellen und welche Informationen in deinem Content fehlen.

Vorteil: So erstellst du umfassendere, themenrelevante Inhalte, die sowohl die Chance haben, in einem Featured Snippet zu landen, als auch deine Leser optimal informieren.

Strukturierungstools

Strukturierte Daten sind das A und O für die Optimierung von SERP-Features. Doch das manuelle Erstellen von Schema-Markups ist mühsam und fehleranfällig. Hier kommen Tools wie **Schema Pro** oder **Merkle's Schema Markup Generator** dran. Sie helfen dir, strukturierte Daten für deine Website zu erstellen und korrekt einzubinden, damit Suchmaschinen deine Inhalte besser verstehen.

Beispiel: Du betreibst einen Online-Shop und möchtest sicherstellen, dass deine Produkte in den »Rich Snippets« angezeigt werden. Ein KI-Tool analysiert deine Produktseiten und generiert automatisch das passende Schema-Markup für Preise, Bewertungen und Verfügbarkeit.

Vorteil: Du sparst enorm viel Zeit und reduzierst die Fehleranfälligkeit. Außerdem erhöht sich die Wahrscheinlichkeit, dass deine Inhalte in den verschiedenen SERP-Features wie Rich Snippets, Knowledge Panels oder Video-Carousels auftauchen.

12

12.3 Möglichkeiten zur Identifikation von Chancen in den SERP-Features.

Mit KI-Tools lassen sich nicht nur Daten analysieren und Inhalte optimieren, sondern auch gezielt Chancen in den SERP-Features identifizieren. Die Frage ist: Wo sind die Lücken, die du besetzen kannst, bevor es deine Konkurrenz tut?

Keyword- und SERP-Analyse.

KI-Tools können detaillierte Analysen zu Keywords und deren SERP-Leistung durchführen. Sie zeigen dir, welche Keywords bereits in Featured Snippets, »People Also Ask«-Boxen oder Video-Carousels vertreten sind und vor allem, welche es noch nicht sind. So identifizierst du Themenbereiche, die du mit deinen Inhalten gezielt besetzen kannst.

Beispiel: Du stellst fest, dass für das Keyword »Energie sparen im Haushalt« noch keine umfassenden Snippets vorhanden sind. Durch gezielte Content-Optimierung mit gut strukturierten Anleitungen und Listen kannst du diese Lücke füllen und so die Position 0 einnehmen.

Analyse der Wettbewerbslandschaft.

KI-Tools wie **BuzzSumo** oder SpyFu erlauben dir, die SERP-Performance deiner Konkurrenten genau unter die Lupe zu nehmen. Du kannst sehen, welche Inhalte von ihnen in SERP-Features erscheinen und welche Schwächen sie haben. Vielleicht decken sie ein Thema nicht ausreichend ab oder haben veraltete Informationen auf ihren Seiten. Das ist deine Chance, einen besseren, aktuelleren Content zu erstellen.

Monitoring und Echtzeitanalysen.

Mit Echtzeitanalysen durch Tools wie **Looker Studio** oder **Power BI** kannst du verfolgen, wie sich deine Inhalte in den SERP-Features entwickeln. Wenn du feststellst, dass deine Inhalte oft auf Platz 2 oder 3 ranken, aber nie in einem Snippet erscheinen, kannst du gezielt nachbessern, sei es durch Anpassungen der Struktur oder durch gezieltes Einfügen von neuen, relevanten Informationen.

Vorteile der KI-gestützten Optimierung gegenüber traditionellen Methoden.

Traditionelle SEO-Methoden sind oft zeitaufwendig, mühsam und nur selten wirklich präzise. Hier glänzen KI-gestützte Ansätze mit mehreren entscheidenden Vorteilen:

Effizienz: KI-Tools analysieren Datenmengen in Sekundenschnelle, für die ein Mensch Stunden oder sogar Tage benötigen würde. Das bedeutet, du erhältst schneller relevante Insights und kannst sofort Maßnahmen ergreifen.

Genauigkeit: Menschliche Fehler passieren, vor allem bei komplexen Datenanalysen oder bei der Erstellung von Schema-Markups. KI-Tools minimieren diese Fehlerquellen und sorgen dafür, dass deine Inhalte den technischen Anforderungen der Suchmaschinen entsprechen.

Proaktive Optimierung: Während herkömmliche SEO oft reaktiv ist, du passt deine Inhalte an, nachdem du bemerkst, dass etwas nicht funktioniert, ermöglichen es KI-Tools, vorausschauend zu handeln. Predictive Analytics hilft dir, zukünftige Trends zu erkennen und deine Inhalte bereits jetzt darauf auszurichten.

Personalisierung: KI-Tools können Inhalte nicht nur für Suchmaschinen, sondern auch für individuelle Nutzer anpassen. Das sorgt für eine bessere User Experience und letztlich auch für bessere Rankings.

Die Zukunft der KI in der SEO, wie weit wird sie gehen?

Du hast nun einen Einblick in die vielfältigen Einsatzmöglichkeiten von KI-Tools bei der SERP-Feature-Optimierung. Was, wenn KI eines Tages in der Lage ist, nicht nur unsere SEO-Strategien zu verbessern, sondern selbstständig Inhalte zu erstellen, zu optimieren und sogar automatisch zu veröffentlichen?

Werden wir bald in einer Welt leben, in der Algorithmen mit anderen Algorithmen um die besten Plätze in den Suchergebnissen kämpfen?

Die Zukunft ist spannend und sie könnte die Art und Weise, wie wir SEO betreiben, fundamental verändern. Bist du bereit, diese Reise mitzugehen? Denn eins ist sicher: Die KI wird weiter lernen und die Grenze zwischen Mensch und Maschine wird zunehmend verschwimmen. Vielleicht bestimmen bald nicht mehr wir, wie SEO funktioniert, sondern die KI entscheidet, wie sie die Welt der Suchmaschinen gestaltet.

12.4 Featured Snippets: Mit KI die Position 0 erreichen.

12

Analyse und Identifikation von Snippet-Potenzialen durch KI.

Die Position 0, auch bekannt als »Featured Snippet«, ist die absolute Pole-Position in den Suchergebnissen. Hier oben zu ranken, bedeutet maximale Sichtbarkeit und Glaubwürdigkeit.

Doch die Frage ist: Wie kommst du dorthin? Traditionelle SEO-Methoden reichen oft nicht aus. KI-Tools wie **SEMrush**, **Ahrefs** und SurferSEO nutzen maschinelles Lernen, um potenzielle Featured Snippets zu identifizieren und zu analysieren, welche Faktoren entscheiden, wer es auf die begehrte Position schafft.

Identifikation von Snippet-Potenzialen.

Die KI analysiert Millionen von Suchanfragen und erkennt, welche Keywords und Phrasen häufig in Featured Snippets landen. Diese sogenannten »Snippet-Keywords« haben eine besondere Struktur: Sie sind oft Frageformate wie »Was ist.«, »Wie funktioniert.« oder »Warum ist.«.

Ein KI-Tool kann genau diese Keywords identifizieren und dir aufzeigen, welche davon eine hohe Wahrscheinlichkeit haben, in einem Snippet zu erscheinen.

Beispiel: Du möchtest wissen, für welche Keywords deine Website die Chance hat, als Featured Snippet angezeigt zu werden. Die KI analysiert deine Inhalte und vergleicht sie mit den aktuellen Snippets. Sie erkennt, dass du für das Keyword »Was ist Content Marketing?« gut rankst, aber bisher nicht im Snippet auftauchst. Ein Blick auf die Top-Snippets zeigt, dass diese oft eine klare, einprägsame Definition enthalten, genau das, was deinem Content fehlt.

Vorteil: Mit diesen Informationen kannst du gezielt an den Inhalten arbeiten, die bereits auf der ersten Seite ranken, aber noch nicht in den Snippets vertreten sind. So sparst du dir die mühsame Keyword-Recherche und kannst dich sofort auf die Optimierung der potenzialreichen Seiten konzentrieren.

Konkurrenzanalyse mit KI.

Ein weiterer Vorteil der KI ist die Fähigkeit, Konkurrenzinhalte zu analysieren und Schwächen zu identifizieren. Welches Format verwenden die Top-Snippets? Sind es Listen, Tabellen oder definierte Absätze? Gibt es Themenbereiche, die deine Konkurrenten nicht vollständig abdecken? Die KI gibt dir präzise Antworten auf diese Fragen.

Beispiel: Du betreibst eine Website über gesunde Ernährung und möchtest für »gesunde Frühstücksideen« im Snippet ranken. Die KI zeigt dir, dass die meisten Snippets in diesem Bereich kurze Listen mit Rezeptideen enthalten. Sie erkennt aber auch, dass keine der führenden Seiten Informationen zu »schnellen gesunden Frühstücksideen für Berufstätige« bietet. Das ist deine Chance, diesen unbesetzten Bereich zu füllen.

Vorteil: Du kannst nicht nur deine Inhalte verbessern, sondern gezielt Lücken schließen, die deine Konkurrenz übersehen hat. So erhöhst du die Chancen, als erste Wahl für Google zu gelten.

Strukturierung und Formatierung von Inhalten für Featured Snippets.

Die Struktur deiner Inhalte ist entscheidend, um es in ein Featured Snippet zu schaffen. Google liebt es, wenn Informationen klar und prägnant präsentiert werden. Es gibt verschiedene Formate, die Google bevorzugt anzeigt: Listen, Tabellen und definierte Absätze. Doch wie stellst du sicher, dass deine Inhalte diese Anforderungen erfüllen?

Listen für Schritt-für-Schritt-Anleitungen und Aufzählungen.

Listen sind eines der beliebtesten Formate für Featured Snippets, besonders bei Anleitungen oder Aufzählungen. Eine gut strukturierte Liste hilft Google, deine Inhalte leicht zu erfassen und in einem Snippet anzuzeigen.

Beispiel: Du schreibst einen Artikel über »Wie man ein Auto winterfest macht«. Anstatt die Informationen in einem langen Fließtext zu verpacken, erstellst du eine nummerierte Liste mit den wichtigsten Schritten, wie »1. Reifen wechseln«, »2. Frostschutzmittel auffüllen« und »3. Scheibenwischer überprüfen«. Achte darauf, dass jeder Schritt kurz und präzise ist, nicht mehr als ein oder zwei Sätze.

Tipp Nutze Zwischenüberschriften und halte die Listenpunkte übersichtlich. Je präziser du bist, desto höher die Chance, dass Google deine Liste als Snippet verwendet.

Tabellen für Vergleiche und Daten.

Tabellen sind ideal, wenn du komplexe Daten oder Vergleiche darstellst. Sie ermöglichen es Google, deine Informationen in einem gut lesbaren Format anzuzeigen und so den Nutzern schnell einen Überblick zu geben.

Beispiel: Du betreibst eine Seite über Fitness und möchtest für »Vergleich von Proteinpulvern« im Snippet ranken. Erstelle eine Tabelle, die verschiedene Proteinpulver nach Kriterien wie Preis, Proteingehalt und Geschmack bewertet. Die KI kann dir helfen, herauszufinden, welche Daten in bestehenden Snippets fehlen und wie du deine Tabelle entsprechend optimieren kannst.

Tipp Achte darauf, dass die Tabelle nicht zu groß wird. Google bevorzugt einfache und leicht verständliche Tabellen, die sofort erfassbar sind.

Definierte Absätze für schnelle Antworten.

Definierte Absätze sind besonders wichtig für erklärende Snippets. Sie bieten eine prägnante Antwort auf eine spezifische Frage und genau das sucht Google, wenn es um Definitionen oder Erklärungen geht.

Beispiel: Du möchtest für das Keyword »Was ist Blockchain?« ranken. Beginne deinen Artikel mit einem kurzen, prägnanten Absatz, der die Frage direkt beantwortet: »Blockchain ist eine dezentrale, digitale Datenbank, die Transaktionen transparent und sicher speichert.« Vermeide es, zu sehr ins Detail zu gehen. Die detaillierte Erklärung kann später im Text folgen.

12

Tipp Verwende klare Überschriften wie »Definition« oder »Erklärung«, um Google zu signalisieren, dass hier eine Antwort auf eine häufig gestellte Frage folgt.

Optimierungstechniken: Listen, Tabellen und definierte Absätze

Um es in die begehrten Featured Snippets zu schaffen, brauchst du mehr als nur guten Content. Die Formatierung und die Strukturierung sind entscheidend, damit Google deine Inhalte als Snippet-tauglich einstuft.

Optimierung durch Listen.

- Nutze nummerierte Listen für Anleitungen oder Prozesse.
- Verwende Aufzählungslisten für Aufzählungen und Bullet Points für Detailfragen.
- Halte die einzelnen Punkte kurz und bündig, maximal ein oder zwei Sätze.

Optimierung durch Tabellen.

- Erstelle Tabellen für Datenvergleiche, Preisvergleiche oder Vor- und Nachteile.
- Achte darauf, dass die Tabelle nicht zu breit ist, damit sie vollständig im Snippet angezeigt werden kann.
- Verwende klare Spaltenüberschriften und sortiere die Daten logisch.

Optimierung durch definierte Absätze.

- Beginne jeden Absatz mit einer klaren Aussage oder Definition.
- Vermeide lange, verschachtelte Sätze. Kurze, prägnante Formulierungen sind ideal.
- Nutze spezifische Keywords und Fragen als Überschrift, um die Relevanz zu erhöhen.

Die nächste Stufe der Snippet-Optimierung, Was kommt danach?

Du hast jetzt das Rüstzeug, um deine Inhalte gezielt für Featured Snippets zu optimieren. Doch was passiert, wenn Google die Spielregeln ändert? Was, wenn neue, interaktive Snippets eingeführt werden, die nicht nur Text, sondern auch Bilder, Videos und sogar Audioantworten enthalten?

Die Optimierung für SERP-Features wird immer anspruchsvoller. Und es ist nur eine Frage der Zeit, bis KI nicht nur hilft, Inhalte zu optimieren, sondern diese auch autonom erstellt und in Echtzeit anpasst. Werden wir bald einen Konkurrenzkampf zwischen menschlichen SEOs und KI-gesteuerten Content-Maschinen erleben? Wird es eine Zeit geben, in der Algorithmen entscheiden, welche Inhalte überhaupt noch gesehen werden?

12.5 People Also Ask (PAA): Mehr Sichtbarkeit durch gezielte Antworten
Identifikation häufig gestellter Fragen mit KI-Tools.

Die »People Also Ask« (PAA)-Boxen sind für die Suchergebnisse, was die neugierigen Nachbarn für das Leben sind: Sie stellen immer noch eine Frage mehr. Diese dynamischen Frage-und-Antwort-Boxen sind mittlerweile fester Bestandteil der Google-Suchergebnisse und bieten eine großartige Möglichkeit, zusätzliche Sichtbarkeit für deine Website zu gewinnen. Doch um von diesem Feature zu profitieren, musst du zunächst wissen, welche Fragen deine Zielgruppe wirklich interessieren.

Nutzung von KI-Tools zur Frageidentifikation.

Fragen zu identifizieren, die häufig in PAA-Boxen auftauchen, ist der erste Schritt zur Optimierung. KI-basierte Tools wie **Answer The Public**, **Ahrefs** oder **SEMrush** bieten dir detaillierte Einblicke in die am häufigsten gestellten Fragen zu einem bestimmten Thema. Diese Tools analysieren große Mengen an Suchanfragen und zeigen dir, welche Fragen Nutzer in Verbindung mit bestimmten Keywords stellen.

Beispiel: Du betreibst eine Website über Fitness und möchtest wissen, welche Fragen Nutzer in Bezug auf »Krafttraining« stellen. Ein KI-Tool wie »**Answer The Public**« zeigt dir Fragen wie »Ist Krafttraining gut zum Abnehmen?«, »Wie oft sollte man Krafttraining machen?« oder »Was sind die besten Übungen für den Muskelaufbau?«. Diese Fragen bieten dir wertvolle Anhaltspunkte, welche Themen du in deinen Inhalten abdecken solltest.

Vorteil: Die KI spart dir Stunden an Recherchearbeit und zeigt dir auf einen Blick, welche Fragen in deinem Themenbereich die größte Relevanz haben. So kannst du deine Inhalte gezielt auf die Bedürfnisse und Interessen deiner Zielgruppe zuschneiden.

Analyse bestehender PAA-Ergebnisse.

Neben der Frageidentifikation ist es wichtig, die bereits bestehenden PAA-Ergebnisse zu analysieren. Tools wie **SEMrush** oder **Moz** bieten dir detaillierte Analysen darüber, welche Websites aktuell in den PAA-Boxen ranken und welche Antworten am häufigsten angezeigt werden. So kannst du sehen, welche Art von Content gut funktioniert und welche Antworten du verbessern kannst.

Beispiel: Du möchtest für die Frage »Wie baue ich Muskeln schnell auf?« im PAA ranken. Eine Analyse der aktuellen PAA-Box zeigt, dass die meisten Antworten allgemeine Tipps geben, aber keiner auf spezifische Trainingspläne eingeht. Hier hast du die Möglichkeit, eine detaillierte Antwort mit konkreten Trainingsplänen zu erstellen und so die bestehende Antwort zu übertreffen.

Vorteil: Mit diesem Wissen kannst du gezielt bessere und präzisere Inhalte erstellen, die eine höhere Chance haben, von Google in den PAA-Boxen angezeigt zu werden.

Entwicklung von prägnanten und relevanten Antworten

Sobald du die relevanten Fragen identifiziert hast, geht es an die Entwicklung der Antworten. Doch nicht jede Antwort hat das Potenzial, in den PAA-Boxen zu landen. Google bevorzugt prägnante, klare und gut strukturierte Antworten, die sofort den Kern der Frage erfassen.

Kurz und bündig

Eine gute PAA-Antwort sollte in den ersten zwei bis drei Sätzen das Wesentliche der Frage erfassen. Versuche, den Inhalt so zu formulieren, dass er auch ohne weiteren Kontext verständlich ist.

Beispiel: Für die Frage »Ist Krafttraining gut zum Abnehmen?« könntest du schreiben: »Ja, Krafttraining hilft beim Abnehmen, da es den Stoffwechsel anregt und den Körper dabei unterstützt, auch in Ruhe mehr Kalorien zu verbrennen.« Diese Antwort ist klar, direkt und bietet sofort eine sinnvolle Information.

Strukturierte Informationen

Wenn die Frage komplexer ist, hilft es, die Antwort in kleinere Abschnitte oder Listen aufzuteilen. Google liebt strukturierte Daten und bevorzugt oft Antworten, die in Aufzählungs- oder Nummernlisten dargestellt sind.

Beispiel: Für die Frage »Was sind die besten Übungen für den Muskelaufbau?« könntest du eine kurze Liste mit den Top-Übungen erstellen: Kniebeugen, Kreuzheben, Bankdrücken, Klimmzüge.

Tipp Achte darauf, dass jede Übung in ein bis zwei Sätzen erklärt wird, damit die Nutzer sofort verstehen, warum diese Übung wichtig ist.

Relevante Zusatzinformationen.

Wenn es passt, füge zusätzliche Informationen hinzu, die dem Nutzer einen Mehrwert bieten. Das könnten zum Beispiel Links zu weiterführenden Artikeln, detaillierten Anleitungen oder Infografiken sein.

Beispiel: Nach der Liste der besten Übungen könntest du schreiben: »Für eine detaillierte Anleitung zur Ausführung der einzelnen Übungen, besuche unseren umfassenden Guide zum Muskelaufbau.« Das bietet dem Nutzer nicht nur eine schnelle Antwort, sondern lädt ihn auch ein, sich tiefer mit dem Thema zu beschäftigen.

Integration der PAA-Optimierung in die Content-Strategie.

Die PAA-Optimierung sollte nicht isoliert betrachtet werden, sondern als integraler Bestandteil deiner gesamten Content-Strategie. Denn nur so kannst du langfristig von diesem mächtigen SERP-Feature profitieren.

12

Erstellung von FAQ-Seiten.

Eine der besten Methoden, um PAA-Optimierung in deine Content-Strategie zu integrieren, ist die Erstellung von FAQ-Seiten. Hier kannst du alle relevanten Fragen zu einem Thema gebündelt beantworten und so Google zeigen, dass du eine umfassende Quelle für alle wichtigen Informationen bist.

Beispiel: Du betreibst eine Website zum Thema »vegane Ernährung«.

Erstelle eine FAQ-Seite mit Fragen wie

»Was ist vegane Ernährung?«,

»Welche Nährstoffe muss ich bei veganer Ernährung beachte?« oder

»Wie kann ich als Veganer genügend Protein zu mir nehmen?«.

Jede Frage sollte kurz und prägnant beantwortet werden, gefolgt von einem Link zu weiterführenden Informationen.

Tipp Nutze strukturierte Daten, um deine FAQ-Seiten für Suchmaschinen leicht zugänglich zu machen. Tools wie Schema Pro helfen dir, das Markup korrekt zu implementieren.

Regelmäßige Content-Updates.

Die Fragen in den PAA-Boxen ändern sich oft und es ist wichtig, dass deine Inhalte immer aktuell sind. Plane regelmäßige Content-Updates ein, um deine Antworten zu überprüfen und bei Bedarf zu verbessern.

Beispiel: Du betreibst einen Reiseblog und hast eine PAA-optimierte Seite zu »Was sollte man bei einer Reise nach Japan beachten?«. Im Laufe der Zeit könnten neue Fragen auftauchen, wie »Gibt es aktuelle Reisebeschränkungen für Japan?«. Aktualisiere deine Inhalte regelmäßig, um immer die relevantesten Informationen zu bieten.

Integration in bestehende Inhalte

Du musst nicht immer neue Inhalte erstellen, um in den PAA-Boxen zu ranken. Oft reicht es, bestehende Inhalte gezielt zu optimieren. Analysiere deine Top-Artikel und füge, wo sinnvoll, Antworten auf häufig gestellte Fragen hinzu.

Beispiel: Ein Blogbeitrag über »Erfolgreiche Bewerbungsgespräche« könnte durch die Ergänzung von PAA-Fragen wie »Was sind die häufigsten Fragen im Bewerbungsgespräch?« oder »Wie bereite ich mich auf ein Vorstellungsgespräch vor?« erheblich verbessert werden.

Die Zukunft der PAA-Optimierung, Was erwartet uns?

Die »People Also Ask«-Boxen sind längst nicht mehr nur eine nette Ergänzung der Suchergebnisse, sie entwickeln sich zu einem mächtigen Instrument, das die Art und Weise verändert, wie Nutzer mit Informationen interagieren. Doch was passiert, wenn Google beginnt, PAA-Boxen noch stärker zu personalisieren? Was, wenn die Fragen nicht mehr statisch sind, sondern sich dynamisch an das Nutzerverhalten anpassen? Wie wäre das? Die PAA-Box erkennt, dass du dich kürzlich über ein bestimmtes Thema informiert hast und zeigt dir gezielt Fragen an, die auf deine bisherigen Suchanfragen zugeschnitten sind. Die Optimierung könnte dadurch noch komplexer werden, da es nicht mehr nur darum geht, allgemeine Fragen zu beantworten, sondern auch individuelle Nutzerbedürfnisse zu antizipieren.

12.6 Optimierung für Video-Carousels und visuelle Features
Analyse von Video-Keywords und Trends durch KI.

Die Video-Carousels in den Suchergebnissen von Google sind nicht nur eine attraktive visuelle Ergänzung, sie sind ein potenzielles Powerhouse für Traffic und Sichtbarkeit.

Doch um deine Videos in diesen Karussells zu platzieren, braucht es mehr als nur guten Content. Die richtigen Video-Keywords, aktuelle Trends und eine gezielte Optimierung sind der Schlüssel. Künstliche Intelligenz (KI) hilft dir diese Faktoren effizient zu analysieren und gezielt zu nutzen.

Identifikation relevanter Video-Keywords.

KI-basierte Tools wie **TubeBuddy**, **VidIQ** oder **Ahrefs** können dir helfen, herauszufinden, welche Video-Keywords aktuell gefragt sind. Diese Tools analysieren Suchvolumen, Wettbewerb und Trends in Echtzeit und geben dir Einblicke, welche Begriffe besonders häufig für Videos verwendet werden. Du erfährst auch, welche Keywords zu welchen Themen in Video-Carousels auftauchen und welche Inhalte gut performen.

Beispiel: Du betreibst einen Fitness-YouTube-Kanal und möchtest ein neues Video über »HIIT-Training für Anfänger« veröffentlichen. Ein KI-Tool zeigt dir, dass die häufigsten Video-Keywords in diesem Bereich Begriffe wie »HIIT-Training für Anfänger zu Hause«, »schnelles HIIT-Workout« und »HIIT-Training ohne Equipment« sind. Basierend auf diesen Daten kannst du dein Video optimal ausrichten, um mehr Zuschauer anzusprechen.

Vorteil: Du verschwendest keine Zeit und Ressourcen auf die falschen Keywords und kannst deine Inhalte gezielt auf die Bedürfnisse und Suchgewohnheiten deiner Zielgruppe zuschneiden.

Analyse von Video-Trends.

KI-Tools wie **Google Trends** oder spezialisierte YouTube-Analytics-Tools bieten dir detaillierte Einblicke in aktuelle und aufkommende Video-Trends. Sie zeigen dir, welche Themen gerade im Aufwind sind und welche Arten von Inhalten besonders beliebt sind.

Beispiel: Du betreibst einen Reise-Vlog und möchtest wissen, welche Reiseziele gerade im Trend liegen. Ein Blick auf die aktuellen Daten zeigt, dass »Reisen nach Island« und »Roadtrips durch Schottland« im Kommen sind. Du entscheidest dich, ein Video über die besten Reiserouten durch Schottland zu machen, um von diesem Trend zu profitieren.

Vorteil: Du kannst Trends frühzeitig erkennen und Content erstellen, bevor der Markt gesättigt ist. So sicherst du dir einen Platz in den Video-Carousels und erhöhst deine Reichweite.

12

12.7 Optimierung von Video-Inhalten für maximale Sichtbarkeit.

Ein großartiges Video allein reicht nicht aus, um in den Video-Carousels zu landen. Du musst es so optimieren, dass es sowohl für die Nutzer als auch für die Suchmaschinen attraktiv ist. Dabei spielen Titel, Beschreibungen, Thumbnails und Videoinhalte eine entscheidende Rolle.

Ansprechende Titel und Beschreibungen.

Der Titel deines Videos ist der erste Eindruck, den Nutzer und Suchmaschinen von deinem Inhalt bekommen. Er sollte präzise, ansprechend und keyword-optimiert sein. Die Beschreibung bietet dir zusätzlichen Platz, um mehr Informationen über den Inhalt deines Videos zu geben und weitere Keywords unterzubringen.

Beispiel: Ein Titel wie »10-Minuten HIIT-Workout für Anfänger | Kein Equipment nötig!« enthält die wichtigsten Keywords und spricht gezielt die Bedürfnisse der Nutzer an. In der Beschreibung kannst du weiter ins Detail gehen: »Dieses schnelle und effektive HIIT-Training ist ideal für Anfänger. Kein Equipment nötig, perfekt für zu Hause! Ideal für den Fettabbau und Muskelaufbau.« Füge relevante Links und Hashtags hinzu, um die Auffindbarkeit weiter zu steigern.

Tipp Nutze **die ersten 150 Zeichen der Beschreibung** optimal, da diese in den Suchergebnissen angezeigt werden. Verwende gezielte Keywords und Call-to-Actions wie »Mehr erfahren« oder »Jetzt mitmachen«.

Optimierung der Thumbnails.

Das Thumbnail ist das visuelle Aushängeschild deines Videos. Es sollte auffällig, relevant und professionell gestaltet sein, um die Aufmerksamkeit der Nutzer zu gewinnen. Verwende klare, kontrastreiche Farben und einen gut lesbaren Text, der das Thema des Videos zusammenfasst.

Beispiel: Für ein Video über »HIIT-Training für Anfänger« könnte dein Thumbnail ein Bild von dir in Action zeigen, kombiniert mit einem klaren Text wie »10 Min HIIT | Keine Geräte«. Achte darauf, dass das Thumbnail in der Miniaturansicht gut erkennbar ist und neugierig macht.

Tipp Verwende immer benutzerdefinierte Thumbnails anstelle von automatisch generierten Bildern. Diese sehen nicht nur besser aus, sondern vermitteln auch Professionalität und Sorgfalt.

Strukturierung der Inhalte.

Google und YouTube bevorzugen Videos, die klar strukturiert und einfach zu verstehen sind. Das bedeutet, dass du dein Video in klare Abschnitte unterteilen und diese visuell sowie sprachlich kennzeichnen solltest. Verwende Kapitel, um den Zuschauern einen schnellen Überblick zu geben, was sie im Video erwartet.

Beispiel: Du erstellst ein Video über »HIIT-Training für Anfänger«. Teile das Video in Kapitel wie »Einführung«, »Aufwärmen«, »Hauptteil« und »Cool-Down« ein. Diese Kapitel können durch visuelle Overlays und verbale Ankündigungen unterstützt werden, um die Struktur deutlich zu machen.

Tipp Nutze die YouTube-Kapitel-Funktion, um den Zuschauern das Navigieren im Video zu erleichtern. Diese Struktur hilft nicht nur den Nutzern, sondern auch den Suchmaschinen, den Inhalt deines Videos besser zu verstehen.

Nutzung von Transkriptionen und Video-Metadaten zur Optimierung.

Neben den sichtbaren Inhalten spielen auch unsichtbare Elemente wie Transkriptionen und Metadaten eine wichtige Rolle bei der Video-SEO. Diese Informationen helfen Suchmaschinen, den Inhalt deines Videos besser zu verstehen und es in den Suchergebnissen relevanter zu platzieren.

Transkriptionen nutzen.

Eine Transkription deines Videos ist mehr als nur eine schriftliche Version des gesprochenen Inhalts. Sie bietet Suchmaschinen eine klare Textversion deines Videos, die bei der Indexierung hilft. Plattformen wie YouTube erstellen automatisch Untertitel, aber du solltest sicherstellen, dass diese korrekt sind oder eine eigene Transkription hochladen.

Beispiel: Du hast ein Video über »HIIT-Training für Anfänger« erstellt. Lade eine vollständige und fehlerfreie Transkription des Videos hoch. Diese Transkription kann auch als Blogpost auf deiner Website veröffentlicht werden, um zusätzlichen Traffic zu generieren.

Tipp Achte darauf, dass deine Transkriptionen gut formatiert und frei von Fehlern sind. Füge relevante Keywords ein, ohne den natürlichen Sprachfluss zu stören.

12

Video-Metadaten optimieren.

Metadaten wie Tags, Kategorien und Playlists sind entscheidend, um deinem Video Sichtbarkeit zu verschaffen. Wähle Kategorien aus, die genau auf den Inhalt deines Videos abgestimmt sind und nutze Tags, die sowohl allgemeine als auch spezifische Begriffe abdecken. *Beispiel:* Dein Video über »HIIT-Training für Anfänger« sollte Tags enthalten wie »HIIT«, »Fitness für Anfänger«, »schnelles Workout« und »Training zu Hause«. Diese Tags helfen YouTube dabei, dein Video in den richtigen Kontext zu stellen und es relevanten Suchanfragen zuzuordnen.

Tipp Vermeide es, unzählige Tags zu verwenden. Konzentriere dich auf eine gezielte Auswahl, die den Inhalt deines Videos bestmöglich beschreibt.

Die Zukunft von Video-SEO, Was kommt als Nächstes?

Du hast jetzt die Grundlagen und fortgeschrittene Techniken für die Optimierung von Video-Carousels und visuellen Features kennengelernt. Doch was passiert, wenn die Video-SEO-Strategien von heute nicht mehr ausreichen? Was, wenn neue Technologien wie Virtual Reality (VR) oder Augmented Reality (AR) die Art und Weise, wie wir Videos erstellen und konsumieren, revolutionieren? Google integriert interaktive Video-Features, bei denen Nutzer direkt im Video klicken, Produkte kaufen oder zusätzliche Informationen abrufen können. Werden wir bald SEO-Strategien brauchen, die nicht nur auf Text und Video, sondern auch auf interaktive und immersive Inhalte ausgerichtet sind?

Knowledge Panels und Local Packs.

Knowledge Panels sind die digitale Visitenkarte deines Unternehmens oder deiner Marke in den Suchergebnissen. Sie erscheinen auf der rechten Seite der Google-Suche und bieten eine schnelle Übersicht über wichtige Informationen wie Kontaktangaben, Standort, Social-Media-Profile und mehr. Diese Panels sind besonders wertvoll, da sie das Vertrauen der Nutzer stärken und deine Marke als Autorität in deinem Bereich präsentieren.

Doch wie schaffst du es, ein solches Panel für deine Marke zu etablieren und zu optimieren? Die Antwort liegt in der Nutzung von strukturierten Daten.

Strukturierte Daten für Knowledge Panels nutzen.

Strukturierte Daten sind wie die versteckte Sprache, die Suchmaschinen hilft, den Inhalt deiner Website besser zu verstehen. Durch die Implementierung von Schema.org-Markups kannst du Google genau mitteilen, welche Art von Informationen auf deiner Website zu finden sind. Dabei spielen verschiedene Markup-Typen eine Rolle, darunter »Organization«, »Person«, »Event« und »Product«.

Beispiel: Du betreibst ein lokales Café. Um ein Knowledge Panel für dein Unternehmen zu erstellen, implementierst du das »Organization«-Schema auf deiner Website. Hierbei gibst du Daten wie den Namen des Unternehmens, die Adresse, die Telefonnummer, die Öffnungszeiten und einen kurzen Beschreibungstext an. Außerdem verlinkst du deine Social-Media-Profile und das **Google My Business**-Konto.

Vorteil: Mit diesen strukturierten Daten kann Google die Informationen leicht extrahieren und in einem Knowledge Panel anzeigen. So erscheint dein Unternehmen nicht nur in den Suchergebnissen, sondern auch prominent an der Seite, das erhöht deine Sichtbarkeit und Glaubwürdigkeit enorm.

Konsistenz und Verlinkung.

Neben den strukturierten Daten spielt die Konsistenz der Informationen eine wichtige Rolle. Google sammelt Daten aus verschiedenen Quellen wie Wikipedia, Wikidata und deinem **Google My Business**-Profil. Es ist daher wichtig, dass alle Informationen übereinstimmen.

Beispiel: Dein Unternehmensname, die Adresse und die Kontaktdaten sollten auf deiner Website, in Social-Media-Profilen und in Verzeichnissen wie Yelp und Tripadvisor identisch sein. Unterschiedliche Angaben können dazu führen, dass Google Unsicherheiten in der Zuordnung hat und dein Knowledge Panel nicht anzeigt.

Tipp Verwende immer die exakt gleichen Informationen für dein Unternehmen auf allen Plattformen. Überprüfe regelmäßig, ob die Daten auf Drittseiten wie Branchenverzeichnissen korrekt sind und aktualisiere sie bei Bedarf.

Relevante Inhalte und Aktualisierungen.

Google bewertet nicht nur die strukturierten Daten, sondern auch die Relevanz und Aktualität deiner Inhalte. Halte deine Website und Social-Media-Profile aktuell und veröffentliche

12

regelmäßig neue Inhalte, die dein Unternehmen betreffen.

Beispiel: Du hast eine Event-Location und veranstaltest regelmäßig Konzerte und Veranstaltungen. Aktualisiere die Veranstaltungsdaten auf deiner Website und in deinem **Google My Business**-Profil. Nutze das »Event«-Schema, um Google diese Informationen gezielt bereitzustellen. So erhöht sich die Wahrscheinlichkeit, dass dein Knowledge Panel nicht nur angezeigt, sondern auch mit den neuesten Veranstaltungen gefüllt wird.

Vorteil: Aktuelle und relevante Inhalte erhöhen die Chance, dass Google dein Unternehmen als vertrauenswürdige Quelle wahrnimmt und dein Knowledge Panel prominent anzeigt.

Einsatz von KI zur Verbesserung der lokalen Sichtbarkeit in Local Packs.

Local Packs sind die kleinen, aber mächtigen Boxen, die Google für lokale Suchanfragen anzeigt. Sie bestehen meist aus einer Karte und drei Einträgen darunter. Wenn du dort auftauchst, ist die Wahrscheinlichkeit hoch, dass potenzielle Kunden auf dich aufmerksam werden. Doch wie schaffst du es, dein Unternehmen dorthin zu bringen? Mit KI.

Lokale Suchbegriffe und Nutzerverhalten analysieren.

KI-Tools wie **Moz** Local, **SEMrush** und **Whitespark** helfen dir dabei, lokale Suchbegriffe zu identifizieren, die für dein Unternehmen relevant sind. Sie analysieren auch das Nutzerverhalten in deiner Umgebung und zeigen dir, welche Suchanfragen häufig gestellt werden und welche Begriffe die höchsten Conversionraten haben.

Beispiel: Du betreibst ein Restaurant in Berlin und möchtest mehr Touristen anziehen. Ein KI-Tool zeigt dir, dass Suchanfragen wie »bestes veganes Restaurant in Berlin« und »Restaurant mit Blick auf den Fernsehturm« besonders beliebt sind. Du optimierst deine Inhalte entsprechend und fügst diese Begriffe in deine Website und dein **Google My Business**-Profil ein.

Vorteil: Du sparst Zeit bei der Recherche und erhältst direkt umsetzbare Handlungsempfehlungen, die deine lokale Sichtbarkeit verbessern.

Google My Business **optimieren.**

Dein **Google My Business**-Profil ist der Dreh- und Angelpunkt für die lokale Sichtbarkeit. Hier kannst du wichtige Informationen wie Öffnungszeiten, Dienstleistungen und

Bewertungen verwalten. Ein optimiertes Profil erhöht die Chancen, in den Local Packs aufzutauchen.

Beispiel: Du betreibst eine Autowerkstatt und möchtest in den Local Packs für »Autowerkstatt in meiner Nähe« erscheinen. Du stellst sicher, dass dein **Google My Business**-Profil vollständig ausgefüllt ist, mit Fotos deiner Werkstatt, einer detaillierten Beschreibung der Dienstleistungen und aktuellen Bewertungen von Kunden.

Tipp Verwende regelmäßig Posts und Updates auf deinem **Google My Business**-Profil, um Google zu zeigen, dass dein Unternehmen aktiv und relevant ist. Füge dabei lokale Suchbegriffe und Call-to-Actions wie »Jetzt anrufen« oder »Online-Termin buchen« ein.

KI-gestützte Konkurrenzanalyse.

Mit KI-Tools kannst du nicht nur dein eigenes Profil optimieren, sondern auch die Konkurrenz im Auge behalten. Tools wie BrightLocal und Yext bieten dir detaillierte Einblicke in die Strategien deiner Wettbewerber:

Welche Keywords verwenden sie? Welche Art von Content veröffentlichen sie? Wie sehen ihre Bewertungen aus?

Beispiel: Als Friseursalon und stellst fest, dass ein Konkurrent besonders viele positive Bewertungen für seine »Haarverlängerungen« erhält. Du erstellst daraufhin eine spezielle Seite auf deiner Website über Haarverlängerungen, optimierst diese mit lokalen Keywords und bietest einen Rabatt auf diese Dienstleistung an, um mehr Bewertungen zu generieren.

Vorteil: Du kannst gezielt auf Schwächen oder Stärken der Konkurrenz reagieren und deine eigene Strategie entsprechend anpassen, um in den Local Packs besser zu ranken.

Markenerkennung und Autorität durch optimierte Inhalte stärken.

Die Sichtbarkeit in Knowledge Panels und Local Packs ist nur die halbe Miete. Um wirklich als Autorität wahrgenommen zu werden, musst du kontinuierlich an deiner Marke arbeiten und hochwertige, relevante Inhalte bieten. Eine starke Marke wird von Google als vertrauenswürdig eingestuft. Stelle sicher, dass dein Branding auf allen Kanälen konsistent ist, von der Website über Social Media bis hin zu Branchenverzeichnissen.

Beispiel: Du betreibst eine Beratungsfirma und möchtest als Experte für digitales Marketing wahrgenommen werden. Du erstellst regelmäßig Blogbeiträge, veröffentlichst Whitepapers und nimmst an Fachkonferenzen teil. All diese Inhalte verlinkst du auf deiner Website und nutzt strukturierte Daten, um Google die Relevanz deines Unternehmens zu zeigen.

Tipp Nutze Social-Media-Kanäle, um regelmäßig Updates und Erfolge zu teilen. Ein aktiver Online-Auftritt signalisiert Google und den Nutzern, dass dein Unternehmen relevant und aktiv ist.

Autorität durch Experteninhalte aufbauen

Erstelle Inhalte, die tiefgehende Einblicke in dein Fachgebiet geben. Google bevorzugt Inhalte, die umfassend und detailliert sind und dem Nutzer einen echten Mehrwert bieten.

Beispiel: Du bist Immobilienmakler und erstellst einen umfassenden Guide über den Kauf von Immobilien in deiner Region. Du deckst Themen ab wie »Welche Stadtteile sind am besten für Familien?« und »Wie verhandle ich den besten Preis?«. Dieser Guide wird regelmäßig aktualisiert und du nutzt strukturierte Daten, um die verschiedenen Abschnitte für Google sichtbar zu machen.

Vorteil: Solche Inhalte helfen dir nicht nur, in den Suchergebnissen besser sichtbar zu werden, sondern auch dein Knowledge Panel mit relevanten Informationen zu füllen.

Die nächste Generation von Knowledge Panels und Local Packs.

Die Welt der lokalen SEO und des Markenaufbaus entwickelt sich rasant weiter. Doch was passiert, wenn Google die Knowledge Panels und Local Packs noch interaktiver gestaltet? Stell dir vor, Nutzer könnten direkt im Knowledge Panel Bewertungen hinterlassen, Termine buchen oder Produkte kaufen, ohne die Suchergebnisseite zu verlassen.

Die Frage ist: Wie wirst du deine Strategie anpassen, wenn sich die Spielregeln ändern? Bist du bereit, neue Technologien und KI-gestützte Tools zu nutzen, um an der Spitze zu bleiben? Die Zukunft hält spannende Entwicklungen bereit und nur wer frühzeitig reagiert, wird am Ende ganz oben stehen. Mach dich bereit, denn die nächste SEO-Revolution könnte direkt vor deiner Tür stehen!

Nutzung von Schema-Markup zur Optimierung für SERP-Features.

Schema-Markup ist die geheime Sprache, die Suchmaschinen hilft, den Inhalt deiner Website besser zu verstehen. Es handelt sich um eine Sammlung von standardisierten Datenformaten, die du in den HTML-Code deiner Website einfügst, um zusätzliche Informationen bereitzustellen, wie z. B. Bewertungen, Rezepte, Veranstaltungen und vieles mehr. Diese strukturierten Daten sind entscheidend, um Suchmaschinen klar zu machen, was genau auf deiner Seite zu finden ist und helfen ihnen, deine Inhalte in speziellen SERP-Features wie Rich Snippets, Knowledge Panels oder Video-Carousels darzustellen.

Warum ist Schema-Markup so wichtig?

Angenommen, du liest ein Buch, das nur aus Buchstaben ohne Leerzeichen oder Satzzeichen besteht. Das würde dein Gehirn überfordern, richtig? Genauso geht es Suchmaschinen ohne Schema-Markup. Während sie den Inhalt auch ohne diese Markups irgendwie verstehen können, hilft ihnen das Schema dabei, den Kontext klar zu erkennen. Dadurch können Suchmaschinen wie Google deine Inhalte spezifischer indexieren und an geeigneter Stelle in den Suchergebnissen anzeigen.

Beispiel: Du hast ein Rezept auf deiner Website veröffentlicht. Ohne Schema-Markup wird Google die Seite zwar lesen, aber möglicherweise nicht verstehen, dass es sich um ein Rezept handelt. Mit dem »Recipe«-Schema hingegen weiß Google genau, dass es ein Rezept ist, welche Zutaten es enthält, wie lange die Zubereitung dauert und wie das Gericht bewertet wurde. Diese Informationen werden dann als Rich Snippet angezeigt und bieten dem Nutzer einen klaren Mehrwert.

Vorteil: Richtig eingesetztes Schema-Markup verbessert nicht nur deine Sichtbarkeit in den SERP-Features, sondern steigert auch die Klickrate (CTR), da die Nutzer mehr Informationen direkt in den Suchergebnissen erhalten und dadurch eher geneigt sind, deine Seite zu besuchen.

Wie funktioniert Schema-Markup?

Schema-Markup wird in Form von JSON-LD (JavaScript Object Notation for Linked Data) oder Microdata direkt in den HTML-Code deiner Website eingefügt. Es ist im Grunde eine Möglichkeit, Daten zu strukturieren, damit Suchmaschinen sie besser verstehen können. Die gängigsten Markups decken eine Vielzahl von Kategorien ab, darunter Artikel, Organi-

12

sationen, Personen, Rezepte, Produkte, FAQs und vieles mehr.

Beispiel: Wenn du ein Schema für eine Rezension einfügen möchtest, könnte der JSON-Code so aussehen:

```
{ "@context": "https://schema.org",
  "@type": "Review",
  "itemReviewed": {
    "@type": "Product",
    "name": "Kaffeemaschine XY"
  },
  "author": {
    "@type": "Person",
    "name": "Max Mustermann"
  },
  "reviewRating": {
    "@type": "Rating",
    "ratingValue": "4",
    "bestRating": "5"
  },
  "reviewBody": "Diese Kaffeemaschine ist einfach zu bedienen und
der Kaffee schmeckt hervorragend."}
```

Tipp Wenn du kein Programmierer bist, kann das Einfügen von Schema-Markups überwältigend sein. Automatisierte Tools nehmen dir diese Arbeit ab.

Die manuelle Erstellung und Pflege von Schema-Markup kann zeitaufwendig und fehleranfällig sein. Genau hier kommen KI-Tools an die Reihe, die diese Aufgabe für dich automatisieren. Sie generieren die benötigten Markups basierend auf den Inhalten deiner Website und stellen sicher, dass sie korrekt implementiert sind.

KI-Tools zur automatisierten Markup-Generierung.

Es gibt mehrere Tools, die dir helfen, Schema-Markup automatisch zu erstellen und zu integrieren. Zu den bekanntesten gehören **Schema Pro**, **Merkle's Schema Markup Generator** und **Yoast SEO**. Diese Tools analysieren den Inhalt deiner Seite und generieren das passende Schema-Markup, das du einfach in den HTML-Code deiner Website einfügen kannst.

Beispiel: Du betreibst einen Blog und möchtest, dass deine Artikel als »How-To« oder »FAQ« in den Suchergebnissen erscheinen. Ein KI-Tool wie Schema Pro scannt deinen Blogartikel und erstellt automatisch das passende Markup. Es erkennt Fragen und Antworten oder Schritt-für-Schritt-Anleitungen und wandelt sie in das entsprechende Format um.

Vorteil: Du sparst Zeit und reduzierst die Wahrscheinlichkeit von Fehlern, die auftreten können, wenn du das Markup manuell hinzufügst. Die Tools halten sich an die aktuellen Standards und garantieren so, dass deine Schema-Daten immer auf dem neuesten Stand sind.

Überwachung und Fehlerbehebung.

KI-Tools sind nicht nur für die Generierung nützlich, sondern auch für die Überwachung und Fehlerbehebung. **Google Search Console** und andere spezialisierte Tools wie **Screaming Frog** können dir helfen, Fehler im Schema-Markup zu identifizieren und Verbesserungen vorzuschlagen. Ein fehlerhaftes Schema kann dazu führen, dass deine Seite in den Suchergebnissen abgewertet wird oder nicht in den gewünschten SERP-Features erscheint.

Beispiel: Du hast das »Recipe«-Schema für einen deiner Blogposts verwendet, aber Google zeigt es nicht in den Suchergebnissen an. Ein Tool wie Screaming Frog kann dir zeigen, dass du einen Pflichtparameter wie »recipeIngredient« oder »cookTime« vergessen hast. Sobald du den Fehler behebst, wird dein Rezept korrekt angezeigt.

Tipp Überprüfe regelmäßig deine Schema-Markups mit der **Google Search Console** oder dem Structured Data Testing Tool von Google, um sicherzustellen, dass alle Daten korrekt sind.

Best Practices für die Implementierung: FAQ, How-To, Review, Recipe.

Die Implementierung von Schema-Markup ist mehr als nur das Einfügen von Code, es erfordert eine strategische Planung. Jede Art von Schema hat ihre eigenen Anforderungen und Best Practices. Hier sind einige wichtige Tipps für die gängigsten Markup-Typen:

FAQ-Schema

Das FAQ-Schema ist ideal, um häufig gestellte Fragen direkt in den Suchergebnissen an-zuzeigen. Diese Art von Schema bietet den Nutzern einen schnellen Überblick und hilft

12

dabei, eine höhere Sichtbarkeit in den SERP-Features zu erreichen.

Best Practice:

- Füge mindestens drei bis fünf Fragen und Antworten hinzu.
- Stelle sicher, dass die Fragen kurz und prägnant sind und die Antworten direkt auf den Punkt kommen.
- Vermeide es, irrelevante oder irreführende Fragen einzufügen, nur um die Länge zu erhöhen. Google straft solche Taktiken ab.

Beispiel: Du betreibst eine Website über Haustierpflege und erstellst eine FAQ-Seite zu »Katzenpflege«. Du verwendest Fragen wie »Wie oft sollte ich meine Katze baden?« und »Welche Bürste ist am besten für langhaarige Katzen?« Jede Frage wird mit einer kurzen, prägnanten Antwort versehen.

How-To-Schema

Das How-To-Schema ist perfekt für Anleitungen und Tutorials. Es ermöglicht Google, die Schritte einer Anleitung direkt in den Suchergebnissen anzuzeigen und erhöht die Chance, dass dein Inhalt als »Featured Snippet« erscheint.

Best Practice:

- Strukturierte Anleitungen in klaren, nummerierten Schritten.
- Nutze optional Bilder oder Videos, um die Schritte visuell zu unterstützen.
- Achte darauf, dass die Schritte detailliert genug sind, um den Nutzern einen echten Mehrwert zu bieten.

Beispiel: Du schreibst eine Anleitung zum »Einrichten eines Smart Homes«. Du strukturierst die Schritte von »Installation der Smart-Home-Zentrale« über »Verbindung der Geräte« bis hin zu »Erstellung von Automationen« und versiehst jeden Schritt mit einem kurzen Text und einem Bild.

Review-Schema

Das Review-Schema ist besonders nützlich, um Bewertungen und Rezensionen in den Suchergebnissen anzuzeigen. Nutzer sehen auf einen Blick, wie gut ein Produkt oder eine Dienstleistung bewertet wurde.

Best Practice:

- Stelle sicher, dass die Bewertung authentisch ist und das sie auf echten Nutzerbewertungen basiert.

- Erstelle eine kurze Rezension, die die wichtigsten Vor- und Nachteile zusammenfasst.
- Vermeide gefälschte Bewertungen, da diese von Google erkannt und bestraft werden können.

Beispiel: Du betreibst eine Website für Elektronikprodukte und möchtest eine Bewertung zu einem neuen Smartphone hinzufügen. Du verwendest das Review-Schema, um die Bewertung (4,5 von 5 Sternen), den Namen des Rezensenten und eine kurze Zusammenfassung der wichtigsten Funktionen und Schwächen des Geräts anzuzeigen.

Recipe-Schema

Das Recipe-Schema ist perfekt für kulinarische Websites und ermöglicht es Google, wichtige Informationen wie Zutaten, Zubereitungszeit und Bewertungen anzuzeigen.

Best Practice:

- Füge detaillierte Angaben zu Zutaten, Kochzeit, Portionen und Anweisungen hinzu.
- Nutze Bilder und Videos, um das Rezept visuell ansprechend zu gestalten.
- Achte darauf, dass die Angaben präzise und konsistent sind.

Beispiel: Du betreibst einen Food-Blog und möchtest ein Rezept für »Vegane Lasagne« veröffentlichen. Du fügst das Recipe-Schema hinzu, die Zutaten, die Zubereitungszeit, die Anzahl der Portionen und eine Schritt-für-Schritt-Anleitung zur Zubereitung.

Die Zukunft von Schema-Markup, Was erwartet uns?

Schema-Markup ist heute bereits ein mächtiges Werkzeug, um deine Inhalte in den Suchergebnissen hervorzuheben. Doch was passiert, wenn sich die Möglichkeiten noch erweitern? Was, wenn Google in Zukunft nicht nur Rezepte und FAQs, sondern auch interaktive Inhalte wie 3D-Modelle oder Virtual-Reality-Erlebnisse unterstützt? Die Herausforderung wird sein, mit den sich ständig weiterentwickelnden Technologien Schritt zu halten. Werden wir bald eine neue Ära der SEO erleben, in der nicht mehr nur Texte und Bilder, sondern auch immersive und interaktive Inhalte optimiert werden müssen? Bist du bereit für die nächste Generation der Schema-Markup-Optimierung? Die Zukunft hält spannende Entwicklungen bereit und wer nicht bereit ist, sich anzupassen, könnte schnell ins Hintertreffen geraten. Halte die Augen offen, denn die SEO-Revolution ist gerade erst im Anmarsch!

12

Content-Strategie für SERP-Features entwickeln.

Bevor du selbst in die Welt der SERP-Features eintauchst, solltest du einen Blick auf die Konkurrenz werfen. Was machen sie, um in den begehrten SERP-Features wie Featured Snippets, People Also Ask (PAA) oder Video-Carousels zu landen? Eine gründliche Analyse ihrer Strategien kann dir nicht nur Inspiration liefern, sondern auch aufzeigen, wo noch ungenutzte Potenziale liegen.

Wettbewerbsanalyse mit KI-Tools.

KI-gestützte Tools wie **Ahrefs**, **SEMrush** oder **Moz** ermöglichen eine detaillierte Analyse der SERP-Feature-Präsenz deiner Wettbewerber. Diese Tools zeigen dir nicht nur, welche Inhalte deiner Konkurrenten in welchen SERP-Features angezeigt werden, sondern auch, für welche Keywords sie in diesen Features ranken. So bekommst du einen umfassenden Überblick darüber, welche Strategien erfolgreich sind und welche Inhalte besonders gut performen.

Beispiel: Du betreibst einen Blog über gesunde Ernährung und möchtest mehr Sichtbarkeit in den SERP-Features erhalten. Ein Tool wie **Ahrefs** zeigt dir, dass dein größter Konkurrent häufig in den »People Also Ask«-Boxen für Fragen wie »Was sind gesunde Frühstücksideen?« oder »Welche Lebensmittel sind reich an Proteinen?« rankt. Du stellst fest, dass seine Inhalte besonders gut strukturiert sind und er kurze, prägnante Antworten auf häufige Fragen gibt.

Vorteil: Du weißt nun, welche Art von Content in deiner Nische funktioniert und kannst gezielt auf diese Strategien aufbauen oder Lücken füllen, die dein Konkurrent übersehen hat.

Identifizierung von Content-Lücken.

Die Konkurrenzanalyse zeigt nicht nur, was gut funktioniert, sondern auch, wo es noch Lücken gibt. Wenn deine Wettbewerber bestimmte Themen oder Fragen nicht abdecken, ist das deine Chance, diese Lücke zu schließen und neue Inhalte zu erstellen, die auf diese spezifischen SERP-Features abzielen.

Beispiel: Bei der Analyse stellst du fest, dass keiner deiner Wettbewerber in den Featured Snippets für das Keyword »Was sind die gesundheitlichen Vorteile von Grünkohl?« auftaucht. Du erstellst daraufhin einen umfassenden Artikel, der die gesundheitlichen Vorteile von Grünkohl detailliert beschreibt und fügst ein gut strukturiertes Snippet mit einer klaren Definition am Anfang des Artikels ein.

Tipp Fokussiere dich auf Nischen-Keywords und spezifische Fragen, bei denen du weniger Konkurrenz hast, um schneller in den SERP-Features zu landen.

12.8 Erstellung von Inhalten, die auf mehrere SERP-Features abzielen.

Die Zeiten, in denen es ausreichte, nur für einen bestimmten Suchbegriff zu optimieren, sind vorbei. Um in den SERP-Features erfolgreich zu sein, musst du Inhalte erstellen, die für mehrere Features relevant sind. Das bedeutet, dass du deine Inhalte so strukturierst, dass sie sowohl in Featured Snippets als auch in PAA-Boxen, Video-Carousels oder sogar Local Packs erscheinen können.

Inhalte für Featured Snippets und PAA optimieren.

Featured Snippets und »People Also Ask«-Boxen bieten eine hervorragende Möglichkeit, deine Sichtbarkeit zu erhöhen. Während Featured Snippets oft eine direkte Antwort auf eine spezifische Frage bieten, decken PAA-Boxen thematisch verwandte Fragen ab.

Beispiel: Du schreibst einen Artikel über »Die besten Übungen für den Muskelaufbau«. Du beginnst den Artikel mit einer kurzen Zusammenfassung, die das Potenzial hat, als Featured Snippet angezeigt zu werden: »Die besten Übungen für den Muskelaufbau sind Kniebeugen, Bankdrücken und Kreuzheben, da sie große Muskelgruppen aktivieren.« Weiter unten im Artikel beantwortest du häufig gestellte Fragen wie »Wie oft sollte man für Muskelaufbau trainieren?« und »Welche Ernährung unterstützt den Muskelaufbau?« Diese Fragen haben das Potenzial, in den PAA-Boxen angezeigt zu werden.

Tipp Verwende klare und prägnante Absätze für jede Frage und Antwort. Je einfacher deine Inhalte strukturiert sind, desto wahrscheinlicher ist es, dass Google sie in den SERP-Features verwendet.

Inhalte für Video-Carousels optimieren.

Videos gewinnen in den SERP-Features zunehmend an Bedeutung. Besonders in Video-Carousels kannst du mit gut produzierten Videos eine hohe Sichtbarkeit erreichen.

271

Der Schlüssel liegt darin, die richtigen Video-Keywords zu identifizieren und sicherzustellen, dass deine Videos gut strukturiert und optimiert sind.

Beispiel: Du erstellst ein Video über »10-Minuten-Meditation für Anfänger«. Im Titel und in der Beschreibung verwendest du gezielt Keywords wie »Meditation für Anfänger«, »10-Minuten-Meditation« und »Meditation für mehr Ruhe«. Du strukturierst das Video in klare Abschnitte und nutzt die YouTube-Kapitel-Funktion, um die wichtigsten Punkte zu kennzeichnen. Dadurch wird dein Video nicht nur besser gefunden, sondern auch in den Video-Carousels angezeigt.

Tipp Achte auf die Video-Optimierung. Verwende hochwertige Thumbnails, detaillierte Beschreibungen und relevante Tags, um die Chancen zu erhöhen, in den Video-Carousels zu erscheinen.

Inhalte für Local Packs und Knowledge Panels optimieren.

Local Packs sind besonders wichtig für lokale Unternehmen. Um hier sichtbar zu werden, musst du sicherstellen, dass dein **Google My Business**-Profil vollständig und aktuell ist. Knowledge Panels erfordern strukturierte Daten und eine konsistente Online-Präsenz.

Beispiel: Du betreibst eine lokale Autowerkstatt und möchtest in den Local Packs für »Autowerkstatt in meiner Nähe« erscheinen. Du füllst dein **Google My Business**-Profil mit detaillierten Informationen aus, fügst regelmäßig Fotos und Updates hinzu und bittest zufriedene Kunden um Bewertungen. Parallel dazu verwendest du strukturierte Daten auf deiner Website, um Google klar zu machen, dass du eine Autowerkstatt betreibst und welche Dienstleistungen du anbietest.

Tipp Nutze gezielte lokale Keywords und füge deinem **Google My Business**-Profil regelmäßig neue Inhalte hinzu. Halte deine Öffnungszeiten und Kontaktdaten stets aktuell.

12.9 Integration der SERP-Feature-Optimierung in die gesamte SEO-Strategie.

Die Optimierung für SERP-Features sollte nicht isoliert betrachtet werden. Sie muss nahtlos in deine gesamte SEO-Strategie integriert sein, um langfristig erfolgreich zu sein. Das bedeutet, dass du deine Keyword-Strategie, deine Content-Erstellung und deine technischen SEO-Maßnahmen miteinander abstimmst.

Keyword-Strategie anpassen.

Die Wahl der richtigen Keywords ist entscheidend für die SERP-Feature-Optimierung. Fokussiere dich auf Long-Tail-Keywords und Frageformate, die häufig in Featured Snippets und PAA-Boxen angezeigt werden.

Beispiel: Anstatt nur auf das Keyword »Muskelaufbau« zu optimieren, verwendest du Keywords wie »Wie baue ich schnell Muskeln auf?« oder »Was sind die besten Übungen für Muskelaufbau?«. Diese Fragenformate haben ein höheres Potenzial, in den SERP-Features angezeigt zu werden.

Tipp Nutze Tools wie **Answer The Public** oder **SEMrush**, um häufig gestellte Fragen zu deinen Keywords zu identifizieren und gezielt in deine Inhalte einzubauen.

Content-Erstellung optimieren.

12

Erstelle Inhalte, die mehrere SERP-Features abdecken können. Kombiniere Text, Videos und strukturierte Daten, um die Chancen zu erhöhen, in verschiedenen Features zu erscheinen.

Beispiel: Du erstellst einen umfassenden Guide über »Gesunde Ernährung für Sportler«. Der Text ist so strukturiert, dass er als Featured Snippet und PAA-Box angezeigt werden kann. Du fügst zusätzlich ein Video mit einer Schritt-für-Schritt-Anleitung zur Zubereitung eines sportlerfreundlichen Essens hinzu und verwendest das »Recipe«-Schema, um das Video für Rich Snippets zu optimieren.

Tipp Achte darauf, dass deine Inhalte klar strukturiert sind und jedem SERP-Feature entsprechende Informationen bieten. Nutze strukturierte Daten, um den Inhalt für Suchmaschinen klar verständlich zu machen.

Technische SEO-Maßnahmen einbeziehen.

Die technische SEO ist ein wesentlicher Bestandteil der SERP-Feature-Optimierung. Ladegeschwindigkeit, mobile Optimierung und saubere URL-Strukturen spielen eine große Rolle dabei, wie gut deine Inhalte in den Suchergebnissen ranken.

Beispiel: Du stellst fest, dass deine Website auf mobilen Geräten langsam lädt und die Absprungrate hoch ist. Durch die Optimierung der Bilder, die Verwendung eines Content Delivery Networks (CDN) und die Implementierung von AMP (Accelerated Mobile Pages) verbesserst du die Ladezeiten und die mobile Nutzererfahrung. Dadurch steigt die Wahrscheinlichkeit, dass deine Inhalte in den SERP-Features angezeigt werden.

Tipp Überprüfe regelmäßig deine Website mit Tools wie **Google PageSpeed Insights** oder GTmetrix, um technische Probleme zu identifizieren und zu beheben.

Die Zukunft der SERP-Feature-Optimierung, Was kommt als Nächstes?

Du hast nun die wichtigsten Strategien und Techniken zur Optimierung für SERP-Features kennengelernt. Doch was passiert, wenn Google die Art und Weise, wie SERP-Features funktionieren, grundlegend verändert? Was, wenn interaktive Features, personalisierte Ergebnisse und KI-gestützte Inhalte bald die Norm werden?

Die SEO-Welt ist ständig in Bewegung und nur diejenigen, die flexibel und innovativ bleiben, werden auch in Zukunft erfolgreich sein. Bist du bereit, deine Strategien anzupassen und neue Wege zu gehen? Denn eins ist sicher: Die nächste große Veränderung steht schon vor der Tür. Und wer weiß, vielleicht werden die SERP-Features von morgen völlig anders aussehen als heute.

Relevante KPIs zur Bewertung der SERP-Feature-Optimierung

Die Optimierung für SERP-Features ist ein laufender Prozess, bei dem kontinuierlich überwacht und angepasst werden muss, um den maximalen Erfolg zu erzielen. Doch wie misst man den Erfolg dieser Bemühungen? Key Performance Indicators (KPIs) helfen dir, deine Fortschritte zu verfolgen, Probleme frühzeitig zu erkennen und deine Strategie entsprechend anzupassen.

Sichtbarkeit und Ranking

Ein grundlegender KPI ist die Sichtbarkeit in den SERP-Features. Dabei geht es nicht nur darum, ob deine Inhalte in den Suchergebnissen angezeigt werden, sondern auch in welchen SERP-Features sie erscheinen. Dies umfasst Featured Snippets, People Also Ask (PAA), Video-Carousels und viele mehr.

Messgrößen:

Anzahl der SERP-Features: Wie oft wird dein Inhalt in SERP-Features angezeigt?

Durchschnittliche Position: Auf welchem Platz erscheint dein Inhalt innerhalb eines bestimmten SERP-Features?

Feature-Deckung: Welche Arten von SERP-Features deckt dein Content ab (z. B. Featured Snippets, PAA, Video-Carousels)?

Tipp Nutze Tools wie **SEMrush** oder **Ahrefs**, um diese Daten zu tracken und zu analysieren. Diese Tools bieten detaillierte Reports darüber, in welchen SERP-Features du bereits vertreten bist und wo es noch Potenzial gibt.

Klickrate (CTR)

Die Klickrate ist ein entscheidender KPI, um den Erfolg deiner SERP-Feature-Optimierung zu bewerten. Eine hohe Sichtbarkeit ist gut, aber sie bringt nichts, wenn die Nutzer nicht auf deine Inhalte klicken. Die CTR gibt an, wie viele Nutzer tatsächlich auf deine Seite klicken, nachdem sie dein SERP-Feature gesehen haben.

Messgrößen:

CTR pro SERP-Feature: Wie hoch ist die Klickrate für jedes SERP-Feature, in dem deine Inhalte erscheinen?

Veränderung der CTR: Hat sich die CTR nach der Optimierung eines bestimmten Features verbessert?

Tipp Wenn die CTR für ein Featured Snippet niedrig ist, könnte es daran liegen, dass die Antwort im Snippet bereits alle Fragen des Nutzers beantwortet. Überlege, ob du die Antwort verkürzen oder weitere Anreize schaffen kannst, damit die Nutzer auf deine Seite klicken.

Absprungrate und Verweildauer

Die Absprungrate (Bounce Rate) und die Verweildauer auf deiner Website geben Aufschluss darüber, wie gut deine Inhalte die Erwartungen der Nutzer erfüllen. Wenn Nutzer schnell

12

wieder abspringen, nachdem sie auf deine Seite geklickt haben, könnte das ein Hinweis darauf sein, dass dein Inhalt nicht relevant oder ansprechend genug ist.

Messgrößen:

Absprungrate pro Seite: Wie viele Nutzer verlassen deine Seite sofort wieder, ohne eine weitere Aktion durchzuführen?

Durchschnittliche Verweildauer: Wie lange bleiben die Nutzer auf deiner Seite, nachdem sie über ein SERP-Feature auf deine Inhalte gestoßen sind?

Tipp Analysiere Seiten mit hoher Absprungrate und optimiere sie, indem du den Inhalt verbesserst, die Navigation vereinfachst oder die Ladezeiten verkürzt. Videos, Infografiken und gut strukturierte Texte können die Verweildauer erhöhen.

Conversionrate.

Letztlich ist die Conversionrate einer der wichtigsten KPIs. Sie zeigt, wie viele der Nutzer, die über SERP-Features auf deine Seite gelangen, eine gewünschte Aktion durchführen, wie z. B. einen Kauf abschließen, sich für einen Newsletter anmelden oder eine Anfrage stellen.

Messgrößen:

Conversionrate pro SERP-Feature: Wie hoch ist die Conversionrate der Nutzer, die über verschiedene SERP-Features auf deine Website gelangen?

Veränderung der Conversionrate: Wie hat sich die Conversionrate nach der Optimierung verändert?

Tipp Nutze A/B-Tests, um verschiedene Call-to-Actions, Layouts und Inhalte auf deinen Zielseiten zu testen und so die Conversionrate kontinuierlich zu verbessern.

Überwachung von Ranking-Veränderungen und Wettbewerbsaktivitäten.

In der dynamischen Welt der Suchmaschinenoptimierung sind kontinuierliche Überwachung und schnelle Anpassung entscheidend. Künstliche Intelligenz (KI) hilft dir nicht nur dabei, Ranking-Veränderungen und Wettbewerbsaktivitäten zu überwachen, sondern auch, schnell auf diese Veränderungen zu reagieren.

Echtzeit-Monitoring von Ranking-Veränderungen.

KI-gestützte Tools wie **SEMrush**, **Ahrefs** oder **Moz** bieten Echtzeit-Updates zu deinen Rankings in den SERP-Features. Sie informieren dich sofort, wenn sich dein Ranking ändert und geben dir Einblicke, warum diese Veränderungen passiert sind.

Vorteil: Du kannst sofort reagieren, wenn deine Inhalte aus einem SERP-Feature herausfallen oder wenn ein Konkurrent plötzlich höher rankt. So kannst du rechtzeitig Maßnahmen ergreifen, um deine Position zurückzuerobern.

Beispiel: Du bemerkst, dass ein Konkurrent plötzlich im Featured Snippet für ein Keyword auftaucht, für das du vorher gerankt hast. Ein KI-Tool zeigt dir, dass der Konkurrent eine detailliertere Antwort auf die Frage gegeben hat. Du aktualisierst deinen Content mit zusätzlichen Informationen und strukturierten Daten, um dein Ranking zurückzuerobern.

Wettbewerbsaktivitäten überwachen.

Mit KI-Tools kannst du nicht nur deine eigenen Rankings überwachen, sondern auch die Aktivitäten deiner Wettbewerber. Du erhältst Benachrichtigungen, wenn ein Konkurrent neue Inhalte veröffentlicht, seine SERP-Feature-Präsenz erhöht oder ein neues Keyword ins Visier nimmt.

Vorteil: Du bist immer einen Schritt voraus und kannst deine Strategie anpassen, bevor die Konkurrenz dir den Rang abläuft.

Beispiel: Du erhältst eine Benachrichtigung, dass ein Konkurrent in den Video-Carousels für ein Keyword rankt, das für dein Geschäft relevant ist. Du analysierst das Video, identifizierst dessen Stärken und Schwächen und erstellst ein eigenes, optimiertes Video, um die Konkurrenz zu übertreffen.

Automatisierte Handlungsempfehlungen.

Moderne KI-Tools bieten nicht nur Überwachung, sondern auch automatisierte Handlungsempfehlungen. Sie analysieren deine Daten und geben dir konkrete Vorschläge, wie du deine Inhalte optimieren kannst, um in den SERP-Features besser zu ranken.

Beispiel: Ein KI-Tool stellt fest, dass deine Absprungrate für ein bestimmtes Featured Snippet hoch ist und empfiehlt, die Antwort im Snippet zu verkürzen und mit einer stärkeren Call-to-Action zu versehen, um die Nutzer dazu zu bringen, auf deine Seite zu klicken.

12

Tipp Nutze diese automatisierten Empfehlungen, um kontinuierlich an deinen Inhalten zu arbeiten. Die KI liefert dir datenbasierte Insights, die du direkt umsetzen kannst, um deine SEO-Performance zu verbessern.

Anpassung der Strategie basierend auf Datenanalysen und Ergebnissen.

Die kontinuierliche Optimierung deiner SERP-Feature-Strategie basiert auf der Analyse der KPIs und den Insights, die du aus deinen KI-Tools gewinnst. Dabei geht es darum, datenbasierte Entscheidungen zu treffen und deine Strategie flexibel an neue Entwicklungen anzupassen.

Analyse der Performance-Daten.

Nutze die gesammelten Daten, um zu verstehen, welche Inhalte gut funktionieren und welche nicht. Identifiziere Seiten, die in mehreren SERP-Features ranken und analysiere, was sie erfolgreich macht. Diese Erkenntnisse helfen dir, ähnliche Inhalte zu erstellen oder bestehende zu verbessern.

Beispiel: Du stellst fest, dass ein bestimmter Blogpost sowohl in den Featured Snippets als auch in den PAA-Boxen gut performt. Du analysierst, dass die klare Struktur und die präzisen Antworten auf häufige Fragen dafür verantwortlich sind. Basierend auf diesen Erkenntnissen überarbeitest du andere Inhalte nach demselben Muster.

Strategieanpassung basierend auf neuen Daten.

Sei bereit, deine Strategie kontinuierlich anzupassen. Wenn neue Daten zeigen, dass ein bestimmtes SERP-Feature plötzlich an Bedeutung gewinnt, passe deine Inhalte entsprechend an. Dies kann bedeuten, neue Inhalte zu erstellen oder bestehende zu optimieren.

Beispiel: Du merkst, dass Google vermehrt Video-Carousels für deine Keywords anzeigt. Daraufhin entscheidest du, vermehrt Videos zu produzieren und diese gezielt zu optimieren, um in den Carousels zu erscheinen.

Tipp Setze regelmäßige Reviews deiner Performance-Daten an. Nutze diese Daten, um vierteljährliche Anpassungen an deiner Content-Strategie vorzunehmen.

Kontinuierliche Tests und Optimierungen.

Die SERP-Feature-Optimierung ist ein fortlaufender Prozess. Setze auf kontinuierliche Tests, um herauszufinden, was am besten funktioniert. Dies kann A/B-Testing von Meta-Beschreibungen, Änderungen an der Struktur deiner Inhalte oder die Anpassung deiner Videos umfassen.

Beispiel: Du testest verschiedene Versionen deiner FAQ-Seite, um herauszufinden, welche Struktur besser in den PAA-Boxen rankt. Eine Version verwendet kurze Antworten, während die andere ausführlichere Antworten enthält. Nach einem Monat stellst du fest, dass die ausführlicheren Antworten besser abschneiden und passt deine Inhalte entsprechend an.

Tipp Nutze die Ergebnisse dieser Tests, um deine Inhalte kontinuierlich zu verbessern. Jede kleine Optimierung kann in den SERP-Features besser ranken.

Die Zukunft der Performance-Messung, Was erwartet uns?

Die kontinuierliche Optimierung und Performance-Messung sind heute essenziell für den Erfolg deiner SEO-Strategie. Doch wie wird sich das in Zukunft entwickeln? Was passiert, wenn KI-Tools so intelligent werden, dass sie selbstständig Strategien entwickeln, Inhalte optimieren und Veränderungen in Echtzeit umsetzen können?

So könnte es aussehen: Deine SEO-Tools geben dir nicht nur Empfehlungen, sondern setzen diese auch automatisch um, während du dich auf andere Aufgaben konzentrierst. Werden wir bald an einem Punkt sein, an dem die KI unsere SEO-Strategien völlig autonom steuert und optimiert? Die Zukunft der Performance-Messung und -Optimierung verspricht spannend zu werden und die Frage ist: Bist du bereit, dich auf diese neuen Technologien einzulassen und die Kontrolle teilweise abzugeben? Halte dich bereit, denn die nächste große Revolution im SEO-Bereich könnte schneller kommen, als wir denken.

Zukunftsausblick: SERP-Features mit KI und SEO.

Die Welt der Suchmaschinen und ihrer Ergebnisse entwickelt sich rasant weiter und mit jeder neuen Google-Algorithmus-Aktualisierung oder Technologie kommen auch neue SERP-Features. In den letzten Jahren haben wir eine Explosion von neuen Features wie »People Also Ask«, »Featured Snippets«, »Video-Carousels« und »Local Packs« erlebt. Doch das ist erst der Anfang. Ein klarer Trend geht hin zu mehr Interaktivität und visueller Darstellung in den Suchergebnissen. Google experimentiert bereits mit Features wie interaktiven Karten, Augmented Reality (AR) und 3D-Objekten. So könnten Nutzer in Zukunft nicht nur nach einem Produkt suchen, sondern es in 3D betrachten oder es in

12

ihrer eigenen Umgebung per AR »ausprobieren«, bevor sie sich für den Kauf entscheiden. *Beispiel:* Du suchst nach »Bürostuhl kaufen« und Google zeigt dir nicht nur Bilder, sondern ein 3D-Modell, das du per AR in dein Büro projizieren kannst, um zu sehen, wie es aussieht. Das macht die Kaufentscheidung einfacher und verbessert die Nutzererfahrung drastisch. *Prognose:* Unternehmen, die frühzeitig auf interaktive und visuelle Inhalte setzen, werden einen klaren Vorteil haben. Die Integration solcher Technologien in ihre SEO-Strategie könnte bald genauso wichtig sein wie heute die Optimierung für »Featured Snippets« oder »Video-Carousels«.

Personalisierte SERP-Features.

Personalisierung wird ebenfalls eine zentrale Rolle spielen. Google nutzt bereits jetzt eine Vielzahl von Datenpunkten wie Standort, Suchhistorie und Interessen, um die Suchergebnisse individuell anzupassen. Zukünftig könnten SERP-Features noch stärker personalisiert werden, sodass Nutzer nicht nur allgemeine Informationen sehen, sondern genau das, was für sie relevant ist.

Beispiel: Du suchst nach »beste Restaurants in meiner Nähe« und Google zeigt dir nicht nur die besten Restaurants, sondern auch spezifische Empfehlungen basierend auf deinen früheren Suchanfragen und Vorlieben, z. B. vegane Restaurants oder solche, die du noch nicht besucht hast.

Prognose: Personalisierte Inhalte und maßgeschneiderte SEO-Strategien werden immer wichtiger. Unternehmen müssen lernen, ihre Inhalte so anzupassen, dass sie sowohl für die breite Masse als auch für spezifische Zielgruppen relevant sind.

Sprachgesteuerte und multimodale SERP-Features.

Mit dem Aufstieg von Sprachassistenten wie Alexa, Siri und Google Assistant wird die Optimierung für sprachbasierte Suchanfragen immer wichtiger. Google könnte in Zukunft verstärkt sprachgesteuerte SERP-Features integrieren, die auf konversationsbasierte Suchanfragen reagieren. Auch die Kombination aus Text, Bild, Audio und Video, sogenannte multimodale Suchergebnisse, könnte eine größere Rolle spielen.

Beispiel: Du fragst Google Assistant »Wie koche ich Spaghetti Bolognese?« und erhältst eine Kombination aus einem kurzen Text-Snippet, einem How-To-Video und einem Sprachbefehl, der dich Schritt für Schritt durch das Rezept führt.

Prognose: Unternehmen müssen sich auf multimodale Inhalte vorbereiten und ihre SEO-Strategie so ausrichten, dass sie in verschiedenen Medienformen und auf verschiedenen Geräten gut funktionieren. Die Integration von Künstlicher Intelligenz (KI) in die SEO-Strategie steht noch am Anfang. Doch die Fortschritte in diesem Bereich sind rasant und versprechen, die Art und Weise, wie wir SEO betreiben, grundlegend zu verändern. Die Automatisierung durch KI eröffnet enorme Potenziale, von der Content-Erstellung über die Analyse bis hin zur Optimierung.

Automatisierte Content-Erstellung und -Optimierung

KI-Tools wie GPT-3 oder **Jasper** können bereits heute Inhalte generieren, die oft kaum von menschlich geschriebenen Texten zu unterscheiden sind. In Zukunft könnten solche Tools in der Lage sein, Inhalte nicht nur zu erstellen, sondern sie auch in Echtzeit basierend auf Nutzerverhalten und neuen Trends anzupassen.

Beispiel: Ein KI-Tool erstellt automatisch Blogartikel und passt diese an neue SEO-Trends an. Wenn ein neues Keyword populär wird oder ein Konkurrent einen erfolgreichen Artikel veröffentlicht, wird der Inhalt automatisch aktualisiert und optimiert, um relevant zu bleiben.

Prognose: Unternehmen werden zunehmend auf automatisierte Content-Erstellung und -Optimierung setzen, um konkurrenzfähig zu bleiben. Die Herausforderung wird darin bestehen, die Balance zwischen Effizienz und Authentizität zu halten.

Automatisierte Überwachung und Anpassung von SEO-Strategien

KI-gestützte Tools können heute bereits Veränderungen in den Suchergebnissen und Wettbewerbsstrategien überwachen und darauf reagieren. Zukünftig könnten diese Tools nicht nur Warnungen geben, sondern auch automatisch Anpassungen vornehmen, beispielsweise die On-Page-Optimierung anpassen, neue Keywords integrieren oder die interne Verlinkung verbessern.

Beispiel: Ein KI-Tool bemerkt, dass ein Konkurrent plötzlich für ein wichtiges Keyword rankt. Es passt daraufhin automatisch die Meta-Beschreibungen und H1-Tags deiner Website an, um den neuen Konkurrenten auszustechen.

Prognose:

Die Automatisierung von SEO-Strategien wird immer ausgefeilter. Tools, die selbstständig Entscheidungen treffen und Änderungen umsetzen, werden zum Standard werden. Die

12

Herausforderung für Unternehmen besteht darin, diese Tools effizient zu nutzen und dennoch die Kontrolle über ihre SEO-Strategie zu behalten.

Personalisierte Nutzererlebnisse durch KI.

KI kann nicht nur Inhalte generieren und optimieren, sondern auch personalisierte Nutzererlebnisse schaffen. Dies könnte so weit gehen, dass Websites dynamische Inhalte basierend auf den Interessen und dem Verhalten des jeweiligen Nutzers anzeigen.

Beispiel: Ein Nutzer sucht nach »Tipps für einen gelungenen Pitch«. Eine Website, die KI nutzt, könnte automatisch die Inhalte auf der Seite anpassen und personalisierte Empfehlungen anzeigen, z. B. »Für deine Branche besonders wichtige Argumente« oder »Erfolgreiche Pitch-Strategien von Experten aus deinem Netzwerk«.

Prognose:

Unternehmen, die in der Lage sind, personalisierte Nutzererlebnisse zu schaffen, werden im Wettbewerb deutlich im Vorteil sein. Die Integration von KI in die Website-Architektur wird dafür sorgen, dass jeder Nutzer ein maßgeschneidertes Erlebnis bekommt, das seine Bedürfnisse optimal erfüllt. Die fortschreitende Entwicklung von KI wird die Art und Weise, wie SEO betrieben wird, grundlegend verändern. Die Optimierung für SERP-Features wird zunehmend automatisiert und dynamischer. Unternehmen, die in der Lage sind, diese Technologien effektiv zu nutzen, werden ihre Konkurrenz überflügeln.

Echtzeit-Optimierung von Inhalten.

In Zukunft könnte KI Inhalte in Echtzeit anpassen, basierend auf den aktuellen Trends, dem Nutzerverhalten und der Wettbewerbsanalyse. Diese dynamische Optimierung würde sicherstellen, dass die Inhalte immer auf dem neuesten Stand und maximal relevant sind.

Beispiel: Ein Blogpost über »die besten SEO-Strategien 2024« könnte automatisch aktualisiert werden, wenn Google eine neue Algorithmus-Änderung bekannt gibt. Die KI erkennt die Änderungen, passt den Inhalt an und sorgt so dafür, dass der Blogpost weiterhin gut rankt.

Prognose:

Die Echtzeit-Optimierung wird ein wesentlicher Bestandteil der SEO-Strategie. Unternehmen, die in der Lage sind, ihre Inhalte kontinuierlich und automatisiert anzupassen, werden langfristig erfolgreicher sein.

Integration von Voice Search und KI-gesteuerten Assistenten

Mit der zunehmenden Nutzung von Sprachassistenten wird die Optimierung für Voice Search immer wichtiger. KIs könnten dabei helfen, Inhalte zu generieren, die speziell für sprachgesteuerte Suchanfragen optimiert sind und diese Inhalte dynamisch anpassen.

Beispiel: Eine KI analysiert die häufigsten sprachbasierten Suchanfragen zu einem Thema und erstellt automatisch Inhalte, die diese Fragen beantworten. Wenn neue Fragen hinzukommen oder bestehende Fragen häufiger gestellt werden, passt die KI den Inhalt an.

Prognose:

Die Optimierung für Voice Search wird durch KI revolutioniert werden. Unternehmen müssen sicherstellen, dass ihre Inhalte nicht nur auf Textsuche, sondern auch auf sprachgesteuerte Anfragen ausgerichtet sind.

Zukunft von SERP-Features: KI-gesteuerte, personalisierte Suchergebnisse

In Zukunft könnten SERP-Features von KI-Systemen gesteuert werden, die die Suchergebnisse nicht nur basierend auf der Anfrage, sondern auch auf den individuellen Vorlieben und dem Verhalten des Nutzers anzeigen. Diese personalisierten SERP-Features könnten eine völlig neue Art der Interaktion mit Suchmaschinen ermöglichen.

Beispiel: Ein Nutzer sucht nach »beste Marketingstrategien«. Anstatt einer Standardliste von Artikeln könnte die KI eine dynamische Seite erstellen, die Artikel, Videos und Tools anzeigt, die auf den beruflichen Hintergrund und die bisherigen Suchanfragen des Nutzers abgestimmt sind.

Prognose:

Die personalisierte Suche wird die Zukunft von SEO prägen. Unternehmen, die in der Lage sind, ihre Inhalte und ihre SEO-Strategie auf die individuellen Bedürfnisse der Nutzer abzustimmen, werden sich durchsetzen.

Die Zukunft der SEO, wird KI die Kontrolle übernehmen?

Die Entwicklungen im Bereich der KI und der SERP-Features sind rasant und faszinierend. Doch die große Frage bleibt: Werden wir bald an einem Punkt sein, an dem KI die Kontrolle über die SEO-Strategien vollständig übernimmt? Wird es eine Zukunft geben, in der menschliche SEO-Experten überflüssig werden, weil KI die gesamte Strategie plant, umsetzt und optimiert.

12

Künstliche Intelligenz (KI) optimiert die User Experience deiner Website.

Kapitel 13
USER EXPERIENCE (UX) OPTIMIERUNG DURCH KI

13.1 Einführung: Warum UX für SEO so wichtig ist.

Die Zeiten, in denen SEO vor allem aus Keyword-Optimierung und Backlinks bestand, sind vorbei. Heute spielt die User Experience (UX) eine zentrale Rolle für das Ranking in den Suchergebnissen. Google und andere Suchmaschinen legen zunehmend Wert darauf, dass Webseiten nicht nur gut auffindbar sind, sondern auch eine hervorragende Nutzererfahrung bieten. Aber warum genau ist UX so wichtig für SEO und wie kann Künstliche Intelligenz (KI) dabei helfen, die UX zu verbessern?

Die Nutzererfahrung beschreibt, wie Besucher deine Website wahrnehmen, wie leicht sie navigieren können und ob sie die gewünschten Informationen schnell finden. Eine positive UX führt dazu, dass Nutzer länger auf deiner Seite verweilen, weniger häufig abspringen und sich stärker mit deinen Inhalten auseinandersetzen. All diese Faktoren signalisieren Suchmaschinen, dass deine Seite relevant und hochwertig ist.

13

Wichtige UX-Kennzahlen für SEO.

Absprungrate (Bounce Rate): Je höher die Absprungrate, desto schlechter wird deine Seite bewertet. Eine hohe Absprungrate signalisiert, dass Nutzer nicht finden, wonach sie suchen, oder dass die Seite schlecht strukturiert ist.

Verweildauer (Dwell Time): Eine längere Verweildauer bedeutet, dass deine Inhalte relevant und ansprechend sind. Google sieht das als positives Signal und belohnt Seiten mit höherem Ranking.

Klickrate (CTR): Die Klickrate zeigt, wie oft Nutzer auf deine Seite klicken, nachdem sie diese in den Suchergebnissen gesehen haben. Eine niedrige CTR deutet darauf hin, dass deine Inhalte oder Meta-Beschreibungen nicht überzeugend genug sind.

Seiten pro Sitzung: Diese Kennzahl gibt an, wie viele Seiten ein Nutzer während einer Sitzung auf deiner Website besucht. Eine höhere Anzahl zeigt an, dass deine Seite gut strukturiert ist und die Nutzer dazu einlädt, mehr zu entdecken. Suchmaschinen wie Google berücksichtigen diese Faktoren, um die Relevanz und Qualität einer Website zu bewerten. Wenn deine UX schlecht ist, wirst du in den Suchergebnissen zurückfallen, selbst wenn deine Inhalte hochwertig sind und du viele Backlinks hast. Das bedeutet: Ohne eine gute UX ist selbst die beste SEO-Strategie nur halb so effektiv.

13.2 Wie KI die UX-Optimierung vorantreibt.

Künstliche Intelligenz bietet enorme Potenziale, um die User Experience zu verbessern und damit auch die SEO-Performance zu steigern. Von der Analyse des Nutzerverhaltens über die Personalisierung der Inhalte bis hin zur Optimierung der Seitengeschwindigkeit können KI-Tools in vielen Bereichen helfen, die UX deiner Website auf das nächste Level zu heben.

Analyse des Nutzerverhaltens mit KI.

KI-gestützte Tools wie **Hotjar** oder **Crazy Egg** nutzen Heatmaps und Klickanalysen, um genau zu verfolgen, wie sich Nutzer auf deiner Website bewegen. Sie zeigen dir, welche Bereiche deiner Seite besonders viel Aufmerksamkeit erhalten und wo Nutzer häufig abspringen. Diese Daten helfen dir, Schwachstellen in der UX zu identifizieren und gezielt Verbesserungen vorzunehmen.
Beispiel: Du stellst fest, dass Nutzer häufig auf ein bestimmtes Bild klicken, das nicht verlinkt ist. Das deutet darauf hin, dass die Nutzer mehr Informationen erwarten, die sie nicht bekommen. Indem du das Bild mit einer passenden Seite verlinkst, kannst du die Nutzererfahrung verbessern und die Verweildauer erhöhen.

Personalisierung der Inhalte.

KI kann die Inhalte deiner Website an die Bedürfnisse und Interessen einzelner Nutzer anpassen. Tools wie **Dynamic Yield** oder **Optimizely** verwenden maschinelles Lernen, um das Verhalten der Besucher zu analysieren und ihnen personalisierte Inhalte, Produktempfehlungen oder Call-to-Actions anzuzeigen.
Beispiel: Ein Nutzer liest mehrere Artikel über Krafttraining. Beim nächsten Besuch zeigt die KI dem Nutzer personalisierte Empfehlungen für weiterführende Artikel und Trainingspläne. Diese maßgeschneiderte Erfahrung steigert die Nutzerbindung und verbessert die UX.

Optimierung der Seitengeschwindigkeit.

Die Ladegeschwindigkeit einer Website ist ein entscheidender Faktor für die UX. Studien zeigen, dass Nutzer bereits nach wenigen Sekunden Wartezeit abspringen. KI-Tools wie

Google PageSpeed Insights oder NitroPack analysieren die Ladezeiten deiner Seite und geben dir konkrete Vorschläge zur Optimierung.

Beispiel: Die KI erkennt, dass große Bilder die Ladezeiten deiner Seite verlangsamen. Sie komprimiert diese automatisch, ohne die Bildqualität zu beeinträchtigen und sorgt so dafür, dass die Seite schneller lädt und die Nutzer eine bessere Erfahrung haben.

Automatisierte A/B-Tests.

A/B-Tests sind ein bewährtes Mittel, um herauszufinden, welche Version einer Seite besser funktioniert. Mit KI kannst du diese Tests automatisieren und optimieren. Tools wie **VWO** oder **Neurons** analysieren das Nutzerverhalten und passen die Tests in Echtzeit an, um die bestmöglichen Ergebnisse zu erzielen.

Beispiel: Du möchtest testen, ob ein roter oder grüner »Jetzt kaufen«-Button besser konvertiert. Die KI führt den Test durch, analysiert die Daten und wechselt automatisch zur besseren Version, sobald genügend Daten gesammelt wurden. Das spart Zeit und sorgt für eine kontinuierliche Verbesserung der UX.

Wie KI die UX-Optimierung vorantreibt.

KI verändert die Art und Weise, wie wir UX verstehen und optimieren. Sie hilft dabei, das Nutzerverhalten genauer zu analysieren, personalisierte Erlebnisse zu schaffen und die Website-Performance zu verbessern. Hier sind einige der wichtigsten Bereiche, in denen KI die UX-Optimierung revolutioniert.

Präzise Nutzerverhaltensanalyse.

Die Grundlage jeder UX-Optimierung ist das Verständnis, wie sich Nutzer auf der Website verhalten. KI-Tools können Millionen von Datenpunkten in Echtzeit analysieren und Muster im Nutzerverhalten erkenne. Sie helfen dir, tiefere Einblicke zu gewinnen, warum Nutzer bestimmte Aktionen ausführen oder die Seite verlassen.

Beispiel: Ein KI-Tool erkennt, dass Nutzer immer dann abspringen, wenn sie zu einem bestimmten Abschnitt der Seite scrollen. Eine genauere Analyse zeigt, dass dieser Abschnitt zu viel Text enthält und keine visuelle Auflockerung bietet. Du überarbeitest diesen Bereich, fügst Bilder und Zwischenüberschriften hinzu und siehst sofort eine Verbesserung der Verweildauer und der Absprungrate.

13

Personalisierte Nutzererlebnisse.

KI ermöglicht es dir, personalisierte Inhalte und Erlebnisse auf deiner Website zu bieten, die genau auf die Bedürfnisse und Vorlieben der Nutzer zugeschnitten sind. Dies kann die Conversionrate erheblich steigern und die Nutzerbindung verbessern.

Beispiel: Ein Online-Shop nutzt KI, um personalisierte Produktempfehlungen anzuzeigen. Ein Nutzer, der in der Vergangenheit nach »Wanderrucksäcken« gesucht hat, bekommt beim nächsten Besuch gezielt Angebote für Wanderausrüstung und passende Routenempfehlungen angezeigt. Diese Personalisierung führt zu einer höheren Conversionrate und einer besseren Nutzererfahrung.

Automatisierte und dynamische Layout-Anpassungen.

KI kann in Echtzeit Layout-Änderungen vornehmen, um die Nutzererfahrung zu verbessern. Dynamische Anpassungen der Navigation, des Inhalts und der Anordnung von Elementen basierend auf dem Nutzerverhalten sorgen dafür, dass die Seite immer optimal auf den Nutzer zugeschnitten ist.

Beispiel: Eine KI erkennt, dass mobile Nutzer Schwierigkeiten haben, das Menü zu finden. Sie passt das Layout automatisch an und sorgt dafür, dass das Menü prominenter platziert wird. Dadurch steigt die Nutzerzufriedenheit und die Absprungrate sinkt.

UX-Chatbots und virtuelle Assistenten.

KI-gestützte Chatbots und virtuelle Assistenten können die Nutzererfahrung erheblich verbessern, indem sie sofortige Antworten auf Fragen geben und durch die Website navigieren. Sie helfen den Nutzern, schneller das zu finden, wonach sie suchen und bieten eine direkte Interaktion, die die Nutzerbindung erhöht.

Beispiel: Ein Nutzer besucht eine Reise-Website und sucht nach Informationen zu »Urlaub in Griechenland«. Ein KI-gestützter Chatbot bietet sofort Hilfe an, stellt spezifische Fragen wie »Welche Art von Urlaub bevorzugen Sie?« und gibt personalisierte Empfehlungen für Reiseziele, Unterkünfte und Aktivitäten. Diese schnelle und gezielte Hilfe steigert die Nutzerzufriedenheit und die Wahrscheinlichkeit einer Buchung.

Die Zukunft der UX-Optimierung, Wohin führt uns die Reise?

Die Rolle von KI in der UX-Optimierung steht erst am Anfang. Doch wohin wird uns diese Reise führen? Was passiert, wenn KI nicht nur das Nutzerverhalten analysiert und die Seite optimiert, sondern die gesamte Nutzererfahrung in Echtzeit anpasst? Werden wir bald Websites sehen, die sich dynamisch verändern, um jedem Besucher ein einzigartiges Erlebnis zu bieten?

Du besuchst eine Website und jedes Element, von den Bildern über die Texte bis hin zur Navigation, passt sich in Echtzeit an deine Bedürfnisse und Vorlieben an. Was, wenn KI so fortschrittlich wird, dass sie dein Verhalten und deine Bedürfnisse besser versteht als du selbst?

Die Zukunft der UX-Optimierung ist spannend und voller Möglichkeiten. Aber sie stellt uns auch vor neue Herausforderungen: Wie weit wollen wir gehen, wenn es darum geht, die Kontrolle an Algorithmen zu übergeben? Werden wir bald eine Welt erleben, in der Websites nicht mehr von Menschen, sondern von Maschinen gestaltet und verwaltet werden?

Die nächste große Revolution in der UX-Optimierung steht bevor und sie wird alles verändern. Bist du bereit, dich auf diese spannende Reise einzulassen?

13

Grundlagen der KI-gestützten UX-Optimierung

Die digitale Welt dreht sich heute um Daten, insbesondere dann, wenn es darum geht, die Nutzererfahrung (User Experience, UX) auf einer Website zu optimieren. Doch nicht alle Daten sind gleich wichtig. Wenn du wirklich verstehen willst, wie sich Nutzer auf deiner Website verhalten und was sie dort suchen, brauchst du die richtigen Daten, effektive Analysemethoden und ein tiefes Verständnis für die zugrundeliegenden Muster.In diesem Abschnitt erfährst du, welche Daten wirklich relevant sind, wie du KI zur Analyse und Interpretation dieser Daten einsetzt und welche Methoden du nutzen kannst, um das Verhalten deiner Nutzer zu verstehen und gezielt zu verbessern.

13.3 Welche Daten sind relevant? Klickverhalten, Verweildauer.

Um eine Website zu optimieren, muss man zuerst wissen, was auf ihr passiert. Nur wenn du die richtigen Daten erhebst und verstehst, kannst du Maßnahmen ergreifen, die die Nutzererfahrung tatsächlich verbessern. Dabei spielen drei zentrale Kennzahlen eine entscheidende Rolle: das Klickverhalten, die Verweildauer und die Absprungrate.

Klickverhalten

Das Klickverhalten zeigt dir, welche Links, Buttons und Elemente auf deiner Website besonders oft angeklickt werden. Es hilft dir zu verstehen, welche Inhalte für die Nutzer am interessantesten sind und wie sie sich durch die Seite bewegen. Dabei kannst du nicht nur sehen, welche Bereiche die meiste Aufmerksamkeit erhalten, sondern auch, welche Elemente möglicherweise verwirren oder zu wenig Beachtung finden.

Relevanz: Das Klickverhalten ist besonders wichtig, um die Effektivität deiner Call-to-Action-Buttons (CTAs) und die Struktur deiner Navigation zu bewerten. Wenn wichtige Links selten geklickt werden, kann das ein Hinweis darauf sein, dass sie nicht sichtbar genug platziert sind oder nicht die erwarteten Informationen bieten.

Beispiel: Du stellst fest, dass der »Jetzt kaufen«-Button auf deiner Produktseite weniger häufig angeklickt wird als erwartet. Nach einer Analyse des Klickverhaltens erkennst du, dass viele Nutzer stattdessen auf ein Bild des Produkts klicken, das nicht verlinkt ist. Indem du das Bild mit der Kaufseite verlinkst, erhöhst du die Klickrate und verbesserst die Nutzer.

Verweildauer

Die Verweildauer gibt an, wie lange ein Nutzer auf deiner Website bleibt, bevor er sie verlässt. Eine hohe Verweildauer ist ein Zeichen dafür, dass die Inhalte relevant und ansprechend sind. Sie signalisiert Suchmaschinen wie Google, dass deine Website wertvolle Informationen bietet, was sich positiv auf dein Ranking auswirken kann.

Relevanz: Eine geringe Verweildauer kann darauf hindeuten, dass deine Inhalte nicht den Erwartungen der Nutzer entsprechen, schwer verständlich sind oder dass die Seite zu langsam lädt. Die Verbesserung der Verweildauer ist oft ein erster Schritt zur Steigerung der gesamten Nutzerzufriedenheit.

Beispiel: Deine Blogartikel über digitale Marketingstrategien haben eine durchschnittliche Verweildauer von nur 30 Sekunden. Nach einer Analyse stellst du fest, dass die Artikel zu theoretisch sind und keine praktischen Beispiele enthalten. Du überarbeitest die Artikel, fügst praxisnahe Fallstudien hinzu und siehst eine deutliche Steigerung der Verweildauer.

Absprungrate

Die Absprungrate gibt an, wie viele Nutzer deine Website verlassen, ohne eine weitere Seite aufzurufen. Eine hohe Absprungrate ist oft ein Zeichen dafür, dass die Seite entweder nicht die erwarteten Informationen bietet oder die Nutzererfahrung insgesamt schlecht ist.

Relevanz: Die Absprungrate ist besonders wichtig für Landing Pages und Einstiegsseiten. Sie zeigt, ob deine Inhalte die Nutzer »fesseln« oder ob sie sofort wieder abspringen. Eine hohe Absprungrate kann durch eine unklare Struktur, langsame Ladezeiten oder irrelevante Inhalte verursacht werden.

Beispiel: Die Absprungrate auf deiner Startseite ist extrem hoch. Du stellst fest, dass die Ladezeit über 5 Sekunden beträgt und viele Nutzer abspringen, bevor die Seite vollständig geladen ist. Durch die Optimierung der Bilder und das Reduzieren von JavaScript-Elementen senkst du die Ladezeit auf 2 Sekunden und die Absprungrate fällt um 30 %.

13.4 Einsatz von KI zur Analyse und Interpretation von Nutzerdaten.

Die Menge der gesammelten Daten allein reicht nicht aus, du musst diese Daten auch sinnvoll interpretieren, um daraus handlungsrelevante Erkenntnisse zu gewinnen. KI gestützte Tools sind in der Lage, große Datenmengen in Echtzeit zu analysieren, Muster zu erkennen und konkrete Empfehlungen zur Verbesserung der UX abzuleiten.

13

Automatisierte Datenanalyse mit KI.

Tools wie **Google Analytics**, **Hotjar** oder **Crazy Egg** nutzen KI, um Verhaltensdaten zu analysieren und dir zu zeigen, wie Nutzer mit deiner Website interagieren. Sie identifizieren ungewöhnliche Muster, wie plötzliche Anstiege oder Rückgänge im Traffic und können vorhersagen, welche Bereiche deiner Website am meisten Verbesserungspotenzial haben.

Beispiel: Ein KI-Tool analysiert die Nutzerinteraktionen auf deiner E-Commerce-Website und stellt fest, dass Nutzer häufig auf den »Produktbeschreibung«-Abschnitt scrollen, ihn aber nur kurz betrachten. Die KI schlägt vor, diesen Abschnitt mit zusätzlichen Informationen oder visuellen Elementen wie Videos oder Produktbildern zu erweitern, um die Verweildauer zu erhöhen.

Personalisierung und Segmentierung.

Mit Hilfe von KI kannst du deine Nutzer in Segmente einteilen und jedem Segment maßgeschneiderte Inhalte anzeigen. Dies geht weit über herkömmliche Personalisierungsansätze hinaus und basiert auf Echtzeit-Analysen des Nutzerverhaltens. Die KI kann erkennen, welche Art von Inhalten, Layouts oder sogar Farbpaletten die höchste Interaktion und Conversion für jedes Segment erzielen.

Beispiel: Deine Website verkauft Sportbekleidung. Die KI erkennt, dass Nutzer, die häufig nach »Laufschuhe« suchen, eher Videos und Bewertungen schätzen, während Nutzer, die nach »Wanderjacken« suchen, sich mehr für technische Details und Outdoor-Bilder interessieren. Basierend auf diesen Erkenntnissen passt die KI die Inhalte auf deiner Website dynamisch an, um jedem Nutzersegment das optimale Erlebnis zu bieten.

Predictive Analytics

Predictive Analytics nutzt KI, um vorherzusagen, wie sich das Verhalten deiner Nutzer entwickeln wird. Die KI analysiert historische Daten und aktuelle Trends, um vorherzusagen, welche Inhalte, Produkte oder Funktionen die Nutzer in Zukunft am meisten ansprechen werden.

Beispiel: Deine KI-gestützte Plattform erkennt, dass Nutzer, die sich für »vegane Ernährung« interessieren, in den nächsten Monaten vermehrt nach Rezepten für »veganes Grillen« suchen werden. Du bereitest deine Inhalte entsprechend vor, um diesen Trend frühzeitig zu bedienen und so deine Reichweite und Relevanz zu steigern.

13.5 Verhaltensanalyse: Heatmaps, User Journeys, Session Recording.

Neben der reinen Datenanalyse gibt es eine Vielzahl von Methoden, um das Nutzerverhalten auf deiner Website zu visualisieren und besser zu verstehen. Diese Methoden liefern detaillierte Einblicke in die Interaktionen der Nutzer und helfen dir, Schwachstellen in der UX gezielt zu identifizieren und zu beheben.

Heatmaps

Heatmaps sind visuelle Darstellungen, die zeigen, wo Nutzer auf deiner Website klicken, scrollen oder ihre Maus bewegen. Sie machen sichtbar, welche Bereiche besonders viel Aufmerksamkeit erhalten und welche Elemente ignoriert werden.

Nutzen: Heatmaps helfen dir, die Effektivität deiner Inhalte und Layouts zu bewerten. Du siehst, welche Bereiche deiner Seite optimiert werden müssen, um die Interaktion zu fördern.

Beispiel: Eine Heatmap deiner Startseite zeigt, dass Nutzer hauptsächlich auf Bilder klicken, die jedoch nicht verlinkt sind. Indem du diese Bilder mit passenden Landing Pages verlinkst, kannst du die Nutzerführung verbessern und die Absprungrate senken.

User Journeys

Die Analyse von User Journeys zeigt dir, welche Wege Nutzer auf deiner Website nehmen. Sie hilft dir zu verstehen, wie Nutzer von einer Seite zur nächsten navigieren, welche Inhalte sie aufrufen und wo sie aussteigen.

Nutzen: Mit User Journeys kannst du Engpässe und Abbruchstellen identifizieren. Du siehst, welche Seiten besonders gut performen und welche Inhalte die Nutzer nicht erreichen, obwohl sie relevant wären.

Beispiel: Du stellst fest, dass viele Nutzer auf deiner Website nach dem Lesen eines Blog-artikels nicht weiter navigieren, obwohl du am Ende des Artikels ähnliche Inhalte ver-linkt hast. Eine Analyse zeigt, dass die Verlinkungen nicht auffällig genug sind. Nach einer Anpassung der Call-to-Actions und der visuellen Gestaltung der Links steigt die Anzahl der Seitenaufrufe pro Sitzung deutlich.

Session Recording

Session Recordings zeigen dir, wie Nutzer tatsächlich mit deiner Website interagieren.

13

Du kannst ihre Bewegungen, Klicks und Scroll-Aktionen in Echtzeit verfolgen und so ein genaues Bild davon bekommen, welche Elemente gut funktionieren und welche nicht.

Nutzen: Session Recordings ermöglichen dir, konkrete Probleme in der UX zu identifizieren. Du siehst genau, wo Nutzer frustriert klicken, unerwartet lange warten oder die Seite verlassen. *Beispiel:* Du schaust dir eine Aufzeichnung einer Session an, bei der ein Nutzer versucht, ein Produkt zu kaufen, aber immer wieder zwischen der Produktseite und dem Warenkorb wechselt. Die Analyse zeigt, dass die Versandinformationen auf der Produktseite fehlen, was die Unsicherheit des Nutzers verursacht. Durch das Hinzufügen dieser Informationen kannst du die Conversionrate erheblich steigern.

Wird KI die Nutzererfahrung vollständig übernehmen?

Die Möglichkeiten, die KI zur Analyse und Optimierung der UX bietet, sind beeindruckend. Doch was passiert, wenn diese Technologie weiter voranschreitet? Werden wir bald eine Zeit erleben, in der KI nicht nur analysiert, sondern die Nutzererfahrung in Echtzeit vollständig steuert? Was, wenn Websites automatisch erkennen, welche Inhalte, Farben oder Layouts für jeden einzelnen Besucher am besten funktionieren und sich entsprechend anpassen? Stell dir vor, du besuchst eine Website und sie sieht jedes Mal anders aus, nicht nur, weil sie aktualisiert wurde, sondern weil sie sich dynamisch an deine aktuelle Stimmung, dein Verhalten und deine Vorlieben anpasst. Die Frage ist: Wollen wir wirklich, dass Maschinen entscheiden, was wir sehen, lesen und erleben? Wird die UX der Zukunft so perfekt personalisiert, dass wir gar nicht mehr merken, wie sehr wir gelenkt werden?Die Reise hat gerade erst begonnen und die Zukunft verspricht spannend zu werden. Aber sie wirft auch viele Fragen auf, die wir heute noch nicht beantworten können. Eines ist sicher: Die nächste große Revolution im Bereich UX-Optimierung steht bevor und sie könnte die Art und Weise, wie wir das Internet erleben, für immer verändern.

Website-Architektur und Navigation optimieren.
13.6 Wie KI die Struktur und Navigation von Websites verbessert.

Die Architektur und Navigation einer Website sind wie das Grundgerüst eines Hauses: Sie bestimmen, wie gut sich die Besucher darin zurechtfinden und wie schnell sie die gewünschten Informationen finden.

Eine schlecht gestaltete Website-Architektur führt zu Frustration, hohen Absprungraten und einer schlechten User Experience (UX). KI-Tools bieten nicht nur eine tiefgehende Analyse der bestehenden Struktur und Navigation, sondern helfen auch dabei, diese gezielt zu verbessern und zu optimieren.

Optimierung der Informationsarchitektur durch KI.

Die Informationsarchitektur (IA) einer Website beschreibt, wie Inhalte strukturiert und organisiert sind, um Nutzern einen logischen und intuitiven Zugang zu ermöglichen. Eine schlecht durchdachte IA kann dazu führen, dass wichtige Inhalte übersehen werden oder Nutzer sich auf der Website verirren. KI-gestützte Tools wie Screaming Frog oder Sitebulb analysieren die bestehende Struktur, identifizieren Probleme und geben Empfehlungen zur Verbesserung.

Beispiel: Ein KI-Tool erkennt, dass die Produktkategorien auf deiner E-Commerce-Website zu tief verschachtelt sind. Nutzer müssen oft mehrere Klicks machen, um zu den gewünschten Produkten zu gelangen. Die KI schlägt vor, eine flachere Hierarchie mit weniger Unterkategorien zu erstellen, um die Navigation zu vereinfachen und die Auffindbarkeit zu erhöhen.

Vorteil: Eine optimierte Informationsarchitektur sorgt dafür, dass Nutzer schneller finden, was sie suchen. Dies verbessert die UX und erhöht die Wahrscheinlichkeit, dass sie länger auf der Seite bleiben und konvertieren.

Strukturierte Daten zur Navigationserkennung.

KI kann strukturierte Daten auf deiner Website analysieren, um zu verstehen, wie die Inhalte miteinander verknüpft sind. Dies hilft nicht nur Suchmaschinen, deine Inhalte besser zu indexieren, sondern ermöglicht auch eine gezielte Optimierung der internen Verlinkung. Eine gute interne Verlinkung ist entscheidend, um die Sichtbarkeit wichtiger Seiten zu erhöhen und Nutzern zu helfen, verwandte Inhalte zu entdecken.

Beispiel: Ein KI-Tool analysiert die internen Links auf deiner Website und stellt fest, dass wichtige Seiten wie »Kontakt« oder »Über uns« nur selten verlinkt sind. Es schlägt vor, diese Seiten häufiger in relevanten Kontexten zu verlinken und gegebenenfalls zusätzliche »Breadcrumbs« (Navigationspfade) hinzuzufügen, um die Navigation zu verbessern.

Vorteil: Durch eine gezielte Optimierung der internen Verlinkung kannst du nicht nur die Nutzererfahrung verbessern, sondern auch die SEO-Performance deiner Seite steigern.

13

Suchmaschinen erkennen die Relevanz und Hierarchie deiner Inhalte besser, was sich positiv auf dein Ranking auswirken kann.

Automatische Erkennung von UX-Problemen.

KI kann automatisch potenzielle UX-Probleme erkennen, die mit der Website-Architektur und Navigation zusammenhängen. Diese Probleme können von verwirrenden Menüstrukturen über zu lange Ladezeiten bis hin zu unklaren Call-to-Actions reichen. KI-Tools wie **Hotjar** oder **Crazy Egg** verwenden Heatmaps, Session Recordings und User Feedback, um diese Probleme zu identifizieren und dir gezielte Handlungsempfehlungen zu geben.

Beispiel: Du betreibst eine Reise-Website und bemerkst, dass Nutzer auf deiner Buchungsseite häufig die »Zurück«-Taste verwenden. Ein KI-Tool analysiert das Nutzerverhalten und zeigt, dass die Navigationselemente auf der Seite nicht klar genug sind und Nutzer Schwierigkeiten haben, zurück zur Suchergebnisseite zu gelangen. Die KI empfiehlt, eine gut sichtbare »Zurück zur Suche«-Schaltfläche hinzuzufügen, um die Nutzererfahrung zu verbessern.

Vorteil: Durch die automatische Erkennung und Behebung von UX-Problemen kannst du die Nutzerfreundlichkeit deiner Website kontinuierlich verbessern und die Wahrscheinlichkeit von Konversionen erhöhen.

13.7 Analyse von Navigationspfaden und Informationsarchitektur

Die Navigationspfade und die Informationsarchitektur einer Website sind entscheidend dafür, wie effizient Nutzer durch die Seite geführt werden. Eine klare Struktur und intuitiv gestaltete Navigationspfade helfen dabei, dass Nutzer die gewünschten Inhalte schnell und einfach finden. KI-gestützte Tools bieten hier die Möglichkeit, Navigationspfade automatisch zu analysieren und Schwachstellen in der Informationsarchitektur aufzudecken.

Analyse der Navigationspfade.

KI-Tools wie Pendo oder Mixpanel analysieren die Navigationspfade der Nutzer und zeigen dir, wie sie sich durch deine Website bewegen. Sie identifizieren die häufigsten Einstiegspunkte, die am häufigsten besuchten Seiten und die Punkte, an denen Nutzer abspringen. Diese Daten helfen dir, Engpässe und unnötige Schritte zu erkennen und deine Navigation zu optimieren.

Beispiel: Eine Analyse zeigt, dass viele Nutzer von der Startseite über eine lange Klick-kette auf Produktseiten gelangen, anstatt direkt über das Hauptmenü. Dies deutet darauf hin, dass die Navigation im Hauptmenü unklar ist oder wichtige Seiten nicht prominent genug verlinkt sind. Durch die Anpassung der Menüstruktur und die direkte Verlinkung zu beliebten Kategorien verbesserst du die Benutzerfreundlichkeit erheblich.

Vorteil: Eine optimierte Navigation führt zu einer besseren Nutzererfahrung und hilft den Nutzern, schneller an ihr Ziel zu gelangen. Dies senkt die Absprungrate und erhöht die Wahrscheinlichkeit, dass Nutzer konvertieren.

Optimierung der Informationsarchitektur.

Eine durchdachte Informationsarchitektur stellt sicher, dass alle Inhalte logisch strukturiert und miteinander verknüpft sind. KI-Tools können die Informationsarchitektur deiner Website automatisch analysieren und Probleme wie zu tiefe Hierarchien, fehlende Verknüpfungen oder inkonsistente Kategorien erkennen. Sie schlagen dann gezielte Änderungen vor, um die Struktur zu verbessern.

Beispiel: Die KI stellt fest, dass deine Blogartikel über digitale Transformation in verschiedenen Kategorien verstreut sind. Dies erschwert es den Nutzern, alle relevanten Inhalte zu finden. Die KI empfiehlt, eine zentrale Kategorie für digitale Transformation zu erstellen und alle relevanten Artikel dorthin zu verschieben. Zudem schlägt sie vor, eine themenbezogene Navigationsleiste am oberen Rand der Seite einzuführen.

13

Vorteil: Eine klar strukturierte Informationsarchitektur erleichtert es den Nutzern, sich auf deiner Website zurechtzufinden. Sie verbessert die Auffindbarkeit relevanter Inhalte und sorgt für eine höhere Nutzerzufriedenheit.

Nutzerflussanalyse mit KI.

Die Nutzerflussanalyse (User Flow Analysis) zeigt dir, wie Nutzer von einer Seite zur nächs-ten navigieren und welche Pfade sie auf deiner Website am häufigsten nehmen. KI-Tools wie **Google Analytics** oder **Crazy Egg** nutzen diese Daten, um Muster zu erkennen und Engpässe im Nutzerfluss zu identifizieren. So erfährst du, welche Seiten gut miteinander verknüpft sind und wo Nutzer häufig »steckenbleiben« oder die Seite verlassen.

Beispiel: Die Nutzerflussanalyse zeigt, dass viele Nutzer zur Checkout-Seite wechseln und abbrechen. Eine genauere Analyse durch die KI zeigt, dass die Checkout-Seite verwirrende

Formulare und zu viele Schritte enthält. Die KI schlägt vor, das Formular zu vereinfachen und eine Fortschrittsanzeige hinzuzufügen, der Checkout-Prozess wird transparenter.

Vorteil: Die Optimierung des Nutzerflusses hilft dir, die Hürden zu beseitigen, die Nutzer davon abhalten, eine gewünschte Aktion abzuschließen. So kannst du die Conversionrate steigern und gleichzeitig die Nutzererfahrung verbessern.

13.8 Best Practices: Navigation intuitiv und benutzerfreundlich gestalten.

Eine gut gestaltete Navigation ist der Schlüssel zu einer positiven Nutzererfahrung. Sie sollte intuitiv, klar strukturiert und einfach zu bedienen sein. Hier sind einige Best Practices, die du bei der Gestaltung deiner Navigation berücksichtigen solltest:

Weniger ist mehr.

Vermeide es, deine Navigation mit zu vielen Menüpunkten zu überladen. Eine übersichtliche Navigation erleichtert es den Nutzern, die wichtigsten Bereiche deiner Website zu finden und sorgt dafür, dass sie nicht von zu vielen Optionen überwältigt werden.

Tipp Beschränke dich auf maximal sieben Hauptmenüpunkte und nutze Dropdown-Menüs, um Unterkategorien anzuzeigen. Gruppiere verwandte Inhalte und nutze aussagekräftige Bezeichnungen, um die Navigation so einfach wie möglich zu gestalten.

Klare und konsistente Bezeichnungen.

Die Bezeichnungen deiner Menüpunkte sollten klar und präzise sein. Vermeide Fachbegriffe oder abkürzende Begriffe, die Nutzer verwirren könnten. Eine konsistente Benennung der Menüpunkte sorgt dafür, dass Nutzer schnell verstehen, wohin sie klicken müssen, um die gewünschten Informationen zu finden.

Tipp Verwende gängige Begriffe wie »Über uns«, »Leistungen« oder »Kontakt«. Teste unterschiedliche Bezeichnungen in A/B-Tests, um herauszufinden, welche Bezeichnungen bei deinen Nutzern am besten ankommen.

Mobile Navigation optimieren.

Immer mehr Nutzer besuchen Websites über mobile Geräte. Eine schlecht gestaltete mobile Navigation führt schnell zu Frustration. Achte darauf, dass die Navigation auch auf Smartphones und Tablets einfach und intuitiv ist.

Tipp Verwende »Hamburger-Menüs« (drei horizontale Linien) für mobile Navigationen und sorge dafür, dass Menüpunkte und Buttons groß genug sind, um bequem angeklickt zu werden. Nutze Sticky-Navigation (fixierte Menüs), damit die Navigation immer sichtbar bleibt, auch wenn Nutzer nach unten scrollen.

Interne Verlinkung nutzen.

Interne Verlinkungen helfen nicht nur den Suchmaschinen, deine Seite besser zu verstehen, sondern bieten den Nutzern auch eine Möglichkeit, verwandte Inhalte zu entdecken. Verlinke relevante Seiten innerhalb deiner Inhalte, um den Nutzern zusätzliche Informationen zu bieten und sie länger auf deiner Website zu halten.

Tipp Setze Links sparsam und nur dort ein, wo sie wirklich Mehrwert bieten. Achte darauf, dass die verlinkten Inhalte tatsächlich relevant sind und die Erwartungen der Nutzer erfüllen.

13

Nutzerfeedback einholen.

Die beste Möglichkeit, herauszufinden, ob deine Navigation benutzerfreundlich ist, besteht darin, direktes Feedback von deinen Nutzern einzuholen. Verwende Umfragen oder Feedback-Tools, um zu erfahren, wie zufrieden die Nutzer mit der Navigation sind und wo sie Verbesserungspotenzial sehen.

Tipp Stelle spezifische Fragen wie »War es einfach, die gesuchten Informationen zu finden?« oder »Welche Bereiche der Website haben Sie verwirrt?« und verwende das Feedback, um deine Navigation kontinuierlich zu verbessern.

Die Zukunft der Website-Navigation, Werden wir bald von KI geführt?

Die Möglichkeiten der KI zur Optimierung der Website-Architektur und Navigation sind beeindruckend. Doch was passiert, wenn KI nicht nur analysiert und optimiert, sondern die Navigation auf einer Website vollständig übernimmt? Nehmen wir einmal an eine Website passt ihre Struktur und Navigation in Echtzeit an das Verhalten und die Vorlieben jedes einzelnen Nutzers an. Ein personalisierter Guide, der dich durch die Seite führt, dir genau die Inhalte zeigt, die dich interessieren und Hindernisse automatisch beseitigt.

Werden wir bald eine Welt erleben, in der Websites keine festen Menüs mehr haben, sondern dynamisch und interaktiv auf jeden einzelnen Besucher reagieren? Wo die Navigation so intuitiv wird, dass du gar nicht mehr darüber nachdenkst, wohin du klicken musst? Die Zukunft der Website-Navigation könnte revolutionär sein und sie könnte die Art und Weise, wie wir das Internet erleben, grundlegend verändern. Bist du bereit für eine Welt, in der die Grenzen zwischen Mensch und Maschine immer mehr verschwimmen? Denn eines ist sicher: Die Entwicklung hat gerade erst begonnen.

Content-Platzierung: Wie KI die besten Positionen identifiziert.

13.9 Content-Analyse durch KI:
　　　Welche Inhalte sind für welche Nutzergruppen relevant?

In einer digitalen Welt, in der die Aufmerksamkeitsspanne der Nutzer immer kürzer wird, ist es entscheidend, die richtigen Inhalte zur richtigen Zeit am richtigen Ort zu platzieren. Doch wie kannst du sicherstellen, dass deine Inhalte wirklich relevant sind und den Bedürfnissen deiner Zielgruppe entsprechen? Künstliche Intelligenz (KI) analysiert das Verhalten und die Präferenzen deiner Nutzer, um genau die Inhalte zu identifizieren, die für sie am interessantesten und nützlichsten sind.

Analyse des Nutzerverhaltens und der Content-Präferenzen.

KI-gestützte Tools wie Google Cloud AI oder **BuzzSumo** nutzen maschinelles Lernen und Natural Language Processing (NLP), um das Verhalten und die Vorlieben der Nutzer zu analysieren. Sie erfassen, welche Inhalte besonders häufig gelesen, geteilt oder kommentiert werden und identifizieren Muster in der Interaktion. Anhand dieser Daten erkennen sie, welche Inhalte für welche Nutzergruppen besonders relevant sind.

Beispiel: Du betreibst einen Blog über digitales Marketing und möchtest wissen, welche Themen deine Leser besonders interessieren. Die KI analysiert und stellt fest, dass Artikel über »SEO-Trends« und »Content-Strategien« die höchste Verweildauer und die meisten Interaktionen haben. Zudem erkennt die KI, dass besonders Nutzer aus der Altersgruppe 25-34 diese Artikel bevorzugen. Basierend auf diesen Erkenntnissen kannst du gezielt mehr Inhalte zu diesen Themen erstellen und sie prominent auf deiner Website platzieren.

Vorteil: Du verschwendest keine Ressourcen auf Inhalte, die deine Zielgruppe nicht interessieren. Stattdessen konzentrierst du dich auf die Themen, die die höchste Relevanz und das größte Engagement versprechen. Das führt zu einer besseren Nutzererfahrung und letztlich zu höheren Conversionrates.

Segmentierung und Personalisierung durch KI.

Durch die Segmentierung deiner Zielgruppe kannst du gezielt Inhalte erstellen, die auf die Bedürfnisse einzelner Nutzergruppen abgestimmt sind. KI-Tools wie **Dynamic Yield** oder Segment helfen dir, diese Segmente zu erstellen, indem sie Verhaltensdaten, demografische Merkmale und Interessen analysieren. Auf dieser Basis können personalisierte Inhalte angezeigt werden, die die Nutzer noch stärker ansprechen.

Beispiel: Du betreibst einen Online-Shop für Sportbekleidung. Die KI erkennt, dass eine bestimmte Nutzergruppe vor allem nach Laufschuhen sucht und häufig auf Artikel über »Trainingstipps für Marathonläufer« klickt. Für diese Nutzer wird der entsprechende Content, inklusive Produktplatzierungen, auf der Startseite angezeigt. Eine andere Gruppe, die sich eher für Yoga-Kleidung interessiert, bekommt gezielt Inhalte über Yoga-Übungen und passende Outfits präsentiert.

Vorteil: Durch die gezielte Ansprache erhöhst du die Relevanz deiner Inhalte für die einzelnen Nutzergruppen. Die Nutzer fühlen sich besser verstanden und begleitet, was zu einer höheren Zufriedenheit und einer stärkeren Kundenbindung führt.

Sentiment-Analyse und Stimmungsbarometer.

KI kann nicht nur erkennen, welche Inhalte relevant sind, sondern auch die Stimmung und Emotionen der Nutzer erfassen, die mit bestimmten Themen verbunden sind. Sentiment-Analysetools wie **MonkeyLearn** oder **Lexalytics** analysieren die Stimmung in Kommentaren, Bewertungen und sozialen Medien und geben dir Aufschluss darüber,

13

welche Inhalte positiv aufgenommen werden und welche nicht.

Beispiel: Du hast eine Serie von Artikeln über Remote-Arbeit veröffentlicht. Die Sentiment-Analyse zeigt, dass Artikel, die Tipps zur Selbstorganisation geben, überwiegend positiv kommentiert werden, während Beiträge über Home-Office-Technik eher kritische Rück-meldungen erhalten. Jetzt setzt du stärker auf praxisnahe Tipps statt auf technische Themen.

Vorteil: Durch die Analyse der Stimmungen kannst du deine Inhalte gezielt verbessern und Themen meiden, die auf negative Resonanz stoßen. Das hilft dir, die Zufriedenheit und das Vertrauen deiner Leser zu erhöhen.

13.10 Dynamische Anpassung der Content-Platzierung.

Statische Inhalte, die für alle Nutzer gleich angezeigt werden, gehören der Vergangenheit an. Dank KI ist es möglich, die Platzierung von Inhalten dynamisch an das Verhalten und die Präferenzen der Nutzer anzupassen. So sieht jeder Besucher genau das, was für ihn am relevantesten ist und das in Echtzeit.

Echtzeit-Personalisierung.

KI-Tools wie **Evergage** oder **Adobe Target** ermöglichen die Echtzeit-Personalisierung deiner Inhalte. Sie analysieren das Verhalten der Nutzer und passen die Inhalte und deren Platzierung dynamisch an. Das bedeutet, dass die Nutzer je nach ihrem Klickverhalten, ihrer Verweildauer und anderen Faktoren unterschiedliche Inhalte sehen können.

Beispiel: Ein Besucher landet über eine Google-Suche nach »Tipps für Start-ups« auf deinem Blog. Die KI erkennt, dass er sich bereits mehrere Artikel zu diesem Thema angesehen hat und schlägt ihm auf der Startseite direkt Artikel und Ressourcen zur Buchhaltung vor. Zudem wird ein spezielles E-Book zu »Finanztipps für Gründer« prominent im Header platziert.

Vorteil: Durch diese dynamische Anpassung erhöht sich die Relevanz deiner Inhalte für den einzelnen Nutzer. Die Wahrscheinlichkeit, dass er länger auf der Seite bleibt und weitere Aktionen durchführt, steigt erheblich.

Automatische Anpassung der Content-Hierarchie.

KI kann auch die Hierarchie und Reihenfolge von Inhalten automatisch anpassen, um die bestmögliche Nutzererfahrung zu bieten. Dies betrifft nicht nur die Reihenfolge der Artikel auf einer Seite, sondern auch die Anordnung von Kategorien und Navigationselementen.

Beispiel: Auf einer Nachrichten-Website analysiert die KI, welche Kategorien besonders häufig aufgerufen werden. Sie erkennt, dass sich die Nutzer im Bereich »Technologie« besonders für Artikel über künstliche Intelligenz interessieren. Daher werden diese Artikel an oberster Stelle der Technologiekategorie platziert und auch auf der Startseite prominenter angezeigt.

Vorteil: Eine optimierte Content-Hierarchie hilft den Nutzern, die für sie relevanten Inhalte schneller zu finden. Das verbessert die Nutzererfahrung und erhöht die Wahrscheinlichkeit, dass die Nutzer weitere Inhalte entdecken und konsumieren.

Anpassung an verschiedene Endgeräte

Die Art und Weise, wie Inhalte platziert werden, sollte auch an die verschiedenen Endgeräte angepasst werden. Nutzer erwarten auf dem Smartphone eine andere Navigation und Content-Präsentation als auf einem Desktop. KI-Tools wie Unbounce oder PageSpeed Insights können die Inhalte automatisch für verschiedene Endgeräte optimieren, um eine bestmögliche Darstellung und Interaktion zu gewährleisten.

Beispiel: Deine Website zeigt auf dem Desktop eine Sidebar mit zusätzlichen Inhalten und Werbung. Die KI erkennt, dass diese Sidebar auf mobilen Geräten die Nutzererfahrung beeinträchtigt und blendet sie auf Smartphones automatisch aus. Stattdessen werden die relevanten Inhalte in einer kompakteren Form direkt im Hauptbereich der Seite angezeigt.

Vorteil: Durch die Anpassung an verschiedene Endgeräte sorgst du für eine optimale Darstellung und Benutzerfreundlichkeit, unabhängig davon, wie die Nutzer auf deine Seite zugreifen. Das senkt die Absprungrate und verbessert die Interaktion.

13.11 Optimierung der Conversion: CTA-Platzierung und visuelle Hierarchie

Die Platzierung von Call-to-Actions (CTAs) und die visuelle Hierarchie auf einer Website entscheiden maßgeblich darüber, ob ein Nutzer eine gewünschte Aktion ausführt oder nicht. KI-Tools helfen dabei, die besten Positionen für CTAs zu finden und die visuelle Hierarchie so zu gestalten, dass die Nutzer intuitiv zu den wichtigsten Elementen geführt werden.

Ideale CTA-Platzierung durch KI.

Die Platzierung von CTAs ist entscheidend für die Conversionrate. Zu versteckte oder schlecht platzierte CTAs führen dazu, dass Nutzer die gewünschten Aktionen nicht ausführen.

13

KI-Tools wie **Crazy Egg** oder **VWO** analysieren das Klickverhalten und die Interaktionen der Nutzer, um die effektivsten Positionen für CTAs zu ermitteln.

Beispiel: Die KI erkennt, dass Nutzer auf deiner Produktseite häufig auf die Mitte des Bildschirms scrollen und dort verweilen. Du platzierst den »Jetzt kaufen«-Button direkt in diesem Bereich und erzielst eine deutliche Steigerung der Conversionrate.

Vorteil: Die gezielte Platzierung von CTAs an den besten Stellen führt zu einer besseren Conversionrate und letztlich zu mehr Umsatz.

Visuelle Hierarchie optimieren.

Die visuelle Hierarchie bestimmt, welche Elemente auf einer Seite am meisten Aufmerksamkeit erhalten. KI-Tools können analysieren, wie Nutzer auf die Anordnung von Texten, Bildern und CTAs reagieren und Vorschläge zur Optimierung geben. Dies betrifft sowohl die Platzierung als auch die Größe, Farbe und das Design der einzelnen Elemente.

Beispiel: Die KI analysiert deine Landing Page und stellt fest, dass der Haupttextblock zu groß ist und die Nutzer dadurch den darunter liegenden CTA übersehen. Sie empfiehlt, den Textblock zu verkleinern und den CTA-Button größer und auffälliger zu gestalten. Die anschließenden A/B-Tests bestätigen, dass diese Änderungen zu einer höheren Conversionrate führen.

Vorteil: Eine optimierte visuelle Hierarchie sorgt dafür, dass die wichtigsten Elemente der Seite sofort ins Auge fallen. Das lenkt die Aufmerksamkeit der Nutzer auf die zentralen Botschaften. Das erhöht natürlich deutlich die Wahrscheinlichkeit, dass sie eine gewünschte Aktion ausführen.

A/B-Testing und Multivariate Tests.

KI-gestützte A/B-Tests und multivariate Tests ermöglichen es dir, verschiedene Varianten einer Seite gegeneinander zu testen und herauszufinden, welche Version am besten funktioniert. Dabei können nicht nur einzelne Elemente wie CTAs, sondern auch ganze Layouts, Farbkonzepte oder Textinhalte getestet werden.

Beispiel: Du testest verschiedene Versionen einer Landing Page für ein E-Book. In einer Version ist der CTA-Button rot, in einer anderen grün. Zudem variierst du die Platzierung des Formulars. Die KI analysiert die Ergebnisse und zeigt, dass die Kombination aus grünem Button und einem Formular am Seitenanfang die beste Conversionrate erzielt. Diese Version wird dann automatisch für alle Nutzer ausgerollt.

Vorteil: Durch kontinuierliches Testing und Optimieren findest du die idealen Kombinationen von Design und Inhalt, die zu den besten Ergebnissen führen. So kannst du die Conversionrate deiner Website stetig verbessern.

Die Fortschritte in der KI-gestützten Content-Platzierung sind beeindruckend. Doch was passiert, wenn Websites in Zukunft nicht nur einzelne Inhalte, sondern ihre gesamte Struktur und Gestaltung dynamisch an das Verhalten jedes einzelnen Nutzers anpassen? Was, wenn die gesamte Website in Echtzeit umgestaltet wird, um jedem Besucher das perfekte Erlebnis zu bieten? Nun besuchst du eine Website und sie sieht jedes Mal anders aus, nicht, weil sie aktualisiert wurde, sondern weil sie sich deinem aktuellen Verhalten, deinen Interessen und sogar deiner Stimmung anpasst. Werden wir bald eine Welt erleben, in der Websites keine festen Layouts und Strukturen mehr haben, sondern vollständig von Algorithmen gesteuert werden, die jede Sekunde entscheiden, wie die Seite aussieht und funktioniert? Die Zukunft der Content-Platzierung ist spannend und voller Möglichkeiten.

Aber sie wirft auch Fragen auf: Wollen wir wirklich, dass KI so viel Kontrolle über die digitale Welt hat? Oder gibt es Grenzen, die wir setzen müssen, um die Balance zwischen Automatisierung und menschlicher Gestaltung zu wahren? Die nächste große Veränderung im Bereich der Website-Gestaltung steht bevor und sie könnte alles, was wir über Design und Content wissen, auf den Kopf stellen. Bist du bereit, dich auf diese neue Ära einzulassen? Denn eines ist sicher: Die Zukunft wird dynamischer, als wir es uns heute vorstellen können.

Ladezeiten optimieren: Geschwindigkeit als UX- und SEO-Faktor.
13.12 Einfluss der Ladezeit auf Nutzererfahrung und SEO-Ranking.

Die Ladezeit einer Website ist heute einer der entscheidendsten Faktoren für Erfolg oder Misserfolg im digitalen Raum. Studien zeigen, dass die meisten Nutzer schon nach wenigen Sekunden abspringen, wenn eine Seite nicht schnell genug lädt. Aber nicht nur die Nutzer sind ungeduldig, auch Google nimmt lange Ladezeiten übel. Die Geschwindigkeit einer Website beeinflusst sowohl die User Experience (UX) als auch das SEO-Ranking erheblich.

Einfluss auf die Nutzererfahrung (UX).
Lange Ladezeiten führen zu Frustration und einer höheren Absprungrate. Wenn Nutzer

warten müssen, bis die Seite vollständig geladen ist, verlieren sie schnell das Interesse. Die Ladezeit beeinflusst nicht nur, wie lange Nutzer auf der Seite bleiben, sondern auch, wie sie deine Marke wahrnehmen. Eine langsame Website wird oft als unprofessionell und wenig vertrauenswürdig angesehen.

Beispiel: Ein Nutzer möchte ein Online-Modegeschäft besuchen und klickt auf einen Link zur Startseite. Nach vier Sekunden Ladezeit springt er ab und wechselt zu einem anderen Shop, der schneller lädt. Das Modegeschäft verliert einen potenziellen Kunden und steigert gleichzeitig seine Absprungrate.

Tipp Laut Google sollte die Ladezeit einer Website idealerweise unter 3 Sekunden liegen, um die Absprungrate möglichst gering zu halten.

Einfluss auf das SEO-Ranking.

Die Ladegeschwindigkeit ist ein wichtiger Ranking-Faktor für Suchmaschinen. Google und andere Suchmaschinen bevorzugen schnelle Websites, weil sie eine bessere Nutzererfahrung bieten. Wenn deine Seite zu lange lädt, kann das zu einer schlechteren Platzierung in den Suchergebnissen führen. Besonders bei mobilen Seiten ist die Geschwindigkeit ein entscheidender Faktor, da immer mehr Nutzer über Smartphones und Tablets auf das Internet zugreifen.

Beispiel: Eine Reise-Website hat tolle Inhalte und hochwertige Bilder, aber ihre mobile Seite lädt langsam. Als Folge davon rankt sie bei mobilen Suchanfragen auf der zweiten Seite der Google-Ergebnisse. Ein Wettbewerber mit schnellerer Ladezeit erreicht hingegen die erste Seite und gewinnt deutlich mehr Traffic.

Tipp Nutze Tools wie **Google PageSpeed Insights** oder GTmetrix, um die Ladegeschwindigkeit deiner Website zu überprüfen und gezielte Verbesserungen vorzunehmen.

13.13 KI-gestützte Techniken zur Performance-Optimierung.

Künstliche Intelligenz (KI) bietet vielfältige Möglichkeiten, die Ladegeschwindigkeit einer Website zu optimieren. KI-gestützte Tools können nicht nur Probleme automatisch erkennen, sondern auch intelligente Lösungen implementieren, um die Performance deiner Website zu verbessern. Zwei besonders effektive Techniken sind Lazy Loading und die Komprimierung von Dateien.

Lazy Loading ist eine Technik, bei der Bilder und andere Ressourcen erst dann geladen werden, wenn sie tatsächlich benötigt werden, also wenn der Nutzer auf den entsprechenden Bereich der Seite scrollt. Das reduziert die anfängliche Ladezeit und verbessert die Nutzererfahrung, insbesondere auf Seiten mit vielen Bildern oder Videos.

Beispiel: Deine Website enthält eine Galerie mit hochauflösenden Bildern. Normalerweise würden alle Bilder beim Laden der Seite vollständig geladen, was zu einer langen Ladezeit führt. Mit Lazy Loading werden die Bilder erst dann geladen, wenn der Nutzer tatsächlich zu ihnen scrollt. Dadurch verkürzt sich die anfängliche Ladezeit erheblich.

Vorteil: Lazy Loading spart nicht nur Ladezeit, sondern reduziert auch die Datenmenge. Das ist besonders wichtig für mobile Nutzer, die oft begrenzte Datenvolumen haben.

Komprimierung und Minimierung von Dateien.

Die Größe von HTML-, CSS- und JavaScript-Dateien hat einen direkten Einfluss auf die Ladegeschwindigkeit einer Website. KI-Tools können diese Dateien automatisch komprimieren und minimieren, ohne dass die Funktionalität oder das Design der Seite beeinträchtigt wird.

Beispiel: Deine Website enthält mehrere CSS- und JavaScript-Dateien, die umfangreiche und teilweise unnötige Codezeilen enthalten. Ein KI-Tool analysiert diese Dateien, entfernt unnötigen Code, verkleinert die Dateien und kombiniert sie, um die Anzahl der Anfragen an den Server zu minimieren. Die Ladezeit der Seite verringert sich dadurch deutlich.

Vorteil: Die Komprimierung und Minimierung von Dateien reduziert die Größe der gesamten Website und sorgt dafür, dass sie schneller geladen wird. Das verbessert sowohl die Nutzererfahrung als auch das SEO-Ranking.

Tipp Nutze Tools wie Cloudflare oder Autoptimize, um deine Dateien zu komprimieren und die Performance deiner Website zu optimieren.

Caching und Content Delivery Networks (CDNs).

Caching und CDNs sind weitere Techniken, die durch den Einsatz von KI optimiert werden können. Beim Caching werden häufig aufgerufene Daten auf dem Server zwischengespeichert, sodass sie bei einem erneuten Aufruf schneller geladen werden können. Ein CDN verteilt deine Inhalte auf verschiedene Server weltweit, sodass sie schneller geladen werden, unabhängig davon, wo sich der Nutzer befindet.

13

Beispiel: Ein KI-gestütztes Caching-Tool analysiert, welche Seiten deiner Website am häufigsten aufgerufen werden und speichert diese im Cache. Dadurch müssen diese Seiten nicht jedes Mal neu geladen werden, sondern werden aus dem Cache abgerufen, was die Ladezeit erheblich verkürzt. Ein CDN sorgt zudem dafür, dass Nutzer aus verschiedenen Ländern schnellen Zugriff auf die Inhalte haben.

Vorteil: Caching und CDNs reduzieren die Serverbelastung und verbessern die Ladezeiten, insbesondere bei hoher Nutzerfrequenz oder globalem Traffic.

Tipp Nutze CDNs wie Cloudflare oder Akamai, um die Reichweite und Performance deiner Website weltweit zu verbessern. Kombiniere diese mit einem intelligenten Caching-Tool, um die Ladezeiten weiter zu reduzieren.

13.14 Überwachung und ständige Verbesserung der Ladegeschwindigkeit.

Eine einmalige Optimierung der Ladegeschwindigkeit reicht nicht aus. Die Performance einer Website muss regelmäßig überwacht und angepasst werden, um sicherzustellen, dass sie auch bei Änderungen und Aktualisierungen auf einem optimalen Niveau bleibt. KI-gestützte Tools ermöglichen dabei eine kontinuierliche Überwachung der Ladegeschwindigkeit.

Automatisiertes Monitoring und Alerts.

KI-gestützte Monitoring-Tools wie New Relic oder Pingdom überwachen die Ladegeschwindigkeit deiner Website in Echtzeit. Sie analysieren die Performance und benachrichtigen dich automatisch, wenn die Ladezeiten bestimmte Grenzwerte überschreiten oder Probleme auftreten. So kannst du schnell reagieren und verhindern, dass Nutzer aufgrund von Performance-Problemen abspringen.

Beispiel: Dein Monitoring-Tool erkennt, dass die Ladezeit einer bestimmten Seite plötzlich von 2 auf 5 Sekunden gestiegen ist. Die KI analysiert das Problem und stellt fest, dass ein neues Plugin die Ladezeiten verlängert. Du erhältst eine Benachrichtigung und deaktivierst das Plugin, um die ursprüngliche Ladezeit wiederherzustellen.

Vorteil: Automatisierte Monitoring-Tools sparen Zeit und sorgen dafür, dass du Probleme sofort erkennst und beheben kannst. So bleibt die Nutzererfahrung stets optimal.

Tipp Richte Benachrichtigungen für kritische Ladezeiten ein und lege Schwellenwerte fest, bei deren Überschreitung du automatisch informiert wirst.

Performance-Analysen und -Berichte.

KI-Tools bieten detaillierte Berichte zur Performance deiner Website, die dir helfen, Engpässe zu identifizieren und Optimierungspotenzial aufzudecken. Diese Berichte analysieren nicht nur die Ladezeiten, sondern auch die Auslastung des Servers, die Antwortzeiten von Drittanbieter-Skripten und die Auswirkungen neuer Inhalte oder Plugins auf die Performance.

Beispiel: Ein Performance-Bericht zeigt, dass die Ladezeiten deiner mobilen Seite seit dem letzten Update kontinuierlich gestiegen sind. Die KI analysiert, dass ein neues Werbeskript die Ladezeiten verlängert und empfiehlt, das Skript zu optimieren oder zu entfernen.

Vorteil: Detaillierte Berichte ermöglichen es dir, fundierte Entscheidungen über die Optimierung deiner Website zu treffen und die Performance kontinuierlich zu verbessern.

A/B-Tests zur Performance-Optimierung.

KI-gestützte A/B-Tests ermöglichen es dir, verschiedene Versionen einer Seite gegeneinander zu testen, um herauszufinden, welche am schnellsten lädt und die beste Nutzererfahrung bietet. Dabei können verschiedene Layouts, Bilder, Skripte oder Plugins getestet werden, um die Performance gezielt zu optimieren.

Beispiel: Du testest zwei Versionen deiner Startseite, eine mit vielen großen Bildern und eine mit komprimierten, kleineren Bildern. Die KI analysiert die Ladezeiten und die Absprungrate der beiden Versionen und zeigt, dass die zweite Version deutlich schneller lädt und eine niedrigere Absprungrate hat. Du entscheidest dich, diese Version dauerhaft zu verwenden.

Vorteil: A/B-Tests helfen dir, fundierte Entscheidungen über die Performance-Optimierung zu treffen und die beste Version deiner Seite zu finden.

Tipp Führe regelmäßig A/B-Tests durch, um die Performance deiner Website kontinuierlich zu verbessern und sicherzustellen, dass du die beste Version deiner Seite verwendest.

Die aktuellen Fortschritte in der Optimierung der Ladezeiten sind beeindruckend. Aber was, wenn wir bald Websites haben, die so schnell laden, dass sie sich anfühlen, als

13

wären sie bereits geöffnet, bevor du den Link geklickt hast? Was passiert, wenn KI und neue Technologien wie 5G oder Quantencomputing die Ladezeiten auf ein Niveau bringen, bei dem der Unterschied zwischen "jetzt« und "sofort« verschwimmt?

Nur mal so gedacht, eine Website lädt nicht nur sofort, sondern erkennt schon vorher, was du suchen wirst und zeigt dir die Inhalte, bevor du überhaupt danach gefragt hast. Werden wir bald eine Welt erleben, in der es keine Ladezeiten mehr gibt, weil die Informationen schon da sind, bevor wir sie brauchen?

Die Zukunft der Ladezeiten-Optimierung ist aufregend und voller Möglichkeiten. Aber sie wirft auch Fragen auf: Wie sehr wollen wir uns auf Technologie verlassen, um das »perfekte« Nutzererlebnis zu schaffen? Und werden wir uns irgendwann nach den Zeiten zurücksehnen, als ein wenig Geduld noch zur Tagesordnung gehörte? Die nächste große Revolution in der Website-Performance steht bevor und sie könnte die Art und Weise, wie wir das Internet erleben, für immer verändern. Bist du bereit, den Sprung in diese neue Welt zu wagen? Denn eines ist sicher: Die Zukunft wird schneller sein, als wir es uns heute vorstellen können.

Wie KI die Nutzererfahrung auf ein neues Level hebt.

Wir denken mal, deine Website wäre ein Barista. Kein gewöhnlicher, sondern einer, der dir deinen Kaffee nicht nur mit deinem Lieblingsgeschmack, sondern auch exakt bei deiner bevorzugten Temperatur und Milchschaumdichte serviert, ohne dass du ein Wort sagen musst. So wie der Typ, der dir immer das Gefühl gibt, er hätte in deine Seele geschaut und all deine Geheimnisse auf seinem Bestellblock notiert. Klingt nach Magie? Ist es auch. Nur nennt sich diese Magie in der digitalen Welt personalisierte Nutzererfahrung durch KI. Doch wie schafft es deine Website, den Besucher in den Bann zu ziehen und ihm genau das zu bieten, was er braucht, bevor er es selbst weiß? Lass uns das Geheimnis lüften.

13.15 Anpassung der Website-Inhalte an individuelle Nutzerpräferenzen

Jetzt betrittst du einen riesigen Supermarkt. Vor dir erstrecken sich Regale, bis zum Horizont. Alles ist da: von den feinsten Trüffeln bis hin zu deiner bevorzugten Erdnussbutter mit extra Crunch. Jetzt stell dir vor, du hättest einen persönlichen Assistenten an deiner Seite, der dich durchs Labyrinth führt und dir genau das zeigt, was du suchst, noch bevor du weißt, dass du es suchst. Das ist das Potenzial der personalisierten Webseiteninhalte.

Datensammlung und -analyse.

Jedes Mal, wenn du eine Website besuchst, hinterlässt du Spuren, wie Sherlock Holmes, nur digital. Dein Klickverhalten, die besuchten Seiten, die Verweildauer und sogar, wie schnell du die Maus bewegst, alles wird aufgezeichnet. KI-Algorithmen analysieren diese Daten in Echtzeit und erstellen daraus ein Profil von dir. Sie wissen, ob du gerne lange Blogartikel liest oder eher durch knackige Infografiken scrollst. Ob du montags motiviert bist oder freitags schon mit dem Kopf im Wochenende steckst. Diese Daten sind die Basis für die Anpassung der Inhalte.

Content-Personalisierung.

Basierend auf deinem Nutzerprofil passt die Website ihre Inhalte an. Das geht von der Auswahl der Startseiten-Banner bis hin zur Anzeige spezifischer Blogposts, Produkte oder Dienstleistungen. Sagen wir, du bist ein Gitarrenfan und hast dich zuletzt durch Artikel zu neuen Effektgeräten gelesen. Beim nächsten Besuch erwartet dich vielleicht ein Tutorial-Video zu den Top 10 Sounds, die du mit deinem neuen Effektgerät erzeugen kannst. Die Seite serviert dir also nicht nur den »Kaffee«, den du magst, sondern würzt ihn auch noch mit einem Schuss »Milchschaum«, von dem du noch gar nicht wusstest, dass du ihn magst.

Dynamische Anpassung: Die Personalisierung hört nicht beim ersten Besuch auf. Die Inhalte werden bei jedem neuen Aufruf der Seite dynamisch angepasst. Vielleicht hast du zuletzt nach italienischen Motorrädern gesucht und plötzlich flitzen überall Moto Guzzi-Maschinen über deinen Bildschirm. Beim nächsten Mal könnte die Website dann zu Zubehör wechseln, das perfekt zu deiner neuen Maschine passt. Das System lernt ständig dazu und justiert die Inhalte immer wieder neu, wie ein DJ, der die Stimmung im Club ständig checkt und die Musik anpasst. Diese Anpassungen sind nicht nur eine Spielerei. Sie erhöhen die Relevanz der Inhalte für den Nutzer und damit die Wahrscheinlichkeit, dass er länger bleibt, sich intensiver mit den Angeboten auseinandersetzt und schließlich konvertiert, sei es durch einen Kauf, eine Anmeldung oder das Abonnieren eines Newsletters.

13.16 Recommendation Engines zur Steigerung der Verweildauer.

Warum hört Netflix nie auf, dir Serien vorzuschlagen? Weil es weiß, dass du nach der vierten Episode um zwei Uhr nachts nicht schlafen gehen wirst, wenn die fünfte nur einen Klick entfernt ist. Diese Logik lässt sich auch auf Websites übertragen. Die Rede ist von Recommendation Engines, also Empfehlungssystemen, die auf Basis deines Nutzerverhaltens Inhalte vorschlagen, die für dich besonders relevant sind. Wie funktionieren Recommendation Engines?

Datenerfassung und -analyse: Recommendation Engines sammeln nicht nur deine eigenen Daten, sondern auch die aller anderen Nutzer. So entsteht ein riesiger Pool an Informationen, auf den die KI zugreifen kann. Hast du und Millionen anderer Nutzer denselben Artikel über SEO-Strategien gelesen? Dann könnte die KI annehmen, dass ihr euch auch für fortgeschrittene Themen wie »Voice Search Optimization« interessiert.

Kollaborative Filterung: Diese Technik vergleicht dein Verhalten mit dem anderer Nutzer. Ähnlich wie bei der Aussage: »Menschen, die diesen Song mögen, mögen auch diesen«, werden dir Inhalte vorgeschlagen, die Nutzer mit ähnlichem Profil ebenfalls gut fanden. Es ist wie eine Art kollektive Vorliebe, die du mit Tausenden von anderen teilst, ohne es zu wissen. So wird sichergestellt, dass die Empfehlungen sowohl relevant als auch spannend bleiben.

Content-Based Filtering: Hierbei geht es weniger um das Verhalten anderer, sondern darum, was dir persönlich gefallen könnte. Hast du in den letzten Wochen alle Artikel zu »Storytelling im Marketing« verschlungen? Dann wird dir die Recommendation Engine weitere Inhalte vorschlagen, die ähnliche Themen und Keywords aufgreifen. Das Ziel: dich so lange wie möglich auf der Seite zu halten, indem du von einem interessanten Inhalt zum nächsten springst. Hybrid-Modelle: In der Praxis werden oft beide Methoden kombiniert. Die Engines erstellen ein umfassendes Profil von dir, das sowohl auf deinem individuellen Verhalten als auch auf dem kollektiven Wissen über ähnliche Nutzer basiert. So bekommst du die bestmöglichen Empfehlungen.

Die Auswirkungen: Recommendation Engines sind wahre Verweildauer-Booster. Statt dass der Nutzer selbst aktiv suchen muss, werden ihm Inhalte serviert, die ihm auf den Leib geschneidert sind. So wird aus einer simplen Suchanfrage nach »Gitarrenverstärker« ein intensiver Lernmarathon über Klangmodulationen und Amp-Einstellungen, der dich, wie ein Sog, immer tiefer in die Materie zieht. Doch was passiert, wenn du das Netz aus personalisierten Empfehlungen plötzlich nicht mehr verlassen kannst? Was, wenn dich die Engine immer weiter in eine Richtung drängt, aus der es keinen Ausweg mehr gibt?

13.17 Nutzung von KI zur Personalisierung der User Journey.

Jetzt wird's spannend, der heilige Gral der Personalisierung. Nehmen wir an du besuchst eine Website, die wie ein persönlicher Reiseführer für deinen digitalen Ausflug agiert. KI-basierte Systeme können nicht nur erkennen, was dich interessiert, sondern auch, wie du dich durch die Seite bewegst. Je nachdem, ob du ein eher impulsiver Entdecker oder ein gründlicher Analytiker bist, passt sich der gesamte User Flow an.

Die vier Stufen der personalisierten User Journey.

Identifikation des Nutzertyps: Die KI analysiert zunächst dein Surfverhalten. Bist du jemand, der gerne von Anfang an alles durchliest, oder springst du eher von Punkt zu Punkt? Anhand dieser Daten werden dir verschiedene Inhalte und Navigationselemente angeboten. Langatmige Erklärungen für die Analytiker, knackige Übersichten für die Impulsiven.

Optimierung der Navigationsstruktur: Je nach deinem Verhalten werden dir unterschiedliche Wege durch die Website angeboten. Hast du zum Beispiel bei einem früheren Besuch oft den Kontaktbutton gesucht, wird er bei deinem nächsten Besuch prominenter platziert. Entscheidest du dich häufiger für das Angebot »A«, wird dir beim nächsten Mal direkt der kürzeste Weg dorthin angezeigt. So fühlt sich die Seite wie ein Maßanzug an, nur für dich geschneidert.

Dynamische Content-Änderung: Je tiefer du in die Website eintauchst, desto spezifischer werden die Inhalte. Schaust du dir zum Beispiel mehrere Produktseiten hintereinander an, könnte die KI erkennen, dass du dich in einer Entscheidungsphase befindest. Anstatt dir weitere Produkte zu zeigen, bietet sie dir Vergleichstabellen oder Kundenbewertungen an, um deine Entscheidung zu erleichtern. Der Content passt sich also immer wieder an deine aktuellen Bedürfnisse an, als würde die Website selbst mit dir sprechen.

Optimierung der Conversion-Elemente: Schließlich platziert die KI Call-to-Actions und Conversion-Elemente genau dort, wo sie am effektivsten sind. Hast du lange gezögert, bevor du den Kauf abschließt? Vielleicht wird dir ein spezielles Angebot präsentiert, das zeitlich begrenzt ist. Diese Taktiken zielen darauf ab, dich genau im richtigen Moment zu »überzeugen«, ohne dass es plump wirkt. Das Ergebnis? Du fühlst dich verstanden und gut betreut. Die User Journey wird zu einem maßgeschneiderten Erlebnis, das dich nicht nur begeistert, sondern auch deine Loyalität zur Marke stärkt. Aber was passiert, wenn diese Personalisierung so gut wird, dass du gar nicht mehr merkst, wie sehr deine

13

Entscheidungen beeinflusst werden? Angenommen du betrittst deine Lieblings-Website und du hast das Gefühl, dass die Seite dir genau das zeigt, was du immer gesucht hast, fast schon gruselig perfekt. Vielleicht war es auch genau das, was du wolltest? Doch was, wenn die KI irgendwann entscheidet, dass sie besser weiß, was du brauchst, als du selbst? Wenn sie deine Wünsche formt und dich wie eine unsichtbare Hand in eine bestimmte Richtung schiebt? Aber das ist eine andere Geschichte.

Wenn deine Website für jeden Besucher einladend wird.
Es könnte sein, dass deine Website gerade einen VIP-Gast begrüßt, von dem du nichts ahnst. Jemanden, der auf den ersten Blick unsichtbar ist. Kein Influencer, keine prominente Persönlichkeit, sondern ein Mensch mit einer Behinderung, der auf deine Inhalte zugreifen will. Doch was, wenn dieser Gast vor verschlossenen Türen steht, weil deine Seite nicht barrierefrei ist? Für ihn fühlt sich das an, als würdest du ihm ein Ticket für ein ausverkauftes Konzert geben und dann den Eingang versperren. Hier tritt das Konzept der Barrierefreiheit auf den Plan und KI ist dein neuer Türsteher, der sicherstellt, dass jeder rein kann. Aber Moment, das ist nur der Anfang.

13.18 KI-gestützte Tools zur Analyse und Verbesserung der Barrierefreiheit.
Angenommen, du könntest deiner Website eine Superkraft verleihen, die in Sekundenschnelle alle Schwachstellen aufdeckt. Mängel, die für dich als Entwickler schwer zu erkennen sind, aber für Menschen mit Behinderungen die Nutzung deiner Seite erschweren. KI-gestützte Tools sind wie digitale Superhelden, die im Hintergrund arbeiten und sicherstellen, dass niemand ausgeschlossen wird.
Automatische Erkennung von Barrieren: KI-Tools wie »axe« oder »WAVE« analysieren deine Website und erkennen automatisch Elemente, die problematisch sein könnten. Das kann ein fehlender Alternativtext für Bilder sein, unzureichende Kontraste bei der Schriftfarbe oder die unlogische Reihenfolge von Links, die Screenreader-Nutzer ins Chaos stürzt. Diese Tools durchforsten jede Ecke deiner Seite und markieren sofort die Bereiche, die eine Überarbeitung benötigen. Es ist, als würdest du einen Detektiv beauftragen, jeden Winkel deiner Website zu durchleuchten.
Bewertung und Priorisierung: Nachdem die Schwachstellen erkannt wurden, bewertet die KI deren Schweregrad. Handelt es sich nur um einen kosmetischen Fehler oder um ein

ernsthaftes Problem, das verhindert, dass jemand auf wichtige Inhalte zugreifen kann? Diese Priorisierung hilft dir, deine Ressourcen gezielt einzusetzen. Schließlich ist es wie bei einem Haus: Du fängst auch nicht damit an, den Garten zu verschönern, wenn das Dach leckt.

Vorschläge zur Optimierung: Die KI hört nicht einfach auf, nachdem sie dir die Probleme auf einem Silbertablett präsentiert hat. Sie gibt dir auch gleich Lösungen an die Hand. Wie ein erfahrener Handwerker schlägt sie vor, wie du die Barrieren beseitigen kannst: »Setze hier einen Alternativtext ein«, »Erhöhe dort den Kontrast« oder »Verwende diese Tastaturkürzel, um die Navigation zu erleichtern«. Du bekommst eine klare Anleitung, wie du deine Seite für alle zugänglich machst, ohne dich selbst durch unzählige Richtlinien wühlen zu müssen.

Automatisierte Usability-Tests: Erkennung von Schwachstellen in der Nutzerführung Angenommen, du würdest deine Website einem total unvoreingenommenen Tester geben, der sich durchklickt, jedes Formular ausfüllt und jede Seite so genau inspiziert wie ein penibler Detektiv. Was, wenn dieser Tester dann zurückkommt und dir einen Bericht überreicht, der nicht nur die Stärken, sondern auch all die kleinen nervigen Schwächen aufdeckt, die du bisher übersehen hast? Genau das leisten automatisierte Usability-Tests und das sogar, während du schläfst.

13.19 Wie funktionieren automatisierte Usability-Tests?

Simulation von Nutzerverhalten: KI-gestützte Tools simulieren das Verhalten echter Nutzer. Sie »bewegen« die Maus, »scrollen« durch die Seite, »klicken« auf Links und »füllen« Formulare aus. Dabei verfolgen sie nicht nur, ob die Seite technisch funktioniert, sondern auch, ob sie logisch aufgebaut ist. Wie einfach ist es, die Kontaktinformationen zu finden? Gibt es unnötige Hürden beim Checkout-Prozess? Fühlen sich Nutzer vielleicht überfordert von der Menge an Informationen auf der Startseite? Die KI macht sich Notizen, wo es holpert.

Analyse der Benutzerfreundlichkeit: Während der Simulation analysiert die KI jede Aktion. Verweilen Nutzer zu lange auf bestimmten Seiten, ohne weiterzukommen? Brechen sie den Kaufprozess ab, weil sie das Eingabeformular verwirrend finden? All diese Hinweise sammelt die KI und erstellt daraus ein klares Bild der Nutzererfahrung. Es ist, als würde sie das Verhalten tausender Testpersonen gleichzeitig auswerten und dir die Ergebnisse in einem kompakten Bericht liefern.

13

Erkennung von Pain Points: Die KI erkennt nicht nur, wo Nutzer Schwierigkeiten haben, sondern auch warum. Ist der Call-to-Action-Button zu unscheinbar? Ist die Menüführung zu kompliziert? Diese Pain Points werden dir klar und deutlich präsentiert. Du bekommst nicht nur gesagt, was falsch läuft, sondern auch, wie du es besser machen kannst. Und das Beste daran: Die KI lernt ständig dazu. Sie erkennt Muster, die dir möglicherweise nie aufgefallen wären und bietet dir Lösungen, die du selbst nicht in Betracht gezogen hättest.

13.20 Best Practices für eine barrierefreie und benutzerfreundliche Website.

Es könnte sein, dass du jetzt denkst, du bist auf der sicheren Seite, weil du die KI hast, die dir hilft, deine Website zu optimieren. Aber nur weil du die richtigen Werkzeuge hast, bedeutet das nicht, dass du auch automatisch die richtigen Entscheidungen triffst. Hier kommen Best Practices, also Regeln und Prinzipien, die dir als Orientierung dienen, um eine wirklich barrierefreie und benutzerfreundliche Website zu gestalten.

Struktur und Navigation: Deine Website sollte wie eine gut sortierte Bibliothek aufgebaut sein. Jede Seite hat ihren festen Platz und ist leicht auffindbar. Verwende klare, intuitive Menüs und Beschriftungen. Das bedeutet: keine kryptischen Menübezeichnungen wie »Was geht?« für deine Dienstleistungen. Jeder muss auf Anhieb verstehen, wo er was findet, ganz ohne Rätselraten.

Lesbarkeit und Design: Kontrastreiche Farben, gut lesbare Schriftarten und genügend Abstand zwischen den Zeilen, das sind die Basics. Aber es geht noch weiter. Verwende Überschriften und Absätze, um den Text zu strukturieren, setze Bilder gezielt ein und sorge dafür, dass deine Inhalte auch auf kleinen Bildschirmen funktionieren. Schließlich sollte die User Experience auf einem Smartphone genauso überzeugend sein wie auf einem Desktop.

Interaktive Elemente: Formularfelder, Buttons, Links, all diese Elemente müssen nicht nur sichtbar, sondern auch leicht zugänglich sein. Überlege dir alternative Texte für Bilder, sorge dafür, dass alle interaktiven Elemente auch mit der Tastatur bedienbar sind und achte darauf, dass die Navigation logisch aufgebaut ist. Hast du zum Beispiel schon mal daran gedacht, dass eine Tastenkombination für die schnelle Navigation hilfreich sein könnte?

Regelmäßige Überprüfungen: Es reicht nicht aus, die Website einmalig zu optimieren. Technologien und Nutzeranforderungen ändern sich ständig. Führe regelmäßig automatisierte Tests durch, um sicherzustellen, dass deine Seite den aktuellen Anforderungen gerecht wird. Besser noch: Hol dir echtes Feedback von Nutzern, die auf Barrierefreiheit angewiesen sind. Denn die beste KI nützt dir nichts, wenn du die menschliche Perspektive vergisst. Und jetzt, wo du all diese Best Practices kennst, was wäre, wenn ich dir sagen würde, dass du trotzdem etwas Entscheidendes übersehen hast? Eine Kleinigkeit, die dafür sorgt, dass deine Website zwar gut aussieht, aber dennoch Besucher verliert. Was könnte das sein?

A/B-Testing und Optimierungsschleifen.

Nehmen wir an, deine Website ist wie eine Bühne. Du stehst im Rampenlicht und willst dein Publikum begeistern. Aber, wie findet man die richtige Show? Welche Texte, Bilder oder Call-to-Actions lassen die Herzen deiner Besucher höherschlagen? Du könntest jede mögliche Variante ausprobieren, aber das wäre ungefähr so effektiv wie ein Blindflug. A/B-Testing ist dein Regisseur, der dir sagt, welcher Auftritt beim Publikum ankommt und welcher durchfällt. Aber was, wenn du nicht nur einen menschlichen Regisseur hättest, sondern eine KI, die schneller als jeder Mensch analysiert, auswertet und dir sagt, welche Show das Zeug zum Kassenschlager hat?

13.21 Rolle von KI im A/B-Testing: Automatisierung und Auswertung.

Es könnte sein, dass du A/B-Tests bisher wie eine klassische Geduldsprobe behandelt hast. Zwei verschiedene Varianten einer Seite erstellen, ein paar Tage warten und hoffen, dass eine besser abschneidet als die andere. Doch KI macht Schluss mit dem Warten. Sie übernimmt nicht nur die Organisation, sondern auch die Auswertung und das in Lichtgeschwindigkeit.

Automatisierte Testplanung: Angenommen, du willst die perfekte Überschrift für deine Landingpage finden. Statt jetzt mühselig zwei Varianten zu erstellen und manuell zu beobachten, welche besser performt, lässt du die KI das erledigen. Sie analysiert die bestehenden Texte, schlägt dir Alternativen vor und erstellt die Testvarianten ganz automatisch. Dabei berücksichtigt sie Daten wie Nutzerverhalten, bisherige Conversions und sogar den Wochentag. Sie plant und startet den Test, während du dich gemütlich zurücklehnst, vielleicht mit einem Kaffee, den dir dein Barista (du weißt schon) gerade serviert hat.

Dynamische Anpassung: Während ein herkömmlicher A/B-Test dir nur eine begrenzte Anzahl an Varianten zeigt, ist die KI experimentierfreudiger. Sie passt die Varianten dynamisch an, basierend auf den Ergebnissen der ersten Testphase. Hat eine bestimmte Farbe oder ein bestimmter Call-to-Action-Text besonders gut funktioniert? Die KI generiert daraus neue Varianten und testet sie sofort weiter. Das ist wie ein Jazzmusiker, der improvisiert und die Melodie immer weiter verfeinert, bis sie perfekt sitzt.

Echtzeit-Auswertung: Hier spielt die KI ihre wahre Stärke aus. Sie analysiert die Daten in Echtzeit und erkennt Muster, die dir möglicherweise nie aufgefallen wären. Vielleicht performt eine Variante am Dienstagmorgen hervorragend, während eine andere mittwochs besser abschneidet. Die KI gibt dir nicht nur Zahlen und Statistiken, sondern wertvolle Insights: »Verwende Überschrift A für B2B-Kunden am Morgen und Überschrift B für B2C-Kunden am Nachmittag.« Plötzlich wird aus deinem Bauchgefühl ein datengestützter Entscheidungsprozess. Und was passiert, wenn die KI etwas entdeckt, das du nie erwartet hättest? Wenn eine scheinbar unbedeutende Änderung deine gesamte Strategie auf den Kopf stellt?

13.22 Nutzung von KI zur Entwicklung und Testung von UX-Varianten.

Nimm mal an, deine Website wäre ein Auto und die User Experience (UX) wäre das Fahrgefühl. Manchmal willst du das Auto sportlicher, manchmal komfortabler machen, aber wie findest du heraus, was deinen »Fahrern« wirklich gefällt? Hier hilft dir die KI nicht nur beim Tuning, sondern entwickelt und testet gleich ganze UX-Konzepte.

Automatisierte UX-Design-Generierung: Die KI analysiert die Nutzerinteraktionen auf deiner Website und identifiziert Bereiche, die optimiert werden könnten. Ist die Navigation zu umständlich? Sind die Formulare zu lang? Die KI erstellt basierend auf diesen Erkenntnissen verschiedene UX-Varianten. Es ist, als würdest du einen ganzen Design-Thinking-Workshop in ein paar Sekunden abhalten, ohne dass du dabei ins Schwitzen kommst. Neue Menüs, angepasste Button-Positionen oder alternative Layouts, die KI entwickelt Vorschläge, die du manuell nie so schnell generieren könntest.

Testen in Rekordzeit: Während du bei herkömmlichen UX-Tests tagelang warten musst, bis genug Daten gesammelt sind, erledigt die KI das in Bruchteilen der Zeit. Sie leitet gezielt Traffic auf die verschiedenen Varianten und analysiert in Echtzeit, welche Version besser performt. Ob es dabei um eine Reduktion der Absprungrate oder eine höhere Conversionrate geht, die KI liefert dir sofort Ergebnisse. Und nicht nur das: Sie schlägt basierend auf diesen Tests weitere Anpassungen vor, die sie sofort wieder testet. Ein ewiger

Optimierungskreislauf, der sich kontinuierlich selbst verbessert, wie eine Maschine, die nie aufhört, sich zu perfektionieren.

Personalisierte UX-Erfahrungen: Hier zeigt sich das volle Potenzial der KI. Sie erkennt nicht nur, welche UX-Variante insgesamt am besten funktioniert, sondern auch, welche für bestimmte Nutzergruppen ideal ist. Angenommen, sie stellt fest, dass jüngere Nutzer lieber über ein Burger-Menü navigieren, während ältere Besucher eine klassische Menüleiste bevorzugen. Die KI setzt diese Erkenntnisse um und zeigt den jeweiligen Nutzern automatisch die für sie optimale Variante. So fühlt sich jeder Besucher willkommen und verstanden, als hätte die Website einen sechsten Sinn. Und wenn die KI einen Weg entdeckt, der so revolutionär ist, dass er alles Bisherige in den Schatten stellt? Wenn deine Website plötzlich nicht mehr »nur« gut funktioniert, sondern Nutzer so begeistert, dass sie gar nicht mehr weg wollen?

13.23 Erfolgsbewertung und kontinuierliche Optimierung durch Test-Schleifen.

Angenommen, du hast durch A/B-Testing und UX-Optimierung deine perfekte Website gefunden, was jetzt? Die Antwort: Testen, optimieren, testen, optimieren. Ein ewiger Kreislauf, der sich kontinuierlich wiederholt. Denn was heute gut funktioniert, könnte morgen schon wieder veraltet sein. Die KI sorgt dafür, dass du immer auf dem neuesten Stand bleibst. Wie sieht das in der Praxis aus?

13

Fortlaufende Tests: Die KI führt nicht nur einmalige Tests durch, sondern startet kontinuierliche Optimierungsschleifen. Das bedeutet, dass sie nach jeder erfolgreichen Testphase sofort mit neuen Varianten beginnt. Selbst wenn du gerade zufrieden mit deiner aktuellen Version bist, läuft im Hintergrund schon der nächste Test. Die KI lässt keine Gelegenheit aus, auch nur das kleinste Detail zu verbessern, von der Button-Größe bis hin zur Platzierung von Testimonials.

Datengetriebene Erfolgsbewertung: Jedes Testergebnis wird nicht nur dokumentiert, sondern auch umfassend analysiert. Die KI bewertet, welche Änderungen einen messbaren Einfluss hatten und welche nicht. Sie berücksichtigt dabei nicht nur die offensichtlichen KPIs wie Conversions oder Verweildauer, sondern auch subtile Faktoren wie das Scroll-Verhalten oder die Mausbewegungen. Diese Informationen fließen direkt in die nächste Test-Schleife ein. Es ist, als hättest du einen Analysten, der dir ständig den besten Kurs für deine Website nennt.

Langfristige Strategieentwicklung: Am Ende liefert dir die KI nicht nur kurzfristige Verbesserungen, sondern auch eine langfristige Strategie. Sie erkennt Trends und Entwicklungen, die dir helfen, proaktiv auf Veränderungen im Nutzerverhalten zu reagieren. Die Test-Schleifen werden so zu einer Art Frühwarnsystem, das dir sagt, wenn etwas im Argen liegt, bevor es wirklich problematisch wird.

Zukunftstrends. Wie KI die UX-Optimierung weiter verändern wird.

Nehmen wir an, deine Website wäre ein futuristisches Restaurant. Der Koch in der Küche weiß schon, was du bestellen wirst, bevor du überhaupt am Tisch sitzt. Der Kellner kann jede Frage beantworten, noch bevor du sie stellst. Und selbst die Einrichtung verändert sich, je nachdem, wer du bist und welche Vorlieben du hast. Klingt wie Science-Fiction? Das ist genau der Weg, den die UX-Optimierung mit KI gerade einschlägt.

Es geht nicht mehr nur darum, den Status quo zu verbessern, sondern die gesamte Benutzererfahrung revolutionär neu zu gestalten. Mit Conversational AI, Predictive UX und selbstlernenden Algorithmen steht eine Zukunft bevor, in der Websites mit den Nutzern interagieren wie ein persönlicher Berater und das besser als jeder Mensch es könnte.

13.24 Potenziale von Conversational AI und Chatbots für die UX.

Nehmen wir an, du betrittst eine Website und wirst nicht von einem langweiligen Menü begrüßt, sondern von einem virtuellen Assistenten. Kein steifes Chatfenster mit vorgefertigten Antworten, sondern eine echte Konversation, wie mit einem freundlichen Verkäufer, der genau weiß, was du suchst und dich direkt dorthin führt.

Conversational AI und Chatbots sind nicht mehr die simplen Frage-Antwort-Maschinen von früher. Sie entwickeln sich zu intelligenten, personalisierten Guides, die deine Bedürfnisse sofort erkennen und auf einer ganz neuen Ebene mit dir interagieren. Angenommen, du suchst nach einem bestimmten Produkt oder einer Dienstleistung, bist aber nicht sicher, wie du es findest. Statt mühsam durch Menüs zu klicken, kannst du einfach fragen: »Wo finde ich die besten SEO-Tools?« Der Chatbot versteht die Anfrage und führt dich direkt zur passenden Seite. Das spart Zeit und reduziert die Absprungrate, weil der Nutzer sofort das bekommt, was er sucht, ohne frustriert aufzugeben.

Conversational AI kann weit mehr als nur Fragen beantworten. Sie sammelt und analysiert deine Vorlieben und bietet dir mageschneiderte Empfehlungen. Hat der Bot bemerkt, dass du dich besonders für die neuesten Marketing-Trends interessierst? Dann zeigt er dir nicht nur den passenden Artikel, sondern empfiehlt dir direkt noch weiterführende Webinare und E-Books. Die Website wird dadurch zur interaktiven Beratungsplattform, die jeden Besucher individuell anspricht, wie ein persönlicher Berater, der immer die passenden Vorschläge parat hat.

Angenommen ein Kunde hat ein Problem mit einem Produkt. Statt lange nach der Kontaktseite zu suchen, fragt er den Chatbot: »Wie kann ich mein Passwort zurücksetzen?« Der Bot liefert nicht nur eine Schritt-für-Schritt-Anleitung, sondern kann auch direkt den richtigen Support-Mitarbeiter einschalten, falls das Problem komplexer ist. Das verkürzt die Bearbeitungszeit, verbessert die Kundenzufriedenheit und entlastet dein Support-Team. Doch was, wenn der Chatbot nicht nur auf Anfragen reagiert, sondern proaktiv wird? Wenn er beginnt, auf Basis von Daten vorherzusagen, was du brauchst, noch bevor du es selbst weißt?

13.25 Predictive UX: Wie KI zukünftiges Nutzerverhalten vorhersagen kann.

Es könnte sein, dass du denkst, du wüsstest, was deine Nutzer auf deiner Website wollen. Aber was, wenn du die Zukunft kennen könntest? Predictive UX geht genau diesen Schritt weiter. Mithilfe von KI-Algorithmen, die riesige Datenmengen analysieren, wird das Verhalten deiner Besucher nicht nur beobachtet, sondern vorhersagbar. So kannst du deine UX gezielt auf zukünftige Bedürfnisse ausrichten.

Vorhersage von Nutzerabsichten: Stell dir vor, du betreibst einen Onlineshop. Die KI analysiert das Verhalten deiner Nutzer: Welche Seiten haben sie besucht, welche Produkte in den Warenkorb gelegt, aber nicht gekauft? Sie erkennt Muster und kann vorhersagen, dass ein Nutzer, der sich bestimmte Produkte mehrfach angesehen hat, kurz vor einem Kauf steht. Daraufhin zeigt sie ihm gezielte Angebote oder Rabatte an, um den letzten Kaufimpuls zu geben. So verwandelst du unentschlossene Besucher in Käufer, noch bevor sie den Entschluss gefasst haben.

Optimierte Content-Strategie: Die KI analysiert, welche Inhalte zu welcher Tageszeit besonders gut ankommen. Sie erkennt, dass deine Nutzer am Montagmorgen eher kurze, informative Beiträge lesen, während sie am Freitagabend auf lange, tiefgehende Artikel stehen. Basierend auf diesen Vorhersagen kannst du deine Content-Strategie anpassen und deine Nutzer genau mit den richtigen Inhalten zur richtigen Zeit ansprechen. Das steigert nicht nur die Verweildauer, sondern auch die Interaktion und letztlich die Loyalität deiner Besucher.

Personalisierte User Experience in Echtzeit: Predictive UX bedeutet nicht nur Vorhersagen auf Basis vergangener Daten, sondern auch dynamische Anpassungen in Echtzeit. Erkennt die KI, dass ein Nutzer gerade besonders gestresst durch die Website klickt, könnte sie die Seite vereinfachen, weniger Inhalte anzeigen und den Checkout-Prozess abkürzen. So passt sich die User Experience automatisch an das aktuelle Verhalten des Nutzers an. Was, wenn du diese Vorhersagen gar nicht mehr manuell auswerten und umsetzen musst? Wenn die KI so weit ist, dass sie die gesamte UX-Optimierung selbstständig übernimmt?

13.26 Vision: Vollautomatisierte UX-Optimierung, selbstlernend.

Angenommen, du könntest dich komplett zurücklehnen und die KI deine Website eigenständig steuern lassen. Kein ständiges Anpassen der Inhalte, keine neuen Tests, keine mühseligen Analysen, die KI erledigt alles. Sie lernt ständig dazu, optimiert die User Experience, entdeckt neue Trends und passt die Seite an, bevor du überhaupt mitbekommst, dass etwas geändert werden muss. Das ist die Vision der vollautomatisierten UX-Optimierung.

Automatisierte A/B-Tests und Anpassungen: Selbstlernende Algorithmen führen kontinuierlich A/B-Tests durch, analysieren die Ergebnisse und setzen die besten Varianten sofort um. Du brauchst nicht mehr einzugreifen oder Reports zu lesen, die KI entscheidet, was am besten funktioniert und optimiert die Seite in Echtzeit. Das bedeutet, dass du immer die beste Version deiner Website hast, ohne jemals selbst Hand anlegen zu müssen.

Selbstoptimierende Inhalte: Die KI erstellt dynamisch Inhalte, die sich je nach Nutzerprofil und -verhalten anpassen. Schreibt der Algorithmus einen Text, passt er ihn sofort an das Leseverhalten des Nutzers an. Scannt der Besucher eher, werden die wichtigsten Informationen hervorgehoben; liest er intensiv, bietet der Text mehr Details und weiterführende Links. So wird jeder Artikel und jede Seite zu einem individuellen Erlebnis, maßgeschneidert für den jeweiligen Nutzer.

Kontinuierliches Lernen: Die KI lernt nicht nur von deiner Website, sondern auch aus externen Datenquellen. Neue Trends, sich verändernde Nutzergewohnheiten oder saisonale Schwankungen, all das fließt in die Optimierung ein. Sie weiß, dass während der Weihnachtszeit andere Produkte gefragt sind als im Sommer und passt die gesamte User Experience automatisch daran an. Es ist, als hättest du einen Marketing- und UX-Experten, der rund um die Uhr arbeitet und immer den besten Plan ausführt, ohne Pause, ohne Fehler.

13

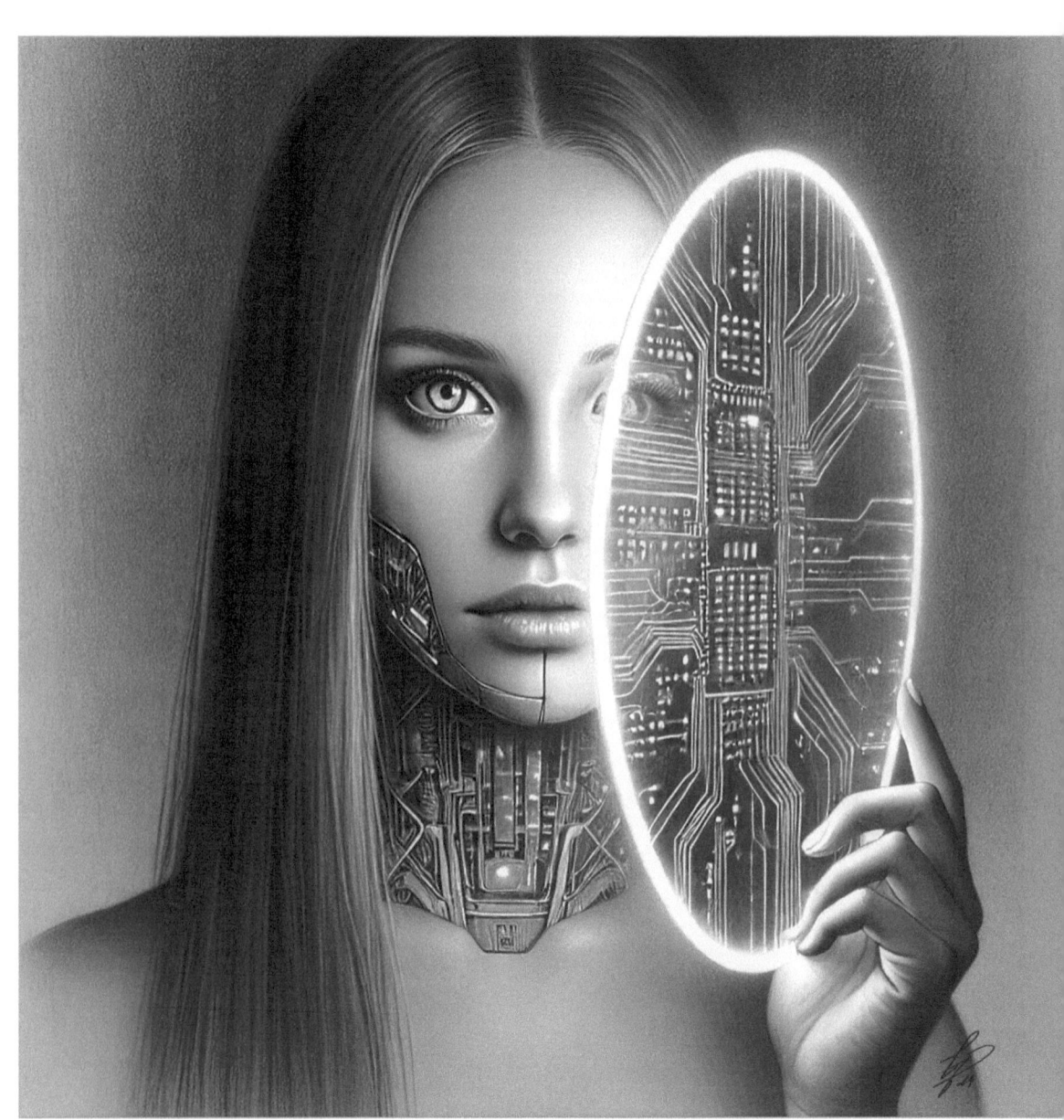

KI wirft einen genauen Analyseblick auf deinen Wettbewerb.

Kapitel 14
WETTBEWERBSANALYSE.
DER DIGITALE BLICK ÜBER DEN TELLERRAND.

14.1 Warum ist Wettbewerbsanalyse wichtig?
Bedeutung der Wettbewerbsanalyse in der digitalen Welt.

Nehmen wir an, du wärst auf einem Marktplatz. Deine Standnachbarn verkaufen ähnliche Produkte wie du, aber irgendwie zieht ihr Stand mehr Besucher an. Woran liegt das? Vielleicht ist ihr Marketing knackiger, ihre Preise attraktiver oder sie haben schlichtweg eine ansprechendere Präsentation. In der digitalen Welt passiert dasselbe: Deine Konkurrenz ist nur einen Klick entfernt und ohne zu wissen, was sie genau tut, kannst du dich leicht im Schatten ihrer Strategien verlieren.

Wettbewerbsanalyse ist wie der Blick in die Einkaufstüten deiner Mitbewerber. Du erfährst, welche Produkte bei ihnen beliebt sind, welche Marketing-Strategien sie verfolgen und wo sie ihre Ressourcen investieren. Und das Beste daran: Du kannst diese Erkenntnisse nutzen, um deine eigenen Strategien zu schärfen und deinen digitalen Standplatz zu optimieren.

Herausforderungen traditioneller Methoden.

Traditionelle Wettbewerbsanalysen können mühsam sein. Du musst manuell durch Seiten und Foren stöbern, Zahlen zusammenzählen und dir selbst ein Bild davon machen, was funktioniert und was nicht. Das ist nicht nur zeitaufwändig, sondern auch fehleranfällig. Stell dir vor, du müsstest jeden Tag dutzende Websites durchforsten, um alle SEO-Keywords und Inhalte zu analysieren. Selbst wenn du Sherlock Holmes persönlich anstellst, irgendwann stößt du an deine Grenzen.

KI-gestützte Tools scannen automatisch tausende Datenpunkte, analysieren sie blitzschnell und präsentieren dir die Ergebnisse auf einem Silbertablett. Die Zukunft der Wettbewerbsanalyse ist nicht nur effizienter, sondern auch präziser. Wie das genau funktioniert? Lass uns einen tieferen Blick darauf werfen.

14.2 Wie KI-Tools die Wettbewerbsanalyse revolutionieren.

Nehmen wir an, du hättest einen persönlichen Assistenten. Einen, der nie müde wird, nie eine Pause braucht und in einer Minute mehr Daten verarbeiten kann, als du in einem ganzen Monat. Genau das leisten KI-Tools in der Wettbewerbsanalyse. Sie durchforsten die digitalen »Schaufenster« deiner Konkurrenz, analysieren deren Inhalte, Keywords und Backlinks und liefern dir detaillierte Berichte. Du erhältst nicht nur einen Überblick darüber, was gerade passiert, sondern auch tiefere Einblicke in die Strategien, die wirklich funktionieren. Stell dir das wie ein Spionagenetzwerk vor, das dich über jede Bewegung deiner Konkurrenten informiert, nur, dass alles völlig legal ist und du die Erkenntnisse nutzen kannst, um deine eigenen Strategien zu verfeinern.

Automatisierte Datenverarbeitung und Analyse.

Manuelle Datenverarbeitung ist eine Sache der Vergangenheit. KI-Tools nutzen maschinelles Lernen, um riesige Mengen an Daten zu durchforsten und daraus Muster zu erkennen. Das bedeutet: Sie analysieren nicht nur die aktuellen Strategien deiner Wettbewerber, sondern können auch zukünftige Trends vorhersagen. Nehmen wir an, dein größter Konkurrent setzt verstärkt auf Content-Marketing und veröffentlicht regelmäßig ausführliche Blogbeiträge zu einem bestimmten Thema. Die KI erkennt dieses Muster und informiert dich darüber, sodass du selbst strategisch reagieren kannst, bevor du ins Hintertreffen gerätst. Das spart nicht nur Zeit, sondern bietet dir auch eine strategische Überlegenheit. Du kannst auf Veränderungen im Markt reagieren, bevor sie sich vollständig entfalten. Das ist, als würdest du das Schachspiel kennen, bevor dein Gegner den ersten Zug gemacht hat.

14.3 Keyword-Analyse der Wettbewerber.

Keywords sind das Fundament jeder SEO-Strategie. Es könnte sein, dass du denkst, du hättest alle relevanten Keywords im Griff. Doch wenn deine Konkurrenten plötzlich auf Keywords setzen, an die du nicht gedacht hast, kannst du schnell den Anschluss verlieren.

KI-Tools wie **SEMrush**, **Ahrefs** und **Moz** bieten detaillierte Einblicke in die Keywords, auf die deine Wettbewerber optimieren. Sie zeigen dir, welche Begriffe besonders gut performen, wie hoch das Suchvolumen ist und welche Chancen sich für dich bieten.

Beispiel: Angenommen, du betreibst einen Online-Shop für Sportbekleidung und merkst, dass deine Konkurrenz plötzlich stark auf den Begriff »nachhaltige Sportmode« optimiert. Die KI informiert dich darüber und schlägt dir vor, ebenfalls Inhalte zu diesem Thema zu erstellen und deine Produkte entsprechend zu taggen. Du kannst so auf aktuelle Trends reagieren, um dich erfolgreich zu positionieren, bevor der Markt gesättigt ist.

Analyse der Keyword-Strategie der Mitbewerber.
Die reine Identifikation von Keywords reicht nicht aus. Nehmen wir an, deine Konkurrenten nutzen ähnliche Keywords wie du, aber mit besserem Erfolg. Hier hilft dir die KI, tiefer zu graben. Sie analysiert, welche Keywords die höchste Conversionrate haben, welche Kombinationen besonders erfolgreich sind und wie die Konkurrenz ihre Inhalte strukturiert. So erfährst du nicht nur, welche Begriffe relevant sind, sondern auch, wie du sie am effektivsten einsetzt. Vielleicht stellt die KI fest, dass deine Konkurrenten besonders stark auf Long-Tail-Keywords setzen, also auf spezifische Suchanfragen wie »atmungsaktive Laufjacke für den Winter«. Du kannst diese Erkenntnisse nutzen, um deine eigenen Inhalte anzupassen und gezielt auf diese Begriffe zu optimieren. So steigerst du nicht nur dein Ranking, sondern auch die Qualität deines Traffics.

Möglichkeiten zur Optimierung der eigenen Keyword-Strategie.
Mit den gewonnenen Erkenntnissen kannst du deine eigene Keyword-Strategie gezielt optimieren. Stell dir vor, du würdest einen Köder auswerfen und genau wissen, wo die Fische gerade beißen. Du weißt, welche Keywords funktionieren und welche nicht und kannst deine Inhalte und Anzeigen entsprechend ausrichten. Doch das ist nur der Anfang. Durch regelmäßige Wettbewerbsanalysen hältst du deine Strategie immer auf dem neuesten Stand und bleibst deinen Konkurrenten einen Schritt voraus.

14.4 Content-Analyse: Was rankt bei der Konkurrenz?

Angenommen, deine Website wäre ein Schaufenster in einer belebten Einkaufsstraße. Neben dir sind zig andere Läden, die ähnliche Produkte anbieten. Warum gehen die Leute ausgerechnet in den Laden deines Konkurrenten? Die Antwort liegt oft in den Inhalten, die sie anbieten. Guter Content ist wie ein Magnet für Besucher und das gilt auch im digitalen Raum. KI-Tools analysieren nicht nur, welche Inhalte bei der Konkurrenz am besten ranken, sondern auch, warum das so ist. Handelt es sich um ausführliche Guides, Listenartikel oder Videos? Welche Themen werden behandelt und wie oft werden sie aktualisiert? Durch diese Erkenntnisse kannst du verstehen, was die Zielgruppe wirklich interessiert und wo du deine eigene Content-Strategie anpassen musst.

Analyse der Content-Formate und -Strukturen.

Nicht jeder Inhalt ist gleich erfolgreich. Es könnte sein, dass du bisher vor allem auf klassische Blogbeiträge gesetzt hast. Doch was, wenn deine Konkurrenz vermehrt auf interaktive Inhalte wie Quizze, Infografiken oder Videos setzt? Die KI zeigt dir, welche Formate besonders gut performen und welche Strukturen bevorzugt werden. Vielleicht stellst du fest, dass »How-to«-Videos bei deinen Wettbewerbern besonders gut ankommen, während reine Textbeiträge weniger Resonanz finden. Mit diesen Informationen kannst du deine Inhalte gezielt auf die Vorlieben deiner Zielgruppe abstimmen. Du könntest beispielsweise deinen nächsten Blogbeitrag durch ein Video ergänzen oder eine interaktive Grafik einbauen, die den Lesern einen zusätzlichen Mehrwert bietet. So steigerst du nicht nur die Verweildauer auf deiner Seite, sondern auch die Interaktion und letztlich die Conversionrate.

Nutzung der Erkenntnisse zur eigenen Content-Strategie.

Die Analyse der Inhalte deiner Wettbewerber ist wie ein Blick in deren Erfolgsrezept. Doch anstatt es einfach zu kopieren, kannst du diese Erkenntnisse nutzen, um deine eigene Strategie einzigartig zu machen. Vielleicht stellt die KI fest, dass deine Konkurrenz auf Themen setzt, die du bisher vernachlässigt hast. Oder sie zeigt dir, dass bestimmte Formate wie Podcasts oder Interviews besonders gut ankommen. Du könntest dann beispielsweise ein eigenes Podcast-Format starten, in dem du Experten aus deiner Branche interviewst. Oder du erstellst eine Serie von »Behind the Scenes«-Videos, die Einblicke in dein Unternehmen geben. Mit diesen Maßnahmen baust du nicht nur Vertrauen auf, sondern schaffst auch einzigartige Inhalte, die dich von der Konkurrenz abheben.

14.5 Backlink-Analyse: Welche Links stärken den Wettbewerb?

Backlinks sind wie Empfehlungen in der digitalen Welt. Je mehr hochwertige Links auf deine Seite verweisen, desto glaubwürdiger und relevanter erscheint sie in den Augen von

Google und Co. Das ist, als würdest du auf einer Party sagen: »Hey, der Typ da drüben ist ein Experte in seinem Bereich!« Plötzlich wollen alle mit dir sprechen, weil sie wissen, dass du wichtig bist. Doch Backlinks sind nicht gleich Backlinks, es kommt auf die Qualität an. Und wenn deine Konkurrenten eine Vielzahl an starken Backlinks aus renommierten Quellen haben? Das gibt ihnen einen erheblichen Vorteil im Ranking. Jetzt startet die KI-gestützte Backlink-Analyse. Sie zeigt dir nicht nur, welche Seiten auf deine Mitbewerber verlinken, sondern auch, welche Art von Inhalten diese Links generieren.

Identifikation der wichtigsten Backlink-Quellen der Mitbewerber.

Die Analyse der Backlink-Profile deiner Wettbewerber kann dir wertvolle Einblicke geben. Nehmen wir an, du findest heraus, dass ein bestimmter Blog regelmäßig auf die Artikel deines größten Konkurrenten verlinkt. Warum ist das so? Die KI kann dir zeigen, welche Art von Inhalten besonders häufig verlinkt wird, sei es durch Gastbeiträge, Fachartikel oder Kooperationen.

Mit diesen Erkenntnissen kannst du gezielt auf die relevanten Quellen zugehen und deine eigenen Inhalte vorstellen. Vielleicht bietet sich eine Zusammenarbeit an oder du kannst selbst einen Gastbeitrag anbieten, der auf deine Expertise verweist. So baust du dir Schritt für Schritt ein starkes Netzwerk aus hochwertigen Backlinks auf, das deine SEO-Strategie nachhaltig stärkt.

14

Strategieentwicklung für den Aufbau eigener Backlinks

Es könnte sein, dass du bisher einfach nur gehofft hast, dass gute Inhalte automatisch Backlinks generieren. Doch eine gezielte Strategie ist hier deutlich effektiver. Mit den Erkenntnissen aus der Wettbewerbsanalyse kannst du gezielt auf die Seiten zugehen, die für deine Mitbewerber am wertvollsten sind. Vielleicht entdeckst du dabei sogar Nischen, die bisher unerschlossen sind.

Ein Beispiel: Du betreibst eine Website für Outdoor-Ausrüstung und findest heraus, dass deine Konkurrenten viele Backlinks von Reiseblogs erhalten. Du könntest dann gezielt Reiseblogger ansprechen, Kooperationen anbieten oder Inhalte erstellen, die speziell auf die Bedürfnisse dieser Zielgruppe abgestimmt sind. So schaffst du Mehrwert und generierst gleichzeitig hochwertige Backlinks.

14.6 Nutzerverhalten analysieren: Insights durch KI.

Angenommen, du könntest beobachten, wie die Besucher deiner Konkurrenz sich auf deren Websites verhalten. Wo klicken sie, wie lange bleiben sie auf den Seiten und welche Inhalte interessieren sie am meisten? Mit KI-Tools wie **SimilarWeb** oder **Crazy Egg** ist genau das möglich. Sie analysieren das Verhalten der Nutzer auf den Websites deiner Mitbewerber und geben dir tiefe Einblicke in deren Vorlieben und Verhaltensmuster. Möglicherweise entdeckst du, dass ein bestimmter Blogartikel besonders oft gelesen wird oder dass bestimmte Landingpages eine hohe Conversionrate haben. Diese Informationen kannst du nutzen, um deine eigenen Inhalte und Seitenstrukturen gezielt zu optimieren und so die Benutzererfahrung auf deiner Website zu verbessern.

Ableitung von Mustern und Trends für die eigene Optimierung.

Die Analyse des Nutzerverhaltens zeigt dir nicht nur, was gut funktioniert, sondern auch, wo es Schwächen gibt. Nehmen wir an, die Bounce Rate deiner Wettbewerber ist auf bestimmten Seiten besonders hoch. Das könnte darauf hinweisen, dass die Nutzer hier nicht das finden, was sie erwarten. Mit diesen Erkenntnissen kannst du deine eigenen Inhalte gezielt auf die Bedürfnisse der Besucher ausrichten und die Benutzerführung verbessern. Vielleicht zeigt die Analyse auch, dass bestimmte Themen besonders oft gesucht werden, aber nur unzureichend abgedeckt sind. Das bietet dir die Chance, genau diese Lücke zu schließen und Inhalte zu erstellen, die das Interesse der Nutzer wecken. So positionierst du dich als Experte und ziehst gezielt die Besucher an, die bei der Konkurrenz bisher nicht fündig geworden sind.

Personalisierte Ansprache und Content-Strategie entwickeln.

Die gewonnenen Insights aus dem Nutzerverhalten helfen dir, deine Content-Strategie noch gezielter auszurichten. Du kannst deine Inhalte personalisieren und auf die spezifischen Bedürfnisse deiner Zielgruppe abstimmen. Jetzt erkennst du, dass bestimmte Themen besonders gut ankommen oder dass Nutzer bestimmte Formate bevorzugen. Du kannst diese Informationen nutzen, um deine Inhalte entsprechend anzupassen und neue Formate auszuprobieren.Starte doch eine Serie von »Frequently Asked Questions«, basierend auf den häufigsten Suchanfragen oder erstelle Videos, die komplexe Themen einfach und verständlich erklären. Mit einer gezielten, datenbasierten Strategie sprichst du deine Zielgruppe direkt an und bietest ihnen genau die Inhalte, die sie suchen. Aber wie integrierst du all diese Erkenntnisse in eine umfassende SEO-Strategie, die langfristig Erfolg bringt?

14.7 Strategische SEO-Planung mit KI-gestützten Erkenntnissen.

Du hast nun eine Fülle an Informationen über die Strategien deiner Wettbewerber, ihre Keywords, Inhalte, Backlinks und das Nutzerverhalten. Es könnte sein, dass du dich fragst, wie du all diese Erkenntnisse in eine konkrete Strategie umsetzt. Hier ist eine schrittweise Integration der Schlüssel zum Erfolg. Zunächst solltest du die gewonnenen Erkenntnisse priorisieren. Welche Bereiche bieten das größte Potenzial? Sind es die Keywords, die du verstärkt in deinen Inhalten verwenden solltest? Oder sind es bestimmte Content-Formate, die bei der Konkurrenz besonders gut funktionieren? Erstelle einen Plan, der genau festlegt, welche Maßnahmen du in welcher Reihenfolge umsetzt.

Planung von Maßnahmen und deren Priorisierung.

Eine erfolgreiche SEO-Strategie erfordert nicht nur die richtigen Maßnahmen, sondern auch das richtige Timing. Nehmen wir an, du hast herausgefunden, dass deine Wettbewerber besonders stark auf saisonale Keywords setzen. Du solltest dann deine Inhalte rechtzeitig planen und veröffentlichen, um diese Trends nicht zu verpassen. Die KI kann dir dabei helfen, die besten Zeitpunkte für Veröffentlichungen zu bestimmen und deine Inhalte entsprechend zu optimieren. Setze Prioritäten: Fange mit den Maßnahmen an, die den größten Einfluss auf dein Ranking haben. Das könnten beispielsweise Optimierungen deiner wichtigsten Landingpages oder die Erstellung von Inhalten zu besonders relevanten Keywords sein. Arbeite dich dann Schritt für Schritt durch deinen Maßnahmenkatalog und überprüfe regelmäßig die Ergebnisse.

Erfolgskontrolle und kontinuierliche Anpassung der Strategie.

Eine SEO-Strategie ist niemals statisch. Es könnte sein, dass du denkst, du hättest die perfekte Strategie gefunden. Doch der Markt verändert sich ständig und was heute funktioniert, kann morgen schon überholt sein. Regelmäßige Reportings und Erfolgskontrollen sind dabei essenziell. Analysiere, welche Maßnahmen den größten Einfluss auf dein Ranking hatten und wo es noch Verbesserungspotenzial gibt. Die KI hilft dir dabei, Veränderungen im Markt frühzeitig zu erkennen und deine Strategie entsprechend anzu-

14

passen. So bleibst du immer einen Schritt voraus und sicherst dir langfristig eine starke Position im Wettbewerb.

14.8 Fallstudien von KI-gestützter Wettbewerbsanalyse.

Ein Beispiel aus der E-Commerce-Branche: Nehmen wir an, ein Online-Shop für nachhaltige Mode hat seine SEO-Strategie komplett umgestellt. Vor der Umstellung setzte der Shop vor allem auf generische Keywords wie »Mode« oder »Kleidung«, konnte sich jedoch kaum gegen die großen Player behaupten. Mit Hilfe von KI-Tools wurde eine detaillierte Wettbewerbsanalyse durchgeführt, die zeigte, dass die Konkurrenz verstärkt auf Long-Tail-Keywords wie »vegane Mode für Frauen« oder »nachhaltige Outdoorkleidung« optimiert. Der Shop entwickelte daraufhin eine neue Content-Strategie, die sich auf genau diese Nischen konzentrierte. Innerhalb weniger Monate stiegen die organischen Besucherzahlen um 35 % und die Conversionrate erhöhte sich um 20 %. Der Einsatz der KI ermöglichte es dem Unternehmen, gezielt auf Marktveränderungen zu reagieren und sich als Experte in einem stark umkämpften Segment zu positionieren.

Ergebnisse und Erkenntnisse für die eigene Strategie.

Die Fallstudien zeigen: KI-gestützte Wettbewerbsanalyse ist nicht nur für große Unternehmen interessant. Auch kleinere Unternehmen und Start-ups können von den gewonnenen Erkenntnissen profitieren. Es könnte sein, dass du denkst, deine Ressourcen seien begrenzt und du könntest nicht mit den Großen mithalten. Doch gerade dann ist eine gezielte Analyse wichtig, um die vorhandenen Mittel optimal einzusetzen.

Die wichtigsten Erkenntnisse aus den Fallstudien:

Fokussiere dich auf Nischen

Identifiziere Themen, die von deinen Wettbewerbern noch nicht optimal abgedeckt sind und positioniere dich als Experte.

Nutze Daten, um deine Strategie anzupassen

Verlasse dich nicht auf Vermutungen, sondern auf konkrete Daten. Die KI hilft dir dabei, Trends frühzeitig zu erkennen und deine Strategie kontinuierlich zu verbessern.

Sei flexibel

Der Markt verändert sich ständig. Sei bereit, deine Strategie anzupassen und neue Wege zu gehen, wenn sich die Anforderungen ändern.

Aber welche Tools sind die besten für eine erfolgreiche Wettbewerbsanalyse? Welche bieten die besten Funktionen und wie findest du das passende Tool für dein Unternehmen?

14.9 Tools und Ressourcen: Die besten KI-Tools zur Wettbewerbsanalyse

Es gibt eine Vielzahl an Tools, die dir bei der Wettbewerbsanalyse helfen können. Es könnte sein, dass du dich von der Auswahl überwältigt fühlst. Hier sind einige der besten Tools, die dir bei der Analyse von Keywords, Inhalten, Backlinks und Nutzerverhalten helfen können (im Anhang findest du eine ausführliche Auflistung der KI-gestützten Tools):

SEMrush: Ein All-in-One-Tool, das dir detaillierte Einblicke in die SEO-Strategien deiner Wettbewerber bietet. Es zeigt dir, welche Keywords sie verwenden, welche Inhalte besonders gut ranken und welche Backlinks sie generieren.

Ahrefs: Besonders stark in der Backlink-Analyse. **Ahrefs** zeigt dir, welche Seiten auf deine Wettbewerber verlinken und wie du diese Quellen für deine eigene Strategie nutzen kannst.

Moz: Bietet umfassende Keyword- und Content-Analysen. **Moz** hilft dir dabei, die besten Keywords zu finden und deine Inhalte so zu optimieren, dass sie besser ranken.

SimilarWeb: Analysiert das Nutzerverhalten auf den Seiten deiner Wettbewerber. **SimilarWeb** gibt dir Einblicke in Traffic-Quellen, Verweildauer und Absprungraten.

BuzzSumo: Ideal zur Content-Analyse. **BuzzSumo** zeigt dir, welche Inhalte in deiner Branche besonders erfolgreich sind und welche Themen aktuell im Trend liegen.

14

Vor- und Nachteile der jeweiligen Tools

Jedes Tool hat seine Stärken und Schwächen. Nehmen wir an, du willst die beste All-round-Lösung finden. **SEMrush** bietet dir umfassende Funktionen, kann aber gerade für Einsteiger überwältigend sein. **Ahrefs** ist unschlagbar in der Backlink-Analyse, bietet aber weniger Funktionen zur Content-Optimierung. **Moz** ist besonders nutzerfreundlich, hat aber einen geringeren Funktionsumfang als **SEMrush**. Es kommt darauf an, welche Anforderungen du hast. Wenn du vor allem deine Backlink-Strategie verbessern möchtest, ist **Ahrefs** die beste Wahl. Willst du hingegen eine umfassende SEO-Analyse, bietet

SEMrush das beste Gesamtpaket. **SimilarWeb** und **BuzzSumo** eignen sich besonders für die Analyse von Nutzerverhalten und Content-Strategien.

Tipps zur Auswahl des passenden Tools

Die Wahl des richtigen Tools hängt von deinen spezifischen Anforderungen ab. Stelle dir folgende Fragen:

Was ist mein Hauptziel?

Möchtest du vor allem deine Keyword-Strategie verbessern, Inhalte optimieren oder Backlinks generieren?

Wie viel Erfahrung habe ich?

Einige Tools bieten mehr Funktionen als andere, sind aber auch komplexer in der Anwendung. Überlege, welches Tool deinem Kenntnisstand entspricht.

Wie groß ist mein Budget?

Die Preise für KI-Tools können stark variieren. Überlege, wie viel du investieren möchtest und welche Funktionen dir am wichtigsten sind.

Die richtige Auswahl des Tools ist entscheidend für den Erfolg deiner Wettbewerbsanalyse. Aber was bringt dir das beste Tool, wenn du nicht weißt, wie du die gewonnenen Erkenntnisse sinnvoll einsetzt?

14.10 Die Zukunft der Wettbewerbsanalyse mit KI

KI-gestützte Wettbewerbsanalyse ist kein Luxus mehr, sondern ein Muss für jedes Unternehmen, das online erfolgreich sein möchte. Es könnte sein, dass du glaubst, du könntest ohne auskommen. Doch die Realität zeigt: Wer nicht weiß, was die Konkurrenz tut, läuft Gefahr, den Anschluss zu verlieren.

Wettbewerbsanalyse ist der Schlüssel zum Erfolg: Ohne die richtigen Einblicke in die Strategien deiner Mitbewerber kannst du kaum fundierte Entscheidungen treffen. KI-Tools bieten dir den entscheidenden Vorteil: Sie analysieren riesige Datenmengen in kürzester Zeit und liefern dir Erkenntnisse, die du mit traditionellen Methoden niemals gewinnen könntest.

Die richtige Strategie macht den Unterschied: Nutze die gewonnenen Erkenntnisse, um deine eigene Strategie gezielt zu optimieren und flexibel auf Veränderungen im Markt zu reagieren.

Zukünftige Entwicklungen und Trends im Bereich der KI-gestützten Wettbewerbsanalyse Die Zukunft der Wettbewerbsanalyse wird noch spannender. Nehmen wir an, du könntest die Strategien deiner Mitbewerber in Echtzeit verfolgen. Künstliche Intelligenz wird immer leistungsfähiger und bietet dir in Zukunft noch genauere und umfassendere Einblicke. Automatisierte Anpassungen, dynamische Strategien und personalisierte Empfehlungen sind nur der Anfang.

Stell dir vor, du könntest eine »virtuelle Wettbewerbszentrale« einrichten, die dir in Echtzeit zeigt, welche Inhalte deine Konkurrenz gerade veröffentlicht, welche Keywords sie optimiert und welche Backlinks sie generiert. Du könntest sofort reagieren und deine eigene Strategie anpassen, ohne Zeitverlust, ohne langwierige Analysen. Die Möglichkeiten sind grenzenlos.

Doch die wichtigste Erkenntnis bleibt: **Am Ende kommt es auf die Umsetzung an**. Nehmen wir an, du hast alle Daten und Tools zur Hand. Nutze sie weise, sei bereit, neue Wege zu gehen und deine Strategien immer wieder anzupassen. Denn nur so wirst du langfristig erfolgreich sein und dich in einem hart umkämpften Markt behaupten können.

14

Die Zukunft gehört denen, die sich trauen, mit der KI an ihrer Seite neue Horizonte zu erkunden. Bist du bereit, das Steuer zu übernehmen und deine Wettbewerber auf der Überholspur hinter dir zu lassen?

Künstliche Intelligenz legt Hand an und personalisiert deinen Content für deine Zielgruppe.

Kapitel 15
CONTENT-PERSONALISIERUNG

Der Weg zu maßgeschneidertem Content

Nehmen wir an, deine Website wäre ein Maßanzug. Jeder Besucher bekommt genau das, was ihm passt: den richtigen Schnitt, das perfekte Material und die Farbe, die seine Augen zum Leuchten bringt. Doch wie schaffst du es, diesen perfekten Anzug für jeden einzelnen deiner Besucher zu schneidern? Die Antwort liegt in der Content-Personalisierung. Mit Hilfe von künstlicher Intelligenz (KI) kannst du Inhalte anbieten, die nicht nur die Bedürfnisse deiner Zielgruppe treffen, sondern sie auch nachhaltig begeistern und binden. Das Ergebnis: längere Verweildauer, höhere Conversionrates und ein spürbarer Boost für dein SEO-Ranking. Klingt nach einer eierlegenden Wollmilchsau? Lass uns das Geheimnis hinter diesem Ansatz lüften!

15.1 Warum Content-Personalisierung entscheidend ist.

Es könnte sein, dass du dich fragst, warum Personalisierung so wichtig ist. Du hast vielleicht großartige Inhalte auf deiner Website, die detailliert und informativ sind. Aber was passiert, wenn deine Besucher diese Inhalte nicht als relevant empfinden? Sie klicken sich durch deine Seiten, ohne wirklich hängen zu bleiben. Sie suchen nach Antworten und finden nur allgemeine Informationen, die nicht auf ihre Bedürfnisse zugeschnitten sind. Der Effekt: hohe Absprungraten und eine frustrierte Zielgruppe, die sich anderswo umsieht.

Personalisierter Content macht Schluss mit dieser Gleichgültigkeit. Er spricht den Nutzer direkt an, liefert ihm genau die Informationen, die er sucht und schafft so eine tiefere Bindung. Das fühlt sich an, als würdest du in einem Geschäft nach einer spezifischen Hilfe suchen und der Verkäufer kennt genau das Produkt, das all deine Probleme löst und es liegt direkt vor dir.

Personalisierte Inhalte bieten nicht nur eine bessere Nutzererfahrung, sie haben auch messbare Vorteile für dein Marketing:

SEO-Boost durch bessere Nutzerbindung.

Google liebt Seiten, auf denen die Nutzer lange verweilen und viele Interaktionen haben. Personalisierte Inhalte sorgen dafür, dass die Besucher länger bleiben, mehr Seiten aufrufen und weniger schnell abspringen, all das sind positive Signale für dein Ranking.

Höhere Conversionrates.

Wenn Nutzer die Inhalte finden, die sie wirklich interessieren, sind sie eher bereit, eine gewünschte Aktion auszuführen. Ob es sich um einen Kauf, eine Anmeldung oder das Herunterladen eines Whitepapers handelt, personalisierte Inhalte bringen die Nutzer genau dorthin, wo du sie haben willst.

Stärkere Kundenbindung.

Personalisierung zeigt, dass du deine Zielgruppe verstehst. Das schafft Vertrauen und sorgt dafür, dass die Nutzer immer wieder zu dir zurückkommen. Es ist, als würde dein Lieblingscafé wissen, dass du morgens deinen Cappuccino mit einem extra Shot Espresso magst, ohne dass du es jedes Mal sagen musst. Doch wie genau funktioniert das alles? Was steckt hinter der Magie der Content-Personalisierung?

15.2 Grundlagen der Content-Personalisierung.

Personalisierter Content geht weit über standardisierte Nachrichten oder allgemeine Empfehlungen hinaus. Nehmen wir an, du bist ein Reiseanbieter. Ein allgemeiner Artikel über die besten Reiseziele 2024 wird viele Leser interessieren. Aber wenn du einem Nutzer gezielt Empfehlungen basierend auf seinen bisherigen Suchanfragen, seinem Standort oder seinen Interessen anbietest, beispielsweise »Die besten Familienurlaubsziele in Europa für den Sommer diesen Jahres«, wirst du seine Aufmerksamkeit viel stärker fesseln. Personalisierter Content ist also jeder Inhalt, der gezielt auf die individuellen Interessen und Bedürfnisse des Nutzers zugeschnitten ist. Er berücksichtigt Faktoren wie vergangene Interaktionen, demografische Daten, Interessen und Verhalten. Ziel ist es, Inhalte so zu gestalten, dass sie für den einzelnen Nutzer maximal relevant und ansprechend sind. Es könnte sein, dass du denkst, Personalisierung sei nur etwas für große Unternehmen mit riesigen Datenbanken. Aber das stimmt nicht. Es gibt verschiedene Stufen der Personalisierung, die sich für jede Unternehmensgröße eignen:

Segmentierung.

Dies ist die grundlegendste Form der Personalisierung. Nutzer werden basierend auf gemeinsamen Eigenschaften in Gruppen eingeteilt, etwa nach Alter, Standort oder Interessen. Ein einfacher Newsletter, der unterschiedliche Inhalte für Männer und Frauen anbietet, ist ein klassisches Beispiel für Segmentierung.

Individualisierung.

Hier wird es schon spezifischer. Inhalte werden basierend auf dem individuellen Verhalten und den Präferenzen eines Nutzers angepasst. Ein Beispiel: Ein Online-Shop zeigt dir genau die Produkte, die zu deinen letzten Käufen passen und schlägt dir Zubehör oder Ergänzungsartikel vor.

Dynamisierung.

Das ist die Königsdisziplin. Inhalte ändern sich in Echtzeit basierend auf den aktuellen Aktionen des Nutzers. Ein klassisches Beispiel ist Amazon: Der gesamte Startbildschirm verändert sich, sobald du dich einloggst und zeigt dir genau die Produkte, die auf deinem bisherigen Verhalten basieren.

Damit Personalisierung funktioniert, brauchst du mehr als nur gute Inhalte. Nehmen wir an, du willst eine maßgeschneiderte Kampagne starten. Du benötigst Daten, viele Daten. Und du brauchst Tools, die diese Daten analysieren und in Echtzeit anwenden können. Hier sind die wichtigsten technologischen Voraussetzungen:

Datenmanagement-Plattformen (DMPs): Diese sammeln und speichern Nutzerdaten aus verschiedenen Quellen. Sie sind das Rückgrat jeder personalisierten Marketingstrategie.

Customer Relationship Management (CRM): CRM-Systeme helfen dir, Informationen über deine Kunden zu speichern und gezielt anzuwenden. Sie bieten dir eine 360-Grad-Sicht auf jeden einzelnen Nutzer.

Personalisierungsplattformen: Diese Tools verwenden maschinelles Lernen und KI, um die gesammelten Daten zu analysieren und personalisierte Inhalte in Echtzeit auszuliefern. Beispiele sind **Dynamic Yield**, **Optimizely** und **Adobe Target**. Mit diesen technischen Grundlagen im Rücken kann die Personalisierung richtig durchstarten.

15.3 KI als Treiber der Content-Personalisierung.

Künstliche Intelligenz ist der unsichtbare Motor hinter der Content-Personalisierung. Es könnte sein, dass du dir unter KI nur futuristische Roboter oder Science-Fiction-Visionen vorstellst. Aber in Wirklichkeit ist KI überall, auch in deinem Marketing. Sie hilft dir, riesige Datenmengen zu analysieren, Muster zu erkennen und in Echtzeit darauf zu reagieren. Das bedeutet: Du kannst nicht nur voraussagen, was deine Nutzer wollen, sondern auch sofort darauf reagieren. Mal überlegt, du hast eine E-Commerce-Website für Fitnessprodukte. Ein Besucher hat sich gerade drei verschiedene Artikel zu proteinreicher Ernährung angesehen. Die KI erkennt das Muster, analysiert ähnliche Verhaltensweisen und schlägt ihm dann gezielt weitere Artikel vor, beispielsweise Rezepte, die diese Produkte verwenden, oder Zubehör wie Proteinshaker. So bleibt der Nutzer länger auf deiner Seite, fühlt sich verstanden und ist eher bereit, einen Kauf abzuschließen.

Machine Learning und Datenanalyse: Die Basis für maßgeschneiderten Content.

Maschinelles Lernen ist der Schlüssel zur intelligenten Content-Personalisierung. Die Algorithmen lernen aus dem Verhalten deiner Nutzer und passen die Inhalte entsprechend an. Nehmen wir an, du betreibst einen Blog über Technologie. Die KI analysiert, welche Themen bei welchen Nutzern besonders gut ankommen, wie lange sie auf bestimmten Seiten verweilen und welche Inhalte sie eher links liegen lassen. Auf dieser Grundlage kann die KI voraussagen, welche Artikel einem bestimmten Nutzer am besten gefallen könnten. Sie erstellt nicht nur einfache Empfehlungslisten, sondern verändert auch die Anordnung der Inhalte auf deiner Seite, um den Nutzer genau dorthin zu führen, wo er den größten Mehrwert findet. So wird aus deinem Blog eine dynamische Plattform, die sich ständig weiterentwickelt und an die Vorlieben deiner Leser anpasst.

Beispiele für den Einsatz von KI in der Personalisierung.

Einige Unternehmen nutzen KI äußerst erfolgreich, um ihre Inhalte zu personalisieren. Nehmen wir Netflix als Beispiel. Die Plattform verwendet hochentwickelte Algorithmen, um dir Filme und Serien vorzuschlagen, die genau auf deinen Geschmack abgestimmt sind. Dabei berücksichtigt die KI nicht nur deine bisherigen Sehgewohnheiten, sondern auch ähnliche Profile anderer Nutzer, um dir neue Inhalte zu empfehlen, die du vielleicht noch nicht entdeckt hast.

Ein weiteres Beispiel ist Spotify. Die »Discover Weekly«-Playlist basiert auf deinen Hörgewohnheiten und bietet dir jede Woche neue Songs an, die du noch nicht kennst, aber wahrscheinlich mögen wirst. Auch hier lernt die KI ständig dazu und passt ihre Empfehlungen an dein Verhalten an. Was kannst du daraus lernen? Personalisierte Inhalte sind nicht nur für große Unternehmen mit riesigen Datenmengen machbar. Auch kleinere Unternehmen können diese Technologien nutzen, um ihre Inhalte besser auf ihre Zielgruppe zuzuschneiden. Doch bevor du damit loslegst, musst du wissen, welche Daten du sammeln solltest und wie du sie optimal nutzt.

15.4 Daten als Grundlage: Wie man relevante Nutzerinformationen sammelt
Quellen für Nutzerdaten: Website-Tracking, CRM, soziale Medien

Nehmen wir an, du hast ein Geschäft und möchtest deine Kunden besser verstehen. Woher weißt du, wer sie sind, was sie interessiert und wie du sie am besten ansprichst? Du brauchst Daten. Doch welche Daten sind relevant und woher bekommst du sie?

Website-Tracking: Tools wie Google Analytics, Hotjar oder Matomo geben dir Einblicke in das Verhalten deiner Nutzer auf deiner Website. Du siehst, welche Seiten sie besuchen, wie lange sie bleiben, wo sie klicken und wo sie abspringen. So kannst du gezielt Inhalte anpassen und testen, welche Varianten am besten funktionieren.

CRM-Systeme: Customer Relationship Management-Systeme speichern alle Informationen, die du über deine Kunden gesammelt hast. Das können Kontaktinformationen, Kaufhistorien oder auch Support-Anfragen sein. Diese Daten helfen dir, gezielte Kampagnen zu erstellen und die Nutzer genau dort abzuholen, wo sie gerade stehen.

Soziale Medien: Social-Media-Plattformen bieten eine Fülle an Informationen über die Interessen und Verhaltensweisen deiner Zielgruppe. Tools wie Hootsuite oder Sprout Social helfen dir, diese Daten zu analysieren und für deine Content-Strategie zu nutzen. Du erfährst, welche Themen besonders gut ankommen, welche Inhalte geteilt werden und wo du deine Zielgruppe am besten erreichst.

Datenschutz und ethische Aspekte bei der Datenerhebung.

Es könnte sein, dass du dir denkst: »Das klingt alles gut, aber was ist mit dem Datenschutz?« Gerade in Zeiten von DSGVO und zunehmendem Bewusstsein für Privatsphäre ist es wichtig, dass du transparent und verantwortungsvoll mit den Daten deiner Nutzer umgehst.

Transparenz: Informiere deine Nutzer klar und deutlich darüber, welche Daten du sammelst und wofür du sie verwendest. Ein einfacher Hinweis im Kleingedruckten reicht nicht aus. Biete verständliche Erklärungen und ermögliche es deinen Nutzern, der Datenerhebung zu widersprechen oder bestimmte Daten zu löschen.

Einwilligung: Stelle sicher, dass du die Einwilligung deiner Nutzer hast, bevor du Daten sammelst. Das gilt insbesondere für sensible Informationen wie das Verhalten auf deiner Website oder persönliche Präferenzen.

Sicherheit: Schütze die gesammelten Daten durch angemessene Sicherheitsmaßnahmen. Verschlüsselung, regelmäßige Sicherheitsupdates und Zugriffskontrollen sind unerlässlich, um die Privatsphäre deiner Nutzer zu gewährleisten.

Datenschutz ist kein Hindernis für Personalisierung, sondern eine Grundvoraussetzung. Wenn du transparent und verantwortungsvoll mit den Daten deiner Nutzer umgehst, baust du Vertrauen auf und schaffst eine solide Basis für eine erfolgreiche Personalisierungsstrategie.

Nutzung von KI zur Identifikation von Interessen und Verhalten.

Die gesammelten Daten sind nur dann wertvoll, wenn du sie richtig nutzt. Nehmen wir an, du hast hunderte von Datensätzen über das Verhalten deiner Nutzer. Ohne die richtige Analyse bleiben sie nur Zahlenkolonnen. Die KI erkennt Muster, segmentiert deine Zielgruppe und identifiziert die Interessen und Bedürfnisse jedes einzelnen Nutzers.

Beispiel: Du betreibst eine Fitness-Website und hast Daten darüber, welche Trainingspläne und Ernährungsartikel am häufigsten gelesen werden. Die KI kann diese Daten nutzen, um zu erkennen, welche Themen besonders gut ankommen. Sie erkennt, dass Nutzer, die sich für Krafttraining interessieren, auch häufig nach proteinreichen Rezepten suchen. Daraufhin schlägt sie dir vor, entsprechende Inhalte zu erstellen und den Nutzern gezielt anzuzeigen. So steigerst du nicht nur die Relevanz deiner Inhalte, sondern auch die Zufriedenheit deiner Nutzer. Doch wie setzt du all diese Erkenntnisse in konkrete Inhalte um? Wie schaffst du es, dass deine Nutzer das Gefühl haben, dass deine Inhalte genau für sie gemacht sind?

15.5 Erstellung personalisierter Inhalte: Best Practices

Nehmen wir an, du möchtest eine Marketingkampagne starten. Doch statt nur einen allgemeinen Plan zu erstellen, entwickelst du gezielt Inhalte für verschiedene Zielgruppen. Du weißt, dass junge, technikaffine Nutzer andere Bedürfnisse haben als ältere, traditionsbewusste Konsumenten. Personalisierung bedeutet, dass du diese Unterschiede nicht nur erkennst, sondern gezielt darauf eingehst.

Erstelle detaillierte Personas: Überlege dir genau, wer deine Zielgruppen sind. Welche Bedürfnisse haben sie? Welche Herausforderungen wollen sie meistern? Was motiviert sie? Erstelle auf Basis dieser Erkenntnisse detaillierte Personas, die dir helfen, gezielte Inhalte zu entwickeln.

Erstelle maßgeschneiderte Inhalte: Für jede Persona entwickelst du spezifische Inhalte, die auf deren Bedürfnisse zugeschnitten sind. Für den technikaffinen Nutzer könnte das ein detaillierter Vergleich neuer Gadgets sein, während du dem traditionsbewussten Nutzer eher allgemeine Informationen und Erfahrungsberichte anbietest.

Teste und optimiere: Personalisierte Inhalte sind nie fertig. Teste verschiedene Varianten, optimiere sie basierend auf den Ergebnissen und passe deine Strategie kontinuierlich an. Die KI kann dir dabei helfen, die besten Varianten zu identifizieren und deine Inhalte immer weiter zu verbessern.

Optimierung bestehender Inhalte für personalisierte Nutzeransprache

Nicht immer musst du neue Inhalte erstellen, um Personalisierung zu erreichen. Nehmen wir an, du hast bereits eine Fülle an Artikeln auf deiner Website. Mit kleinen Anpassungen kannst du diese Inhalte gezielt auf verschiedene Zielgruppen ausrichten:

Segmentiere die Nutzer: Identifiziere, welche Zielgruppen sich für welche Inhalte interessieren. Hat ein bestimmter Artikel besonders viele Zugriffe von einer bestimmten Altersgruppe? Dann optimiere ihn gezielt für diese Zielgruppe, etwa durch die Anpassung von Beispielen, Sprache oder Format.

Füge personalisierte Elemente hinzu: Ergänze deine Inhalte durch personalisierte Call-to-Actions oder Empfehlungen. Ein Artikel über gesunde Ernährung könnte am Ende einen personalisierten Ernährungsplan anbieten, der auf den Interessen des Nutzers basiert.

Nutze dynamische Inhalte: Mithilfe von Personalisierungsplattformen kannst du dynamische Inhalte erstellen, die sich in Echtzeit anpassen.

15

Ein Banner, das dem Nutzer anzeigt, welche Produkte er zuletzt angesehen hat, oder ein Pop-up, das ihn zu einer Aktion auffordert, basierend auf seinem Verhalten, sind einfache, aber effektive Möglichkeiten, bestehende Inhalte zu personalisieren.

Einsatz dynamischer Content-Elemente

Dynamische Inhalte sind der nächste Schritt in der Personalisierung. Sie passen sich in Echtzeit an das Verhalten und die Bedürfnisse des Nutzers an. Nehmen wir an, du betreibst einen Online-Shop. Ein Nutzer hat sich gerade verschiedene Produkte angesehen, aber noch keinen Kauf abgeschlossen. Ein dynamisches Element könnte ihm gezielt einen Rabatt auf genau diese Produkte anbieten oder ihn daran erinnern, dass er noch Artikel im Warenkorb hat.

Personalisierte Empfehlungen: Zeige deinen Nutzern Inhalte, die auf ihrem bisherigen Verhalten basieren. Das können ähnliche Artikel, ergänzende Produkte oder auch Blogbeiträge sein, die ihre Interessen weiter vertiefen.

Personalisierte Call-to-Actions: Anstatt generische Aufforderungen wie »Jetzt kaufen!« zu verwenden, kannst du gezielte Call-to-Actions erstellen, die auf den Nutzer zugeschnitten sind. »Füge diesen Artikel deinem Warenkorb hinzu und erhalte 10 % Rabatt!« wirkt viel persönlicher und effektiver.

Dynamische Pop-ups: Pop-ups können nervig sein, aber richtig eingesetzt, sind sie äußerst wirkungsvoll. Zeige sie gezielt an, wenn der Nutzer eine bestimmte Aktion durchgeführt hat oder kurz davor ist, die Seite zu verlassen. Biete ihm beispielsweise einen speziellen Rabatt oder eine exklusive Anmeldung zu deinem Newsletter an.

15.6 Technische Umsetzung von personalisiertem Content

Nehmen wir an, du hast alle nötigen Inhalte und Daten bereit. Jetzt geht es darum, die passenden Tools zu finden, die dir bei der technischen Umsetzung helfen Personalisierungsplattformen sind spezialisierte Tools, die dir ermöglichen, dynamische Inhalte zu erstellen, Nutzerverhalten zu analysieren und deine Personalisierungsstrategie zu steuern.

Dynamic Yield: Die Plattform bietet dir umfassende Möglichkeiten zur Personalisierung. Du kannst dynamische Inhalte erstellen, A/B-Tests durchführen und deine Strategie kontinuierlich optimieren. Besonders hilfreich sind die umfangreichen Analysefunktionen, die dir genau zeigen, welche Maßnahmen erfolgreich sind.

Optimizely: Eine der bekanntesten Plattformen für A/B-Tests und Personalisierung. **Optimizely** ermöglicht dir, verschiedene Varianten von Inhalten zu testen und automatisch die erfolgreichste Version auszuspielen. So kannst du deine Inhalte gezielt optimieren und die bestmögliche Nutzererfahrung bieten.

Adobe Target: Diese Lösung bietet dir umfassende Möglichkeiten zur Personalisierung und Segmentierung. Du kannst Inhalte dynamisch anpassen, gezielte Kampagnen erstellen und die Ergebnisse in Echtzeit analysieren. Besonders für größere Unternehmen ist **Adobe Target** eine mächtige Plattform, die nahtlos in andere Adobe-Produkte integriert werden kann.

Integration von personalisiertem Content in bestehende Systeme

Die Integration von personalisierten Inhalten in deine bestehenden Systeme ist oft eine Herausforderung. Nehmen wir an, du hast bereits eine gut funktionierende Website. Wie fügst du jetzt dynamische Inhalte hinzu, ohne alles umzubauen?

API-Integration: Viele Personalisierungsplattformen bieten APIs an, über die du dynamische Inhalte in deine Website integrieren kannst. Du musst also nicht deine gesamte Infrastruktur ändern, sondern kannst gezielt neue Funktionen hinzufügen.

Plugins und Erweiterungen: Für viele Content-Management-Systeme wie **WordPress** oder **Drupal** gibt es spezielle Plugins, die dir helfen, personalisierte Inhalte einfach zu integrieren. Diese Plugins ermöglichen es dir, dynamische Inhalte direkt in deine bestehenden Seiten einzufügen, ohne dass du umfangreiche Änderungen am Code vornehmen musst.

Custom Solutions: Manchmal erfordern spezifische Anforderungen maßgeschneiderte Lösungen. Hierbei kann es sinnvoll sein, mit einem erfahrenen Entwickler zusammenzuarbeiten, der dir hilft, die Personalisierung nahtlos in deine Systeme zu integrieren.

Herausforderungen bei der technischen Implementierung.

Es könnte sein, dass du denkst, die technische Umsetzung sei das größte Hindernis. Aber viele der Herausforderungen lassen sich mit den richtigen Tools und einem strukturierten Ansatz überwinden.

15

Datenintegration.

Die Zusammenführung von Daten aus verschiedenen Quellen ist oft komplex. Hier helfen Datenmanagement-Plattformen (DMPs) und Customer Data Platforms (CDPs), die Daten zu konsolidieren und ein einheitliches Bild deiner Nutzer zu erstellen.

Performance-Probleme.

Dynamische Inhalte können die Ladezeiten deiner Website beeinträchtigen. Achte darauf, dass die Implementierung effizient ist und setze auf Caching-Strategien, um die Performance zu optimieren.

Sicherheit und Datenschutz: Personalisierung erfordert den Umgang mit sensiblen Nutzerdaten. Stelle sicher, dass alle Daten sicher gespeichert und verarbeitet werden und du die gesetzlichen Bestimmungen einhältst.

15.7 Personalisierung über verschiedene Kanäle hinweg.

Personalisierung funktioniert nicht nur auf deiner Website. Nehmen wir an, ein Nutzer hat sich auf deiner Website für einen Newsletter angemeldet und dort bestimmte Produkte angesehen. Du kannst diese Informationen nutzen, um ihm gezielt Emails zu schicken, die genau diese Produkte bewerben. Oder du zeigst ihm gezielte Anzeigen auf Social Media, die auf seine Interessen abgestimmt sind.

Website: Personalisierte Inhalte auf deiner Website sind der Ausgangspunkt. Hier kannst du dynamische Elemente nutzen, um den Nutzer gezielt anzusprechen und ihm die Inhalte zu zeigen, die für ihn relevant sind.

Email: Email-Marketing bietet dir die Möglichkeit, personalisierte Inhalte direkt in das Postfach deiner Nutzer zu liefern. Nutze die Daten aus dem Verhalten auf deiner Website, um gezielte Kampagnen zu erstellen. Beispielsweise könntest du Nutzer, die bestimmte Produkte in den Warenkorb gelegt, aber nicht gekauft haben, mit einer Erinnerungsmail und einem speziellen Rabatt ansprechen.

Social Media: Personalisierte Anzeigen auf Social Media sind eine effektive Möglichkeit, deine Zielgruppe zu erreichen. Nutze die Daten aus deinen anderen Kanälen, um gezielte Kampagnen auf Plattformen wie Facebook oder Instagram zu erstellen. Du kannst auch gezielt Inhalte bewerben, die besonders gut bei deiner Zielgruppe ankommen.

Konsistente Nutzererfahrung durch Omnichannel-Strategien.

Eine konsistente Nutzererfahrung über alle Kanäle hinweg ist der Schlüssel zur erfolgreichen Personalisierung. Nehmen wir an, ein Nutzer hat auf deiner Website nach einem bestimmten Produkt gesucht. Diese Information solltest du nutzen, um ihn auch auf anderen Kanälen gezielt anzusprechen. Die KI hilft dir dabei, diese Informationen zu verknüpfen und eine nahtlose Nutzererfahrung zu schaffen.

Synchronisierung der Daten: Stelle sicher, dass alle deine Kanäle auf die gleichen Nutzerdaten zugreifen. Das bedeutet, dass Informationen über das Verhalten auf der Website, in der Email und auf Social Media konsolidiert werden müssen. Die Datenmanagement-Plattformen (DMPs) und Customer Data Platforms (CDPs) sind hier wichtiger denn je und entscheidend.

Konsistente Ansprache: Achte darauf, dass die Nutzeransprache über alle Kanäle hinweg einheitlich ist. Wenn du einem Nutzer auf der Website einen Rabatt anbietest, sollte dieser auch in der Email und auf Social Media kommuniziert werden.

Gezielte Kampagnen: Nutze die gewonnenen Daten, um gezielte Kampagnen zu erstellen, die die Nutzer auf ihrer gesamten Customer Journey begleiten. Ein Nutzer, der sich auf deiner Website für ein Webinar registriert hat, könnte beispielsweise auf Social Media eine Erinnerung erhalten oder in einer Email gezielte Inhalte zum Thema des Webinars angeboten bekommen.

Nutzung von KI zur Koordination und Optimierung der Kanäle.

Die Koordination mehrerer Kanäle ist eine komplexe Aufgabe. Es könnte sein, dass du denkst, dass du dafür ein großes Team benötigst. Doch KI kann dir dabei helfen, diese Prozesse zu automatisieren und zu optimieren.

Automatisierung der Kampagnen: KI-basierte Plattformen ermöglichen es dir, Kampagnen über verschiedene Kanäle hinweg zu steuern und zu optimieren. Sie analysieren das Verhalten der Nutzer und passen die Kampagnen in Echtzeit an.

Vorhersage von Nutzerverhalten: Die KI kann Vorhersagen darüber treffen, wie sich ein Nutzer verhalten wird, basierend auf seinem bisherigen Verhalten. So kannst du gezielte Kampagnen erstellen, die genau auf seine Bedürfnisse abgestimmt sind.

Optimierung in Echtzeit: Die KI analysiert kontinuierlich die Ergebnisse deiner Kampagnen und optimiert sie in Echtzeit. So stellst du sicher, dass du immer die bestmöglichen Ergebnisse erzielst.

15

15.8 SEO-Vorteile durch personalisierten Content

Personalisierte Inhalte haben nicht nur einen positiven Einfluss auf die Nutzererfahrung, sondern auch auf dein SEO-Ranking. Nehmen wir an, ein Nutzer bleibt länger auf deiner Website, weil er genau die Inhalte findet, die ihn interessieren. Dies signalisiert Google, dass deine Seite relevant und wertvoll ist. Die Folge: Dein Ranking verbessert sich.

Verweildauer: Personalisierte Inhalte sorgen dafür, dass die Nutzer länger auf deiner Seite bleiben. Eine hohe Verweildauer ist ein starkes Signal für Google, dass deine Inhalte relevant sind.

Niedrigere Absprungrate: Wenn Nutzer schnell abspringen, wertet Google dies als Zeichen dafür, dass deine Inhalte nicht relevant sind. Personalisierung reduziert die Absprungrate, da die Nutzer genau das finden, was sie suchen.

Mehr Interaktionen: Personalisierte Inhalte führen zu mehr Interaktionen, sei es durch Kommentare, das Teilen von Inhalten oder das Klicken auf interne Links. All diese Signale tragen zu einer besseren Bewertung deiner Seite bei.

Verbesserung der Conversionrate durch zielgerichteten Content.

Personalisierte Inhalte erhöhen nicht nur die Verweildauer, sondern auch die Conversionrate. Nehmen wir an, du betreibst einen Online-Shop. Wenn du den Nutzern gezielt Produkte anbietest, die zu ihrem bisherigen Verhalten passen, ist die Wahrscheinlichkeit eines Kaufs viel höher.

Gezielte Angebote: Biete deinen Nutzern gezielte Angebote, die auf ihrem bisherigen Verhalten basieren. Ein Nutzer, der sich für eine bestimmte Produktkategorie interessiert, wird eher kaufen, wenn du ihm gezielt Rabatte oder Empfehlungen anbietest.

Personalisierte Call-to-Actions: Anstatt generische Call-to-Actions zu verwenden, erstelle personalisierte Aufforderungen, die genau auf die Bedürfnisse des Nutzers abgestimmt sind. »Finde das perfekte Produkt für deine Bedürfnisse!« wirkt viel ansprechender als ein einfaches »Jetzt kaufen!«.

Dynamic Pricing: Setze auf dynamische Preise, die auf dem Verhalten und den Präferenzen des Nutzers basieren. So kannst du gezielt Anreize schaffen, ohne deine Marge zu gefährden.

Personalisierung als Faktor für bessere Sichtbarkeit und Nutzerzufriedenheit

Die Kombination aus besserem Ranking und höheren Conversionrates führt zu einer stärkeren Sichtbarkeit und einer höheren Nutzerzufriedenheit. Nehmen wir an, du investierst in personalisierte Inhalte. Deine Nutzer finden genau die Informationen, die sie suchen, bleiben länger auf deiner Seite, interagieren mehr und führen die gewünschten Aktionen aus. All das führt zu einem positiven Kreislauf aus höherer Sichtbarkeit, besserer Nutzerbindung und mehr Umsatz. Doch wie misst du den Erfolg deiner Personalisierungsstrategie? Welche KPIs sind relevant und wie nutzt du diese Erkenntnisse zur steten Verbesserung?

15.9 Wie misst man den Erfolg von personalisiertem Content?

Die Erfolgsmessung ist entscheidend, um zu verstehen, welche Maßnahmen funktionieren und welche nicht. Es könnte sein, dass du denkst, dass Verweildauer und Absprungrate die wichtigsten Metriken sind. Doch es gibt noch viele andere KPIs, die du im Blick haben solltest.

Verweildauer und Absprungrate: Diese beiden Metriken zeigen dir, wie lange Nutzer auf deiner Seite bleiben und wie schnell sie abspringen. Eine hohe Verweildauer und eine niedrige Absprungrate sind positive Signale.

Conversionrate: Die Conversionrate zeigt dir, wie viele Nutzer eine gewünschte Aktion ausführen, etwa einen Kauf tätigen oder sich für einen Newsletter anmelden. Eine hohe Conversionrate ist ein Zeichen dafür, dass deine Inhalte relevant und ansprechend sind.

15

Interaktionen: Kommentare, Likes und das Teilen von Inhalten sind wichtige Indikatoren dafür, wie gut deine Inhalte bei den Nutzern ankommen.

Click-Through-Rate (CTR): Die Klickrate zeigt dir, wie oft Nutzer auf deine Call-to-Actions klicken. Eine hohe CTR ist ein Zeichen dafür, dass deine Aufforderungen ansprechend und relevant sind.

Nutzung von A/B-Tests zur Optimierung personalisierter Inhalte

A/B-Tests sind ein effektives Mittel, um herauszufinden, welche Varianten deiner Inhalte am besten funktionieren. Nehmen wir an, du möchtest herausfinden, welche Überschrift die höchste Klickrate erzielt. Du erstellst zwei Varianten und testest sie gegeneinander. Die Variante mit der höheren Klickrate wird dann standardmäßig verwendet.

Teste verschiedene Überschriften, Bilder und Call-to-Actions, um herauszufinden, welche Variante die besten Ergebnisse erzielt. Teste verschiedene personalisierte Inhalte gegeneinander, um herauszufinden, welche Variante bei welcher Zielgruppe am besten ankommt. Kontinuierliches Testen und Optimieren: A/B-Tests sind nie abgeschlossen. Teste kontinuierlich neue Varianten, um deine Inhalte immer weiter zu optimieren.

Einsatz von KI-Tools zur kontinuierlichen Erfolgskontrolle.
KI-Tools helfen dir, die Ergebnisse deiner Personalisierungsmaßnahmen kontinuierlich zu überwachen und zu optimieren. Nehmen wir an, du möchtest wissen, wie sich die Verweildauer auf deiner Seite entwickelt. Die KI analysiert die Daten in Echtzeit und gibt dir genaue Einblicke in die Entwicklung.

KI-Tools erstellen automatisierte Reportings, die dir genau zeigen, welche Maßnahmen erfolgreich sind und wo es noch Optimierungspotenzial gibt. Die KI analysiert die Daten in Echtzeit und zeigt dir, wie sich die Nutzer auf deiner Seite verhalten. So kannst du sofort reagieren, wenn etwas nicht funktioniert.

Die KI hilft dir, deine Inhalte kontinuierlich zu optimieren und neue Ideen zu testen. So stellst du sicher, dass du immer die bestmöglichen Ergebnisse erzielst.

15.10 Zukunft der Content-Personalisierung: Trends und Entwicklungen.
Voice Search und Conversational AI sind auf dem Vormarsch. Nehmen wir an, du fragst deinen digitalen Assistenten nach den besten Restaurants in deiner Nähe. Die Ergebnisse, die dir angezeigt werden, sind nicht nur auf deinen Standort, sondern auch auf deine bisherigen Suchanfragen und Vorlieben abgestimmt.
Voice Search: Die Optimierung von Inhalten für die Sprachsuche wird immer wichtiger. Stelle sicher, dass deine Inhalte so formuliert sind, dass sie auch bei Sprachsuchen gut gefunden werden. Nutze dafür natürliche Sprache und gezielte Keywords.

Conversational AI: Chatbots und digitale Assistenten werden immer intelligenter. Sie bieten Nutzern personalisierte Empfehlungen und beantworten ihre Fragen in Echtzeit. Setze auf Conversational AI, um deine Nutzer besser zu verstehen und ihnen eine noch bessere Nutzererfahrung zu bieten.

Hyperpersonalisierung geht über klassische Personalisierung hinaus. Nehmen wir an, du betreibst einen E-Commerce-Shop. Die Hyperpersonalisierung bietet jedem Nutzer ein einzigartiges Erlebnis, basierend auf Echtzeit-Daten, Verhaltensmustern und Vorhersagen.

Echtzeit-Daten: Nutze Echtzeit-Daten, um deine Inhalte und Angebote sofort an das Verhalten des Nutzers anzupassen. Zeige ihm beispielsweise gezielte Rabatte, basierend auf seinem aktuellen Verhalten.

Verhaltensmuster: Die KI erkennt komplexe Verhaltensmuster und passt deine Inhalte entsprechend an. Ein Nutzer, der häufig Produkte recherchiert, aber selten kauft, könnte gezielt mit speziellen Angeboten angesprochen werden.

Vorhersagen: Die KI macht genaue Vorhersagen darüber, welche Inhalte und Angebote für einen bestimmten Nutzer am interessantesten sind. So kannst du ihm genau das bieten, was er sucht, noch bevor er es selbst weiß.

Wie sich Content-Personalisierung weiterentwickeln wird

Die Zukunft der Content-Personalisierung ist spannend und bietet zahlreiche Möglichkeiten. Es könnte sein, dass du denkst, dass Personalisierung irgendwann an ihre Grenzen stößt. Doch die technologischen Entwicklungen gehen immer weiter. Die KI wird in der Lage sein, noch komplexere Verhaltensmuster zu erkennen und personalisierte Inhalte in Echtzeit anzupassen. Personalisierung wird nicht nur auf Websites und in Emails stattfinden, sondern in allen Bereichen unseres digitalen Lebens. Von Smart Homes bis hin zu personalisierten Gesundheitsberatungen, die Möglichkeiten sind grenzenlos.

Mehr Interaktion, weniger Werbung: Personalisierte Inhalte werden die klassische Werbung zunehmend ersetzen. Nutzer werden gezielte Empfehlungen und Inhalte bevorzugen, die auf ihre Bedürfnisse abgestimmt sind, anstatt von generischen Anzeigen überflutet zu werden. Die Content-Personalisierung hilft dir deine Nutzer besser zu verstehen, sie gezielt anzusprechen und langfristig zu binden. Nutze die Kraft der KI, um deine Inhalte auf das nächste Level zu heben und deine Zielgruppe nachhaltig zu begeistern.

15

Ethische SEO-Prinzipien halten deinen moralischen Kompass in der Waage.

Kapitel 16
ETHISCHE ASPEKTE DER KI-NUTZUNG.

Nehmen wir an, dein SEO-Strategie-Meeting wäre eine große Familienfeier. Du hast den smarten Cousin KI eingeladen, der bei allem einen Ratschlag parat hat. Onkel Authentizität sitzt grummelnd in der Ecke, weil er findet, dass KI zu viel redet und ihm den Platz am Familientisch streitig macht. Tanten Google und Qualität nicken zustimmend, weil sie die Balance in der Runde schätzen. Doch wie vermeidet man es, dass KI den Smalltalk übernimmt, ohne das Vertrauen der Familie zu verlieren? Die Antwort ist einfach: ethisches SEO. In diesem Kapitel geht es darum, wie du die Vorteile der KI nutzt, ohne die Authentizität deines Contents und das Vertrauen deiner Zielgruppe zu opfern. Mach dich bereit, die ethischen Herausforderungen der KI im SEO zu erkunden!

16.1 Ethik im digitalen Marketing

Es könnte sein, dass du denkst, SEO dreht sich nur um Keywords, Backlinks und Rankings. Doch SEO ist mehr als nur ein technisches Spiel. Es geht um die Verbindung zwischen dir und deinen Nutzern. Ethische Prinzipien sind der moralische Kompass, der sicherstellt, dass du diese Verbindung auf ehrliche Weise aufbaust.

Warum sind ethische Prinzipien so wichtig? Stell dir vor, du wärst auf einer Party und würdest die ganze Zeit nur über dich selbst reden, ohne auf die Bedürfnisse und Interessen deines Gegenübers einzugehen. Das würde schnell langweilig werden. Im digitalen Marketing ist es ähnlich: Wenn deine Inhalte nur darauf ausgerichtet sind, die Suchmaschinen zu »bespaßen« und nicht darauf, echten Mehrwert für deine Nutzer zu bieten, wirst du bald alleine dastehen und Google wird dich ignorieren.

16

Die Rolle der KI im modernen Content-Marketing

KI hat die Art und Weise, wie wir Inhalte erstellen und optimieren, revolutioniert. Nehmen wir an, du willst in kürzester Zeit hochwertigen Content für deine Website erstellen. Früher war das eine zeitraubende Aufgabe, bei der du dich durch Recherchen, Textentwürfe und endlose Überarbeitungen kämpfen musstest. Heute kann dir die KI in wenigen Minuten eine gut strukturierte Grundlage liefern.

Doch genau hier liegt die Gefahr: Wenn KI die Arbeit übernimmt, geht oft die menschliche Note verloren. Die Inhalte wirken generisch und austauschbar. Und wenn die Nutzer merken, dass sie nur mit automatisierten Texten konfrontiert werden, schwindet das Vertrauen. Die Herausforderung besteht also darin, die Effizienz der KI zu nutzen, ohne dabei den authentischen, menschlichen Aspekt zu verlieren.

16.2 Automatisierung und Authentizität: Ein Spannungsfeld.
Chancen und Risiken der KI-gestützten Automatisierung.

Nehmen wir an, du hast eine geniale Idee für einen Blogbeitrag. Die KI könnte dir in kürzester Zeit eine erste Version schreiben, inklusive SEO-optimierter Überschriften, passenden Keywords und sogar interner Verlinkungen. Das spart Zeit und Ressourcen, perfekt! Doch hier ist der Haken: KI kennt keine Emotionen, keine persönlichen Erfahrungen und schon gar nicht den Witz, der deine Inhalte erst richtig lebendig macht. Die Chance liegt klar auf der Hand: Du kannst schneller mehr Inhalte produzieren, was deinem Ranking zugutekommt. Das Risiko? Deine Inhalte könnten wie ein glattgebügelter Verkaufsprospekt wirken, der zwar alles Notwendige abdeckt, aber die Leser kalt lässt. Wenn die Inhalte nur noch aus generischen Textbausteinen bestehen, könnte das langfristig das Vertrauen in deine Marke zerstören. Kurz gesagt: Viel Content, wenig Substanz, das kann nicht der Weg sein.

Wie viel Automatisierung ist zu viel?

Es könnte sein, dass du dich fragst: »Wo ziehe ich die Grenze?« Automatisierung ist wie Salz beim Kochen, zu wenig und dein Gericht ist fade. Zu viel und niemand will es essen. Es geht darum, das richtige Maß zu finden. Nutze die KI als Werkzeug, nicht als Ersatz für deine kreative Arbeit.

Automatisierung kann dir helfen, repetitive Aufgaben zu erledigen, etwa das Erstellen von Produktbeschreibungen oder die Analyse von Nutzerdaten. Aber wenn du anfängst, deine gesamte Content-Produktion aus der Hand zu geben, verlierst du den Bezug zu deinem Publikum. Deine Texte müssen deine Stimme widerspiegeln, deine Persönlichkeit und das kann keine KI der Welt übernehmen. Setze also auf Automatisierung, wo sie Sinn macht, aber behalte die Kontrolle über die kreativen Aspekte.

Der schmale Grat zwischen Effizienz und Qualität.

Nehmen wir an, du bist auf der Autobahn unterwegs. Die KI ist dein Navi, das dir den schnellsten Weg zeigt. Aber was, wenn du die Landschaft genießen willst? Dann schaltet sich das Navi ständig ein und sagt dir, dass du schneller fahren sollst. Genau das passiert, wenn du im Content-Marketing ausschließlich auf Effizienz setzt. Qualität bedeutet nicht nur, dass deine Inhalte fehlerfrei und gut strukturiert sind. Es bedeutet, dass sie einen Mehrwert bieten, unterhalten und inspirieren. Das schafft keine KI allein. Du brauchst die menschliche Perspektive, um sicherzustellen, dass deine Inhalte nicht nur effizient, sondern auch wertvoll sind. Der Schlüssel liegt also darin, die Vorteile der KI zu nutzen, ohne dabei die menschliche Kreativität zu opfern.

16.3 Ethische Fragen bei der Nutzung von KI im Content-Marketing.

Was ist ethischer Content?

Es könnte sein, dass du denkst, ethischer Content sei einfach alles, was nicht offensichtlich schädlich ist. Aber es geht um mehr. Ethischer Content respektiert die Zeit und das Vertrauen deiner Leser. Er ist transparent, ehrlich und versucht nicht, durch Tricks oder Manipulationen an Aufmerksamkeit zu kommen.

Ein Beispiel: Du möchtest einen Artikel über ein gesundheitliches Thema schreiben. Du könntest die KI nutzen, um Fakten zu recherchieren und den Text zu schreiben. Aber wenn du ohne Prüfung der Quellen Behauptungen aufstellst oder übertriebene Versprechen machst, ist das nicht nur unethisch, sondern gefährlich. Ethischer Content bedeutet, dass du Verantwortung übernimmst, auch wenn die KI den ersten Entwurf geschrieben hat.

16

Grenzen der KI: Wo endet die Authentizität?

Nehmen wir an, du liest einen Text und merkst sofort, dass etwas nicht stimmt. Er ist perfekt geschrieben, aber irgendwie leblos, fast roboterhaft. Das ist der Punkt, an dem die Authentizität endet. KI kann zwar Muster erkennen, Daten analysieren und Texte strukturieren, aber sie versteht keine Ironie, keinen Sarkasmus und schon gar nicht das, was zwischen den Zeilen steht. Authentizität bedeutet, dass deine Texte nicht nur korrekt, sondern auch glaubwürdig und menschlich sind. Das kann die KI nicht allein leisten. Es ist deine Aufgabe, die Inhalte so zu gestalten, dass sie deine Persönlichkeit widerspiegeln. Nutze die KI als Assistenten, aber bleibe immer der kreative Kopf, der die Richtung vorgibt.

Verantwortung für erstellte Inhalte: Wer ist der Urheber?

Es könnte sein, dass du dich fragst: »Wer ist eigentlich der Urheber eines KI-generierten Textes?« Diese Frage ist nicht nur rechtlich, sondern auch ethisch relevant. Wenn die KI den Großteil deines Contents erstellt, trägst du immer noch die Verantwortung für die Richtigkeit und Relevanz der Inhalte.

Ein Beispiel: Angenommen, die KI erstellt einen Blogbeitrag für dich, der falsche Informationen enthält. Wer ist dann verantwortlich? Natürlich du. Du hast die Inhalte veröffentlicht und es ist deine Aufgabe, sicherzustellen, dass alles korrekt ist. Den Fehler auf die KI zu schieben, wäre nicht nur unfair, sondern auch unprofessionell. Übernimm die Verantwortung für deine Inhalte, egal, wer sie erstellt hat.

16.4 Spam oder wertvoller Content?

Spaminhalte sind der Erzfeind jeder guten SEO-Strategie. Nehmen wir an, du hast einen Haufen Keywords in deinen Text gestopft, in der Hoffnung, dass Google dich dafür belohnt. Falsch gedacht! Suchmaschinen sind heute intelligenter denn je und erkennen sofort, wenn Inhalte nur dafür erstellt wurden, das Ranking zu manipulieren. Spaminhalte sind solche, die wenig bis gar keinen Mehrwert bieten, übermäßig mit Keywords gespickt sind und in der Regel keine sinnvolle Struktur haben. Sie versuchen, die Suchmaschinen auszutricksen, ohne den Nutzern echten Wert zu bieten. Das Ergebnis? Google straft solche Seiten rigoros ab und dein Ranking sinkt schneller, als du »SEO-Fail« sagen kannst.

Wie KI-Inhalte als Spam wahrgenommen werden können.

Es könnte sein, dass du denkst, KI-generierte Inhalte seien per se kein Spam. Das stimmt, aber es gibt einige Fallen, in die du leicht tappen kannst. Wenn du die KI einfach nur dazu nutzt, massenweise Inhalte zu generieren, ohne auf Qualität und Relevanz zu achten, landest du schnell im Spam-Filter.

Ein Beispiel: Du lässt die KI tausend Produktbeschreibungen schreiben, die alle nach dem gleichen Schema aufgebaut sind und nur minimal variieren. Die Texte sind zwar technisch korrekt, bieten aber keinen echten Mehrwert. Suchmaschinen erkennen solche Muster und werten sie als Spam. Die Folge: Deine Inhalte verlieren an Sichtbarkeit und deine SEO-Bemühungen sind umsonst.

Methoden zur Vermeidung von Spam-Inhalten.

Spam-Inhalte lassen sich vermeiden, wenn du einige grundlegende Prinzipien beachtest:

Qualität vor Quantität: Setze auf hochwertige Inhalte, die echten Mehrwert bieten. Nutze die KI, um deine Texte zu unterstützen, aber nicht, um sie komplett zu erstellen.

Variabilität: Achte darauf, dass deine Inhalte abwechslungsreich sind und sich nicht ständig wiederholen. Das gilt besonders für Produktbeschreibungen und ähnliche Texte.

Menschliche Überprüfung: Lass alle KI-generierten Inhalte von einem menschlichen Redakteur überprüfen. So stellst du sicher, dass die Texte authentisch und wertvoll sind. Aber wie findest du die Balance zwischen Effizienz und Authentizität? Wie kombinierst du KI und menschliche Kreativität so, dass das Beste aus beiden Welten entsteht?

16.5 Die Balance zwischen Effizienz und Authentizität finden.

Strategien zur Kombination von KI-generierten und menschlichen Inhalten.

Nehmen wir an, du bist ein talentierter Koch, der plötzlich einen Sous-Chef bekommt. Die KI ist dein neuer Assistent, der die Zutaten schneller schneidet und den Ofen vorheizt. Aber am Ende bist du derjenige, der die Gewürze hinzufügt und das Gericht abschmeckt. Genauso funktioniert es mit KI und menschlichen Inhalten.

Rohtexte von der KI, Feinschliff vom Menschen: Lass die KI die Basisarbeit erledigen, Recherche, Strukturierung, erste Entwürfe. Danach überarbeitest du den Text, gibst ihm deine persönliche Note und sorgst dafür, dass er authentisch und ansprechend ist. KI für Daten, Mensch für Emotionen: Nutze die KI, um datengetriebene Inhalte zu erstellen, etwa Statistiken oder technische Erklärungen. Für emotionale, inspirierende oder unterhaltsame Texte bist du als Mensch unersetzlich.

Menschliche Stories, KI-gestützte Fakten: Erstelle Geschichten und Erlebnisse aus deiner persönlichen Perspektive und nutze die KI, um sie mit relevanten Fakten und Daten zu untermauern.

Einsatz von KI als Unterstützung, nicht als Ersatz.

Es könnte sein, dass du denkst, KI könnte irgendwann menschliche Kreativität ersetzen. Das ist ein Trugschluss. KI ist ein großartiges Werkzeug, aber sie ist kein Ersatz für die menschliche Erfahrung und Intuition.

16

Ein Beispiel: Angenommen, du bist ein Reiseblogger. Die KI kann dir helfen, die besten Sehenswürdigkeiten eines Landes zu recherchieren und die Fakten für deinen Artikel bereitzustellen. Aber die Begeisterung, die du bei deinem letzten Trip empfunden hast, die kleinen Anekdoten und die persönlichen Eindrücke, das kann keine KI der Welt schreiben. Nutze die KI also als Unterstützung, um deine Arbeit effizienter zu gestalten, aber vergiss nie, dass du der kreative Kopf bist. Du gibst deinen Inhalten die Seele, die sie unverwechselbar macht.

Beispiele für gelungenen Einsatz von KI im Content-Marketing.

Es gibt zahlreiche Beispiele, wie Unternehmen KI erfolgreich im Content-Marketing einsetzen. Nehmen wir Netflix als Beispiel. Die Plattform nutzt KI, um personalisierte Empfehlungen zu erstellen, die auf den Sehgewohnheiten der Nutzer basieren. Das Ergebnis? Eine unglaublich hohe Nutzerbindung und Zufriedenheit.

Ein weiteres Beispiel ist The Washington Post, die mit »Heliograf« einen KI-gestützten Reporter einsetzt, um automatisierte Nachrichtenartikel zu schreiben. Die KI liefert schnelle, präzise Informationen, während die menschlichen Journalisten sich auf tiefgründige Recherchen und Analysen konzentrieren können.

Diese Beispiele zeigen, dass KI und menschliche Kreativität Hand in Hand gehen können, um außergewöhnliche Ergebnisse zu erzielen. Doch wie gehst du transparent mit der KI-Nutzung um? Wann und wie solltest du offenlegen, dass eine KI beteiligt war?

16.6 Transparenz in der KI-Nutzung.

Es könnte sein, dass du denkst, dass es niemanden interessiert, ob ein Text von einer KI geschrieben wurde. Doch Transparenz ist der Schlüssel zu Vertrauen. Deine Leser haben ein Recht darauf zu wissen, ob sie mit einem Menschen oder einer Maschine kommunizieren.
Ein Beispiel: Angenommen, du betreibst einen Blog und nutzt KI, um Teile deiner Inhalte zu erstellen. Weise in einem kurzen Hinweis darauf hin, dass du die Unterstützung einer KI in Anspruch genommen hast. Das zeigt deinen Lesern, dass du offen und ehrlich bist und sie wissen, dass du deine Arbeit ernst nimmst.

Verantwortung gegenüber Lesern und Kunden

Wenn du KI-gestützte Inhalte nutzt, trägst du die Verantwortung dafür, dass diese korrekt und wertvoll sind. Nehmen wir an, du nutzt KI, um Produktbewertungen zu schreiben. Stelle sicher, dass diese Bewertungen auf echten Erfahrungen und Fakten basieren und keine irreführenden Informationen enthalten. Deine Leser und Kunden vertrauen darauf, dass du ihnen authentische und ehrliche Inhalte bietest, das ist deine Verantwortung.

Vorteile von Transparenz in der Markenkommunikation

Transparenz ist nicht nur ethisch richtig, sondern bietet auch handfeste Vorteile. Nehmen wir an, du bist offen darüber, wie du KI in deinem Unternehmen einsetzt. Das zeigt deinen Kunden, dass du innovativ bist und die neuesten Technologien nutzt, um ihnen den bestmöglichen Service zu bieten. Es stärkt das Vertrauen und die Glaubwürdigkeit deiner Marke.
Beispiel: Wenn du KI zur Analyse von Kundendaten einsetzt, kannst du offenlegen, dass du dies tust, um personalisierte Angebote zu erstellen. So wissen deine Kunden, dass du ihre Daten respektierst und nutzt, um ihnen einen echten Mehrwert zu bieten.

16.7 Vertrauensaufbau durch ethisch korrekte Nutzung von KI.

Es könnte sein, dass du denkst, dass Ethik nur ein nettes Extra ist. Aber Ethik ist die Grundlage jeder erfolgreichen Geschäftsbeziehung. Wenn deine Kunden merken, dass du verantwortungsvoll mit ihren Daten umgehst und ehrliche, authentische Inhalte bietest, gewinnen sie Vertrauen in deine Marke.
Beispiel: Angenommen, du betreibst einen Online-Shop und nutzt KI, um personalisierte Produktempfehlungen zu erstellen. Wenn deine Kunden wissen, dass du ihre Daten sicher und verantwortungsvoll verwendest, fühlen sie sich gut aufgehoben und sind eher bereit, bei dir zu kaufen.

16

Langfristige Beziehungen durch authentische Kommunikation.

Authentizität ist der Schlüssel zu langfristigen Kundenbeziehungen. Nehmen wir an, du kommunizierst offen und ehrlich mit deinen Kunden, auch wenn mal etwas schiefgeht. Das zeigt, dass du die Beziehung zu deinen Kunden ernst nimmst und nicht nur kurzfristig denkst.
Ein Beispiel: Wenn du einen Fehler in einem KI-generierten Text bemerkst, gib das offen

zu und korrigiere ihn. Das zeigt deinen Kunden, dass du transparent und vertrauenswürdig bist und das stärkt die Beziehung langfristig.

Praktische Beispiele aus erfolgreichen SEO-Strategien.

Ein Beispiel für eine ethische und erfolgreiche SEO-Strategie ist die Website von **HubSpot**. Sie nutzen KI, um ihre Inhalte zu optimieren und die Nutzererfahrung zu verbessern, sind aber gleichzeitig transparent darüber, wie sie diese Technologien einsetzen. Das Ergebnis? Hohe Nutzerzufriedenheit, starke Kundenbindung und ein exzellentes Ranking in den Suchmaschinen.

Ein weiteres Beispiel ist **Moz**, die KI nutzen, um ihre SEO-Tools ständig zu verbessern und ihren Nutzern noch bessere Einblicke zu bieten. Sie setzen dabei auf eine offene Kommunikation und zeigen ihren Nutzern genau, wie ihre Tools funktionieren und wie sie entwickelt wurden. Diese Transparenz schafft Vertrauen und stärkt die Marke. Doch wie sieht es mit den rechtlichen Rahmenbedingungen aus? Was musst du beachten, um rechtlich auf der sicheren Seite zu sein?

16.8 Regulierung und Compliance: Rechtliche Rahmenbedingungen.

Die rechtlichen Rahmenbedingungen zur Nutzung von KI sind komplex und befinden sich ständig im Wandel. Es könnte sein, dass du denkst, du könntest die rechtlichen Aspekte einfach ignorieren. Doch das kann teuer werden.

Ein Beispiel: In der EU gilt die Datenschutz-Grundverordnung (DSGVO), die strenge Regeln für die Erhebung und Nutzung von Nutzerdaten aufstellt. Wenn du KI zur Analyse von Nutzerdaten einsetzt, musst du sicherstellen, dass du die Datenschutzbestimmungen einhältst. Das bedeutet unter anderem, dass du die Einwilligung deiner Nutzer zur Datenverarbeitung einholen und ihnen die Möglichkeit geben musst, diese Einwilligung jederzeit zu widerrufen.

Datenschutz und ethische Verantwortung.

Datenschutz ist nicht nur eine rechtliche, sondern auch eine ethische Verantwortung. Nehmen wir an, du sammelst Daten über das Verhalten deiner Nutzer auf deiner Website. Stelle sicher, dass diese Daten anonymisiert und sicher gespeichert werden und nur für den Zweck verwendet werden, für den sie erhoben wurden.

Ein Beispiel: Wenn du die Daten deiner Nutzer zur Erstellung personalisierter Inhalte nutzt, informiere sie darüber, wie du diese Daten verwendest und welche Vorteile das für sie hat. So schaffst du Transparenz und stärkst das Vertrauen in deine Marke.

Wie man sich auf zukünftige Regulierungen vorbereitet.

Die Regulierung zur Nutzung von KI wird in den nächsten Jahren weiter zunehmen. Es könnte sein, dass du dich fragst, wie du dich darauf vorbereiten kannst. Der Schlüssel liegt in der proaktiven Anpassung deiner Prozesse an die aktuellen und zukünftigen rechtlichen Rahmenbedingungen.

- Informiere dich regelmäßig über neue Gesetze und Vorschriften zur Nutzung von KI und Datenschutz. So stellst du sicher, dass du immer auf dem neuesten Stand bist.
- Setze auf bewährte Verfahren im Umgang mit Daten und der Nutzung von KI. Das umfasst die Einhaltung von Datenschutzbestimmungen, die Sicherstellung der Datenqualität und die Transparenz gegenüber deinen Nutzern.
- Implementiere ein System zur Überwachung und Einhaltung der rechtlichen Vorgaben. So kannst du sicherstellen, dass deine Prozesse jederzeit konform sind.

16.9 Fallstudien: Ethische Herausforderungen und Lösungen.

Es gibt zahlreiche Beispiele von Unternehmen, die die ethischen Grenzen bei der Nutzung von KI überschritten haben und dafür einen hohen Preis zahlen mussten. Nehmen wir Facebook als Beispiel. Das Unternehmen geriet wegen des Cambridge-Analytica-Skandals in die Schlagzeilen, bei dem Daten von Millionen Nutzern ohne deren Wissen genutzt wurden, um gezielte politische Werbung zu schalten. Die Folge: Ein massiver Vertrauensverlust und Milliardenstrafen.

Positive Beispiele für verantwortungsvolle KI-Nutzung.

Aber es gibt auch positive Beispiele. Nehmen wir **Salesforce** als Beispiel. Das Unternehmen nutzt KI, um seinen Kunden dabei zu helfen, ihre Marketingstrategien zu optimieren, setzt dabei aber auf vollständige Transparenz und Datenschutz. Sie bieten ihren Kunden umfassende Informationen darüber, wie die KI funktioniert und wie die Daten genutzt werden. Das Ergebnis? Eine starke Kundenbindung und eine hohe Zufriedenheit.

16

Erkenntnisse und Empfehlungen für die eigene Praxis.

Die wichtigste Erkenntnis aus diesen Fallstudien ist, dass Ethik und Erfolg im digitalen Marketing Hand in Hand gehen. Es könnte sein, dass du denkst, du könntest ethische Bedenken ignorieren, um schneller ans Ziel zu kommen. Doch langfristig zahlt sich ein verantwortungsvoller Umgang mit KI und Daten immer aus.

Empfehlungen für die Praxis:

Setze auf Transparenz: Informiere deine Kunden und Nutzer offen darüber, wie du KI einsetzt und welche Daten du erhebst.

Stelle den Menschen in den Mittelpunkt: Nutze KI, um deinen Nutzern einen echten Mehrwert zu bieten, nicht nur, um deine eigenen Ziele zu erreichen.

Übernimm Verantwortung: Sei bereit, Verantwortung für die Inhalte zu übernehmen, die du mit Hilfe von KI erstellst. Prüfe sie sorgfältig und stelle sicher, dass sie korrekt und wertvoll sind.

16.10 Die Zukunft der ethischen KI-Nutzung im SEO

Zusammenfassung der wichtigsten ethischen Herausforderungen

Die Nutzung von KI im SEO bietet enorme Chancen, bringt aber auch große ethische Herausforderungen mit sich. Es könnte sein, dass du denkst, dass Ethik im SEO nicht so wichtig ist. Doch die Realität zeigt, dass ethische Grundsätze der Schlüssel zu langfristigem Erfolg sind.

Die wichtigsten Herausforderungen:

Automatisierung vs. Authentizität: Die richtige Balance zwischen Effizienz und menschlicher Kreativität zu finden, ist entscheidend.

Verantwortung und Transparenz: Offenheit im Umgang mit KI und Daten ist unerlässlich, um das Vertrauen deiner Nutzer zu gewinnen und zu halten.

Rechtliche und ethische Verantwortung: Die Einhaltung von Gesetzen und ethischen Grundsätzen ist nicht verhandelbar. Sie bildet die Grundlage für eine nachhaltige und erfolgreiche SEO-Strategie.

Perspektiven für eine verantwortungsvolle Nutzung von KI im digitalen Marketing

Die Zukunft der KI im digitalen Marketing ist spannend und bietet zahlreiche Möglichkeiten. Nehmen wir an, du nutzt KI, um deine Inhalte noch besser auf die Bedürfnisse deiner Nutzer abzustimmen. Das Ergebnis sind personalisierte, relevante und wertvolle Inhalte, die das Vertrauen und die Bindung deiner Nutzer stärken. Die verantwortungsvolle Nutzung von KI wird in den nächsten Jahren immer wichtiger werden. Unternehmen, die auf Transparenz und Ethik setzen, werden langfristig erfolgreicher sein als diejenigen, die versuchen, kurzfristig durch Manipulation und Intransparenz zu punkten.

Das Verhältnis zwischen Mensch und Maschine wird sich weiterentwickeln und es wird immer wichtiger, dass wir die Kontrolle behalten. Es könnte sein, dass du denkst, dass Maschinen uns irgendwann ersetzen könnten. Doch das ist nicht der Fall. KI ist ein Werkzeug, das uns unterstützt, aber sie wird nie die menschliche Kreativität und Intuition ersetzen können. Menschliche Kreativität und emotionale Intelligenz kombiniert mit der Effizienz und Datenkompetenz der KI. So können wir die Herausforderungen der digitalen Welt meistern und außergewöhnliche Inhalte schaffen, die unsere Nutzer begeistern und langfristig binden. Bist du bereit, diese Zukunft mitzugestalten?

16

KI ist das Werkzeug für die vielen Einzelteile eines gesteuerten Chatbots, der User gezielt durch deine Website führt.

Kapitel 17
SEO-OPTIMIERUNG JENSEITS DER KLASSISCHEN SUCHMASCHINEN

Nehmen wir an, deine Website wäre ein schickes Restaurant. Die Suchmaschine ist der Türsteher, der die Leute hineinlässt, wenn sie sagen, dass sie einen Tisch reserviert haben. Aber was passiert, wenn sie einmal drin sind? Da kommt dein Chatbot hervor, er ist der charmante Kellner, der deine Gäste durch die Speisekarte führt, Empfehlungen ausspricht und sicherstellt, dass niemand hungrig nach Hause geht. Doch wie sorgst du dafür, dass dieser virtuelle Kellner nicht nur effizient arbeitet, sondern auch dazu beiträgt, dass dein Restaurant (also deine Website) in den Suchmaschinen ganz oben auf der Liste steht? Willkommen in der Welt des SEO für KI-gesteuerte Plattformen!

17.1 Die Rolle von KI-Plattformen im modernen SEO.
Definition und Bedeutung von KI-Plattformen im digitalen Marketing.
Es könnte sein, dass du denkst, SEO dreht sich nur um Keywords, Meta-Tags und Backlinks. Doch die Realität hat sich weiterentwickelt. Mit dem Aufstieg von KI-Plattformen wie Chatbots und virtuellen Assistenten hat sich auch das Spielfeld verändert. Diese Anwendungen sind längst nicht mehr nur nette Spielereien, sondern integrale Bestandteile moderner Marketingstrategien.

KI-Plattformen sind Softwarelösungen, die auf maschinellem Lernen basieren und Nutzerinteraktionen in natürlicher Sprache ermöglichen. Sie kommen in verschiedensten Formen daher: als Chatbots auf Websites, als virtuelle Assistenten auf Smartphones oder als interaktive Features in Messaging-Apps. Ihre Bedeutung im digitalen Marketing wächst stetig, da sie Kundenservice und Nutzerinteraktion verbessern und gleichzeitig wertvolle Daten für die SEO-Strategie liefern.

Wie Chatbots und KI-Anwendungen das Nutzerverhalten beeinflussen.
Nehmen wir an, ein Nutzer kommt auf deine Website und weiß nicht genau, was er will. Früher wäre er vielleicht frustriert weggegangen, weil er sich durch unzählige Menüs

17

klicken musste, um die richtige Information zu finden. Heute übernimmt das dein Chatbot. Er fragt freundlich: »Wie kann ich Ihnen helfen?« und liefert in Sekundenschnelle die gewünschten Antworten. Das verbessert die Nutzererfahrung und sorgt dafür, dass Besucher länger auf deiner Seite bleiben, ein positiver Rankingfaktor für Google.

Chatbots beeinflussen das Nutzerverhalten, indem sie Hindernisse in der Navigation abbauen und die Interaktion auf der Website dynamischer gestalten. Sie können gezielt Produkte empfehlen, Fragen beantworten und sogar dabei helfen, Formulare auszufüllen. Diese direkte und personalisierte Ansprache führt zu einer höheren Verweildauer und besseren Conversionrates, beides Faktoren, die sich positiv auf die SEO-Performance auswirken.

Warum SEO für KI-gesteuerte Plattformen relevant ist.
Es könnte sein, dass du denkst, Chatbots hätten keinen direkten Einfluss auf dein Ranking. Aber das stimmt nicht. Chatbots und andere KI-Plattformen sind nicht nur nützlich für den direkten Kontakt mit den Nutzern, sondern können auch die Suchmaschinenoptimierung unterstützen. Wenn ein Chatbot beispielsweise regelmäßig gefragt wird, wie bestimmte Dienstleistungen funktionieren, könnten diese häufig gestellten Fragen (FAQs) als separate Seiten oder Blogbeiträge veröffentlicht werden. So entsteht neuer Content, der für Suchmaschinen relevant ist. Ein gut optimierter Chatbot kann außerdem dazu beitragen, dass Nutzer länger auf deiner Seite bleiben und tiefer in deine Inhalte eintauchen. Wenn der Chatbot in der Lage ist, die richtigen Informationen schnell und effizient bereitzustellen, senkt das die Absprungrate und verbessert die Interaktionsrate, beides wichtige Signale für Google, dass deine Seite wertvolle Inhalte bietet.

17.2 Wie funktionieren Chatbots und KI-Plattformen?
Nehmen wir an, ein Chatbot wäre ein extrem fleißiger Bibliothekar. Er kennt nicht nur jedes Buch in der Bibliothek, sondern auch die genaue Position jedes einzelnen Buchstabens. Wie funktioniert das? Chatbots basieren auf verschiedenen Technologien wie Natural Language Processing (NLP), maschinellem Lernen und Deep Learning. Diese Technologien ermöglichen es ihnen, menschliche Sprache zu verstehen und darauf zu reagieren. NLP sorgt dafür, dass der Chatbot die Intention hinter einer Nutzeranfrage erkennt, selbst wenn sie in umgangssprachlicher oder unstrukturierter Form gestellt wird.

Maschinelles Lernen hilft dem Bot, sich mit der Interaktion zu verbessern. Er merkt sich, welche Antworten gut funktionieren und passt sich an neue Fragen und Kontexte an. Deep Learning, eine fortgeschrittene Form des maschinellen Lernens, ermöglicht es dem Chatbot, komplexe Muster in Daten zu erkennen und präzisere Antworten zu geben.

Einsatzbereiche: Von Kundenservice bis Lead-Generierung.

Chatbots sind wahre Allrounder. Nehmen wir an, du betreibst einen E-Commerce-Shop. Dein Chatbot kann als Verkäufer, Kundenberater und Support-Mitarbeiter in einem agieren. Er kann Produkte empfehlen, Fragen zur Verfügbarkeit beantworten und Rücksendungen abwickeln. Aber das ist nur die Spitze des Eisbergs.

• Chatbots können rund um die Uhr einfache Fragen beantworten und Probleme lösen. Sie entlasten dein Support-Team und sorgen dafür, dass Kunden auch außerhalb der Geschäftszeiten Hilfe erhalten.
• Chatbots können potenzielle Kunden identifizieren und sie durch gezielte Fragen in den Verkaufstrichter leiten. Sie bieten relevante Informationen an und können sogar Termine für Verkaufsgespräche vereinbaren.
• Ein Chatbot kann als interaktiver Berater fungieren, der Nutzern hilft, die richtigen Inhalte zu finden. Das steigert die Verweildauer und die Nutzerbindung, beides wichtige SEO-Faktoren.

Schnittstellen zwischen KI-Plattformen und klassischem SEO.

Es könnte sein, dass du dich fragst, wie Chatbots und SEO überhaupt zusammenhängen. Die Antwort liegt in der Art und Weise, wie Chatbots Inhalte präsentieren und wie diese Inhalte von Suchmaschinen erfasst werden. Ein gut integrierter Chatbot kann als zusätzlicher »Content-Hub« dienen, der häufig gestellte Fragen beantwortet und Nutzer durch deine Website navigiert.

• Wenn du die Inhalte deines Chatbots optimierst, etwa durch die Verwendung von Keywords und strukturierten Daten, können diese Informationen von Suchmaschinen besser erfasst und indexiert werden. Das führt dazu, dass deine Website für eine breitere Palette von Suchanfragen sichtbar wird.
• Gleichzeitig kannst du den Chatbot nutzen, um Nutzer gezielt auf wichtige Inhalte oder Landingpages zu lenken, was wiederum die interne Verlinkungsstruktur deiner Seite stärkt.

17

17.3 SEO-Integration für Chatbots: Best Practices.

Nehmen wir an, du möchtest, dass dein Chatbot nicht nur hilfreich ist, sondern auch für Suchmaschinen relevant. Dann solltest du seine Antworten so gestalten, dass sie den SEO-Best Practices entsprechen. Das bedeutet, dass du die gleichen Prinzipien anwendest wie bei jedem anderen Content: Klar strukturierte Antworten, die die wichtigsten Keywords enthalten, aber auch natürlich klingen.

- Integriere relevante Keywords in die Antworten deines Chatbots, aber vermeide Keyword-Stuffing. Die Texte sollen immer noch natürlich und leicht verständlich sein.
- Chatbot-Antworten sollten nicht zu lang sein. Fasse dich kurz und stelle sicher, dass die wichtigsten Informationen sofort erkennbar sind.
- Nutze Links innerhalb der Chatbot-Antworten, um Nutzer auf relevante Seiten deiner Website zu leiten. Das verbessert nicht nur die Nutzererfahrung, sondern stärkt auch deine interne Verlinkungsstruktur.

Strukturierte Daten und Schema-Markup für Chatbot-Inhalte.

Es könnte sein, dass du dich fragst, wie du die Inhalte deines Chatbots für Suchmaschinen noch besser sichtbar machen kannst. Das geht mit strukturierten Daten. Mit Schema-Markup kannst du Suchmaschinen dabei helfen, die Inhalte deines Chatbots besser zu verstehen und in den Suchergebnissen prominenter darzustellen.

- Wenn dein Chatbot häufig gestellte Fragen beantwortet, kannst du diese Inhalte mit dem FAQ-Schema auszeichnen. So erscheinen sie als Rich Snippets in den Suchergebnissen und steigern die Sichtbarkeit deiner Seite.
- Wenn dein Chatbot Schritt-für-Schritt-Anleitungen gibt, nutze das How-to-Schema, um diese Inhalte zu strukturieren. Das hilft Google, die Anleitungen besser zu verstehen und in den Suchergebnissen ansprechend darzustellen.
- Wenn dein Chatbot Produkte empfiehlt, kannst du das Produkt-Schema verwenden, um Details wie Preise, Verfügbarkeit und Bewertungen anzugeben. Das erhöht die Chance, dass deine Produkte in den Suchergebnissen erscheinen.

Strategien zur Verbesserung der Nutzererfahrung durch SEO

Nehmen wir an, du möchtest, dass die Interaktionen mit deinem Chatbot nicht nur informativ, sondern auch angenehm sind. Eine gute Nutzererfahrung (User Experience,

UX) ist entscheidend für den Erfolg deines Chatbots und hat auch Einfluss auf deine SEO-Performance.

• Stelle sicher, dass dein Chatbot schnell auf Anfragen reagiert. Lange Wartezeiten führen zu Frustration und einer hohen Absprungrate, beides Gift für deine SEO.

• Nutze die Daten, die du über deine Nutzer hast, um die Antworten des Chatbots zu personalisieren. Das verbessert nicht nur die UX, sondern auch die Nutzerbindung und die Verweildauer.

• Der Chatbot sollte in der Lage sein, den Kontext einer Anfrage zu verstehen und darauf basierend relevante Antworten zu geben. Wenn ein Nutzer beispielsweise nach »Versandkosten« fragt, sollte der Bot wissen, dass es um Versandbedingungen geht und nicht um allgemeine Kosten.

17.4 Keyword-Strategie für KI-Plattformen.

Es könnte sein, dass du denkst, dass die Keyword-Strategie für Chatbots anders ist als für klassische Inhalte. Aber das Prinzip ist das gleiche. Du musst wissen, wonach deine Nutzer suchen und wie sie ihre Fragen formulieren.

Dafür gibt es verschiedene Methoden:

• Schaue dir an, welche Fragen deine Nutzer an den Chatbot stellen. Diese Anfragen sind eine Goldgrube für relevante Keywords, die du in die Antworten des Chatbots integrieren kannst.

• Nutze klassische Keyword-Tools wie den **Google Keyword Planner**, um relevante Suchbegriffe zu identifizieren. Diese Keywords kannst du dann gezielt in den Chatbot-Antworten verwenden.

• Nutzer stellen häufig Fragen in Form von »W-Fragen« (Was, Wie, Warum, Wo). Integriere diese Fragen gezielt in deine Chatbot-Antworten, um sie besser auf die Suchanfragen der Nutzer abzustimmen.

Nutzung von Long-Tail-Keywords für spezifische Nutzeranfragen.

Long-Tail-Keywords sind besonders nützlich für Chatbots. Nehmen wir an, ein Nutzer fragt nicht einfach nach »Versand«, sondern nach »Wie lange dauert der Versand nach Berlin?«. Solche spezifischen Anfragen lassen sich gut mit Long-Tail-Keywords abdecken.

17

- Verwende Long-Tail-Keywords in den Antworten des Chatbots, um spezifische Nutzeranfragen abzudecken. Das verbessert die Relevanz deiner Inhalte und erhöht die Chance, dass sie in den Suchergebnissen erscheinen.
- Erstelle spezifische FAQs auf deiner Website, die auf häufige Chatbot-Anfragen basieren. Diese FAQs kannst du ebenfalls mit Long-Tail-Keywords optimieren.
- Nutze die Long-Tail-Keywords, die du durch die Analyse der Chatbot-Anfragen gewonnen hast, um neue Inhalte zu erstellen. So baust du deine Website kontinuierlich aus und stärkst deine SEO.

Wie man Keywords in natürliche Konversationen integriert.

Es könnte sein, dass du denkst, dass Keywords in Chatbot-Antworten unnatürlich klingen könnten. Doch das muss nicht sein. Es geht darum, die Keywords so in die Antworten zu integrieren, dass sie Teil einer natürlichen Konversation werden.

- Integriere die Keywords organisch in die Antworten, ohne sie zu oft zu wiederholen. Der Text sollte immer noch flüssig und natürlich klingen.
- Nutze verschiedene Synonyme und verwandte Begriffe, um die Antworten abwechslungsreicher zu gestalten. Das hilft, die Antworten natürlicher wirken zu lassen und deckt gleichzeitig ein breiteres Spektrum an Suchanfragen ab.
- Achte darauf, dass die Antworten des Chatbots dem Stil einer natürlichen Konversation entsprechen. Verwende eine freundliche, aber professionelle Sprache und gehe auf die individuellen Anfragen der Nutzer ein.

17.5 Content-Optimierung für Chatbots

Die Erstellung von Inhalten für Chatbots unterscheidet sich etwas von klassischem Content. Nehmen wir an, du schreibst einen Artikel über die besten Fitnessübungen. Der Text muss gut strukturiert und informativ sein, aber für den Chatbot musst du die wichtigsten Informationen so komprimieren, dass sie in kurzen Antworten vermittelt werden können.

- Chatbot-Antworten sollten maximal zwei bis drei Sätze lang sein. Fasse die wichtigsten Informationen kurz und verständlich zusammen.
- Verwende eine einfache und klare Sprache. Vermeide Fachchinesisch, wenn es nicht unbedingt notwendig ist.

- Sprich den Nutzer direkt an und verwende persönliche Pronomen wie »Sie« oder »du«. Das macht die Interaktion persönlicher und angenehmer.

Balancieren zwischen automatisierten und statischen Inhalten.

Ein guter Chatbot sollte eine ausgewogene Mischung aus automatisierten und statischen Inhalten bieten. Es könnte sein, dass du denkst, dass ein Chatbot alle Antworten dynamisch generieren sollte. Aber manchmal sind statische Inhalte, wie etwa eine gut strukturierte FAQ-Seite, besser geeignet.

- Nutze automatisierte Antworten für einfache, wiederkehrende Fragen, wie Öffnungszeiten oder Versandbedingungen. Diese Antworten können schnell und effizient bereitgestellt werden.
- Verlinke auf statische Inhalte, wenn eine detaillierte Erklärung erforderlich ist. Der Chatbot kann beispielsweise auf eine umfassende Artikelserie verweisen, wenn der Nutzer tiefergehende Informationen benötigt.
- Verwende ein Hybrid-Modell, bei dem der Chatbot die erste, grundlegende Antwort gibt und dann auf weiterführende statische Inhalte verweist. So bietest du eine schnelle, aber dennoch umfassende Nutzererfahrung.

Optimierung von FAQ-Bereichen für maximale Sichtbarkeit.

FAQ-Bereiche sind prädestiniert für die Nutzung durch Chatbots und bieten gleichzeitig enormes SEO-Potenzial. Nehmen wir an, du hast einen umfangreichen FAQ-Bereich auf deiner Website. Dieser Bereich kann durch strukturierte Daten und gezielte Keyword-Optimierung noch besser für Suchmaschinen sichtbar gemacht werden. Verwende das FAQ-Schema, um deine häufig gestellten Fragen und Antworten zu strukturieren. Das ermöglicht es Suchmaschinen, die Inhalte besser zu verstehen und in den Suchergebnissen prominent darzustellen.

17

Optimiere die Fragen und Antworten gezielt für relevante Keywords. Verwende dabei sowohl Short-Tail- als auch Long-Tail-Keywords, um ein breites Spektrum an Suchanfragen abzudecken. Verknüpfe deinen FAQ-Bereich direkt mit deinem Chatbot, sodass Nutzer schnell auf relevante Informationen zugreifen können. Der Chatbot kann auf spezifische Fragen verweisen und die passenden Antworten aus dem FAQ-Bereich liefern.

17.6 Technische SEO für KI-Plattformen.

Indexierung von Chatbot-Inhalten: Möglichkeiten und Herausforderungen.

Die Indexierung von Chatbot-Inhalten ist eine besondere Herausforderung. Es könnte sein, dass du denkst, dass alle Inhalte, die der Chatbot liefert, automatisch indexiert werden. Aber das ist nicht immer der Fall. Die meisten Chatbot-Inhalte sind dynamisch generiert und für Suchmaschinen oft schwer zugänglich.

• Stelle sicher, dass die Inhalte deines Chatbots für Suchmaschinen-Crawler zugänglich sind. Das kann durch die Implementierung einer Crawler-freundlichen Version der Chatbot-Antworten geschehen, etwa durch die Bereitstellung von statischen Seiten mit den gleichen Inhalten.

• Achte darauf, dass die Inhalte, auf die der Chatbot verweist, intern gut verlinkt sind. So stellst du sicher, dass diese Seiten von den Suchmaschinen indexiert werden.

• Vermeide es, dynamisch generierte Chatbot-Inhalte mit dem Noindex-Tag zu versehen, wenn sie für die Suchmaschinen relevant sind. Überlege genau, welche Inhalte indexiert werden sollen und welche nicht.

Verbesserung der Ladezeiten und technischer Performance von KI-Anwendungen.

Nehmen wir an, dein Chatbot braucht eine Weile, um auf Anfragen zu reagieren. Das ist nicht nur für die Nutzer frustrierend, sondern wirkt sich auch negativ auf deine SEO aus. Die Ladezeiten und die technische Performance sind entscheidende Faktoren.

• Reduziere die Ladezeiten deines Chatbots durch den Einsatz von Caching-Techniken und optimierten Datenbankabfragen. Jede Millisekunde zählt!

• Verwende asynchrone Anfragen, um die Wartezeiten für den Nutzer zu minimieren. So kann der Chatbot schneller auf Anfragen reagieren und die Interaktion wird flüssiger. Überwache die Performance deines Chatbots regelmäßig und führe Performance-Tests durch. So kannst du sicherstellen, dass der Chatbot auch unter hoher Last effizient arbeitet.

Mobile Optimierung und Voice Search: Wie Chatbots davon profitieren.

Es könnte sein, dass du denkst, dass Chatbots nur für Desktop-Nutzer relevant sind. Aber die Realität ist, dass immer mehr Nutzer über mobile Geräte oder sogar Sprachassistenten auf Websites zugreifen. Eine gute mobile Optimierung ist daher unerlässlich.

- Stelle sicher, dass der Chatbot auf allen Geräten gut funktioniert (Responsives Design). Das bedeutet, dass er sich an verschiedene Bildschirmgrößen anpassen und auf Mobilgeräten genauso gut nutzbar sein muss wie auf dem Desktop.
- Optimiere deinen Chatbot für Voice Search, indem du auf natürliche Sprache und lange Fragen setzt. Nutzer, die per Sprachsuche nach Informationen suchen, formulieren ihre Anfragen anders als bei einer herkömmlichen Textsuche.
- Achte besonders auf die Ladezeiten auf Mobilgeräten. Mobile Nutzer sind besonders empfindlich gegenüber langen Ladezeiten und brechen die Interaktion schneller ab, wenn die Antwort des Chatbots zu lange dauert.

17.7 User Experience und Chatbots: SEO als Werkzeug zur Verbesserung.

Eine gute SEO-Strategie kann auch dazu beitragen, die Nutzerführung in Chatbot-Interaktionen zu verbessern. Nehmen wir an, ein Nutzer stellt dem Chatbot eine allgemeine Frage, wie »Was kostet ein Website-Redesign?«. Der Chatbot kann gezielt auf relevante Inhalte verweisen, die für diese Suchanfrage optimiert sind.

- Der Chatbot kann gezielt auf Landingpages, Blogbeiträge oder Produktseiten verlinken, die die gestellten Fragen umfassend beantworten. Das verbessert die Nutzerführung und sorgt dafür, dass die Nutzer länger auf deiner Seite bleiben.
- Integriere klare Call-to-Actions in die Chatbot-Antworten. Diese können den Nutzer dazu auffordern, sich weiterführende Inhalte anzusehen, sich für ein Webinar anzumelden oder ein Angebot anzufordern.
- Nutze die Daten, die du über den Nutzer hast, um personalisierte Empfehlungen auszusprechen. Wenn der Nutzer bereits Interesse an einem bestimmten Produkt gezeigt hat, kann der Chatbot gezielt auf verwandte Produkte oder Inhalte hinweisen.

17

Personalisierung durch datengestützte SEO-Strategien.

Personalisierung ist ein mächtiges Werkzeug, um die Nutzererfahrung zu verbessern und die SEO-Performance zu steigern. Ein personalisierter Chatbot kann Nutzer gezielt ansprechen und ihnen die Inhalte bieten, die für sie am relevantesten sind.

- Nutze die Nutzerdaten, die du über deine Nutzer hast, um personalisierte Chatbot-Antworten zu erstellen. Dazu gehören Informationen wie vorherige Interaktionen, besuchte Seiten und getätigte Käufe.

- Setze auf dynamische Inhalte, die sich je nach Nutzer anpassen. So kann der Chatbot beispielsweise unterschiedlichen Nutzern unterschiedliche Produkte oder Inhalte empfehlen, basierend auf ihren Interessen.
- Verwende personalisierte Call-to-Actions, die auf das Verhalten und die Präferenzen des Nutzers abgestimmt sind. Das erhöht die Wahrscheinlichkeit, dass der Nutzer die gewünschte Aktion ausführt.

Einsatz von KI zur Analyse und Optimierung der Nutzererfahrung.

KI kann nicht nur Inhalte erstellen, sondern auch dabei helfen, die Nutzererfahrung kontinuierlich zu verbessern. Nehmen wir an, dein Chatbot hat Schwierigkeiten, bestimmte Anfragen zu verstehen. Eine KI-gestützte Analyse kann dir dabei helfen, diese Schwächen zu identifizieren und zu beheben.

- Nutze KI, um die Interaktionen des Chatbots zu analysieren. So kannst du herausfinden, welche Fragen häufig gestellt werden, welche Antworten gut funktionieren und wo es Probleme gibt.
- Basierend auf der Analyse kannst du die Antworten des Chatbots kontinuierlich optimieren. Passe die Inhalte an, füge neue Antworten hinzu oder verbessere die Formulierungen, um die Nutzererfahrung zu verbessern.
- Integriere Feedback-Schleifen in die Chatbot-Interaktionen. Frage die Nutzer am Ende eines Gesprächs, ob sie zufrieden mit der Antwort waren und nutze dieses Feedback, um den Chatbot weiter zu verbessern.

17.8 Linkbuilding und Chatbots: Synergien nutzen.

Interne Links sind ein wichtiger SEO-Faktor und Chatbots können dazu beitragen, deine interne Verlinkungsstruktur zu stärken. Es könnte sein, dass du denkst, dass interne Links nur in statischen Inhalten eine Rolle spielen. Aber auch Chatbots können gezielt interne Links setzen, um Nutzer auf relevante Inhalte zu leiten.

Verlinkungen in Antworten: Der Chatbot kann gezielt auf interne Seiten verlinken, die für die gestellte Frage relevant sind. Das verbessert nicht nur die Nutzerführung, sondern stärkt auch die interne Verlinkungsstruktur deiner Website.

- Entwickle gezielte Verlinkungsstrategien für deinen Chatbot. Bestimme, welche Seiten besonders wichtig sind und setze diese gezielt in den Chatbot-Antworten ein.

- Überwache die Performance der internen Links, die der Chatbot setzt. Analysiere, welche Links häufig geklickt werden und optimiere die Verlinkungsstrategie entsprechend.

Externe Verlinkung von KI-gesteuerten Plattformen: Chancen und Risiken.

Externe Verlinkungen sind ein zweischneidiges Schwert. Nehmen wir an, du möchtest, dass dein Chatbot auf externe Inhalte verweist. Das kann nützlich sein, birgt aber auch Risiken, insbesondere wenn die externen Inhalte nicht mehr verfügbar oder von minderer Qualität sind.

- Achte darauf, dass dein Chatbot nur auf vertrauenswürdige, qualitativ hochwertige Quellen verweist. Das stärkt deine Glaubwürdigkeit und vermeidet Probleme durch fehlerhafte Links.
- Überprüfe regelmäßig die externen Links, die der Chatbot setzt, um sicherzustellen, dass sie noch aktuell und relevant sind.
- Überlege genau, ob und wann du externe Links in den Chatbot-Antworten einsetzt. In vielen Fällen ist es besser, auf interne Inhalte zu verweisen, um die Nutzer auf deiner Seite zu halten.

Fallstudien: Erfolgreiche Linkbuilding-Strategien mit Chatbots.

Es gibt zahlreiche Beispiele, wie Unternehmen Chatbots erfolgreich in ihre Linkbuilding-Strategie integriert haben. Nehmen wir ein großes E-Commerce-Unternehmen als Beispiel. Der Chatbot des Unternehmens verweist gezielt auf Blogbeiträge, Produktseiten und externe Kooperationen. Das Ergebnis: Eine verbesserte interne Verlinkungsstruktur und wertvolle externe Backlinks durch Partnerschaften mit anderen Websites. Ein weiteres Beispiel ist ein Bildungsportal, das seinen Chatbot dazu nutzt, auf wissenschaftliche Artikel und Studien zu verweisen. Durch die gezielte Verlinkung auf hochwertige externe Inhalte konnte das Portal seine Glaubwürdigkeit und Sichtbarkeit in den Suchmaschinen deutlich steigern.

Messung und Analyse der SEO-Performance von Chatbots.

Die Messung der SEO-Performance von Chatbots erfordert spezifische KPIs, die über die klassischen Metriken hinausgehen. Es könnte sein, dass du denkst, dass klassische Metriken wie Verweildauer und Absprungrate ausreichen. Aber bei Chatbots sind auch andere Faktoren relevant.

17

- **Interaktionsrate:** Wie viele Nutzer interagieren mit dem Chatbot? Eine hohe Interaktionsrate zeigt, dass der Chatbot gut in die Website integriert ist und von den Nutzern angenommen wird.
- **Klickrate auf Links:** Analysiere, wie oft die internen und externen Links, die der Chatbot setzt, geklickt werden. Das zeigt, wie gut die Verlinkungsstrategie funktioniert.
- **Conversion Rate:** Wie viele Nutzer, die mit dem Chatbot interagieren, führen eine gewünschte Aktion aus (z. B. Kauf, Anmeldung, Anfrage)? Eine hohe Conversion Rate zeigt, dass der Chatbot effektiv ist.

Tools und Methoden zur Erfolgskontrolle

Es könnte sein, dass du denkst, dass klassische SEO-Tools ausreichen, um die Performance deines Chatbots zu messen. Aber für Chatbots gibt es spezielle Tools, die dir helfen, die Interaktionen und die SEO-Performance gezielt zu analysieren.

- Tools wie **Botanalytics** oder **Dashbot** bieten spezielle Funktionen zur Analyse der Chatbot-Interaktionen. Sie zeigen dir genau, welche Fragen häufig gestellt werden, wie die Nutzer auf die Antworten reagieren und wo es Optimierungspotenzial gibt.
- Integriere deinen Chatbot in **Google Analytics**, um die Interaktionen auf deiner Website besser nachverfolgen zu können. So siehst du genau, wie der Chatbot zur Gesamtperformance deiner Seite beiträgt.
- Nutze Heatmaps, um das Nutzerverhalten auf deiner Website zu analysieren. So kannst du sehen, wo die Nutzer klicken und wie sie den Chatbot nutzen.

Nutzung von User-Feedback zur kontinuierlichen Optimierung

User-Feedback ist eine wertvolle Quelle zur Verbesserung deines Chatbots. Nehmen wir an, Nutzer beschweren sich, dass der Chatbot bestimmte Fragen nicht richtig versteht. Dieses Feedback kannst du nutzen, um die Antworten des Chatbots gezielt zu verbessern.

- Integriere eine Feedback-Funktion in den Chatbot, mit der Nutzer angeben können, ob sie mit der Antwort zufrieden waren oder nicht.
- Analysiere regelmäßig das Feedback, um Schwachstellen zu identifizieren. Achte besonders auf häufige Beschwerden oder Verbesserungsvorschläge.
- Setze die gewonnenen Erkenntnisse in konkrete Optimierungen um. Passe die Antworten

des Chatbots an, verbessere die Nutzerführung und implementiere neue Funktionen basierend auf dem Feedback.

17.9 Zukunftstrends: SEO und KI-Plattformen im Wandel

Es könnte sein, dass du denkst, dass SEO und KI schon jetzt eine perfekte Symbiose bilden. Aber das Potenzial ist noch lange nicht ausgeschöpft. Die Zukunft wird noch stärker von der Integration von KI in SEO-Strategien geprägt sein.

- Sprachgesteuerte KI-Plattformen werden immer wichtiger. Die Optimierung für Voice Search und natürliche Konversationen wird ein zentraler Bestandteil der SEO-Strategie.
- Die Personalisierung wird durch den Einsatz von KI noch weiter zunehmen. KI wird in der Lage sein, Inhalte und Empfehlungen in Echtzeit auf den einzelnen Nutzer abzustimmen.
- KI wird zunehmend in der Lage sein, SEO-Strategien automatisch zu optimieren. Das bedeutet, dass die KI selbstständig Keywords analysieren, Inhalte anpassen und die Performance überwachen kann.

Potenziale von Voice Search und Conversational AI für die Zukunft

Voice Search und Conversational AI werden das SEO-Spiel in den nächsten Jahren grundlegend verändern. Nehmen wir an, immer mehr Nutzer verwenden Sprachassistenten wie Siri oder Google Assistant. Diese Nutzer stellen ihre Fragen oft anders als in einer herkömmlichen Textsuche. Die Herausforderung besteht darin, Inhalte so zu optimieren, dass sie sowohl für klassische als auch für sprachbasierte Anfragen relevant sind. Stelle sicher, dass deine Inhalte in einer natürlichen, konversationsähnlichen Sprache verfasst sind. Verwende lange Fragen und Antworten, die typischen Sprachsuchen entsprechen.

Stimme deine Inhalte so ab, dass sie als Featured Snippets in den Suchergebnissen angezeigt werden. Sprachassistenten greifen häufig auf diese Snippets zurück, um Fragen zu beantworten. Voice Search wird oft für lokale Anfragen verwendet. Stelle sicher, dass deine Inhalte für die lokale Suche optimiert sind, um von diesen Anfragen zu profitieren. Die Zukunft der SEO wird stark von der Weiterentwicklung der KI geprägt sein. Es könnte sein, dass du denkst, dass du schon alle aktuellen Trends abgedeckt hast.

17

Die Chancen der Automatisierung: Neue Berufe und mehr Kreativität

Kapitel 18
AUTOMATISIERUNG – FLUCH ODER SEGEN?

Die Revolution der Arbeitswelt

Angenommen, du lebst in einer Welt, in der die Fließbänder niemals stillstehen, Maschinen nicht streiken, und Produktionsprozesse laufen, als wären sie von Zauberhand gesteuert. Willkommen in der Realität der Automatisierung – einer Technologie, die nicht nur die Art, wie wir arbeiten, sondern auch, wie wir leben, fundamental verändert hat. Was einst als futuristisches Hirngespinst abgetan wurde, ist heute die treibende Kraft hinter der Transformation der globalen Arbeitswelt. Aber ist diese Revolution wirklich so rosig, wie sie auf den ersten Blick erscheint? Oder verbergen sich dahinter tiefgreifende gesellschaftliche und wirtschaftliche Herausforderungen? Zeit, einen genaueren Blick auf das Phänomen der Automatisierung zu werfen und herauszufinden, ob sie der rettende Heilsbringer oder der Vorbote düsterer Zeiten ist.

18.1 Der Ursprung der Automatisierung: Wie alles begann.

Bevor wir uns in die heutige Welt der vollautomatisierten Systeme und künstlichen Intelligenz stürzen, ist ein Blick zurück in die Geschichte der Automatisierung nötig. Die Idee, menschliche Arbeit durch Maschinen zu ersetzen, ist so alt wie die Menschheit selbst. Schon in der Antike gab es einfache mechanische Vorrichtungen, die repetitive Aufgaben übernahmen – die ersten Vorläufer der heutigen Automation.

Aber der wahre Startschuss fiel während der Industriellen Revolution im 18. Jahrhundert. Maschinen wie die Dampfmaschine und der mechanische Webstuhl veränderten die Produktion grundlegend. Was vorher in mühsamer Handarbeit erledigt wurde, konnte nun in einem Bruchteil der Zeit von Maschinen erledigt werden. Das war der Beginn einer neuen Ära: Maschinen wurden zum Herzstück der Industrialisierung. Doch während diese frühen Technologien vor allem körperlich anstrengende Tätigkeiten erleichterten, steht die heutige Automatisierung auf einer ganz anderen Stufe. Durch den Einsatz von Künstlicher Intelligenz (KI), Machine Learning und Robotertechnik sind Maschinen nicht mehr nur Werkzeuge, die uns die Arbeit abnehmen – sie übernehmen auch zunehmend Aufgaben, die Denkarbeit erfordern.

Automatisierung heute: Der Wandel der Arbeit.

Im 21. Jahrhundert haben wir es mit einer Automatisierungswelle zu tun, die alles bisher Dagewesene in den Schatten stellt. Roboter, die Autos zusammenbauen, Algorithmen, die Finanzmärkte überwachen, und KI-Systeme, die unsere Emails beantworten – all das gehört zur modernen Arbeitswelt. Die Frage, ob Automatisierung Fluch oder Segen ist, lässt sich nicht ohne weiteres beantworten. Auf der einen Seite bringt sie immense Vorteile, auf der anderen Seite jedoch auch tiefgreifende Veränderungen mit sich, die nicht nur einzelne Arbeitsplätze betreffen, sondern ganze Gesellschaften umkrempeln.

Effizienz auf einem neuen Niveau.

Automatisierung hat die Produktivität in vielen Branchen explodieren lassen. Wo früher hunderte Arbeiter notwendig waren, um eine Produktionslinie am Laufen zu halten, reicht heute eine Handvoll Techniker, die Maschinen überwachen und warten. Das spart nicht nur Zeit, sondern auch Kosten. Unternehmen profitieren von dieser Effizienzsteigerung und können durch die gesparte Zeit neue Märkte erschließen und Innovationen vorantreiben.

Neue Geschäftsmodelle und Innovationen.

Die Automatisierung hat auch die Tür zu völlig neuen Geschäftsmodellen geöffnet. Unternehmen wie Amazon, Tesla oder Google basieren zu einem Großteil auf automatisierten Prozessen. Vom autonomen Fahren bis zur Lieferung per Drohne – Technologien, die vor wenigen Jahren noch nach Science-Fiction klangen, sind heute reale Geschäftsfelder. Diese Innovationen bringen nicht nur wirtschaftliches Wachstum, sondern verändern auch, wie wir unseren Alltag gestalten.

Doch trotz all der positiven Aspekte bringt die Automatisierung auch erhebliche Herausforderungen mit sich – insbesondere in Bezug auf den Arbeitsmarkt und die sozialen Strukturen.

18.2 Die Schattenseite der Revolution: Verlust von Arbeitsplätzen.

Eine der größten Sorgen, die im Zusammenhang mit der Automatisierung diskutiert wird, ist der Verlust von Arbeitsplätzen. Automatisierung bedeutet in vielen Fällen, dass menschliche Arbeitskraft durch Maschinen ersetzt wird. Vor allem in Branchen, die stark auf repetitive Tätigkeiten angewiesen sind, wie die Produktion, Logistik oder Datenverarbeitung, sind viele Arbeitsplätze bedroht.

Welche Berufe sind besonders betroffen?
Ein Blick auf die Daten zeigt, dass vor allem niedrig qualifizierte Arbeitsplätze gefährdet sind. Tätigkeiten, die sich leicht standardisieren und in Algorithmen verpacken lassen, sind die ersten, die von Maschinen übernommen werden. Dazu gehören:
Fließbandarbeit in der Produktion: Roboter können heute Aufgaben wie Schweißen, Lackieren oder Montage schneller und präziser als Menschen erledigen.
Datenerfassung und Verarbeitung: Algorithmen können große Mengen an Daten analysieren und verarbeiten, was früher aufwendige manuelle Arbeit erforderte.
Kundenservice: Chatbots und KI-gestützte Systeme übernehmen immer häufiger den direkten Kontakt mit Kunden, ob per Telefon, E-Mail oder Live-Chat. Besonders problematisch ist dabei, dass viele der betroffenen Berufe Menschen beschäftigen, die nicht ohne weiteres in andere Tätigkeiten wechseln können. Wer sein Leben lang am Fließband stand, hat es oft schwer, sich im digitalen Zeitalter eine neue Karriere aufzubauen.

Die Chancen der Automatisierung: Neue Berufe und mehr Kreativität.
Doch es gibt auch eine andere Seite der Medaille. Automatisierung bedeutet nicht zwangsläufig das Ende von Arbeitsplätzen – oft entstehen sogar neue Berufe, die vorher nicht existierten. Mit der Einführung neuer Technologien entwickeln sich auch neue Tätigkeitsfelder. Die Herausforderung besteht darin, rechtzeitig auf diesen Wandel zu reagieren und die Fähigkeiten der Belegschaft entsprechend anzupassen.

18

Neue Berufsfelder.
KI-Spezialisten und Entwickler: Je mehr Unternehmen auf automatisierte Prozesse setzen, desto größer wird der Bedarf an Experten, die diese Technologien entwickeln und betreuen. Datenwissenschaftler: Die Analyse von Daten wird immer wichtiger, um Geschäftsentscheidungen zu treffen. Automatisierung ermöglicht zwar die Erfassung von Daten, doch die Interpretation bleibt eine Aufgabe für Menschen.

Automatisierungstechniker: Diese Spezialisten sind dafür verantwortlich, die Maschinen am Laufen zu halten. Sie programmieren, warten und reparieren die komplexen Systeme, die die Grundlage der modernen Arbeitswelt bilden.

Kreativität und Problemlösungsfähigkeit als menschliche Stärke.

Ein weiterer Aspekt, der oft übersehen wird, ist der Raum für kreative und strategische Arbeit, den die Automatisierung schafft. Während Maschinen sich hervorragend für repetitive Aufgaben eignen, stoßen sie schnell an ihre Grenzen, wenn es um kreative Problemlösungen geht. Das bedeutet, dass sich der Mensch zunehmend auf Tätigkeiten konzentrieren kann, die kreatives Denken, Innovation und strategische Planung erfordern. Tätigkeiten, die uns nicht nur intellektuell fordern, sondern auch mehr Befriedigung im Berufsleben verschaffen können.

18.3 Automatisierung und soziale Gerechtigkeit: Eine Frage der Verteilung.

Ein weiterer Aspekt, der bei der Diskussion um die Automatisierung oft übersehen wird, ist die Frage der sozialen Gerechtigkeit. Während große Unternehmen von der Automatisierung profitieren und ihre Gewinne steigern, stellt sich die Frage, was mit den Arbeitnehmern passiert, deren Jobs überflüssig werden. Der Übergang in eine automatisierte Arbeitswelt muss sozialverträglich gestaltet werden, um eine Polarisierung zwischen den Profiteuren der Automatisierung und den Verlierern zu verhindern.

Lösungsansätze für eine gerechte Verteilung.

Weiterbildung und Umschulungsprogramme: Regierungen und Unternehmen müssen in Programme investieren, die Arbeitnehmern helfen, sich auf die neuen Anforderungen der Arbeitswelt vorzubereiten.

Flexiblere Arbeitszeiten: Wenn Maschinen mehr Arbeit übernehmen, könnte die Arbeitszeit für den Menschen reduziert werden, ohne dass der Lebensstandard sinkt.

Soziale Absicherung: Ein stärkeres soziales Netz könnte dazu beitragen, dass Menschen, deren Berufe durch Automatisierung wegfallen, nicht in die Armut abrutschen.

Revolution mit Chancen und Herausforderungen.

Die Revolution der Arbeitswelt durch Automatisierung ist nicht nur ein technologischer

Wandel, sondern auch ein gesellschaftlicher Umbruch. Sie bietet enorme Chancen in Form von Effizienzsteigerungen, neuen Geschäftsmodellen und kreativen Freiräumen. Gleichzeitig birgt sie aber auch Risiken, insbesondere für Arbeitnehmer, deren Jobs durch Maschinen ersetzt werden. Die Frage, ob Automatisierung ein Fluch oder Segen ist, lässt sich nicht eindeutig beantworten. Vielmehr hängt es davon ab, wie wir als Gesellschaft mit dieser Technologie umgehen und sicherstellen, dass der Wandel sozialverträglich und nachhaltig gestaltet wird.

18.4 Was bedeutet Automatisierung wirklich?

Automatisierung – das klingt erst einmal nach einem kalten, mechanischen Prozess, bei dem Menschen durch Maschinen ersetzt werden, die monoton und unermüdlich ihre Arbeit verrichten. Doch Automatisierung ist viel mehr als nur der Austausch von Menschen gegen Roboter oder Algorithmen. Es ist ein Konzept, das die Art und Weise, wie wir arbeiten, grundlegend verändert und uns dabei helfen kann, Aufgaben effizienter und präziser zu erledigen. Aber was genau steckt hinter dem Begriff, und was bedeutet Automatisierung wirklich? Es ist an der Zeit, sich dieses faszinierende Thema einmal genauer anzusehen – und herauszufinden, warum Automatisierung oft missverstanden wird. Spoiler: Es ist nicht der Roboter, der deinen Job stiehlt. Es ist die Möglichkeit, dich von lästigen Aufgaben zu befreien, damit du dich auf das konzentrieren kannst, was wirklich zählt.

Eine Begriffsdefinition: Was ist Automatisierung?

In ihrer einfachsten Form bedeutet Automatisierung, dass eine Maschine oder ein Computer eine Aufgabe übernimmt, die normalerweise von einem Menschen durchgeführt wird. Aber das ist nur die halbe Wahrheit. Automatisierung umfasst nicht nur das Ersetzen von manueller Arbeit, sondern auch die Verbesserung von Prozessen, die durch technische Systeme, Algorithmen und künstliche Intelligenz (KI) beschleunigt oder optimiert werden.

Die Grundlagen der Automatisierung.

Es gibt verschiedene Arten von Automatisierung, die in der Arbeitswelt angewendet werden:
Mechanische Automatisierung: Maschinen übernehmen physische Arbeiten, wie sie beispielsweise in der Produktion oder Landwirtschaft vorkommen.
Prozessautomatisierung: Hierbei geht es um die Automatisierung von Abläufen und

17

Prozessen, oft in der Industrie oder Verwaltung. Ein gutes Beispiel sind Fließbandproduktionen oder Verwaltungssysteme.

Softwareautomatisierung: Hier werden wiederholbare Aufgaben von Programmen übernommen. Denke an automatisierte E-Mails, Rechnungen, Datenanalysen oder auch KI-gesteuerte Prozesse.

Kognitive Automatisierung: Der fortgeschrittenste Bereich, in dem künstliche Intelligenz und Machine Learning zum Einsatz kommen, um Entscheidungen zu treffen oder komplexe Aufgaben zu lösen, die menschliche Intelligenz erfordern.

Während der Begriff Automatisierung für viele immer noch mit der Vorstellung von Maschinen verbunden ist, die Schrauben festziehen und Teile montieren, umfasst die moderne Automatisierung weitaus mehr. Von intelligenten Algorithmen, die in Sekunden Entscheidungen treffen, bis hin zu Chatbots, die den Kundenservice revolutionieren, hat sich Automatisierung in nahezu jeden Bereich unseres Lebens eingeschlichen.

18.5 Automatisierung in der Praxis: Wie sieht sie aus?

Aber was bedeutet das alles im echten Leben? Wie sieht Automatisierung in der Praxis aus? Hier einige Beispiele, die zeigen, wie vielseitig Automatisierung sein kann:

Automatisierte Lagerhaltung: In riesigen Warenlagern wie bei Amazon übernehmen Roboter nicht nur den Transport von Waren, sondern organisieren und sortieren sie in Echtzeit. Menschen müssen sich nicht mehr durch endlose Regalreihen kämpfen – das machen die Roboter schneller und präziser.

Selbstfahrende Autos: Im Bereich der Mobilität schreitet die Automatisierung rasant voran. Autonome Fahrzeuge können bereits heute komplexe Verkehrssituationen meistern und bieten eine Vorschau auf die Zukunft des Fahrens.

Finanzautomatisierung: In der Finanzbranche werden viele Entscheidungen über Investitionen oder Kredite von Algorithmen getroffen. Sie analysieren Marktdaten, bewerten Risiken und treffen Entscheidungen innerhalb von Millisekunden – schneller, als es ein Mensch je könnte.

Content-Automatisierung: Sogar im Bereich des Journalismus und Marketings ist Automatisierung angekommen. KI-Programme schreiben einfache Berichte, analysieren Trends oder erstellen Vorschläge für Inhalte, die in Echtzeit auf Zielgruppen angepasst sind.

In all diesen Beispielen wird deutlich, dass Automatisierung weit über die physische Arbeit hinausgeht. Sie betrifft auch intellektuelle Tätigkeiten, Entscheidungsfindungen und kreative Prozesse.

18.6 Die Automatisierungsevolution: Von Dampfmaschinen zu Algorithmen.

Automatisierung hat sich über die letzten Jahrhunderte drastisch weiterentwickelt. Die erste große Welle der Automatisierung begann mit der Industriellen Revolution im 18. Jahrhundert, als Maschinen die menschliche Arbeitskraft in der Produktion ersetzten. Die Einführung der Dampfmaschine veränderte die Weltwirtschaft und legte den Grundstein für moderne industrielle Prozesse.

In den 1950er-Jahren läutete die Automatisierung von Produktionsprozessen eine neue Ära ein. Fließbänder und Maschinen übernahmen in Fabriken zunehmend die Kontrolle. Diese zweite Phase der Automatisierung war mechanischer Natur, aber sie brachte Effizienz und Massenproduktion auf ein neues Niveau.

Heute befinden wir uns mitten in der dritten Welle der Automatisierung, die von künstlicher Intelligenz und Machine Learning getragen wird. Jetzt geht es nicht mehr nur darum, physische Arbeit zu ersetzen, sondern auch um das Automatisieren von Denkarbeit und Entscheidungsprozessen.

Automatisierung: Fluch oder Segen für den Arbeitsmarkt?
Das große Fragezeichen, das sich bei jeder Diskussion über Automatisierung stellt: Was bedeutet das für den Arbeitsmarkt? Verliert der Mensch seinen Platz in der Arbeitswelt, wenn immer mehr Aufgaben von Maschinen übernommen werden?

18

Der Fluch der Automatisierung: Verlust von Jobs.

Es lässt sich nicht leugnen, dass Automatisierung in vielen Bereichen zum Jobverlust führen kann. Vor allem niedrig qualifizierte Arbeitsplätze, die auf repetitiven Aufgaben basieren, sind davon betroffen. Berufe wie Lagerarbeiter, Fließbandarbeiter oder Datenerfasser werden zunehmend von Maschinen übernommen.

Viele Studien haben gezeigt, dass Automatisierung Millionen von Arbeitsplätzen gefährden könnte. Eine Untersuchung des World Economic Forum prognostiziert, dass bis 2025 rund 85 Millionen Arbeitsplätze durch Automatisierung und technologischen Fortschritt verloren gehen könnten. Allerdings soll gleichzeitig auch ein Anstieg neuer Arbeitsplätze erwartet werden, die durch diese Entwicklungen entstehen.

Der Segen der Automatisierung: Neue Jobs und höhere Produktivität.
Während bestimmte Berufe durch die Automatisierung verschwinden, entstehen in anderen Bereichen neue Chancen. Berufe wie Datenwissenschaftler, KI-Spezialisten oder Automatisierungstechniker sind Beispiele für neue Jobprofile, die durch den Fortschritt der Automatisierung entstanden sind. Ein weiterer positiver Aspekt ist die Produktivitätssteigerung. Automatisierung ermöglicht es Unternehmen, mehr mit weniger Aufwand zu produzieren. Das führt zu wirtschaftlichem Wachstum, günstigeren Produkten und mehr Innovationen.

Kreativität und emotionale Intelligenz: Unersetzbare menschliche Fähigkeiten.
Ein entscheidender Punkt bei der Diskussion über die Automatisierung ist, dass nicht alle menschlichen Fähigkeiten automatisiert werden können. Tätigkeiten, die kreatives Denken, emotionale Intelligenz oder zwischenmenschliche Interaktion erfordern, bleiben weitgehend unberührt. Maschinen mögen effizienter sein, aber in kreativen Prozessen oder der Arbeit mit Menschen stoßen sie an ihre Grenzen.

18.7 Die Rolle der Künstlichen Intelligenz in der Automatisierung.
Ein zentraler Aspekt moderner Automatisierung ist die Rolle der künstlichen Intelligenz (KI). KI ermöglicht es Maschinen, Aufgaben zu übernehmen, die weit über das hinausgehen, was wir von herkömmlichen Maschinen gewohnt sind. Während Roboter in der Produktion immer noch auf klar definierte Aufgaben beschränkt sind, können KI-Systeme lernen, sich an veränderte Bedingungen anzupassen und Entscheidungen auf Basis von Daten zu treffen.

Machine Learning: Die treibende Kraft hinter intelligenter Automatisierung
Im Zentrum der KI-getriebenen Automatisierung steht Machine Learning. Dabei ha.ndelt es sich um Algorithmen, die aus Daten lernen und ihre Leistung kontinuier-

lich verbessern können. Ein einfaches Beispiel sind Chatbots, die durch die Interaktion mit Nutzern immer besser darin werden, sinnvolle Antworten zu geben. Ein weiteres Beispiel ist die automatisierte Bilderkennung. In der Medizin werden KI-Algorithmen eingesetzt, um Bilder von Röntgenaufnahmen oder MRTs zu analysieren und potenzielle Krankheiten zu erkennen. Diese Technologien könnten in Zukunft sogar in der Lage sein, Diagnosen zu stellen, die präziser und schneller sind als die eines menschlichen Arztes.

Die soziale Dimension der Automatisierung.

Automatisierung ist nicht nur eine technische Entwicklung – sie hat auch erhebliche Auswirkungen auf die Gesellschaft. Die wachsende Kluft zwischen denjenigen, die von der Automatisierung profitieren, und denen, die durch sie ihre Jobs verlieren, wirft Fragen zur sozialen Gerechtigkeit auf.

Der Übergang in eine automatisierte Zukunft.

Um die Herausforderungen der Automatisierung zu bewältigen, sind Weiterbildung und Umschulung von entscheidender Bedeutung. Arbeitnehmer müssen die Möglichkeit haben, sich auf die neuen Anforderungen der Arbeitswelt vorzubereiten. Unternehmen und Regierungen müssen in Bildungsprogramme investieren, um den Übergang zu erleichtern.

Ein weiterer Aspekt ist die soziale Absicherung. Es wird immer Menschen geben, die durch den technologischen Wandel benachteiligt werden. Ein stärkeres soziales Netz könnte helfen, die negativen Auswirkungen abzufedern.

Was bedeutet Automatisierung wirklich?

Automatisierung ist weit mehr als nur das Ersetzen von menschlicher Arbeit durch Maschinen. Sie ist eine Technologie, die unsere Arbeitswelt grundlegend verändert – und zwar nicht nur zum Schlechten. Die Chancen, die durch Automatisierung entstehen, sind gewaltig. Es liegt an uns, den Wandel so zu gestalten, dass sowohl Arbeitnehmer als auch Unternehmen davon profitieren können.

18

Am Ende ist Automatisierung weder Fluch noch Segen – es ist ein Werkzeug. Wie wir dieses Werkzeug einsetzen, wird bestimmen, ob es uns in eine bessere Zukunft führt oder nicht.

18.8 Von der Angst vor Maschinen zur Zusammenarbeit.

»Die Maschinen übernehmen die Kontrolle!« – Ein Satz, der sich anfühlt, als käme er direkt aus einem Science-Fiction-Film. Und doch schleicht sich bei vielen Menschen genau diese Angst in den Kopf, wenn sie an die rasante Entwicklung der Automatisierung denken. Die Vorstellung, dass Roboter und Algorithmen nicht nur unsere Arbeit, sondern auch unser Leben steuern könnten, ist allgegenwärtig. Aber bevor du in Panik gerätst und dich auf den Bau eines »Anti-Roboter-Schutzbunkers« vorbereitest, lass uns die Sache genauer betrachten: Von der Angst vor Maschinen zur Zusammenarbeit – eine Transformation, die nicht nur möglich, sondern auch notwendig ist. Jetzt schauen wir uns an, woher diese Angst kommt, warum sie nicht unbegründet ist, aber vor allem, wie wir den Übergang schaffen können: weg von der Angst und hin zu einer Zusammenarbeit mit den Maschinen, die uns nicht verdrängt, sondern stärkt.

Die Wurzeln der Angst: Warum fürchten wir Maschinen?

Es gibt eine Menge Gründe, warum Maschinen bei vielen Menschen Unbehagen auslösen. Diese Ängste haben sich über Jahrzehnte entwickelt und werden sowohl durch kulturelle Einflüsse als auch durch tatsächliche Entwicklungen genährt. Lass uns die Hauptfaktoren durchleuchten, die unsere Skepsis gegenüber Maschinen und Automatisierung befeuern:

Geschichte der Industrialisierung und Jobverluste.

Schon in der Industriellen Revolution löste der technologische Fortschritt massive Ängste aus. Maschinen übernahmen Aufgaben, die zuvor von Menschen erledigt wurden, und führten zu einem Anstieg der Arbeitslosigkeit in vielen Bereichen. Spätestens als Webstühle die Arbeit von tausenden Handwerkern ersetzten, war klar: Maschinen verändern die Welt, und zwar radikal. Diese historische Erfahrung ist tief in unserem kollektiven Gedächtnis verankert. Der Gedanke »Maschinen nehmen uns die Jobs weg« begleitet uns bis heute.

Science-Fiction und dystopische Zukunftsvisionen.

Popkultur hat ebenfalls einen großen Anteil an der Angst vor Maschinen. Filme wie Terminator, Matrix oder I, Robot zeigen Szenarien, in denen Maschinen die Kontrolle übernehmen und die Menschheit unterdrücken. Diese Geschichten sind so tief in unser Bewusstsein eingedrungen, dass sie die Art und Weise, wie wir über Technologien wie Künstliche Intelligenz (KI) denken, maßgeblich beeinflussen.

Ungewissheit und Kontrollverlust.

Die Schnelligkeit des technologischen Wandels verstärkt das Gefühl der Unsicherheit. Die Tatsache, dass Maschinen immer intelligenter und autonomer werden, gibt vielen das Gefühl, die Kontrolle zu verlieren. Was früher klar definierte Prozesse und manuelle Arbeit waren, wird heute durch komplexe Algorithmen ersetzt. Das Wissen, dass diese Algorithmen Entscheidungen treffen können, ohne dass wir sie vollständig verstehen, erzeugt Unbehagen.

18.9 Die Realität: Maschinen als Partner, nicht als Feinde.

Es ist wichtig, zu erkennen, dass die Angst vor Maschinen oft irrational ist – oder zumindest übertrieben. Während Automatisierung durchaus zu Veränderungen auf dem Arbeitsmarkt führt, ist der Gedanke, dass Maschinen die Menschheit »versklaven« oder »kontrollieren« könnten, schlichtweg Science-Fiction. Stattdessen haben Maschinen das Potenzial, unsere Arbeit zu erleichtern und uns zu besseren Leistungen zu verhelfen. Zusammenarbeit ist das Stichwort.

Entlastung von repetitiven Aufgaben

Eines der Hauptziele der Automatisierung ist es, Routinearbeiten und wiederkehrende Aufgaben zu übernehmen, damit Menschen sich auf wichtigere Dinge konzentrieren können. Niemand träumt davon, tagein, tagaus stupide Arbeiten zu verrichten. Maschinen geben uns die Freiheit, kreativer zu sein, innovativere Lösungen zu entwickeln und unsere Zeit mit wertschöpfenden Tätigkeiten zu verbringen.

Beispiel: In der Finanzbranche übernehmen Algorithmen heute komplexe Berechnungen und Auswertungen von riesigen Datenmengen. Statt Stunden oder Tage mit der Analyse von Tabellen zu verbringen, können Finanzexperten nun Entscheidungen auf Basis vorverarbeiteter Daten treffen – und sich auf strategische Fragen konzentrieren.

18

Verbesserung der Präzision und Effizienz

Maschinen und künstliche Intelligenz arbeiten präzise, schnell und ohne Ermüdung. Das bedeutet nicht nur, dass Prozesse effizienter ablaufen, sondern auch, dass Fehler reduziert werden. In Bereichen wie Medizin, Forschung oder Ingenieurwesen kann das den Unterschied zwischen Erfolg und Misserfolg ausmachen.

Beispiel: In der Medizin werden KI-Systeme verwendet, um Diagnosen schneller und präziser zu stellen. Algorithmen können MRT-Scans oder Röntgenbilder analysieren und dabei Anomalien erkennen, die ein menschliches Auge vielleicht übersehen hätte. Der Arzt kann diese Ergebnisse dann nutzen, um fundiertere Entscheidungen zu treffen und dem Patienten bessere Behandlungsmöglichkeiten zu bieten.

Ermöglichung von Innovationen und neuen Geschäftsmodellen.
Durch die Entlastung von repetitiven Aufgaben und die Verbesserung der Effizienz wird Raum für Innovation geschaffen. Unternehmen, die Automatisierung intelligent einsetzen, haben die Möglichkeit, neue Produkte zu entwickeln und neue Märkte zu erschließen. Maschinen schaffen keine Kreativität, aber sie geben uns die Freiheit, uns auf Innovationsprozesse zu konzentrieren.
Beispiel: Amazon hat durch die Automatisierung seiner Logistikprozesse völlig neue Geschäftsmodelle entwickelt, die ohne Maschinen nicht möglich gewesen wären. Die schnelle, nahezu fehlerfreie Verarbeitung von Millionen Bestellungen weltweit ist nur durch den Einsatz von Robotern und Algorithmen möglich. Dadurch können sich die Menschen im Unternehmen auf die Produktentwicklung und den Kundenservice konzentrieren.

18.10 Die Zukunft der Arbeit: Mensch und Maschine im Team.
Wenn wir die Automatisierung nicht als Feind, sondern als Werkzeug betrachten, das uns hilft, unser Potenzial zu entfalten, dann entsteht eine völlig neue Perspektive. Der Schlüssel zur erfolgreichen Zusammenarbeit zwischen Mensch und Maschine liegt in der Synergie beider Parteien. Maschinen übernehmen, was sie am besten können – repetitiv, präzise, datenbasiert arbeiten – während Menschen ihre kreativen, sozialen und intellektuellen Fähigkeiten einbringen.

Neue Arbeitsrollen und Kooperationen.
Während bestimmte Berufe durch die Automatisierung verschwinden, entstehen neue Rollen, die auf der Zusammenarbeit zwischen Mensch und Maschine basieren. Ein gutes Beispiel dafür ist der Beruf des KI-Trainers. Diese Experten arbeiten daran, KIs zu entwickeln und zu trainieren, indem sie die Systeme mit den richtigen Daten füttern und ihre Lernprozesse steuern.

Ebenso wird es in vielen Berufen notwendig sein, Technologien zu beherrschen und Maschinen als Kooperationspartner zu verstehen. Es wird weniger darum gehen, Maschinen zu bedienen, sondern vielmehr, sie zu lenken, zu überwachen und zu optimieren.

Beispiel: In der Produktion übernehmen Roboter die physischen Arbeiten, während der Mensch die Rolle des Systemüberwachers und Qualitätssicherers übernimmt. Hier ist Teamarbeit gefragt: Die Maschine erledigt die präzisen Aufgaben, der Mensch sorgt dafür, dass das Ergebnis den gewünschten Standards entspricht und optimiert den Prozess bei Bedarf.

Fortbildung und lebenslanges Lernen.

Die rasante Entwicklung der Automatisierung bedeutet auch, dass lebenslanges Lernen eine zentrale Rolle in der Arbeitswelt einnehmen wird. Es reicht nicht mehr aus, einmal eine Ausbildung zu machen und dann den Rest des Lebens dasselbe zu tun. Arbeitnehmer müssen bereit sein, neue Technologien zu erlernen und ihre Fähigkeiten kontinuierlich zu erweitern. Die gute Nachricht ist, dass viele Unternehmen und Bildungseinrichtungen bereits damit begonnen haben, entsprechende Programme anzubieten. Online-Kurse, Workshops und Schulungen machen es einfacher als je zuvor, sich auf den Wandel vorzubereiten und mit Maschinen auf Augenhöhe zu arbeiten.

Emotionale Intelligenz und Soft Skills bleiben unersetzlich.

Während Maschinen in vielen Bereichen überlegen sind, gibt es einige Fähigkeiten, die sie einfach nicht replizieren können – und das ist eine gute Nachricht für uns Menschen. Emotionale Intelligenz, Empathie, Kommunikationsfähigkeit und kreatives Denken bleiben die Domäne des Menschen. Maschinen mögen datenbasiert arbeiten, aber sie haben keine Emotionen, keine ethischen Überlegungen und kein echtes Mitgefühl. Diese Fähigkeiten werden in einer zunehmend automatisierten Welt noch wertvoller. Die Aufgaben, die Menschen übernehmen, werden sich stärker auf diese Soft Skills konzentrieren. Das bedeutet, dass Führungskräfte, Berater, Kreative und Sozialarbeiter auch in einer automatisierten Welt unersetzlich bleiben.

18.11 Die Herausforderungen: Was noch zu tun bleibt.

Natürlich gibt es noch viele Herausforderungen, die bewältigt werden müssen, bevor wir in eine vollautomatisierte Arbeitswelt eintreten:

18

Soziale Absicherung und faire Verteilung

Automatisierung könnte dazu führen, dass es eine Ungleichheit zwischen denjenigen gibt, die von der Technologie profitieren, und denjenigen, deren Arbeitsplätze durch Maschinen bedroht sind. Regierungen und Unternehmen müssen soziale Absicherungen schaffen, um sicherzustellen, dass niemand in Armut gerät, während der technologische Wandel voranschreitet.

Ethik in der Automatisierung

Ein weiteres wichtiges Thema ist die Frage der ethischen Verantwortung. Wenn Maschinen immer mehr Entscheidungen treffen, wie stellen wir sicher, dass diese Entscheidungen im besten Interesse der Menschen getroffen werden? Es ist entscheidend, ethische Richtlinien für den Einsatz von KI und Automatisierung zu entwickeln, um Missbrauch und Diskriminierung zu verhindern.

Transparenz und Kontrolle

Viele Menschen haben das Gefühl, die Kontrolle über Technologien zu verlieren, die sie nicht vollständig verstehen. Es ist wichtig, dass Transparenz und Erklärbarkeit in den Vordergrund gestellt werden, damit Menschen verstehen, wie Algorithmen funktionieren und wie sie ihre Entscheidungen beeinflussen.

Zusammenarbeit statt Angst

Die Angst vor Maschinen ist nachvollziehbar, aber unbegründet, wenn wir die Automatisierung als das sehen, was sie wirklich ist: ein Werkzeug, das uns helfen kann, besser und effizienter zu arbeiten. Die Zukunft der Arbeit liegt in der Zusammenarbeit zwischen Mensch und Maschine. Wenn wir diese Zusammenarbeit intelligent gestalten, kann sie uns dabei helfen, nicht nur produktiver zu sein, sondern auch eine Arbeitswelt zu schaffen, die erfüllender, kreativer und gerechter ist.

Der Übergang von der Angst vor Maschinen hin zur Zusammenarbeit ist nicht nur möglich – er ist notwendig. Wir müssen uns den Herausforderungen stellen, aber die Chancen, die sich daraus ergeben, sind riesig. Mit der richtigen Herangehensweise werden Maschinen nicht unser Ende sein, sondern unsere Verbündeten auf dem Weg in eine bessere Zukunft.

ANHANG

KI- und SEO-Tools einfach erklärt
Eine Auswahl an Werkzeugen, die dir das Leben erleichtern

WERKZEUGKISTE DER ZUKUNFT.

Ein Buch, das alle KI- und SEO-Tools vorstellt? Klingt nach einer guten Idee, oder? Aber halt! Stell dir mal die Bücherwand vor, die entstehen würde. Ganze Bibliotheken voller Tools, die in ein paar Monaten schon alt aussehen könnten – wie der letzte Schrei in Sachen Schlaghosen. Genau deshalb habe ich beschlossen, die klügsten Köpfe unter euch nicht mit veralteten Informationen abzuspeisen, sondern euch einen Schatz digitaler Art zu liefern: eine regelmäßig aktualisierte Übersicht auf KISEOactive.com. Doch bevor du zur Maus greifst und klickst, erkläre ich dir, warum diese Entscheidung nicht nur Sinn macht, sondern auch deine digitale Reise revolutionieren könnte.

Warum ein Buch nur der Anfang ist

Klar, Bücher sind fantastisch. Sie riechen gut, lassen sich stapeln und machen sich prima im Hintergrund von Videocalls. Aber wenn es um Technologien geht, besonders KI und SEO, gleicht das Festhalten an gedruckten Informationen einem Versuch, Wasser in einer Gabel zu transportieren. Schon während du diesen Satz liest, entstehen wahrscheinlich zehn neue Tools, und eines davon könnte dein nächstes großes Ding sein. Doch wie hält man Schritt? Indem man nicht versucht, die Zeit in einem Buch festzuhalten, sondern sie online immer wieder neu einzufangen – wie ein Fischernetz für Ideen. Und genau das findest du auf **KISEOactive.com**: eine stets aktuelle, detailverliebte Übersicht, die dir genau zeigt, welches Tool gerade das Zepter schwingt.

Die Herausforderung: Tools, Tools und noch mehr Tools

Hast du dich jemals gefragt, wie viele Tools es gibt? Wenn man alle KI- und SEO-Tools zusammenträgt, hat man eine Liste, die länger ist als eine durchschnittliche Steuererklärung. Von A wie **Ahrefs** über G wie **Grammarly** bis hin zu Z wie **ZoomInfo** – die Auswahl ist überwältigend. Doch das Problem ist: Tools ändern sich schneller als Mode-Trends auf TikTok. Heute ist ein Tool das Nonplusultra, morgen kommt ein Update, und plötzlich ist es so hilfreich wie ein Regenschirm mit Löchern. Nehmen wir **ChatGPT**. Noch vor ein paar Jahren war KI für viele ein Konzept aus Science-Fiction. Heute ist es der Antrieb für SEO, Content-Marketing und mehr. Doch auch **ChatGPT** muss ständig dazulernen, um am Puls der Zeit zu bleiben. Das Gleiche gilt für jedes Tool in deiner digitalen Werkzeugkiste.

Wie KISEOactive.com dir den Überblick verschafft

Anstatt dich mit einem Buch allein zu lassen, das spätestens nach einem Jahr veraltet ist, bekommst du auf meiner Website den VIP-Zugang zur digitalen Gegenwart – und Zukunft! Dort findest du:

Detaillierte Beschreibungen zum Tool: Was es kann, wofür es sich eignet und wo es vielleicht seine Schwächen hat (ja, auch Tools haben manchmal schlechte Tage).

Anwendungsbeispiele: Für wen eignet sich das Tool?

Preismodelle: Kostenlos, einmalige Zahlung oder Abo-Modell. Du weißt sofort, was dich erwartet.

Updates in Echtzeit: Sobald sich ein Tool weiterentwickelt oder ein neuer Star am Himmel auftaucht, erfährst du es hier zuerst.

Tools mit Persönlichkeit: Die wahren Stars

Natürlich sind nicht alle Tools gleich. Deshalb bewerten wir auf KISEOactive.com nicht nur die Funktionen, sondern auch die Nutzerfreundlichkeit. Ein gutes Tool sollte schließlich nicht nur leistungsfähig sein, sondern auch Spaß machen. Wer sagt, dass KI und SEO langweilig sein müssen? Mal ehrlich, ein Tool wie Screaming Frog klingt doch schon nach Party, oder? Und wer sich durch Yoast SEO klickt, fühlt sich fast wie ein Detektiv, der die Geheimnisse der Suchmaschinen aufdeckt. Mit ein bisschen Humor und Kreativität kannst du jedes Tool in ein Abenteuer verwandeln.

Noch ein Grund, die Website zu besuchen: Community

Das Beste an KISEOactive.com? Es ist nicht nur eine Datenbank, sondern auch eine Plattform, auf der du mit Gleichgesinnten ins Gespräch kommen kannst. Stelle Fragen, teile deine Erfahrungen oder finde Inspiration für dein nächstes Projekt. Die Welt der KI und SEO ist groß, aber zusammen ist sie viel einfacher zu navigieren.

A1

Und jetzt gehts los. Eine große Auswahl derzeit aktueller Tools findest du hier im Anhang.

Die KI-Tools helfen dir den Content für deine Website zu erstellen.

1. TOOLS ZUR CONTENTERSTELLUNG UND -OPTIMIERUNG

`Conterterstellung: Text`

A1.1 Scribbr: Dein Rettungsanker für wissenschaftliche Arbeiten

Kennst du das? Du hast einen Text, der eigentlich fertig ist, aber da lauern irgendwo noch fiese Fehler. Kommas hüpfen wie Flöhe herum, und bei den Fußnoten hast du den Überblick verloren? Hier kommt **Scribbr** ins Spiel – der Textretter in der Not und dein digitaler Lektor, der keinen Kaffee, aber jede Menge Daten mag.

Was macht Scribbr so besonders?

Scribbr ist mehr als ein Korrekturlese-Tool. Es kombiniert menschliches Fachwissen mit der Power von KI, um Texte zu optimieren – egal ob Bachelorarbeit, Masterthesis oder der nächste Geschäftsbericht. Stell dir **Scribbr** vor wie einen unsichtbaren Mentor, der jeden Absatz durchkämmt und sagt: „Hier, da geht noch was!" Aber keine Sorge, der Ton bleibt immer freundlich. Wie der eines Deutschlehrers, der auch mal zwinkert, wenn du »das« und »dass« wieder vertauscht hast.

Die Funktionen im Überblick

- **Sprachkorrektur mit Stil:** **Scribbr** prüft nicht nur Grammatik und Rechtschreibung, sondern auch Stil, Ton und Lesbarkeit. Dein Text wird also nicht nur korrekt, sondern auch geschmeidig wie Butter auf warmem Toast.
- **Zitierhilfe:** Schluss mit Quellenchaos! **Scribbr** bietet eine automatische Zitat- und Quellenprüfung für alle gängigen Formate (APA, MLA, Harvard und mehr). Kein „Ups, das war ein Plagiat"-Moment mehr.
- **Plagiatsprüfung:** Autsch, Copy-Paste? Nicht mit **Scribbr**! Die KI erkennt unsaubere Stellen und zeigt dir, wie du deinen Text sauber machst.
- **Spezialisierte Korrektoren:** **Scribbr** arbeitet mit echten Menschen, die auf bestimmte Fachgebiete spezialisiert sind. Dein Text wird also von jemandem geprüft, der weiß, was eine „Varianzanalyse" ist, ohne Google zu fragen.

A1

- **KI-gestützte Verbesserung:** Für die schnelle Überprüfung zwischendurch liefert **Scribbr** mit seiner KI smarte Vorschläge – perfekt, wenn du kurz vorm Abgabetermin stehst.

Warum Scribbr?

Im Vergleich zu anderen Tools wie Grammarly oder Duden Mentor punktet **Scribbr** mit der Kombination aus KI und menschlichem Know-how. Grammarly ist super für schnelle Checks, aber **Scribbr** bringt Tiefe rein, besonders bei akademischen Texten. Der Duden Mentor kann dir zwar den richtigen Genitiv beibringen, aber ob dein Zitat stilistisch passt? Dafür hat **Scribbr** die Nase vorn.

Scribbr ist der perfekte Sidekick für alle, die Texte ohne »Oh nein, ein Fehler!«-Momente abliefern wollen. Ob wissenschaftliche Arbeiten, Bewerbungen oder Blogartikel – **Scribbr** ist immer bereit, deinen Text auf Hochglanz zu polieren. Und das Beste? Es lässt dich besser aussehen, ohne jemals »Hab ich dir doch gesagt« zu sagen.

`Conterterstellung: Text`

A1.2 1a-Studi: Dein Studienbegleiter für den perfekten Abschluss

Du bist auf der Zielgeraden deines Studiums. Die Abschlussarbeit steht an, und der Druck steigt. Hier kommt **1a-Studi** ins Spiel – dein verlässlicher Partner, der dir hilft, deine wissenschaftlichen Arbeiten auf Hochglanz zu polieren.

Was ist 1a-Studi?

1a-Studi ist ein Online-Dienst, der sich auf die Unterstützung von Studierenden bei ihren wissenschaftlichen Arbeiten spezialisiert hat. Seit 2014 bietet das Team professionelle Korrektur- und Lektoratsdienste an, um Studierenden zu helfen, ihre Abschlussarbeiten fehlerfrei und akademisch hochwertig zu gestalten.

Die Dienstleistungen im Überblick

1a-Studi bietet eine breite Palette an Services, die individuell oder in Kombination gebucht werden können:

- **Korrektorat und Lektorat:** Von der einfachen Rechtschreibprüfung bis hin zur tiefgehenden Textoptimierung – hier wird dein Text auf Herz und Nieren geprüft.
- **Plagiatsprüfung:** Sicherheit geht vor. Mit einer umfassenden Plagiatsprüfung wird sichergestellt, dass deine Arbeit einzigartig ist.
- **Formatierung:** Ob APA, Harvard oder die spezifischen Vorgaben deiner Hochschule – 1a-Studi sorgt dafür, dass deine Arbeit formal perfekt ist.
- **Roter-Faden-Check:** Die Experten prüfen, ob deine Argumentation schlüssig ist und der Aufbau deiner Arbeit logisch nachvollziehbar ist.

Warum 1a-Studi wählen?

- **Fachkompetenz:** Das Team besteht aus Fachlektoren verschiedener Disziplinen, die sich mit den spezifischen Anforderungen deines Studienfachs auskennen.
- **Express-Service:** In Zeitnot? Kein Problem. Mit Express-Optionen von 48, 24 oder sogar 12 Stunden ist deine Arbeit rechtzeitig fertig.
- **Transparente Preise:** Die Kosten werden pro Wort berechnet, sodass du genau weißt, was auf dich zukommt. Zudem gibt es attraktive Studentenrabatte.
- **Datensicherheit:** Deine Daten sind sicher. Mit einer 256-Bit-Verschlüsselung wird höchste Vertraulichkeit gewährleistet.

Der Ablauf

1. Hochladen: Lade deine Arbeit in gängigen Formaten wie Word oder PDF hoch.

2. Service wählen: Wähle die gewünschten Dienstleistungen und die Bearbeitungszeit aus.

3. Bearbeitung: Ein Fachlektor nimmt sich deiner Arbeit an und führt die gewünschten Korrekturen durch.

4. Feedback: Du erhältst nicht nur die korrigierte Arbeit, sondern auch wertvolles Feedback zu Stärken und Schwächen.

5. Abgabe: Mit der optimierten Arbeit kannst du selbstbewusst in die Abgabe gehen.

A1

1a-Studi ist mehr als nur ein Korrekturservice für Studierende, die ihre wissenschaftlichen Arbeiten auf das nächste Level heben möchten. Mit Fachkompetenz, schnellen Bearbeitungszeiten und einem klaren Fokus auf die Bedürfnisse von Studierenden ist 1a-Studi der ideale Partner auf dem Weg zum erfolgreichen Studienabschluss.

`Conterterstellung: Text`

A1.3 Neuroflash: **Der deutsche KI-Schreibassistent, der überzeugt**

Neuroflash ist wie ein deutschsprachiger Sherlock Holmes der Texterstellung: schnell, präzise und mit einem Auge fürs Detail. Entwickelt, um Texte zu generieren, die nicht nur gut klingen, sondern auch inhaltlich sitzen wie ein Maßanzug, hat dieses Tool sich auf dem Markt einen Namen gemacht. Besonders in der deutschen Content-Welt steht **Neuroflash** oft in der ersten Reihe, wenn es um Qualität und Effizienz geht.

Was macht Neuroflash **besonders?**

Während viele KI-Textgeneratoren in Englisch ihre Stärken haben, spielt **Neuroflash** die deutsche Karte aus – und das ziemlich überzeugend. Es ist spezialisiert auf hochwertige, kontextbezogene Texte, die nicht wie maschinelle Wortsalate wirken. Mit einer Vielzahl an Vorlagen und Funktionen richtet es sich sowohl an Texter, die ihre Arbeit optimieren wollen, als auch an Content-Marketing-Teams, die Geschwindigkeit und Konsistenz schätzen.

Ein besonderes Schmankerl: **Neuroflash** integriert Stimmungsanalysen. Das bedeutet, dass du nicht nur schreibst, sondern auch weißt, wie deine Texte beim Leser ankommen könnten. Humorvoll? Seriös? Oder vielleicht beides – wie ein Heinz-Erhardt-Zitat in einem Geschäftsbericht? Kein Problem, **Neuroflash** hat ein Gespür dafür.

Features, die begeistern:

- **Deutsch als Stärke:** Perfekte Grammatik und Syntax, die selbst den kritischsten Deutschlehrer beeindruckt.
- **SEO-Integration:** **Neuroflash** hilft, Texte so zu optimieren, dass sie auch bei Google auf dem Treppchen stehen.
- **Emotionen im Blick:** Die Stimmung des Textes wird analysiert, damit er genau die gewünschte Wirkung erzielt – von vertrauensvoll bis euphorisch.
- **100+ Vorlagen:** Ob Blogpost, Produktbeschreibung oder knackiger Slogan, **Neuroflash** liefert Ideen und Strukturen auf Knopfdruck.

Was sind die Stärken im Vergleich?

Wenn **Jasper.ai** und **Writesonic** die Allrounder und **Frase** der SEO-Nerd ist, dann ist

Neuroflash der präzise deutsche Schriftsteller. Es versteht die Feinheiten der deutschen Sprache besser als die meisten anderen Tools, die oft in der englischen Texterstellung brillieren, aber bei "umgangssprachlichem Deutsch" stolpern.

Neuroflash punktet besonders bei Unternehmen und Freelancern, die Inhalte für den deutschsprachigen Markt erstellen – ohne dabei zu klingen wie eine Übersetzung aus dem Englischen. **Neuroflash** ist ein Multitool für deutsche Texte: vielseitig, handlich und immer bereit, den richtigen Ton zu treffen. Wenn du Wert auf sprachliche Präzision und emotionalen Feinschliff legst, führt an diesem Tool kaum ein Weg vorbei. Und wer weiß, vielleicht lässt sich sogar ein trockener Geschäftsbericht mit einem Hauch Wortwitz garnieren.

Conterstellung: Text

A1.4 Writesonic: **Der Turbo unter den KI-Schreibtools**

Writesonic ist wie der Kumpel, der bei einem Umzug nicht nur pünktlich auftaucht, sondern auch noch die schwersten Kisten schleppt – schnell, effektiv und mit einem charmanten Lächeln im Gesicht. Dieses Tool hat sich in der Welt der KI-Schreibassistenten einen Namen gemacht, indem es nicht nur Content produziert, sondern dabei so flink ist, dass selbst dein WLAN kaum hinterherkommt.

Was macht Writesonic **besonders?**

Stell dir vor, du brauchst innerhalb weniger Minuten einen knackigen Social-Media-Post, eine überzeugende Produktbeschreibung oder gleich einen ganzen Blogartikel – **Writesonic** liefert dir das alles. Und zwar so, als ob ein Team aus professionellen Textern im Hintergrund an deinem Auftrag werkeln würde. Mit über 70 Vorlagen und einer benutzerfreundlichen Oberfläche ist es das Schweizer Taschenmesser der KI-Texterstellung.

Das Besondere? Es liefert nicht nur Texte, sondern hat auch ein gutes Gespür für deine Zielgruppe. Egal, ob du Kunden im B2B-Bereich ansprechen möchtest oder lustige Memes für deine TikTok-Community suchst – **Writesonic** passt sich an, als hätte es in deinem Marketingteam gelauscht.

18

Warum lieben Texter und Marketer Writesonic?

- **Geschwindigkeit:** Writesonic ist kein Tool für zögerliche Entscheidungen. Gib ihm eine Anweisung, und in Sekunden bekommst du Vorschläge, die sich sehen lassen können. Perfekt, wenn die Deadline schon gestern war.
- **Kreativität:** Manchmal bringt Writesonic Ideen hervor, bei denen du denkst: „Warum bin ich da nicht selbst drauf gekommen?" Es sprudelt vor Kreativität und sorgt dafür, dass deine Texte frisch und originell bleiben.
- **Kosteneffizienz:** Mit erschwinglichen Preisen bietet Writesonic eine gute Option für Start-ups, Freiberufler und kleinere Unternehmen, die einen zuverlässigen Schreibassistenten suchen, ohne ein Vermögen auszugeben.

Wie unterscheidet es sich von anderen Tools?

Writesonic ist auf Schnelligkeit und Vielseitigkeit getrimmt. Im Vergleich zu Jasper.ai ist es einfacher zu bedienen, während es im Gegensatz zu Frase weniger auf SEO-Recherche spezialisiert ist. Neuroflash mag vielleicht im deutschen Markt besser performen, aber Writesonic punktet mit seiner internationalen Ausrichtung und der Fähigkeit, unterschiedlichste Schreibstile zu bedienen. Es ist also der Allrounder, wenn du flexibel bleiben möchtest.

Für wen ist Writesonic ideal?

Für alle, die in Windeseile Texte brauchen, die nicht nach Fast Food, sondern nach Gourmetküche schmecken. Es eignet sich für Content-Creator, Marketer und Unternehmer, die keine Zeit zu verlieren haben. Und das Beste: Es sorgt dafür, dass deine Texte so gut klingen, als hättest du eine ganze Redaktion hinter dir.

`Conterterstellung: Text`

A1.5 Jasper.ai: Der kreative Texter unter den KI-Tools

Jasper.ai, ehemals Jarvis.ai, ist das KI-Tool, das wie ein virtueller Schreibassistent agiert – nur ohne schlechte Laune und Kaffee-Pausen. Es wurde für alle konzipiert, die Texte schreiben, aber lieber das Hirn für andere Dinge freihalten wollen, wie zum Beispiel das Durchscrollen von Katzenvideos oder die Planung der nächsten Weltreise. Mit mehr als 50 Vorlagen und einem „Boss Mode", der selbst den größten Kontrollfreak zufriedenstellt, bietet Jasper fast grenzenlose Möglichkeiten für kreative Inhalte.

Was macht Jasper.ai so besonders?

Jasper ist wie der Freund, der immer eine passende Antwort parat hat – egal, ob du eine knackige Werbebotschaft, einen SEO-optimierten Blogpost oder die Einladung zu Omas 80. schreiben willst. Hier ein paar Highlights:

- **Vielseitigkeit:** Jasper liefert Content für so ziemlich alles: Social-Media-Posts, Produktbeschreibungen, E-Mails und mehr. Dabei kannst du den Schreibstil anpassen, von „seriös" bis „leicht durchgedreht".
- Multilingualer Maestro: Du brauchst Texte auf Spanisch, Französisch oder sogar Japanisch? Kein Problem! Jasper spricht mehrere Sprachen, und das fließend.
- **Boss Mode:** Ein Feature für alle, die gerne das letzte Wort haben. Du gibst Befehle wie „Schreib eine Einführung über nachhaltiges Webdesign" – und Jasper legt direkt los.

Für wen ist Jasper.ai geeignet?

Stell dir vor, du bist Texter, Marketer oder einfach jemand, der Texte schneller erstellen will. Jasper ist für dich da. Es spielt keine Rolle, ob du erst gestern mit Content Creation angefangen hast oder schon Bücher veröffentlichst – Jasper passt sich deinem Niveau an.

Jasper im Vergleich zu anderen Tools

Was Jasper.ai von vielen seiner Konkurrenten abhebt, ist der Fokus auf kreative Freiheit. Während Tools wie **Neuroflash** stärker auf SEO und den deutschsprachigen Markt ausgerichtet sind, glänzt Jasper durch Anpassungsfähigkeit und Vielseitigkeit. Es ist perfekt, wenn du nicht nur gut optimierte, sondern auch ansprechende und unterhaltsame Texte willst. Allerdings hat die Sache einen kleinen Haken: Jasper ist nicht gerade das günstigste Tool auf dem Markt. Es richtet sich eher an Nutzer, die bereit sind, in Qualität zu investieren. Für Einsteiger gibt es günstigere Alternativen wie **Writesonic**, aber wenn du tiefere Kontrolle über deine Inhalte möchtest, führt kaum ein Weg an Jasper vorbei.

A1

Jasper.ai ist der kreative Alleskönner unter den KI-Tools. Es überzeugt durch seine Vielseitigkeit, den anpassbaren Ton und den Boss Mode, der dir die volle Kontrolle gibt. Für alle, die hochwertige Texte erstellen wollen, ohne ins Schwitzen zu kommen, ist Jasper ein treuer Begleiter.

Conterterstellung: Text

A1.6 Frase: Der Sherlock Holmes der Content-Welt

Wenn es um die perfekte Symbiose von Textgenerierung und SEO geht, ist **Frase** wie der Detektiv unter den KI-Tools. Es nimmt nicht nur Hinweise auf, was Nutzer suchen, sondern erstellt auch passgenaue Inhalte, die wie maßgeschneidert in die Suchmaschine passen. Stell dir vor, du planst einen Blogbeitrag – **Frase** analysiert die Szene, kombiniert Hinweise, und schwupps, du hast nicht nur eine Idee, sondern auch eine durchdachte Strategie in der Hand.

Was kann Frase besonders gut?

Der größte Trumpf von **Frase** ist seine Fähigkeit, Daten und Content miteinander zu verheiraten. Es untersucht, wonach Menschen suchen (sprich: Keywords, Suchabsichten, Fragen) und zeigt dir, wie du Inhalte darauf ausrichten kannst. Das ist wie der Unterschied zwischen einem Blinddate und einer organisierten Verabredung mit vorherigem Check der Lieblingsbücher: Man ist einfach besser vorbereitet.

Frase erstellt aber nicht nur Texte – es optimiert bestehende Inhalte. Du kannst zum Beispiel einen Artikel eingeben, und **Frase** sagt dir, was fehlt, um in den Google-Charts nach oben zu klettern.

Highlights, die Frase besonders machen:

- **Content-Briefings:** Frase erstellt dir innerhalb von Minuten ein umfassendes Briefing mit allem, was dein Text braucht. Konkurrenzanalyse, Keywords, Überschriften – alles drin.
- **Suchintention verstehen:** Frase schnüffelt aus, was Leser wirklich wissen wollen. Du kannst darauf eingehen und deine Texte präzise auf die Bedürfnisse abstimmen.
- **SEO-Optimierung:** Es hilft nicht nur bei der Planung, sondern auch bei der Nachbesserung von Inhalten, die bisher nicht so richtig zünden wollten.

Warum Frase den Detektivhut trägt

Im Vergleich zu Tools wie **Jasper**.ai oder Neuroflash ist **Frase** weniger ein Künstler und mehr ein Stratege. Es geht nicht darum, den schönsten Text zu schreiben, sondern den effektivsten. Dabei brilliert **Frase** vor allem in der SEO-Forschung und in der Datenanalyse, während die reinen Schreibtools oft nur Text liefern, ohne die Suchabsicht tief zu durchleuchten.

Für wen ist Frase?

Frase ist perfekt für Content-Marketer, die effizient arbeiten wollen, für SEO-Fans, die datenbasiert agieren, und für Unternehmer, die keine Lust auf Ratespiele haben. Wer nicht nur schreiben, sondern auch gefunden werden will, hat hier den perfekten Partner.

Conterterstellung: Text

A1.7 Copy.ai: Der Text-Alchemist unter den KI-Schreibern

Copy.ai ist wie der Kollege im Büro, der in fünf Minuten eine knackige E-Mail formuliert, während du noch darüber nachdenkst, wie du die Empfänger ansprichst. Dieses Tool wurde für all diejenigen geschaffen, die auf den Punkt kommen wollen – egal, ob bei Social-Media-Posts, Produktbeschreibungen oder Werbetexten. **Copy.ai** ist schnell, präzise und ein bisschen wie ein schweizer Taschenmesser: Es hat für fast jede Textaufgabe das passende Werkzeug parat.

Wie funktioniert Copy.ai?

Stell dir vor – äh, nehmen wir an, du willst eine Produktbeschreibung für deinen neuesten Online-Shop erstellen. Mit **Copy.ai** ist das kein Problem. Du wählst einfach eine Vorlage, gibst ein paar Stichwörter ein, und die KI zaubert dir in Sekunden eine Auswahl an Texten. Das Besondere: **Copy.ai** versteht den Kontext überraschend gut und passt Stil und Ton dem gewünschten Zweck an. Ob locker, seriös oder direkt auf Conversion getrimmt – das Tool liefert.

A1

Die Highlights von Copy.ai:

- **Vielfalt an Vorlagen:** Mehr als 90 Vorlagen stehen zur Verfügung, von Instagram-Captions bis hin zu Blog-Einleitungen. **Copy.ai** denkt praktisch für dich mit.
- **Benutzerfreundlichkeit:** Du brauchst kein Technik-Genie zu sein, um **Copy.ai** zu bedienen. Die intuitive Oberfläche macht es einfach, direkt loszulegen.

- **Schnelligkeit:** Das Tool ist schneller als ein Espresso am Montagmorgen. In wenigen Sekunden hast du mehrere Textvorschläge auf dem Bildschirm.
- **Flexibilität:** Copy.ai kann für verschiedene Zwecke eingesetzt werden – von professionellen Werbetexten bis hin zu humorvollen Social-Media-Beiträgen.

Wofür eignet sich Copy.ai besonders?

Copy.ai glänzt vor allem in der schnellen Erstellung kurzer, prägnanter Texte. Wenn du auf der Suche nach knackigen Werbeslogans, Call-to-Actions oder charmanten Produktbeschreibungen bist, bist du hier goldrichtig. Für lange Blogbeiträge oder SEO-optimierte Inhalte greifst du vielleicht besser zu einem Tool wie Jasper.ai oder Frase. Aber für Marketingtexte ist **Copy.ai** der ungeschlagene Champion.

Wie unterscheidet sich Copy.ai von anderen Tools?

Im Vergleich zu Tools wie **Neuroflash** oder **Jasper.ai** legt **Copy.ai** den Fokus weniger auf komplexe Funktionen, sondern auf Geschwindigkeit und Einfachheit. Es ist ideal für Leute, die schnell Ergebnisse wollen und keine Zeit für langes Einarbeiten haben. **Copy.ai** ist wie der kreative Kollege, der immer die richtigen Worte findet – schnell, effizient und mit einem Auge für Details. Für lange Texte oder tiefgehende Analysen ist es nicht die erste Wahl, aber wenn du in Sekunden frische Ideen brauchst, ist **Copy.ai** dein perfekter Partner.

`Conterterstellung: Text`

A1.8 Rytr – Der pragmatische Texter für Sparfüchse

Wenn KI-Tools Autos wären, dann wäre **Rytr** der zuverlässige Kleinwagen, der dich kostengünstig von A nach B bringt – ohne unnötigen Schnickschnack, aber dafür mit erstaunlich viel Komfort unter der Haube. Für Texter und Marketer, die einen soliden Textgenerator suchen, ohne dabei das Konto zu sprengen, ist **Rytr** eine echte Überlegung wert.

Was macht Rytr aus?

Rytr richtet sich an alle, die schnell und unkompliziert Inhalte erstellen wollen. Blogbeiträge, Produktbeschreibungen, Social-Media-Posts oder sogar E-Mails – das Tool liefert in Rekordzeit Ergebnisse. Es basiert auf moderner GPT-Technologie, die wie ein gut gelaunter Praktikant Inhalte vorschlägt, während du dich mit dem nächsten Kaffee versorgst.Besonders hervorzuheben ist **Rytr**s Liebe zu den Sprachen: Es unterstützt über 30 verschiedene, sodass du locker mal einen Blogpost auf Englisch, eine Produktbeschreibung auf Französisch und einen Social-Media-Beitrag auf Spanisch raushauen kannst. Multitasking leicht gemacht!

Funktionen und Stärken

- **Vielseitigkeit:** Ob du einen kurzen Instagram-Text brauchst oder einen langen Blogartikel – **Rytr** springt zwischen Aufgaben wie ein Zirkusartist.
- **Kostenkontrolle:** Mit einem der niedrigsten Preismodelle auf dem Markt kannst du **Rytr** schon für den Gegenwert von zwei Cappuccinos im Monat nutzen. Für Sparfüchse ist das ein echtes Argument!
- **Benutzerfreundlichkeit:** Die Oberfläche ist so simpel, dass sogar deine Oma damit umgehen könnte (wenn sie wüsste, was KI ist). Einfach ein paar Stichworte eingeben, den Ton auswählen – und los geht's.
- **Mehrere Schreibstile:** Lust auf seriös, humorvoll oder formal? **Rytr** liefert in verschiedenen Tönen. Es ist wie ein Textgenerator mit Persönlichkeitsvielfalt.

Wo hakt's ein wenig?

Wie bei jedem Kleinwagen gibt es auch bei **Rytr** Grenzen. Es eignet sich hervorragend für schnelle und unkomplizierte Texte, aber wer nach tiefgründiger SEO-Analyse oder kreativen Langformen sucht, könnte an seine Grenzen stoßen. SEO-Fans müssen hier zusätzliche Tools einspannen, und bei der Detailtiefe hinkt **Rytr** Tools wie **Jasper.ai** oder **Frase** etwas hinterher. **Rytr** ist das Tool für Pragmatiker. Günstig, flexibel und immer einsatzbereit. Es ist nicht der High-End-Textgenerator mit Premium-Features, aber es erfüllt seine Aufgaben zuverlässig und mit Stil. Für alle, die ohne großes Budget in die Welt der KI-Textgeneratoren einsteigen wollen, ist **Rytr** ein unschlagbares Angebot.

A1

Conterterstellung: Text

A1.9 WordHero: Der Superheld für deine Texte

Wenn es einen Superhelden unter den KI-Schreibtools gäbe, dann würde **WordHero** mit einem Cape aus Pixeln und einer Tastatur als Schild glänzen. Dieses Tool verspricht, dir nicht nur Texte zu liefern, sondern dich bei über 70 Vorlagen für verschiedene Anwendungsbereiche zu unterstützen. Doch was macht **WordHero** so besonders, dass selbst Bruce Wayne neidisch auf seine Vielseitigkeit wäre?

Was kann WordHero?

WordHero ist der Allrounder unter den KI-Tools – sozusagen der Schweizer Taschenmesser-Superheld für Texter und Content-Creators. Es hilft dir, knackige Blogbeiträge, überzeugende Social-Media-Posts, verkaufsstarke Produktbeschreibungen oder sogar inspirierende Zitate zu erstellen. Und das Beste: Es unterstützt mehrere Sprachen, also keine Sorge, falls du deine Inhalte mal auf Spanisch, Französisch oder Klingonisch brauchst (na ja, fast). Die Bedienung ist simpel, selbst für Anfänger. Alles, was du tun musst, ist ein paar Informationen über dein Thema einzugeben, und **WordHero** übernimmt den Rest. Es liefert dir Texte, die so geschmeidig klingen, als hätte sie ein literarischer Virtuose höchstpersönlich getippt.

Was hebt WordHero von anderen Tools ab?

- **Vielseitigkeit:** Mit über 70 Vorlagen ist für nahezu jede Textaufgabe etwas dabei. Egal, ob du eine E-Mail, einen Slogan oder sogar eine Danksagung für die Einladung zur Hochzeit deines Cousins dritten Grades brauchst – **WordHero** hat dich abgedeckt.
- **Sprachunterstützung:** Andere Tools mögen vielleicht besser im Deutschen oder Englischen sein, aber **WordHero** spielt auch auf internationalem Parkett souverän mit. Eine Funktion, die besonders bei globalen Projekten punktet.
- **Benutzerfreundlichkeit:** Es ist keine komplizierte Einarbeitung nötig. **WordHero** ist intuitiv gestaltet, sodass du dich mehr aufs Texten und weniger aufs Tool-Navigieren konzentrieren kannst.

Für wen ist WordHero geeignet?

Vom Anfänger bis zum Content-Profi, von der Freelancerin bis zum CEO – **WordHero** richtet sich an alle, die schnelle, kreative und gut strukturierte Texte brauchen. Besonders für Menschen, die viele verschiedene Texttypen in kurzer Zeit erstellen müssen, ist dieses Tool eine wahre Offenbarung.

Der Name ist Programm

WordHero hält, was es verspricht: Texte mit Helden-Charakter. Es ist nicht das günstigste Tool auf dem Markt, aber dafür bietet es dir ein mächtiges Arsenal an Funktionen und eine kinderleichte Bedienung. Perfekt, um deinen Content-Alltag zu retten oder zumindest deine Schreibblockade zu besiegen.

Conterterstellung: Text

A1.10 ClosersCopy – Der Texter für die ganz großen Deals im Eddystil

Stell dir vor, du sitzt an einem Schreibtisch, die Deadline im Nacken und das weiße Blatt Papier starrt dich herausfordernd an. Was du brauchst, ist ein Assistent, der nicht nur Buchstaben aneinanderreiht, sondern dir gleich den Umsatzboost ins Word-Dokument zaubert. **ClosersCopy** ist genau dieses Tool. Es richtet sich an Profis, die wissen, dass Worte verkaufen – wenn man sie richtig einsetzt.

Was macht ClosersCopy **besonders?**

ClosersCopy ist nicht einfach nur ein Textgenerator, sondern ein KI-gestützter Verkaufsstratege, der auf Conversion abzielt. Statt sich auf SEO oder allgemeine Content-Erstellung zu konzentrieren, schwingt dieses Tool die Feder (oder besser: die Tastatur) speziell für Verkaufstexte, E-Mail-Marketing und Werbeanzeigen. Es ist wie der Kollege, der bei Meetings immer die besten Pitch-Sätze raushaut und alle nicken lässt – nur dass er nie Überstunden verlangt.

Funktionen und Stärken

- **KI-gestütztes Copywriting:** ClosersCopy verwendet KI, um überzeugende und zielgruppengerechte Texte zu erstellen. Anders als viele Tools, die sich auf GPT-Modelle stützen, nutzt **ClosersCopy** eine eigene KI, die speziell für Verkaufspsychologie trainiert wurde. Perfekt für knackige Headlines und Call-to-Actions, die zum Klicken einladen.
- **Workflows und Frameworks:** Für alle, die im Verkaufs-Dschungel schnell den Überblick verlieren, bietet **ClosersCopy** vorgefertigte Workflows und Frameworks an. Ob AIDA, PAS oder BAB – diese Abkürzungen klingen nicht nur fancy, sondern helfen dir dabei, Texte zu strukturieren, die den Leser direkt ins Warenkorb-Paradies führen.

A1

- **Teamwork und Kollaboration:** Es gibt auch eine Funktion, mit der Teams zusammenarbeiten können. Das bedeutet: Wenn du mit Kollegen brainstormen willst, ohne dass jeder mit seinem Kaffee auf deiner Tastatur kleckert, bist du hier richtig.
- **Unbegrenzte Wörter:** ClosersCopy sagt »Adieu« zu Wortlimits. Schreib, bis die Tasten glühen! Gerade bei umfangreichen Projekten wie E-Mail-Kampagnen oder umfangreichen Verkaufsseiten ein riesiger Vorteil.

Für wen ist ClosersCopy gedacht?

Egal, ob du als Freelancer Werbetexte schreibst, ein Start-up auf Social Media verkaufen willst oder in einer Agentur die nächste große Kampagne planst – **ClosersCopy** ist für alle, die nicht nur Texte schreiben, sondern Umsatz generieren wollen. Es ist wie der Verkaufsprofi, den du immer anrufen kannst, wenn du das große »Ja, ich will« von deinen Kunden willst. Es spart Zeit, steigert die Conversion und hat gleichzeitig die nötige Flexibilität, um deine Marke genau ins rechte Licht zu rücken. Also, worauf wartest du? Lass die Kasse klingeln – mit jedem Wort!

`Conterterstellung: Text`

A1.11 Writecream: Das charmante Text-Genie für den persönlichen Touch

Writecream – schon der Name klingt wie die geheime Zutat für das perfekte Text-Dessert. Doch keine Sorge, hier geht es nicht um Sahne, sondern um eine KI, die deine Texte so schmackhaft macht, dass selbst der kritischste Leser einen Nachschlag möchte. Dieses Tool hat sich auf personalisierte Inhalte spezialisiert und ist besonders für die Fans von Direktkontakt ein echtes Highlight.

Was kann Writecream besonders gut?

Stell dir vor, du bist auf einer Netzwerk-Party und willst einen bleibenden Eindruck hinterlassen. Genau das macht **Writecream** – nur eben schriftlich. Ob es um personalisierte E-Mails, LinkedIn-Nachrichten oder sogar Sprachbotschaften geht: **Writecream** verleiht deinen Botschaften einen Hauch von Individualität, den viele KI-Tools so nicht hinbekommen.

- **Individuelle E-Mails:** Du möchtest deinem Kunden zeigen, dass er mehr ist als eine Nummer? **Writecream** durchsucht öffentlich zugängliche Informationen und zaubert daraus maßgeschneiderte E-Mails, die wirken, als hättest du Stunden in die Recherche investiert.

- **LinkedIn-Nachrichten:** Statt der üblichen „Hallo, ich habe Ihr Profil gesehen"-Einleitungen liefert **Writecream** charmante und relevante Einstiege, die sofort Aufmerksamkeit erregen – und keine Lösch-Taste.
- **Blogeinführungen und Social-Media-Beiträge:** Du hast die Idee, aber keinen Plan, wie du sie knackig verpackst? **Writecream** schüttelt prägnante Sätze aus dem Ärmel, die auf den Punkt bringen, was gesagt werden muss.

Was macht Writecream besonders?

Das Alleinstellungsmerkmal ist die Personalisierung. Während viele KI-Tools Inhalte wie am Fließband produzieren, hebt **Writecream** deine Texte auf das nächste Level, indem es spezifische Details über deine Zielgruppe einbaut. Ein bisschen Stalking auf die smarte Art, wenn man so will – aber völlig legal und ohne peinliche Momente.

Für wen ist Writecream gedacht?

Writecream ist ideal für Marketer, Freelancer oder Unternehmen, die Wert auf persönliche Ansprache legen. Gerade im B2B-Bereich punktet das Tool, wenn es darum geht, kalte Leads aufzuwärmen oder bestehende Kundenbeziehungen zu pflegen. Es spart Zeit, ohne dass deine Empfänger das Gefühl haben, mit einer Maschine zu sprechen. **Writecream** ist wie der charmante Kollege, der immer den passenden Spruch auf Lager hat – aber nie aufdringlich wird. Es kombiniert Effizienz mit Empathie und liefert Texte, die sich einfach gut anfühlen. Perfekt für alle, die viel zu sagen haben, aber wenig Zeit für den Feinschliff. Ein echtes Sahnehäubchen im KI-Bereich!

Conterstellung: Text

A1.12 ChatGPT: Der Tausendsassa unter den KI-Textgeneratoren

A1

Wenn es um KI-Tools geht, ist **ChatGPT** wie der sympathische Alleskönner auf der Party: Es hat immer eine Geschichte, einen Ratschlag oder sogar ein Gedicht parat – und manchmal so viel Humor, dass selbst Heinz Erhardt zustimmend genickt hätte. Aber was macht **ChatGPT** wirklich besonders, und wie hebt es sich von der Konkurrenz ab? Schauen wir mal genauer hin.

Der Allrounder für jede Textaufgabe

ChatGPT ist ein KI-Modell von OpenAI und basiert auf der GPT-Technologie (aktuell GPT-4 oder sogar GPT-4 Turbo, je nach Version). Das Besondere? Es kann praktisch alles, was mit Sprache zu tun hat: Fragen beantworten, Geschichten schreiben, Geschäftskonzepte entwickeln, Programmierprobleme lösen – und ja, es könnte sogar versuchen, dir das Wetter vorherzusagen (obwohl es keine Wetterfee ist). Von der ersten Idee für einen Blogartikel bis zur letzten Pointe für einen Stand-up-Comedy-Auftritt: ChatGPT liefert ab, egal ob du Marketing-Texte, technische Anleitungen oder kreative Fiktion brauchst. Sogar als Korrekturleser und Sparringspartner für neue Ideen macht es eine gute Figur.

Warum ChatGPT?

- **Vielseitigkeit:** Anders als spezialisierte Tools wie Neuroflash oder Frase, die sich beispielsweise auf SEO oder Marketing konzentrieren, kann ChatGPT querfeldein brillieren. Egal, ob ein Philosophiedialog über die Sinnhaftigkeit von Ananas auf Pizza oder ein Businessplan für eine Avocado-Farm in der Arktis – es ist dabei.
- **Intuitiv und dialogbasiert:** Mit seiner Fähigkeit, Gespräche fließend und natürlich zu gestalten, fühlt es sich eher an wie ein Austausch mit einem cleveren Freund – nur ohne die ewigen WhatsApp-Tipp-Pausen.
- **Anpassbar:** ChatGPT kann seinen Ton und Stil ändern, je nach Bedarf. Seriös, humorvoll oder sachlich? Kein Problem.

Wo hat ChatGPT Schwächen?

Natürlich ist auch ChatGPT nicht perfekt (wir sind ja alle nur Menschen – äh, KIs). Es kann manchmal „halluzinieren" und Fakten erfinden, wenn es keine Daten hat. Auch bei hochspezialisierten Anwendungen, etwa detaillierten SEO-Analysen oder der Optimierung von Conversions, ist es nicht so tiefgreifend wie Tools wie Frase oder Writesonic. Aber hey, wer macht schon alles perfekt?

Fazit: Ein Alleskönner mit Charme

ChatGPT ist das Chamäleon unter den Textgeneratoren. Es macht vieles richtig und ist besonders stark in der Vielseitigkeit. Wenn du also ein Tool suchst, das dich durch den Alltag begleitet, dich inspirieren und unterhalten kann, dann bist du bei **ChatGPT** goldrichtig, wie ein Texter-Kollege, der nie Feierabend macht.

A1.13 Midjourney: Wenn KI zur Kunst wird

Midjourney ist nicht nur ein KI-Bildgenerator, sondern ein bisschen wie der coole Kumpel, der bei jeder Party auftaucht und die besten Fotos schießt – nur eben digital. Entwickelt mit dem Ziel, kreative Köpfe zu entlasten und gleichzeitig zu inspirieren, hat sich **Midjourney** zu einem echten Geheimtipp für Designer, Künstler und Marketinghelden gemausert. Doch was macht dieses Tool so besonders? Zieh dir das rein!

Kreativität trifft Präzision

Midjourney basiert auf modernster KI-Technologie und glänzt vor allem durch eines: Qualität! Während andere Tools oft Bilder erzeugen, die aussehen, als hätte ein Pixel-Alien sie gemalt, bringt **Midjourney** Ergebnisse, die so gestochen scharf und detailliert sind, dass man fast Angst hat, die KI würde heimlich Kunstunterricht nehmen. Egal ob du hyperrealistische Landschaften, abstrakte Designs oder futuristische Szenen brauchst – dieses Tool liefert. Und das Beste: Es ist so vielseitig wie dein Netflix-Account!

Intuitiv, aber mächtig

Du hast keine Ahnung von Technik? Kein Problem! **Midjourney** funktioniert über Discord. Ja, richtig gelesen. Du tippst deine Wünsche als Textbefehl ein, und die KI legt los. Mit Befehlen wie „/imagine" kannst du deiner Fantasie freien Lauf lassen. Schreib etwas wie: „Eine futuristische Stadt, bei Sonnenuntergang, mit fliegenden Autos" – und zack, **Midjourney** zaubert dir eine Szene, die aussieht, als käme sie direkt aus einem Sci-Fi-Blockbuster. Aber Achtung: Das Tool hat die Angewohnheit, deine Erwartungen regelmäßig zu übertreffen.

A1

Warum Midjourney?

- **Flexibilität:** Ob für Social-Media-Posts, Webseiten oder als Basis für echte Kunstwerke. **Midjourney** ist so wandelbar wie ein Chamäleon auf einer Farbpalette.

- **Stilvielfalt:** Das Tool kann unterschiedlichste Stile imitieren, von hyperrealistisch bis impressionistisch. So wird jeder Wunsch wahr.
- **Community-Power:** Durch die Nutzung auf Discord kannst du sehen, was andere User erschaffen. Das ist nicht nur inspirierend, sondern auch ein bisschen wie ein virtueller Kunstmarkt.

Für wen eignet sich Midjourney?

Für alle, die visuell arbeiten und auf der Suche nach Inspiration oder Effizienz sind. Grafikdesigner, Content-Creator, Marketing-Gurus – alle lieben es. Aber auch Hobby-Künstler oder Leute, die einfach mal „Was wäre, wenn ein Hund einen Anzug trägt?" visualisiert sehen wollen, kommen auf ihre Kosten. **Midjourney** ist kein Tool, es ist eine kreative Revolution. Perfekt für alle, die von ihrer eigenen Kreativität überrascht werden wollen. Also, worauf wartest du? Leg los und lass die KI die Arbeit machen – während du mit den Lorbeeren davonläufst!

`Contenterstellung: Bild`
A1.14 DALL·E 3: Der Picasso unter den Pixel-Künstlern

DALL·E 3, die neueste Schöpfung aus dem kreativen Universum von OpenAI, ist so etwas wie der Künstler, der nicht nur mit Pinsel und Farbe, sondern auch mit Worten zaubern kann. Du schreibst, er malt – und das auf einem Niveau, das selbst eingefleischte Photoshop-Profis ins Schwitzen bringt.

Wie funktioniert DALL·E 3?

Im Kern ist **DALL·E 3** ein KI-Modell, das Text in visuelle Meisterwerke verwandelt. Du tippst eine Beschreibung wie „Eine dampfende Tasse Kaffee auf einem Fensterbrett, im Hintergrund ein verregneter Herbstwald" – und voilà! DALL·E zaubert dir genau das. Aber nicht nur irgendwie: Die Details stimmen, die Atmosphäre fesselt, und manchmal fragt man sich fast, ob die KI den Kaffee auch schmecken kann. Die Magie liegt in der Kombination aus GPT-4 und der spezialisierten Bildgenerierungstechnologie von OpenAI. Dadurch versteht **DALL·E 3** nicht nur, was du willst, sondern auch, was du vielleicht noch nicht mal so richtig bedacht hast. Ein bisschen wie ein geduldiger Künstler mit telepathischen Fähigkeiten.

Was macht DALL·E 3 besonders?

- **Details, Baby!** Wo ältere Modelle manchmal wie ein ungeduldiger Kunststudent wirkten, der schnell fertig werden will, nimmt sich **DALL·E 3** die Zeit für Präzision. Realistische Texturen, komplexe Lichtspiele und ausdrucksstarke Gesichter sind für ihn ein Kinderspiel.
- **Texte im Bild?** **DALL·E 3** kann sogar Schrift in Bildern einfügen – ideal für Poster, Memes oder Social-Media-Designs. Und ja, diesmal sieht die Schrift tatsächlich aus wie von einem Grafikdesigner und nicht wie von einem schlecht gelaunten Praktikanten.
- **Kreative Freiheit:** Egal, ob du einen futuristischen Cyberpunk-Planeten brauchst oder ein Bild vom Mond, der ein Croissant isst – **DALL·E 3** liefert. Es gibt kaum Grenzen für deine Ideen.

Für wen ist DALL·E 3 geeignet?

Für alle! Ob Designer, die ihre Inspiration visualisieren wollen, oder Content-Creator, die ihr Publikum mit einzigartigen Bildern begeistern möchten – **DALL·E 3** macht jeden zum Pixel-Profi. Selbst wenn du keine Ahnung von Kunst hast, bekommst du Ergebnisse, die nach Museumsqualität aussehen.

Wo ist der Haken?

Natürlich braucht die KI klare Anweisungen. Wenn du ihr sagst: „Zeichne einen Vogel", könnte sie dir genauso gut einen Papagei, einen Adler oder ein Gummientchen servieren. Also: Je präziser der Text, desto beeindruckender das Ergebnis. **DALL·E 3** ist nicht nur ein Tool, sondern ein kreativer Co-Pilot, der dir hilft, deine visuellen Träume zu realisieren. Die perfekte Mischung aus künstlerischem Genie und technischer Präzision, so nah dran am digitalen Michelangelo, wie man es aktuell nur sein kann!

A1

A1.15 Stable Diffusion: Der kreative Open-Source-Zauberstab

Stable Diffusion klingt vielleicht wie der Name einer Band aus den 70ern, die sich nie ganz entscheiden konnte, ob sie Rock oder Jazz spielen will. Tatsächlich ist es aber ein KI-Tool, das die kreative Welt auf den Kopf stellt – und zwar mit einem Open-Source-

Ansatz, der genauso flexibel ist wie dein Netflix-Algorithmus. Aber warum macht **Stable Diffusion** so viel Wind? Los geht's!

Was ist Stable Diffusion?

Stable Diffusion ist eine Open-Source-KI für die Bilderstellung, entwickelt von den cleveren Köpfen der LMU München. Ihr Ziel: Die Bilderzeugung für jeden zugänglich machen. Statt dir nur fertige Kunstwerke vorzusetzen, liefert dieses Tool die Zauberformel, um selbst aktiv zu werden. Das Besondere? Es gibt dir nicht nur die Bilder, sondern auch die Kontrolle über den Prozess. Es ist wie eine Backmischung, bei der du selbst entscheiden kannst, wie viel Schokolade reinkommt.

Wie funktioniert es?

Stable Diffusion basiert auf einem Diffusionsmodell – das klingt wissenschaftlich, ist aber letztlich eine schicke Methode, um aus verrauschten Daten (also deinem Input) ein Bild zu zaubern. Du gibst einen Text ein, und die KI interpretiert ihn künstlerisch. Das kann alles sein: ein hyperrealistisches Portrait, ein surreales Gemälde oder ein schnelles Skizzenwerk. Du willst eine Eule im Cyberpunk-Stil? Kein Problem. Ein Lama im Anzug, das auf einer Mondbasis Kaffee trinkt? Auch das ist drin.

Warum ist es besonders?

Open Source: **Stable Diffusion** ist offen wie ein Buch ohne Schloss. Du kannst den Code verwenden, anpassen oder in eigene Projekte integrieren – ganz ohne Lizenzgebühren.

- **Flexibilität:** Es läuft auf deinen eigenen Geräten, sofern die Hardware mitspielt. Kein teures Abo nötig, keine Serverabhängigkeit.
- **Kreative Freiheit:** Anders als viele andere Tools bietet **Stable Diffusion** unzählige Möglichkeiten, Output und Stil zu steuern.

Für wen ist es geeignet?

Für Künstler, Bastler, Entwickler und Neugierige. Egal, ob du eigene Ideen umsetzen willst, Grafik für ein Projekt brauchst oder einfach nur Spaß am Experimentieren hast. **Stable Diffusion** ist dein Freund. Du brauchst keine teuren Programme, nur etwas Zeit und Kreativität.

Stable Diffusion braucht vielleicht ein bisschen mehr Einarbeitung als Tools mit fertigen Vorlagen, aber dafür sind die Möglichkeiten nahezu unbegrenzt. Und das Beste? Es ist völlig kostenlos und das ist in der KI-Welt fast so selten wie ein Lama im Anzug auf dem Mond.

Contenterstellung: Bild

A1.16 Leonardo.ai: Der Da Vinci unter den KI-Bildgeneratoren

Wenn es um kreative Bildgestaltung geht, ist **Leonardo.ai** der Pinselstrich der Moderne. Dieses KI-Tool basiert auf der robusten Stable-Diffusion-Technologie, bringt jedoch einen eigenen kreativen Twist mit. Leonardo ist nicht einfach nur ein weiterer Bildgenerator – er ist das Schweizer Taschenmesser für digitale Künstler, Content-Creators und all jene, die aus Ideen Bilder zaubern wollen.

Was macht Leonardo.ai so besonders?

Stell dir vor, du könntest einen kreativen Assistenten haben, der nie müde wird und deine skurrilsten Bildideen in ein visuelles Meisterwerk verwandelt. **Leonardo.ai** liefert nicht nur schicke Grafiken – es versteht die Vision hinter deinen Worten. Du schreibst: „Ein futuristischer Stadtplan bei Sonnenuntergang mit Neonlichtern" und Leonardo malt dir ein Kunstwerk, das aussieht, als hätte Blade Runner Pate gestanden.

Features, die Leonardo.ai aus der Masse hervorheben:

- **Einfache Bedienung:** Leonardo hat eine intuitive Benutzeroberfläche, die dir nicht nur die Hemmschwelle nimmt, sondern dich auch spielerisch ausprobieren lässt. Ob du Anfänger bist oder ein alter Grafik-Hase, Leonardo spricht deine Sprache – im wahrsten Sinne des Wortes.
- **Hochwertige Bilder:** Die Qualität der Bilder ist so gestochen scharf, dass du fast Angst hast, dich daran zu schneiden. Ob Fotorealismus, abstrakte Kunst oder verspielte Animationen – Leonardo meistert jede Stilrichtung.
- **Personalisierung:** Das Tool erlaubt es dir, Modelle zu trainieren und deinen eigenen Stil zu entwickeln. Dein Projekt, dein Look – Leonardo liefert dir eine maßgeschneiderte visuelle Identität.
- **Vielfältige Einsatzmöglichkeiten:** Egal, ob du ein Poster, eine Buchillustration oder ein Social-Media-Visual brauchst. Leonardo hat die passende Vorlage.

A1

Besonders Game-Designer lieben es, weil sie Charakterkonzepte und Umgebungskunst einfach generieren können.

- **Geschwindigkeit:** Leonardo.ai ist schnell. Kein Warten, kein Ladebalken, der dich in den Wahnsinn treibt. Die Ergebnisse kommen im Handumdrehen.

Warum Leonardo.ai wählen?

Leonardo.ai ist wie der kreative Freund, der in jeder Diskussion mit „Das könnte ich visualisieren!" glänzt. Seine Kombination aus einfacher Handhabung, personalisierbaren Features und beeindruckender Bildqualität macht es zur ersten Wahl für alle, die kreativ arbeiten – egal, ob Profi oder Hobby-Künstler. Kurzum: Leonardo.ai ist nicht nur ein Tool, sondern ein Partner für deine Visionen. Und das Beste? Es wird nie müde, fragt nie nach Kaffeepausen und liefert dir stets perfekte Ergebnisse. Künstler wie Da Vinci hätten das sicher gefeiert.

`Contenterstellung: Bild`

A1.17 Adobe Firefly: Die KI mit dem Pinselstrich im Eddystil

Adobe Firefly – klingt wie der Titel eines Indie-Songs, oder? Aber hier geht's nicht um Musik, sondern um Adobes KI-Schatztruhe für visuelle Magie. Diese KI ist so nahtlos in die Creative Cloud integriert, dass du fast denkst, sie wäre der geheime Mitarbeiter, der nachts Überstunden macht. Doch was steckt wirklich hinter diesem digitalen Zauberer?

Was macht Firefly besonders?

Stell dir vor – äh, Moment, nimm mal an, du sitzt vor deinem Rechner und willst ein Poster designen. Du gibst ein paar Worte ein, etwa „Sonnenuntergang über einer futuristischen Stadt mit Neonfarben", und Firefly erschafft das Bild direkt vor deinen Augen. Ohne stundenlanges Pixel-Schieben, ohne verzweifelte Google-Suchen nach Referenzbildern. Das Tool kombiniert künstliche Intelligenz mit Adobes Design-Know-how, und das Ergebnis? Atemberaubend.

Das Highlight: Firefly wurde speziell für die kreative Community entwickelt, was bedeutet, dass es nicht nur technisch beeindruckend ist, sondern auch genau auf die Bedürfnisse von Designern abgestimmt wurde. Denk an Vorlagen, Farbpaletten und die

Möglichkeit, Ergebnisse direkt in Photoshop oder Illustrator zu bearbeiten. Das ist, als würde die KI dir einen Kuchen backen und ihn gleich mit der perfekten Glasur dekorieren.

Firefly **vs. andere KI-Tools**

Wenn **Midjourney** der Künstler mit ausgefranster Jeans ist und **DALL·E** der nerdige Ingenieur, dann ist **Firefly** der kreative Allrounder mit einem perfekten Portfolio. Warum? Weil es nicht nur Bilder generiert, sondern dir erlaubt, sie mit Adobes bewährten Tools zu verfeinern. Die Integration ist ein Traum für jeden, der ohnehin schon in der Creative Cloud lebt. Außerdem kannst du mit **Firefly** Texturen, Muster und sogar Schriftarten erstellen, die wie maßgeschneidert wirken. Andere Tools mögen schneller sein, aber **Firefly** spielt in der Champions League, wenn es um Design-Flexibilität geht.

Wofür eignet sich Firefly**?**

Ob du Social-Media-Posts zaubern, Werbekampagnen aufpeppen oder einfach nur mit deiner Kreativität experimentieren möchtest – **Firefly** ist wie dein persönlicher Assistent, der nie „Ich hab Feierabend" sagt. Von surrealen Landschaften über trendige Typografie bis hin zu komplexen Illustrationen kannst du alles in wenigen Klicks erstellen. Und das Beste? Adobe legt großen Wert darauf, dass die KI nur auf lizenzfreien Inhalten trainiert wurde. Also: kein Ärger mit Urheberrechtsfragen.

Adobe Firefly ist wie ein magischer Pinsel in der digitalen Welt. Es vereint Künstliche Intelligenz mit kreativer Freiheit und macht es dir leicht, Ideen zum Leben zu erwecken. Kein Schnickschnack, kein Gefrickel – einfach Kunst auf Knopfdruck. Das klingt nach Zukunft, oder?

Contenterstellung: Video

A1.18 Lumen5: Der Blogpost-Flüsterer unter den Video-Tools

A1

Lumen5 ist wie der nette Nachbar, der deinen alten Blogbeitrag sieht und sagt: »Das könnte doch ein Video werden!« Und ehe du dich versiehst, hat er das auch schon gemacht. Inklusive cooler Übergänge, passender Musik und einem Look, der sogar deine Katze beeindruckt. Aber was steckt hinter diesem Tool, das verspricht, deine Worte in bewegte Bilder zu verwandeln?

Was ist Lumen5 überhaupt?

Stell dir vor, du hast einen Artikel, der irgendwie angestaubt wirkt. Vielleicht einen Blogpost über die besten Pancake-Rezepte oder Tipps für erfolgreiches SEO. **Lumen5** nimmt sich diesen Text, analysiert die wichtigsten Inhalte, fügt passende Bilder und Animationen hinzu – und voilà, dein Beitrag tanzt plötzlich als Video durch die sozialen Medien! Perfekt für Content-Ersteller, die ihre Reichweite erhöhen wollen, ohne Stunden mit Schnittprogrammen zu verbringen.

Wie funktioniert's?

Text rein, Video raus: Du kopierst einfach deinen Text oder fügst einen Link ein, und **Lumen5** schlägt vor, welche Teile visuell dargestellt werden sollen.

Vorlagenparadies: Ob Instagram, YouTube oder LinkedIn – **Lumen5** bietet eine breite Palette an Vorlagen, die genau auf deine Plattform zugeschnitten sind.

Visuelle Highlights: Eine riesige Medienbibliothek voller lizenzfreier Bilder, Videos und Musik sorgt dafür, dass dein Clip nicht nur informativ, sondern auch optisch ein Hingucker ist.

Intuitive Bearbeitung: Per Drag-and-Drop kannst du Texte, Clips und Effekte kinderleicht anpassen. Das macht sogar Spaß – na ja, fast so viel wie Pancakes essen.

Für wen ist das Tool geeignet?

Lumen5 ist der beste Freund von Content-Managern, Social-Media-Gurus und kleinen Unternehmen, die mit minimalem Aufwand maximale Ergebnisse erzielen wollen. Du brauchst keine Vorkenntnisse – und keine Nerven aus Stahl, wie sie klassische Schnittprogramme oft erfordern.

Was macht Lumen5 besonders?

- **Automatisierung:** Dein Text wird analysiert und visuell umgesetzt, ohne dass du stundenlang darüber nachdenken musst, welche Szene passt.
- **Flexibilität:** Ob kurzer Social-Media-Clip oder längeres Erklärvideo – **Lumen5** kann beides.
- **Zeitersparnis:** Statt dich mit Storyboards herumzuschlagen, bastelt das Tool in Minuten etwas Vorzeigbares.

Ein Fazit mit Bewegung

Lumen5 ist das Tool, das deinen Content auf die Bühne holt – ganz ohne Lampenfieber. Es mag nicht das tiefste Detaillevel bieten wie ein Profi-Editor, aber für schnelle, ansprechende Videos ist es ein unschlagbarer Partner. Dein Blog wird es dir danken – und deine Klickzahlen auch!

Contenterstellung: Video

A1.19 Synthesia: Der Videomagier im digitalen Zeitalter

Synthesia ist der Zauberstab unter den KI-Video-Tools. Mit einem Klick verwandelt es schnöde Texte in professionelle Videos, bei denen man meinen könnte, ein ganzer Regisseur samt Filmcrew stehe dahinter. Dabei ist Synthesia so simpel wie genial: Kein Kamerasetup, keine Schauspieler und keine nervigen Regieanweisungen. Nur du, dein Text und ein paar magische Algorithmen.

Wie funktioniert Synthesia?

Stell dir vor, du hast eine PowerPoint-Präsentation, die vor Langweile nur so strotzt. Synthesia nimmt sie dir aus der Hand, gibt ihr ein Upgrade mit einem KI-generierten Avatar, der in über 120 Sprachen sprechen kann – und schwupps, ist das Ding ein interaktives Meisterwerk. Ob du also eine Schulungsvideo für dein Team in Bangkok oder einen Produktpitch für Kunden in Paris brauchst, Synthesia liefert. Und das Beste? Es bietet mehr als 60 Vorlagen, damit du nicht bei Null anfangen musst.

Features, die glänzen wie frisch poliertes Silber

- **KI-Avatare:** Diese virtuellen Moderatoren sind die Stars deiner Videos. Sie wirken so authentisch, dass du fast versucht bist, ihnen eine Tasse Kaffee anzubieten.
- **Mehrsprachigkeit:** Englisch, Spanisch, Mandarin – du nennst es, Synthesia kann es.
- **Einfache Bedienung:** Drag-and-Drop, Text eingeben, fertig. Es ist fast so, als würde das Tool sagen: »Lehn dich zurück, ich mach das schon!«
- **Keine Technik, kein Problem:** Keine Kamera, kein Studio, kein Greenscreen – Synthesia macht dich unabhängig von teurem Equipment.

A1

Wo punktet Synthesia **besonders?**

Synthesia eignet sich hervorragend für Unternehmen, die viele Videos produzieren müssen, aber weder Zeit noch Budget für aufwändige Produktionen haben. Schulungsvideos, Tutorials, Marketing-Clips – alles kein Problem. Es ist, als hättest du einen digitalen Videoproduzenten auf Abruf, der nie Urlaub braucht.

Und was sind die Schwächen?

Natürlich hat auch dieser Zauberstab seine Grenzen. Die Avatare sind beeindruckend, aber immer noch KI. Sprich, wer ein Hollywood-Blockbuster-Niveau erwartet, wird enttäuscht. Außerdem sind individuelle Anpassungen wie spezifische Bewegungen oder Gesten eingeschränkt. Aber mal ehrlich, für die meisten Einsatzzwecke reicht es locker aus.

Dein persönlicher Videoproduzent

Synthesia ist wie der Kollege, der immer Überstunden macht, ohne zu murren. Es liefert schnelle, professionelle Ergebnisse, ohne dass du selbst die Ärmel hochkrempeln musst. Ideal für alle, die mit minimalem Aufwand maximale Wirkung erzielen wollen. Ein echtes Ass im Ärmel für Content Creator, Marketer und Unternehmen, die auf den Punkt überzeugen möchten.

`Contenterstellung: Video`

A1.20 Pictory: **Das KI-Tool für Content-Zauberer**

Pictory ist wie der Assistent, den man sich schon immer gewünscht hat: Stets bereit, deine Inhalte in strahlende, schillernde Videos zu verwandeln – und das, ohne dass du auch nur eine Kamera anfassen musst. Ein paar Klicks, etwas Text, und voilà, dein nächstes virales Meisterwerk ist geboren! Aber schauen wir uns doch mal genauer an, was dieses Tool so besonders macht.

Was ist Pictory **eigentlich?**

Pictory ist eine KI-gestützte Plattform, die Texte, Artikel oder Skripte automatisch in Videos umwandelt. Du hast ein Blog-Posting, das schon seit Monaten verstaubt? Kein Problem, **Pictory** verwandelt es in ein ansprechendes Video, das garantiert wieder Aufmerksamkeit bekommt. Dabei geht es nicht nur um hübsche Bilder, sondern um Videos, die mit minimalem Aufwand maximalen Eindruck machen. Egal, ob du Marketer, Content Creator oder der nächste große TikTok-Star bist – **Pictory** hat etwas für dich.

Funktionen, die beeindrucken:

- **Text-zu-Video-Magie:** Deine besten Blogposts oder Artikel bekommen ein zweites Leben als Videos. Der Text wird analysiert, und die KI schlägt passende Clips und Bilder vor. Kein Kopfzerbrechen mehr über Stock-Material oder Schnitttechnik!
- **Automatische Untertitel:** Wie oft schaut man Videos ohne Ton? Genau. **Pictory** fügt automatisch Untertitel hinzu, damit dein Video auch im „Mute-Modus" eine gute Figur macht. Perfekt für Social Media.
- **Videozusammenfassungen:** Lange Inhalte in knackige, kurze Videos zu verwandeln, ist eine der Superkräfte von **Pictory**. Ideal, wenn du deinen Zuschauern Zeit sparen willst, aber trotzdem auf den Punkt bleiben möchtest.
- **Plattformübergreifende Optimierung:** Ob Instagram, YouTube oder LinkedIn – **Pictory** sorgt dafür, dass dein Video immer das richtige Format hat. Quadratisch, vertikal, horizontal?

Warum Pictory ein Must-Have ist:

Die intuitive Bedienung ist ein Traum. Du brauchst keine Vorkenntnisse in Schnittsoftware, keine teure Hardware und vor allem keine Unmengen an Zeit. **Pictory** nimmt dir die Arbeit ab, und du kannst dich darauf konzentrieren, deine Inhalte zu feiern – oder endlich mal diesen legendären Kaffee zu genießen, von dem alle sprechen.

Ist Pictory der neue beste Freund von Content Creators?

Absolut! Es ist das ideale Tool für alle, die ihre Inhalte visuell aufpeppen möchten, ohne stundenlang Tutorials zu schauen. **Pictory** verbindet Einfachheit mit erstaunlicher Effizienz und ist perfekt für kreative Köpfe, die Großes erreichen wollen – mit nur ein paar Klicks.

A1

Contenterstellung: Video

InVideo – Dein Text wird zum Blockbuster!

Stell dir einmal vor, dein nächster Social-Media-Post wird nicht nur gelesen, sondern angeschaut und das in einem Look, der sogar Hollywood neidisch macht. Klingt gut? Dann ist **InVideo** genau dein Ding! Dieses KI-Tool nimmt deine Texte und zaubert daraus professionelle Videos. Kein Kamera-Equipment, kein teurer Schnittplatz, kein Steven Spielberg nötig, nur du, deine Ideen und ein paar Klicks.

Was macht **InVideo** besonders?

InVideo ist wie der Schnellkochtopf für Video-Content: Du wirfst deine Zutaten rein (Text, Bilder, Ideen) und bekommst in Minuten ein fertiges Video. Das Tool bietet dir über 5.000 Vorlagen, die so vielseitig sind wie eine Wundertüte – egal, ob du eine knackige Produktvorstellung, einen emotionalen Instagram-Reel oder ein informatives YouTube-Video erstellen willst.

Ein Highlight: Text-to-Video. Dein Blogartikel oder die mühsam erarbeitete Produktbeschreibung wird in wenigen Sekunden in ein visuelles Meisterwerk verwandelt. **InVideo** bricht den Prozess in drei einfache Schritte herunter:
Text einfügen – Vorlage auswählen – Staunen.

Für wen ist **InVideo** gemacht?

> **Marketer:** Du willst Ads oder Social-Media-Videos erstellen, die sich sehen lassen können? Mit **InVideo** sparst du Zeit und Nerven.
>
> **Content-Ersteller:** Deine Ideen finden endlich die Bühne, die sie verdienen – und zwar im Hoch- und Querformat.
>
> **Anfänger:** Keine Sorge, du brauchst keinen Master in Videoproduktion. Das Tool führt dich so intuitiv durch den Prozess, dass selbst deine Oma ein TikTok drehen könnte.

Die Stärken von **InVideo**

> • **Einfache Bedienung:** Es ist wie Malen nach Zahlen, nur dass du dabei echte Kunstwerke produzierst.
>
> • **Teamarbeit**: Du kannst Kollegen einladen, gemeinsam an Projekten zu arbeiten. Perfekt für Agenturen oder Teams, die remote arbeiten.
>
> • **Preis-Leistung:** Für den Umfang der Funktionen ist **InVideo** überraschend erschwinglich – da bleibt noch Budget für Pizza.

Kleine Schwächen?

Manchmal hat die KI beim Schnitt einen eigenen Kopf. Die Übergänge könnten hier und da etwas sauberer sein – aber hey, wir sind alle nicht perfekt, oder? Ohne Internet läuft hier nichts. Also vergiss die Idee, auf einem Berghotel offline zu produzieren. **InVideo** ist der Turbo für deine Video-Projekte – schnell, kreativ und unglaublich vielseitig. Wenn du Content möchtest, der sofort ins Auge springt, wirst du mit **InVideo** zum Blockbuster-Regisseur. Alles, was dir fehlt, ist ein Filmplakat!

Contenterstellung: Video

A1.21 Veed.io: Dein Videobearbeitungs-Buddy im KI-Style

Wenn Videobearbeitung wie ein verheddertes Kabel erscheint, das du erstmal sortieren musst, dann ist **Veed.io** die clevere Schublade, die alles sortiert hält. Dieses KI-Tool bringt Ordnung, Effizienz und ein bisschen Magie in deine Videoproduktion und das alles ohne komplizierte Softwareinstallationen oder stundenlanges Herumprobieren.

Was ist Veed.io?

Veed.io ist ein browserbasierter Video-Editor, der dich mit KI-Features unterstützt, als hätte dein persönlicher Assistent plötzlich Hollywood-Ambitionen. Egal, ob du Videos für Social Media, Marketingkampagnen oder persönliche Projekte erstellen möchtest, **Veed.io** ist für dich da. Es vereint einfache Bedienung mit smarten Funktionen und lässt dich Videos in Rekordzeit bearbeiten – ganz ohne Fachjargon oder Pixel-Frust.

Die Highlights von Veed.io

- **Automatische Untertitelung:** Sag Adieu zur lästigen Transkriptionsarbeit! **Veed.io** generiert Untertitel in über 100 Sprachen, und das mit erstaunlicher Genauigkeit. Perfekt, um Videos inklusiv und international verständlich zu machen.
- **Hintergrundentfernung:** Stell dir vor, du bist auf Bali (auch wenn du eigentlich im Homeoffice sitzt) – **Veed.io** entfernt Hintergründe aus Videos mit nur einem Klick. Einfaches Greenscreen-Feeling, ohne wirklich einen Greenscreen zu haben.
- **Text-to-Speech und Übersetzungen:** Sprichst du nicht die Sprache deines Publikums? Kein Problem. Lass **Veed.io** deine Inhalte in andere Sprachen

A1

übersetzen und Text-to-Speech-Funktionen nutzen, um deine Videos lokal und global zu optimieren.

- **Templates & Effekte:** Für den schnellen Look-upgrade bietet **Veed.io** vorgefertigte Vorlagen und Effekte, die auch deine langweiligsten Clips frisch und ansprechend aussehen lassen.

Warum Veed.io?

Veed.io ist extrem zugänglich, vor allem für Anfänger oder diejenigen, die sich nicht mit komplexer Software herumschlagen wollen. Gleichzeitig sind die Funktionen so durchdacht, dass auch Profis das Tool für schnelle Projekte schätzen. Im Vergleich zu anderen Tools, wie etwa **Pictory** oder **Synthesia**, liegt der Fokus von **Veed.io** mehr auf der Bearbeitung und weniger auf der Erstellung von Videos. Es ist ideal, um bestehende Inhalte aufzupolieren, während **Pictory** eher für die automatische Erstellung von Videos aus Text gedacht ist.

Für wen ist Veed.io geeignet?

Für alle, die Videos brauchen – von Social-Media-Managern über Freelancer bis hin zu Hobby-Kreativen. Besonders praktisch ist es für schnelle Projekte, die keine langen Bearbeitungszeiten erlauben, aber trotzdem professionell aussehen sollen. Mit **Veed.io** wird Videobearbeitung so leicht, dass man fast meinen könnte, die KI hätte Spaß daran und das spürt man in jedem Klick.

Contenterstellung: Audio

A1.22 Adobe Enhanced Speech: Wenn dein Mikro wie eine Konservendose klingt, aber deine Aufnahme wie ein Profi wirken soll

Angenommen, du bist voller Elan, sprichst deinen Podcast ein – und das Mikrofon hat andere Pläne: Hintergrundrauschen, dumpfe Stimmen, ein Sound, als wärst du in einer Waschmaschine. Keine Panik! **Adobe Enhanced Speech** kommt zur Rettung wie ein Toningenieur mit Superkräften.

Was macht das Tool?

Adobe Enhanced Speech ist ein kostenloses Online-Tool, das deine Sprachaufnahmen glättet, poliert und wie durch Zauberhand von Störgeräuschen befreit. Es entfernt Rauschen, Hall und andere akustische Unfälle. Deine Aufnahme klingt am Ende so, als wärst du in einem perfekt schallisolierten Studio, selbst wenn du eigentlich unter der Bettdecke aufgenommen hast (ja, das macht tatsächlich jemand).

Und das Beste? Es ist kinderleicht. Einfach die Aufnahme hochladen, kurz abwarten, und zack, du bekommst eine überarbeitete Datei, die deine Stimme so klar wiedergibt, dass sie direkt für die Tagesschau taugen könnte.

Wer braucht das?

- **Podcaster:** Egal, ob du in der Küche aufnimmst oder im Park, Enhanced Speech lässt dich klingen wie ein Vollprofi.
- **Content-Creator:** TikTok, YouTube, Instagram – mit sauberem Audio bleibt dir die peinliche Frage nach deinem Mikrofon erspart.
- **Unternehmer und Freelancer:** Klar verständliche Sprachaufnahmen für E-Learnings oder Präsentationen hinterlassen Eindruck, statt Verwirrung.
- **Freizeitsprecher:** Möchtest du deinen Freunden die beste Geburtstagsnachricht ever schicken? Auch da macht das Tool eine gute Figur.

Wie funktioniert's?

Adobe setzt hier auf die Magie der KI. Das Tool analysiert deine Aufnahme, trennt die Stimme von den störenden Geräuschen und zaubert eine Klangqualität, die sogar deinen Lieblings-Radiosprecher neidisch machen könnte. Und das alles ohne komplizierte Einstellungen. Es ist, als würdest du dem Tool sagen: »Hier, mach mal schön!« und es liefert ab.

Warum Adobe Enhanced Speech?

Andere Tools machen zwar Ähnliches, aber nicht so bequem. Keine Plugins, kein kompliziertes Herumprobieren. Es ist wie ein Friseurtermin für deine Audiodatei – nur ohne Wartezeit und Tratsch. Also, wenn deine Aufnahme nicht nach "Bad Hair Day", sondern nach Studioqualität klingen soll, dann ist **Adobe Enhanced Speech** dein neuer bester Freund. Und das Beste: Es nimmt dir die Arbeit ab, damit du dich auf das konzentrieren kannst, was wirklich zählt – deinen Inhalt.

A1

`Contenterstellung: Audio`

A1.23 LALAL.AI: Wenn der Audio-Profi in die KI-Schublade greift

LALAL.AI – der Name klingt wie der Anfang eines Gute-Laune-Songs. Doch statt Ohrwürmer zu liefern, ist dieses KI-Tool darauf spezialisiert, Musik und Audio in seine Einzelteile zu zerlegen. Stell dir vor, du hörst ein Lied und denkst: "Dieser Beat allein könnte ein Hit sein!" Genau hier setzt LALAL.AI an: Es extrahiert Instrumente, Stimmen und andere Elemente aus einem Audio-Track, als wäre es ein virtueller DJ mit Laserpräzision.

Was macht LALAL.AI so besonders?

LALAL.AI basiert auf einem cleveren Algorithmus namens Phoenix. Nein, der kann nicht aus Asche auferstehen, aber er ist verdammt gut darin, Audio-Komponenten zu trennen. Egal ob Gesang, Gitarre, Bass oder Schlagzeug – das Tool nimmt den Track auseinander, ohne dass dabei alles klingt, als hätte jemand den Mixer umgekippt.

Das Beste? Es funktioniert direkt im Browser. Keine umständlichen Installationen, kein Schweiß auf der Stirn – nur Audio hochladen und zurücklehnen. LALAL.AI erkennt die verschiedenen Spuren und liefert sie dir getrennt zurück, fast so sauber wie frisch geputztes Besteck.

Für wen ist LALAL.AI gedacht?

- **Musiker:** Wenn du ein Instrumental für deine nächste Cover-Version brauchst oder Samples für ein eigenes Werk suchst, bist du hier goldrichtig.
- **Podcaster:** Hintergrundgeräusche wie ein bellender Hund oder der schreiende Nachbar? Weg damit! LALAL.AI hilft, Stimmen und Störgeräusche zu separieren.
- **Kreative Köpfe:** Ob Remixe, Karaoke-Versionen oder einfach nur ein bisschen Audio-Spielerei – hier ist der Fantasie keine Grenze gesetzt.

Wie schlägt es sich im Vergleich?

Während viele andere Tools auf Audio-Bearbeitung spezialisiert sind, liegt LALAL.AIs Stärke in der Trennung der Tonspuren. Konkurrenten wie RX 10 von iZotope sind oft teurer und erfordern umfangreiche Software-Installationen. LALAL.AI punktet durch Einfachheit und Geschwindigkeit – hochladen, klicken, fertig.

LALAL.AI ist wie ein Audio-Magier, der Tracks in ihre Bestandteile zerlegt, ohne sie zu ruinieren. Es ist leicht zu bedienen, schnell und liefert erstaunlich gute Ergebnisse. Ob du ein Profi-Musiker, ein angehender DJ oder einfach ein Fan von Karaoke bist – dieses Tool ist dein neues Geheimrezept. Und wer weiß? Vielleicht erstellst du bald die nächste große Remix-Sensation, dank LALAL.AI. Vorausgesetzt, dein Nachbar hört irgendwann auf, mitzusingen.

Contenterstellung: Audio

A1.24 LANDR: Der Audio-Master

Jetzt hast du einen großartigen Song geschrieben. Zumindest klingt er großartig in deinem Kopf. Du spielst ihn ein, hörst dir die Aufnahme an und denkst: »Warum klingt das wie ein Topfdeckel-Orchester?« Genau hier kommt LANDR ins Spiel, der freundliche KI-Audio-Guru, der deine Tracks auf das nächste Level hebt. Und das Beste? Du brauchst keine Tontechniker-Ausbildung, nur ein bisschen Neugier und Kreativität.

Was macht LANDR so besonders?

LANDR ist ein All-in-One-Tool für Musiker, Podcaster und Audio-Nerds, die keine Lust auf komplizierte Tonstudios haben. Die KI kümmert sich um das Mastering deiner Musik, bietet Distribution an und hilft sogar bei der Zusammenarbeit mit anderen Künstlern.

Es ist, als hätte man einen unsichtbaren Produzenten, der niemals müde wird und keine Kaffeepausen braucht.

- **Automatisches Mastering:** LANDR nimmt deinen Song, analysiert ihn und verbessert Klang, Lautstärke und Dynamik. So klingt dein Schlafzimmer-Track plötzlich wie eine Studioproduktion.
- **Musikdistribution:** Dein Song kann direkt von LANDR auf Plattformen wie Spotify, Apple Music und Co. hochgeladen werden. Damit wirst du zum Rockstar – oder zumindest zum Held deiner eigenen Playlist.
- **Musikbibliothek:** Falls dir mal die Inspiration ausgeht, bietet LANDR eine riesige Sammlung von Samples, Loops und Sounds. Es ist wie ein Buffet für Musiker – und du kannst dich hemmungslos bedienen.

A1

Für wen ist LANDR gemacht?

Egal, ob du ein aufstrebender Bedroom-Produzent bist oder ein Profi, der keine Lust hat, Stunden mit Equalizern und Kompressoren zu verbringen – **LANDR** ist für jeden, der schnell und effizient Ergebnisse sehen will. Auch Podcaster und Videoproduzenten profitieren von der klaren Audio-Optimierung.

Was macht LANDR besser als deine alte Software?

- **Einfachheit:** Keine unübersichtlichen Menüs, keine Fachbegriffe, die dich an den Rand des Wahnsinns treiben.
- **Zeitersparnis:** LANDR ist schnell – so schnell, dass du dich fragst, ob es die KI irgendwo eilig hat.
- **Erschwinglichkeit:** Für das, was es kann, ist LANDR erstaunlich preiswert. Es gibt sogar eine kostenlose Version, die für Einsteiger mehr als ausreicht.

Die Wunderlampe für Audio-Träume

LANDR ist nicht nur ein Tool, sondern ein Gamechanger. Es nimmt dir die komplizierten technischen Details ab und lässt dich das tun, was du am besten kannst: kreativ sein. Dein Sound war noch nie so gut – und das, ohne dass du jemals die Worte „Bitrate" oder „Phasenlage" verstehen musst.

Contenterstellung: Audio

A1.25 AIVA: Der Beethoven unter den Bits

AIVA (Artificial Intelligence Virtual Artist) ist wie ein virtuoser Musiker, der nie die Finger von den Tasten lässt – denn er hat gar keine! Dieses KI-Tool ist speziell dafür gemacht, Musik zu komponieren. Und zwar nicht nur irgendwelche Dudelsachen, sondern echte, emotionale Tracks, die selbst einem Konzertsaal würdig wären. Egal ob für Filme, Spiele oder das nächste Yoga-Video deiner Schwiegermutter – **AIVA** liefert.

Was macht AIVA so besonders?

AIVA ist wie ein musikalischer Tausendsassa. Es analysiert Millionen von Stücken aus der Musikgeschichte, von Bach bis Hans Zimmer, und versteht dabei die Tiefen der Harmonien und Melodien. Kein Wunder, dass **AIVA** nicht nur Loops und Beats produziert, sondern ganze Kompositionen – von klassischer Orchestermusik bis hin zu epischen Soundtracks.

Ein Beispiel: Du möchtest einen dramatischen Track für einen Filmtrailer? **AIVA** packt die Streicher aus, schiebt ein paar Bläser rein und setzt so viele Gänsehaut-Momente, dass der Trailer fast besser ist als der Film selbst.

Wie funktioniert AIVA?

Die Bedienung ist so einfach, dass selbst der notorische Technikverweigerer aus deiner Familie damit zurechtkommt:

1. Wähle den Stil: Klassik, Jazz, Pop oder episch – **AIVA** kennt keine Stil-Diskriminierung.
2. Passe die Stimmung an: Soll die Musik hoffnungsvoll, düster oder heroisch sein? **AIVA** liest deinen Wunsch aus der Tonlage.
3. Drücke auf »Komponieren«: Voilà, in wenigen Minuten hast du dein eigenes Stück.

Und falls dir etwas nicht gefällt? Kein Problem, **AIVA** erlaubt Feintuning. Du kannst Melodien anpassen, Instrumente hinzufügen oder den Sound komplett umkrempeln.

Wer braucht AIVA?

- **Film- und Game-Produzenten:** Statt teure Komponisten zu engagieren, liefert **AIVA** kosteneffizient maßgeschneiderte Tracks.
- **YouTuber und Content-Creator:** Keine Urheberrechtsprobleme mehr! **AIVA** komponiert exklusiv für dich.
- **Hobby-Musiker:** Lust, deine eigene Sinfonie zu besitzen? **AIVA** macht's möglich.

A1

Warum AIVA und kein anderes Tool?

Während Tools wie **LANDR** oder **LALAL.AI** eher auf Mixing und Audioverbesserung setzen, ist **AIVA** der Mozart der KI-Musik. Es geht um die Schöpfung – quasi der KI-Schöpfungsmythos der Musik. Und wenn dich mal jemand fragt, wer die Musik gemacht hat, kannst du immer sagen: »Ein Virtuose aus dem Silicon Valley.«

A1.26 Descript – Der Tausendsassa für Audio und Video

Descript ist wie der Kollege, der nicht nur Ahnung von Audio hat, sondern auch noch dein Video schneidet, dich korrekt transkribiert und, wenn nötig, ogar deine Stimme klonen kann. Klingt nach Science-Fiction? Keine Sorge, das ist völlig legal (solange du keine Weltherrschaftspläne schmiedest).

Die Basics: Was macht Descript?

Descript ist ein KI-gestütztes Tool, das dir die Audiobearbeitung auf eine Weise erleichtert, die sogar deine Oma mit einem Lächeln hinbekommen könnte. Mit **Descript** kannst du Audio und Video bearbeiten, indem du einfach den Text bearbeitest. Das heißt, du löscht einen Satz in der Transkription – und zack – er ist auch aus der Audiodatei verschwunden. Aber das ist erst der Anfang.

Die Highlights: Was kann Descript?

- **Transkription wie vom Profi:** Descript erstellt in Rekordzeit eine schriftliche Version deiner Audioaufnahme. Die Genauigkeit ist beeindruckend, und kleinere Tippfehler kannst du kinderleicht selbst korrigieren.
- **Overdub – Deine Stimme, dein Double:** Du kannst deine Stimme klonen lassen und per Text neue Sätze einfügen, die klingen, als hättest du sie tatsächlich gesagt. Perfekt, wenn dir später noch ein brillanter Satz einfällt, den du im Original vergessen hast.
- **Textbasierte Audiobearbeitung:** Kein mühsames Herumschneiden mehr – du bearbeitest einfach den Text, und die Software macht den Rest. Es ist wie Textverarbeitung für Audio.
- **Füllwort-Entfernung:** Ähms und Ähhs? Descript entfernt sie auf Knopfdruck. Deine Aufnahme klingt danach so geschliffen wie ein Diamant.
- **Multimedia-Bearbeitung:** Descript ist nicht nur für Audio. Auch Videos lassen sich trimmen, zusammenschneiden und bearbeiten – inklusive Untertitel und visuelle Effekte.

Warum ist Descript **anders?**

Im Vergleich zu herkömmlicher Bearbeitungssoftware fühlt sich **Descript** wie ein Upgrade an. Während klassische Tools oft kompliziert und technisch wirken, ist **Descript** wie der MacGyver unter den KI-Tools: Benutzerfreundlich, vielseitig und unglaublich schnell.

Für wen ist Descript **geeignet?**

Egal ob Podcaster, Videokünstler oder Marketing-Guru, **Descript** ist für jeden, der Inhalte produziert und effizient arbeiten möchte. Selbst Anfänger kommen schnell klar, während Profis die tiefgehenden Features wie Multitrack-Bearbeitung und Overdub zu schätzen wissen. **Descript** ist mehr als nur ein Tool, es ist dein kreativer Partner. Es spart Zeit, macht die Arbeit angenehmer und lässt dich bei jedem Projekt ein bisschen mehr wie ein Profi wirken.

A1

Mit Künstlicher Intelligenz visualisierst du deine Daten greifbar.

2. TOOLS ZUR DATENANALYSE UND -VISUALISIERUNG

`Datenanalyse`

A2.1 Pandas

Dein Daten-Dompteur in **Python**. **Pandas** hilft dir, deine Daten zu bändigen und sinnvolle Analysen zu fahren. Und ja, das klingt nerdig, aber es lohnt sich. Du hast einen riesigen Datenhaufen vor dir und denkst dir: »Wie zur Hölle soll ich das alles durchwühlen?« Keine Panik, **Pandas** ist hier, um den Job zu übernehmen. Dieses mächtige Tool zerlegt deine Daten in mundgerechte Stücke und serviert dir genau die Insights, die du brauchst, ohne Kopfschmerzen und Kaffeesucht.

Wofür wird Pandas verwendet?

Pandas ist ein Open-Source-Datenanalyse-Tool, das vor allem in der **Python**-Welt zu Hause ist. Es hilft dir, Daten zu manipulieren, zu analysieren und zu visualisieren. Egal, ob du Daten filtern, zusammenfassen oder in übersichtliche Tabellen verwandeln willst, **Pandas** macht's möglich. Es wird in der Datenwissenschaft, im maschinellen Lernen, in der Finanzanalyse und vielen anderen Bereichen verwendet, wo große Datenmengen bearbeitet und analysiert werden müssen.

Wie schwer ist die Benutzung?

Pandas ist extrem leistungsfähig, aber wie bei den meisten mächtigen Tools braucht es ein wenig Einarbeitung. Wenn du bereits ein wenig Erfahrung mit **Python** hast, wirst du dich schnell in **Pandas** zurechtfinden. Es bietet eine einfache, intuitive API, die es dir ermöglicht, komplexe Datenmanipulationen mit wenigen Zeilen Code durchzuführen. Für Anfänger in der Datenanalyse kann die Lernkurve jedoch etwas steil sein, aber mit der großen Community und den zahlreichen Tutorials wird es schnell leichter. **Pandas** setzt voraus, dass du **Python** installiert hast. Es ist plattformübergreifend und läuft auf Windows, Mac und Linux. Du kannst **Pandas** einfach über den **Python**-Paketmanager pip installieren. Hier sind die grundlegenden Schritte:

A2

Python **installieren:** Stelle sicher, dass **Python** auf deinem System installiert ist.

Pandas **installieren:** Öffne dein Terminal oder deine Kommandozeile und gib pip install **Pandas** ein.Importiere **Pandas** in dein **Python**-Skript oder deine Jupyter-Notebook-Umgebung mit import **Pandas** as pd und du bist startklar.

Toolvarianten

Pandas ist komplett kostenlos und Open Source. Es wird von einer riesigen Community unterstützt, die ständig an Updates arbeitet, um das Tool weiter zu verbessern. Es gibt keine versteckten Kosten oder Premium-Versionen, alles, was **Pandas** kann, steht dir offen. **Pandas** wurde ursprünglich von Wes McKinney entwickelt, wird aber mittlerweile von einer breiten Entwicklergemeinschaft auf der ganzen Welt gepflegt. Da es sich um ein **Python**-Paket handelt, kannst du es direkt über pip installieren. Die offizielle Dokumentation und Downloads findest du auf der **Pandas**-Website: **Pandas**.pydata.org.

Python Erweiterungen

- **NumPy** ist ein leistungsstarkes Paket für numerische Berechnungen in **Python** und bildet die Grundlage für **Pandas**. Während **Pandas** für tabellarische Daten optimiert ist, bietet NumPy eine höhere Leistung bei multidimensionalen Arrays und Matrizenoperationen.
- **Dask** erweitert **Pandas**, um mit größeren Datensätzen zu arbeiten, die nicht in den Speicher passen. Es ist ideal, wenn du **Pandas** für Big Data einsetzen möchtest, ohne deine Codebasis komplett umzuschreiben.

Datenanalyse

A2.2 Julius AI: Dein digitaler Datenflüsterer

Julius AI ist ein Assistent, der nicht nur deine Daten versteht, sondern sie auch in klare, verständliche Geschichten verwandelt, also ein KI-gestützter Datenanalyst, der dir hilft, deine Daten zu analysieren, zu visualisieren und sogar Prognosemodelle zu erstellen.

Julius AI ist darauf spezialisiert, komplexe Datensätze in intuitive Visualisierungen umzuwandeln. Ob du Diagramme erstellen, statistische Analysen durchführen oder Vorhersagemodelle entwickeln möchtest – Julius steht dir zur Seite. Mit der Fähigkeit, mit deinen Daten zu "chatten", kannst du in natürlicher Sprache Fragen stellen und erhältst sofortige Antworten.

Hauptfunktionen im Überblick:

- **Diagramme & Grafiken:** Erstelle ansprechende Datenvisualisierungen, die deine Botschaft klar vermitteln.
- **Einblicke:** Stelle deinen Daten Fragen und erhalte präzise Antworten, die dir helfen, fundierte Entscheidungen zu treffen.
- **Erweiterte Analysen:** Führe Modellierungen und Prognosen durch, um zukünftige Trends zu erkennen.
- **Problemlösung:** Löse mathematische, physikalische und chemische Probleme durch einfaches Scannen und Analysieren.
- **Berichte:** Generiere professionell aufbereitete Analysen und Zusammenfassungen, die du direkt teilen kannst.

Für wen ist Julius AI geeignet?

Egal, ob du in der Wissenschaft, im Marketing oder in der Unternehmensanalyse tätig bist – **Julius AI** passt sich deinen Bedürfnissen an. Mit über 1,2 Millionen Nutzern weltweit, darunter renommierte Institutionen wie Stanford, Harvard und die Boston Consulting Group, hat sich Julius als vertrauenswürdiger Partner etabliert.

Integration mit R

Für diejenigen, die mit **R** arbeiten, bietet Julius eine nahtlose Integration. Du kannst R-Code generieren, Daten visualisieren und bereinigen sowie deskriptive Statistiken erstellen – alles innerhalb einer Plattform.

Julius AI ist mehr als nur ein Tool; es ist dein persönlicher Datenanalyst, der komplexe Informationen in verständliche und umsetzbare Erkenntnisse verwandelt. Mit seiner benutzerfreundlichen Oberfläche und leistungsstarken Funktionen bringt Julius Licht ins Dunkel deiner Datenwelt.

A2

`Datenanalyse`

A2.3 Echobase: Dein KI-Partner für Datenanalyse und mehr

Was ist Echobase?

Echobase ist ein KI-Tool, das entwickelt wurde, um Teams dabei zu unterstützen, ihre Dateien effizient abzufragen, zu erstellen und zu analysieren. Es nutzt fortschrittliche KI-Modelle, um maßgeschneiderte KI-Agenten zu trainieren, die in Aufgaben wie Fragen und Antworten, Datenanalyse und Aufgabenerfüllung spezialisiert sind. Das Beste daran? Du benötigst keinen einzigen Code-Schnipsel, keine Skripte und keine Add-ons. Einfach Dateien hochladen oder deinen Cloud-Speicher synchronisieren, und schon kann's losgehen.

Hauptfunktionen von Echobase:

- **Abfrage:** Die KI-Agenten können präzise Antworten auf Fragen geben, die sich auf die trainierte Wissensdatenbank beziehen.
- **Erstellung:** Basierend auf vorhandenen Datensätzen können neue Inhalte generiert werden, sei es für Berichte, Vorschläge oder andere Dokumente.
- **Analyse:** Die Agenten sind in der Lage, Daten zu aggregieren und zu analysieren, um wertvolle Einblicke zu gewinnen.

Wie funktioniert das Ganze?

Du lädst einfach deine Dateien hoch oder synchronisierst sie aus deinem bevorzugten Cloud-Speicherdienst. **Echobase** trainiert dann die KI-Agenten basierend auf diesen Daten, sodass sie Experten in deinem spezifischen Wissensbereich werden. Ob es sich um Dokumente aus Google Drive oder Microsoft handelt, **Echobase** integriert sie nahtlos. **Echobase** ermöglicht dir Teammitglieder einzuladen, ihnen Rollen zuzuweisen und Zugriffsberechtigungen zu definieren. So kann dein Team gemeinsam auf die KI-Agenten zugreifen, Abfragen stellen, Inhalte erstellen und Daten in Echtzeit analysieren.

Sicherheit steht an erster Stelle

Datensicherheit ist ein zentrales Anliegen von **Echobase**. Mit robuster AWS-Verschlüsselung und branchenüblichen Datenschutzmaßnahmen kannst du sicher sein, dass deine Daten geschützt sind. Zudem behältst du die volle Kontrolle über deine Daten, indem du den autorisierten Zugriff auf Basis einzelner Agenten gewährst und Berechtigungen sofort aktualisieren kannst.

A2.4 DataLab: Die KI-Wunderkiste für Datenanalyse und Visualisierung

DataLab ist ein smartes KI-Tool, das aus langweiligen Zahlen und Tabellen aufregende Einblicke und Handlungsempfehlungen zaubert. Und dabei sieht es auch noch schick aus.

Was macht DataLab besonders?

DataLab kombiniert modernste KI-Algorithmen mit einfacher Bedienbarkeit. Egal ob große Unternehmen oder kleine Start-ups: Mit DataLab wird die Datenanalyse zugänglicher, schneller und sogar ein bisschen spannend (ja, wirklich!).

Features, die einen Applaus wert sind:

- **Datenintegration:** DataLab versteht sich mit fast allen Datenquellen – von Excel-Tabellen bis zu Cloud-Datenbanken. Einfach Daten hochladen, und die Magie beginnt.
- **Automatische Datenanalyse:** Du musst nicht selbst zum Mathegenie werden. DataLab erkennt Muster, Trends und Zusammenhänge – und das in Rekordzeit.
- **Visualisierung auf Knopfdruck:** Diagramme, Heatmaps, Dashboards – DataLab serviert dir Visualisierungen, die so klar sind, dass sogar der skeptische Chef beeindruckt ist.
- **Vorhersagen und Simulationen:** Wie wird sich dein Umsatz entwickeln? Welche Trends sind entscheidend? DataLab bietet prädiktive Analysen, die dir Antworten liefern, bevor du überhaupt die Frage stellst.
- **Einfache Bedienung:** Kein IT-Studium nötig. Dank intuitiver Benutzeroberfläche finden sich selbst Einsteiger schnell zurecht.

DataLab hebt sich durch seinen Fokus auf Automatisierung ab. Während andere Tools oft wie Baukästen wirken, bei denen du jede Schraube selbst anziehen musst, ist DataLab wie ein Lego-Set, das sich von selbst zusammenbaut. Außerdem brilliert es bei der Verarbeitung großer Datenmengen, ohne dass dein Laptop dabei anfängt zu rauchen. Ob du ein Marketingprofi bist, der herausfinden möchte, warum die letzte Kampagne eher ein Rohrkrepierer war, oder ein E-Commerce-Held, der seine Verkaufszahlen pushen will – DataLab liefert dir die Erkenntnisse, die du brauchst. Besonders Unternehmen, die mit Big Data jonglieren, werden DataLab lieben.

Datenanalyse

A2.5 Polymer – Dein Daten-Dompteur mit KI-Power

Deine Zahlen, Diagramme und Tabellen hüpfen wild durcheinander, und du suchst verzweifelt den roten Faden. **Polymer** ist ein KI-gestütztes Tool, das Datenvisualisierung und Analyse in eine kinderleichte Aufgabe verwandelt. Es nimmt deine Datensätze, egal ob aus Excel, Google Sheets oder anderen Quellen, und verwandelt sie in interaktive Dashboards und verständliche Insights. Und das Beste? Mit ein paar Klicks kannst du Trends erkennen, Korrelationen aufspüren und Entscheidungen treffen. Einfach hochladen, analysieren und staunen – wie ein Magier, der den Hasen aus dem Hut zaubert, nur ohne Glitzerjacke.

Was macht Polymer **besonders?**

- **Benutzerfreundlichkeit:** Die Oberfläche ist so simpel, dass selbst Tante Erna ihre Einkaufslisten analysieren könnte. Keine komplexen Menüs, keine kryptischen Befehle – **Polymer** spricht die Sprache der Menschen.
- **Interaktive Dashboards:** Statt starren Grafiken bekommst du dynamische Dashboards. Klick, und schon tanzt dir die nächste Insight vor der Nase herum. Perfekt für Präsentationen oder um dem Chef zu zeigen, dass die Zahlen wirklich „gut aussehen".
- **Automatische Datenanalysen:** Polymer erkennt Muster, Ausreißer und wichtige Trends – und das, ohne dass du eine Zeile Code schreiben musst. Es erklärt dir, was die Daten bedeuten, und das auf eine Weise, die sogar den Montagmorgen erträglich macht.
- **Teamarbeit leicht gemacht:** Mit der Share-Funktion kannst du deine Ergebnisse direkt mit deinem Team teilen. Keine nervigen E-Mails mit endlosen Anhängen – ein Link reicht, und alle sind im Spiel.
- **KI auf Abruf:** Polymer nutzt Machine Learning, um dir genau die Insights zu liefern, die du brauchst. Gezielte, smarte Vorschläge.

Wofür eignet sich Polymer**?**

- **Unternehmen:** Für Berichte und Analysen, die professionell aussehen.
- **Marketer:** Um Kampagnen-Ergebnisse zu visualisieren.
- **Lehrer:** Um langweilige Notenblätter in coole Grafiken zu verwandeln.

Datenanalyse

A2.6 RapidMiner: Für Daten-Nerds

Für alle, die tief in die Daten graben wollen. **RapidMiner** macht Data Science für jeden zu gänglich, auch für die, die kein PhD haben. Du weißt, dass du ein echter Daten-Nerd bist, wenn du mehr Freude daran hast, Datenmodelle zu bauen als an einem Strandurlaub. Aber während deine Freunde im Sand entspannen, hast du **RapidMiner** in der Hand. Mit einem Klick baust du Modelle, als würdest du Lego-Steine zusammenstecken, nur dass deine Ergebnisse keine Burgen, sondern knallharte Erkenntnisse sind.

Was ist RapidMiner?

RapidMiner ist eine leistungsstarke Plattform für Datenwissenschaft und maschinelles Lernen. Es hilft dir, Daten vorzubereiten, Modelle zu erstellen und Vorhersagen zu treffen und zwar ohne, dass du ein promovierter Datenwissenschaftler sein musst. Ob du Daten analysierst, visualisierst oder maschinelle Lernmodelle baust, **RapidMiner** macht das alles und mehr.

Wofür wird RapidMiner verwendet?

RapidMiner wird verwendet, um Datenaufbereitung, maschinelles Lernen und prädiktive Analysen durchzuführen. Unternehmen nutzen es, um alles von Kundensegmentierung bis Risikomanagement zu meistern. Es ist besonders beliebt bei Analysten, die tief in ihre Daten eintauchen wollen, ohne sich im endlosen Code-Chaos zu verlieren.

Wie bedient man RapidMiner?

RapidMiner erlaubt es dir, mit einer Drag-and-Drop-Oberfläche komplexe Arbeitsabläufe zu erstellen, als würdest du einfach nur ein Bild malen.

Es ist überraschend einfach zu bedienen, wenn du dich mit Datenanalyse etwas auskennst. Die Drag-and-Drop-Oberfläche macht das Erstellen von Modellen und Analysen kinderleicht, kein endloses Programmieren, sondern visuelles Arbeiten. Aber und das ist ein dickes Aber, wenn du in die fortgeschrittenen Funktionen eintauchst, dann brauchst du doch ein bisschen Wissen in Statistik und maschinellem Lernen. Also: Für den Einstieg super easy, für die Meisterklasse etwas anspruchsvoller.

A2

Datenanalyse

A2.7 Klipfolio: **Dein persönlicher Dashboard-DJ**

Dashboards, die rocken. **Klipfolio** zeigt dir, was in deinem Unternehmen abgeht, in Echtzeit und mit Stil. Es gibt diesen einen Typen im Büro, der alles weiß. Egal, ob es um Verkaufszahlen, Social-Media-Performance oder den Kaffeekonsum im Unternehmen geht, er hat immer die neuesten Daten parat. Sein Geheimnis heißt **Klipfolio**, ein cloudbasiertes Tool, mit dem du interaktive Dashboards und Datenvisualisierungen erstellst. Es sammelt Daten aus all deinen Lieblingsquellen, **Google Analytics**, Social Media, Datenbanken, Excel-Dateien und mehr und präsentiert sie dir in übersichtlichen, visuellen Berichten. Perfekt für alle, die den Überblick behalten wollen, ohne dabei in einem Datenchaos zu versinken. **Klipfolio** wird hauptsächlich verwendet, um Daten in Echtzeit zu visualisieren. Unternehmen nutzen es, um ihre wichtigsten KPIs (Key Performance Indicators) im Blick zu behalten, ohne ständig zwischen verschiedenen Plattformen hin und her springen zu müssen. Egal ob du den Erfolg deiner Marketing-Kampagnen, Verkaufszahlen oder die Performance deines Support-Teams tracken willst, **Klipfolio** stellt dir die Infos bereit, die du brauchst, um schnell fundierte Entscheidungen zu treffen.

Die Benutzung von **Klipfolio** ist ziemlich einfach, selbst wenn du kein Datenanalyst bist. Die Benutzeroberfläche ist intuitiv und ermöglicht es dir, Dashboards per Drag-and-Drop zu erstellen. Klar, je nachdem, wie komplex du es haben willst, kann es ein bisschen Zeit brauchen, bis alles perfekt eingerichtet ist. Aber die Lernkurve ist flach und es gibt unzählige Vorlagen und Anleitungen, die dich unterstützen. Wenn du dich schon mal durch einen Website-Builder geklickt hast, wirst du dich auch bei **Klipfolio** wohlfühlen. Die Herausforderung kommt eher, wenn du tiefere Datenverknüpfungen und fortgeschrittene Funktionen nutzen willst. Aber keine Sorge: Auch das packt man.

Klipfolio ist eine Cloud-basierte Anwendung, also läuft es im Browser und funktioniert auf Windows, Mac und Linux. Alles, was du brauchst, ist ein Account, eine Internetverbindung und die Datenquellen, die du visualisieren willst. Du kannst fast jede Datenquelle integrieren, sei es eine Datenbank, eine API, Excel oder Google Sheets, **Klipfolio** ist da ziemlich flexibel und bietet eine kostenlose Testversion an, damit du das Tool ausprobieren kannst, bevor du dich festlegst. Danach gibt es verschiedene Preismodelle, je nach Anzahl der Benutzer und gewünschten Funktionen. Für Teams und größere Unternehmen gibt es auch maß-geschneiderte Lösungen mit erweiterten Funktionen und mehr Integrationen.

Klipfolio punktet vor allem durch seine Echtzeit-Datenvisualisierung und die einfache Benutzeroberfläche. Es ist ideal für alle, die schnelle Einblicke in ihre Daten benötigen, ohne stundenlang Berichte erstellen zu müssen. Im Vergleich zu anderen Tools bietet **Klipfolio** eine schöne Balance zwischen Funktionalität und Benutzerfreundlichkeit, ohne dabei dein Budget zu sprengen.

`Datenanalyse`

A2.8 Qlik Sense **Selbstbedienungs-Datenanalyse.**

Qlik Sense macht dich zum Daten-Ninja, ohne dass du dafür programmieren musst. Denk mal, du wärst ein Pirat. Kein altmodischer mit Holzbein und Papagei auf der Schulter, sondern ein moderner Datenpirat, der auf einer riesigen Schatzkarte voller Zahlen, Tabellen und Diagramme nach dem nächsten großen Fund sucht. Das Problem? Die Karte ist so kompliziert, dass selbst dein treuer Papagei das Handtuch wirft. **Qlik Sense** ist dein intelligentes Teleskop, das alle Daten für dich ordnet und die verborgenen Schätze blitzschnell sichtbar macht.

Wofür wird Qlik Sense **verwendet?**

Qlik Sense ist ein Business Intelligence (BI) Tool. Übersetzt: Es hilft dir, aus einem unübersichtlichen Wust von Daten sinnvolle Erkenntnisse zu ziehen. Egal, ob du Marketing-berichte analysieren oder Verkaufszahlen visualisieren willst, **Qlik Sense** lässt dich wie ein Datengott fühlen. Mit seiner benutzerfreundlichen Oberfläche und leistungsstarken Analytik zaubert es interaktive Dashboards und Reports, die leicht zu verstehen sind.

Du brauchst keine Programmierkenntnisse oder einen Doktortitel in Statistik. Mit seiner Drag-and-Drop-Oberfläche kannst du Daten intuitiv kombinieren, visualisieren und analysieren. **Qlik Sense** zeigt dir in Echtzeit, was in deinen Daten steckt und gibt dir die Frei-heit, deine eigenen Analysen zu erstellen, ohne auf IT-Unterstützung angewiesen zu sein. Voraussetzungen Bevor du loslegen kannst, brauchst du natürlich Daten. Du kannst **Qlik Sense** mit allen möglichen Datenquellen verbinden, von Excel-Tabellen über Datenbanken

`A2`

bis hin zu Cloud-Diensten wie Google Drive. Und keine Sorge, das Tool liebt Daten sehr wie ein Pirat Goldmünzen. Es verarbeitet kleine Datensätze genauso wie Big Data. Technisch gesehen brauchst du entweder einen Windows- oder einen Mac-Rechner, um **Qlik Sense** zu nutzen. Linux-User müssen sich allerdings mit der Cloud-Version zufriedengeben. Wichtig: Ein halbwegs aktueller Browser und eine Internetverbindung sind Pflicht, um das Tool in vollem Umfang zu nutzen.

`Datenvisualisierung`

A2.9 Tableau

Datenvisualisierung für Leute, die es ernst meinen. **Tableau** macht aus deinen Zahlen Kunstwerke, die auch noch Sinn ergeben. Du hast einen Berg von Daten vor dir und denkst dir: »Wie soll ich das jemals alles verstehen?« Dann kommt **Tableau** und zaubert dir aus langweiligen Tabellen beeindruckende Visualisierungen, die du sogar deiner Oma erklären könntest. Plötzlich macht alles Sinn und die Daten sprechen eine klare Sprache und das ganz ohne Magie.

Wofür wird Tableau **verwendet?**

Tableau ist ein leistungsstarkes Tool für die Datenvisualisierung und Business Intelligence. Es hilft dir, komplexe Datensätze in übersichtliche Grafiken, Dashboards und interaktive Berichte zu verwandeln. Egal, ob du Unternehmensdaten analysieren, Verkaufszahlen visualisieren oder Trends und Muster in deinen Daten entdecken möchtest, **Tableau** macht es dir leicht, Erkenntnisse zu gewinnen und Entscheidungen zu treffen. Es wird vor allem von Analysten, Marketern, Finanzexperten und Entscheidern genutzt, um datengetriebene Entscheidungen zu unterstützen.

Die Benutzung von **Tableau** ist vergleichsweise einfach, besonders wenn du bereits ein bisschen Erfahrung mit Datenanalyse hast. Die Benutzeroberfläche ist intuitiv und ermöglicht es dir, per Drag-and-Drop Visualisierungen zu erstellen, ohne dass du programmieren musst.

Für Einsteiger kann es anfangs eine kleine Lernkurve geben, aber **Tableau** bietet zahlreiche Tutorials, die dich schnell auf Kurs bringen. Sobald du die Grundlagen verstanden hast, wirst du sehen, wie mächtig und flexibel das Tool ist.

A2.10 Power BI

Wie Excel auf Steroiden. Interaktive Berichte, die dich zum Daten-Guru machen. **Power BI** zeigt dir, was in deinen Daten steckt und das in Echtzeit. Denk dir, du bist ein Zauberer in einem dunklen, staubigen Büro. Dein Zauberstab? Excel. Und du kämpfst gegen die endlosen Wellen von Zahlen, Tabellen und Diagrammen, um das nächste große Business-Insight zu finden. Aber egal, wie sehr du dich bemühst, du kommst einfach nicht weiter. Der Endgegner? Dein Chef, der immer noch auf diesen einen entscheidenden Bericht wartet. Dann, eines Tages, erscheint ein mysteriöses Licht am Horizont. Dieses Licht nennt sich **Power BI**. Es verspricht, deine alten Excel-Tricks mit einem Fingerschnippen zu übertreffen. Plötzlich fühlst du dich nicht mehr wie ein Durchschnittszauberer, sondern wie Gandalf persönlich. Nur dass du nicht gegen Orks kämpfst, sondern gegen Datensilos.

Power BI ist ein Business-Intelligence-Tool von Microsoft, das deine Daten auf magische Weise in verständliche Berichte und Dashboards verwandelt. Du kannst Daten aus verschiedenen Quellen zusammenführen, visualisieren und analysieren und zwar so, dass selbst dein Chef beeindruckt sein wird. Kurz gesagt, **Power BI** macht aus langweiligen Zahlen ein echtes Feuerwerk an Erkenntnissen.

Wofür wird Microsoft Power BI verwendet?

Power BI wird genutzt, um Daten zu analysieren und zu visualisieren. Egal, ob du Verkaufszahlen, Kundendaten oder Finanzberichte hast, **Power BI** hilft dir, Trends zu erkennen, Muster zu entdecken und fundierte Entscheidungen zu treffen. Unternehmen nutzen es, um ihre Leistung zu überwachen, ihre Strategien anzupassen und letztendlich, mehr Geld zu verdienen. Und wer will das nicht? Die Benutzung von **Power BI** ist so leicht oder schwer, wie du es willst. Für Anfänger gibt es einfache Drag-and-Drop-Funktionen, die es dir ermöglichen, ohne großartige technische Kenntnisse aussagekräftige Berichte zu erstellen. Wenn du aber ein Daten-Ninja bist, kannst du dich mit erweiterten Funktionen wie DAX (Data Analysis Expressions) und benutzerdefinierten Visualisierungen austoben. Also, ob du nun ein totaler Anfänger oder ein Profi bist, **Power BI** passt sich deinem Level an. Ein bisschen Übung braucht es aber schon, um die richtig coolen Tricks zu lernen.

A2

Automation bekommt mit KI eine ganz neue Qualität.

3. TOOLS ZUR AUTOMATISIERUNG VON WORKFLOWS UND CRM

`Workflow`

A3.1 Zapier. Lass die Tools für dich arbeiten!

Zapier verbindet alles miteinander und sorgt dafür, dass du dich um die wichtigen Dinge kümmern kannst, wie Kaffee trinken.

Du sitzt in deinem Büro, die To-Do-Liste sieht aus wie ein romanlanger Albtraum und dein Email-Postfach quillt über. Du überlegst, ob du dich spontan krankmelden sollst, doch plötzlich kommt dein digitaler Superheld um die Ecke: **Zapier**. Ein Tool, das deine täglichen Aufgaben miteinander verbindet und dir so viel Zeit spart, dass du es fast schon in den Urlaub schicken könntest.

Wofür wird Zapier **verwendet?**

Zapier ist das ultimative Verbindungsstück zwischen all deinen Lieblings-Apps. Stell dir vor, du musst jedes Mal, wenn ein Kunde ein Formular auf deiner Website ausfüllt, eine Email verschicken, eine Aufgabe in deinem Projektmanagement-Tool erstellen und eine Notiz in deinem CRM speichern. Klingt nach viel Arbeit, oder? Mit **Zapier** machst du das alles automatisch. Es verbindet über 5.000 Apps miteinander und automatisiert deine Workflows, damit du dich auf die wichtigen Dinge konzentrieren kannst, wie zum Beispiel Kaffee trinken.

Wie schwer ist die Benutzung?

Das Beste an **Zapier**? Es ist so einfach, dass du keine Programmierkenntnisse brauchst. Kein »Code für Anfänger«-Buch, kein »Wie schreibe ich eine Funktion?«-Video. Alles funktioniert per Drag-and-Drop. Du erstellst sogenannte »Zaps«, indem du einfach die Apps auswählst, die du verbinden willst und festlegst, was passieren soll. Die Benutzeroberfläche ist intuitiv und führt dich Schritt für Schritt durch den Prozess. Im Grunde: Wenn du ein Email-Konto einrichten kannst, dann kannst du auch **Zapier** nutzen. Alles, was du brauchst, ist ein Browser und eine Internetverbindung. **Zapier** läuft in der Cloud, das heißt, es spielt keine Rolle, ob du Windows, Mac oder Linux benutzt, solange du ins

Internet kommst, kannst du **Zapier** nutzen. Du brauchst auch keine High-End-Hardware oder besondere Software; ein halbwegs aktueller Laptop oder Computer reicht völlig aus.

Zapier bietet eine kostenlose Version an, die sich gut eignet, um einfache Automatisierungen zu erstellen. Damit kannst du bis zu 100 Aufgaben pro Monat automatisieren und bis zu 5 Zaps gleichzeitig laufen lassen. Für die meisten Menschen ist das ein guter Einstieg. Aber wenn du auf den Geschmack kommst und mehr Power brauchst, gibt es kostenpflichtige Pläne, die nach oben hin skalieren, je nach Anzahl der Zaps und Tasks, die du benötigst.

`Workflow`
A3.2 Make (ehemals Integromat)

Wie **Zapier**, aber mit noch mehr Power. **Make** automatisiert deine Workflows so, dass du gar nicht mehr weißt, wie du es früher ohne geschafft hast. Du stehst vor einem riesigen Haufen von Apps und Tools, die alle nicht miteinander reden wollen. Es ist, als würdest du versuchen, einen Haufen quengelnder Kinder dazu zu bringen, gemeinsam zu spielen. Und dann kommt **Make** wie der Super-Nanny daher und bringt Ordnung in das Chaos, indem es dafür sorgt, dass deine Apps automatisch die Arbeit übernehmen, während du dich entspannt zurücklehnen kannst.

Wofür wird Make verwendet?

Make ist dein digitaler Butler. Es verbindet verschiedene Apps und automatisiert komplexe Aufgaben, damit du nicht selbst wie ein Hamster im Rad rennen musst. Ob du Daten zwischen verschiedenen Plattformen synchronisieren, automatische Emails verschicken oder Workflows über mehrere Tools hinweg erstellen möchtest, **Make** erledigt das für dich. Du erstellst «Szenarien» (so nennen sie Workflows), die jede Menge Apps und Dienste miteinander verknüpfen. Perfekt für alle, die Zeit sparen wollen und keine Lust auf repetitive Aufgaben haben.

Wenn **Zapier** wie ein IKEA-Möbel ist, das sich leicht zusammenbauen lässt, dann ist **Make** eher wie ein LEGO-Set für Fortgeschrittene. Es bietet mehr Flexibilität und Anpassungsmöglichkeiten, erfordert aber auch ein bisschen mehr Eingewöhnung. Die visuelle Programmieroberfläche sieht auf den ersten Blick cool aus, kann aber anfangs auch einschüchternd wirken. Doch keine Sorge: Mit ein wenig Geduld wirst du merken, dass du damit Workflows zaubern kannst, die weit über einfache Automatisierungen hinausgehen. **Make** läuft in der Cloud, das heißt, es spielt keine Rolle, ob du Windows, Mac oder Linux nutzt. Hauptsache, dein Gerät kann ins Internet und der Browser ist nicht aus dem letzten Jahrhundert. **Make** unterstützt eine riesige Anzahl von Apps und Diensten, aber du musst sicherstellen, dass du die nötigen Zugangsdaten zu diesen Apps parat hast, um sie in deine Szenarien einzubinden.

Make bietet eine kostenlose Variante, die für viele Nutzer ausreicht. Mit dem Gratis-Plan kannst du Szenarien mit bis zu 1.000 Aktionen pro Monat erstellen, was für kleine Automatisierungen völlig ausreicht. Wenn du jedoch richtig loslegen willst und größere Projekte hast. Die kostenpflichtigen Varianten bieten mehr Aktionen, komplexere Workflows und schnellere Ausführungen, für alle, die auf Effizienz stehen. **Make** wird von der Firma Celonis bereitgestellt, die es sich zur Aufgabe gemacht hat, Prozesse zu optimieren und zu automatisieren. Der Zugang zu **Make** erfolgt komplett online über deren Website.

Workflow
A3.3 IFTTT, Wenn dies, dann das.
Einfach, genial. **IFTTT** verbindet deine Apps und lässt sie miteinander quatschen, damit du weniger tun musst. Du hast einen Traum: Eines Tages wird dein Toaster wissen, wann du aufstehst, dein Thermostat wird sich automatisch auf Wohlfühltemperatur einstellen und deine Kaffeemaschine wird exakt zur richtigen Zeit deinen Lieblingskaffee brühen. Klingt nach Zukunftsmusik?

IFTTT (If This Then That) macht es möglich, schon heute. Es ist wie ein digitaler Butler, der all deine Geräte und Apps dazu bringt, gemeinsam zu arbeiten, damit du dich um nichts kümmern musst.

Wofür wird IFTTT verwendet?
IFTTT ist der Kleber, der deine digitalen Welten miteinander verbindet. Egal, ob du deine Smart-Home-Geräte miteinander sprechen lassen willst, automatische Social-Media-Posts planst oder einfach nur willst, dass dein Smartphone dir eine Nachricht schickt,

A3

wenn der Wetterbericht Regen ankündigt, **IFTTT** hat dich im Griff. Es funktioniert nach dem Prinzip »Wenn dies passiert, dann tue das« und ermöglicht dir, unzählige Apps, Geräte und Dienste miteinander zu verknüpfen.

Wie schwer ist die Benutzung?

Die Nutzung von **IFTTT** ist so einfach wie das Zubereiten von Instant-Nudeln. Du brauchst keine Programmierkenntnisse, keine technischen Fähigkeiten, nur ein paar Klicks. Die Plattform bietet vorgefertigte «Applets» (das sind die kleinen Programme, die die Automatisierungen ausführen), die du einfach aktivieren kannst. Wenn du ein bisschen kreativ werden willst, kannst du auch eigene Applets erstellen, aber selbst das erfordert kaum Aufwand. Du wählst aus einer Liste von Auslösern (If This) und Aktionen (Then That), fertig. Ein Konto auf **IFTTT** und eine Idee, was du automatisieren möchtest. Es funktioniert auf allen Plattformen, Windows, Mac, Linux, Android und iOS, da es komplett in der Cloud läuft. Du brauchst lediglich einen Webbrowser oder die **IFTTT**-App auf deinem Smartphone. Außerdem müssen deine Geräte und Apps kompatibel mit **IFTTT** sein, aber die Liste unterstützter Dienste ist riesig und wächst ständig.

Kosten und Verfügbarkeit

IFTTT ist in der Grundversion kostenlos und bietet dir schon jede Menge Möglichkeiten. Du kannst beliebig viele Applets verwenden, solange du nicht zu anspruchsvoll bist. Wenn du jedoch mehr aus deinem **IFTTT**-Erlebnis herausholen möchtest, gibt es eine kostenpflichtige Variante. Diese bietet dir erweiterte Funktionen, wie das Erstellen von komplexeren Applets und schnellere Ausführungen. Aber für die meisten Nutzer reicht die kostenlose Version aus.

Hinter **IFTTT** steckt das Unternehmen **IFTTT** Inc., das 2010 gegründet wurde, um das Internet der Dinge für alle zugänglicher zu machen. Du kannst **IFTTT** direkt auf ihrer Website (**IFTTT**.com) nutzen oder die App aus den jeweiligen App Stores herunterladen. Keine Installation nötig, alles läuft direkt im Browser oder auf deinem Smartphone. **IFTTT** ist das Multitool für deine digitalen Bedürfnisse. Es bringt deine Apps und Geräte dazu, miteinander zu reden und nimmt dir dabei all die kleinen, nervigen Aufgaben ab. Einfach, effektiv und vor allem kostenlos, zumindest in der Basisversion.

Workflow

A3.4 N8N. Open Source und super flexibel.

N8N ist für alle, die ihre Workflows lieben und sie bis ins kleinste Detail anpassen wollen. Du sitzt vor deinem Computer und schaust dir den chaotischen Haufen von Apps, Tools und Daten an, den du jeden Tag managen musst. Du fühlst dich wie ein Zirkusdirektor, der versucht, eine Horde wilder Löwen gleichzeitig zu bändigen. Dann kommt N8N hereinspaziert, nicht als Dompteur, sondern als der Zauberer, der dafür sorgt, dass alles von selbst läuft, ohne dass du ständig aufpassen musst.

Wofür wird N8N verwendet?

N8N ist ein Open-Source-Tool zur Workflow-Automatisierung, das dir hilft, deine Apps und Dienste miteinander zu verknüpfen, um wiederkehrende Aufgaben zu automatisieren. Stell dir vor, du möchtest, dass eine neue Email automatisch zu deinem CRM hinzugefügt wird, oder dass eingehende Nachrichten in Slack automatisch archiviert werden, N8N macht es möglich. Es bietet die Flexibilität, komplexe Workflows zu erstellen, die auf deinen speziellen Bedürfnissen basieren.

N8N ist für Techies gemacht, die gerne die volle Kontrolle über ihre Workflows haben, aber keine Sorge, auch als Nicht-Techie kannst du damit umgehen, wenn du bereit bist, dich ein wenig einzuarbeiten. Die Benutzeroberfläche ist grafisch und du kannst deine Workflows visuell erstellen, indem du Nodes (also Bausteine) miteinander verbindest. Es ist vielleicht nicht ganz so einfach wie **Zapier**, aber dafür bietet es dir deutlich mehr Freiheit und Anpassungsmöglichkeiten. Du brauchst ein bisschen technisches Knowhow, besonders wenn du N8N selbst hosten willst, schließlich handelt es sich um eine Open-Source-Lösung. Aber keine Panik: Wenn du dich nicht mit Servern und Docker-Containern herumschlagen willst, kannst du auch die gehostete Version von N8N nutzen, die viel einfacher zu starten ist. N8N läuft auf Windows, Mac und Linux, solange du die Voraussetzungen für Node.js und Docker erfüllst.

N8N wird von N8N GmbH entwickelt, einem in Deutschland ansässigen Unternehmen, das Automatisierung zugänglicher und flexibler machen will. Du kannst das Tool direkt auf ihrer Website (N8N.io) herunterladen oder dich für die Cloud-Variante anmelden.

A3

N8N ist wie der Baukasten für Automatisierungsprofis. Es bietet dir alle Werkzeuge, die du brauchst, um deine Workflows zu gestalten, genau so, wie du es willst. Es ist vielleicht nicht das einfachste Tool da draußen, aber wenn du bereit bist, dich ein bisschen einzufuchsen, öffnet es dir die Tür zu einer Welt voller Möglichkeiten.

A3.5 UiPath. Die Roboter übernehmen.

UiPath automatisiert komplexe Prozesse und lässt dich die Finger von lästigen Aufgaben lassen. Du sitzt in deinem Büro und starrst auf eine endlose Excel-Tabelle. Deine Augen werden schwer, deine Hand bewegt sich mechanisch von der Tastatur zur Maus und zurück. Du fühlst dich wie ein Roboter, der immer wieder die gleichen Aufgaben ausführt. Dann klopft **UiPath** an deine Tür, grinst dich an und sagt: »Lass mich das mal machen.« Und plötzlich hast du wieder Zeit für die wirklich wichtigen Dinge, wie Kaffeepausen.

UiPath ist der Roboter, den du dir schon immer gewünscht hast. Es ist ein führendes Tool für Robotic Process Automation (RPA), das repetitive Aufgaben für dich übernimmt. Egal, ob du Rechnungen verarbeiten, Daten aus verschiedenen Systemen extrahieren oder Emails automatisch sortieren möchtest, **UiPath** erledigt das für dich. Es imitiert menschliche Aktionen und macht alles schneller, fehlerfreier und ohne Genervtsein (du kannst dich also endlich wieder wie ein Mensch fühlen).

Die Nutzung von **UiPath** ist ein wenig wie Fahrradfahren, am Anfang vielleicht etwas wackelig, aber sobald du es raus hast, gleitest du durch deine Aufgaben. **UiPath** bietet eine visuelle Drag-and-Drop-Oberfläche, mit der du Workflows erstellen kannst, ohne eine Zeile Code schreiben zu müssen. Für komplexere Automatisierungen sind jedoch Programmierkenntnisse von Vorteil. Aber keine Sorge, es gibt massig Tutorials und eine große Community, die dir hilft, wenn du mal ins Straucheln kommst. Was du brauchst: Einen halbwegs aktuellen Computer, eine Internetverbindung und, wenn du dich für die On-Premise-Version entscheidest, genug Speicherplatz, um die **UiPath**-Software zu installieren. Es funktioniert auf Windows, Mac und Linux, aber der volle Funktionsumfang steht dir am besten auf einem Windows-System zur Verfügung. Für Cloud-basierte Lösungen brauchst du nur einen Browser, also wirklich keine großen Hürden.

UiPath hebt sich durch seine starke Community, benutzerfreundliche Oberfläche und flexible Einsatzmöglichkeiten ab. Es eignet sich für alles, von einfachen Automatisierungen bis hin zu komplexen Unternehmensprozessen. **UiPath** ist dein persönlicher Automatisierungsprofi, der dir den langweiligen Kram abnimmt, damit du dich auf die cooleren Dinge konzentrieren kannst. Es ist einfach genug für Anfänger, aber mächtig genug für die Profis, genau das, was du brauchst, um wieder Spaß an deinem Arbeitstag zu haben.

Automation

A3.6 Parabola. Keine Lust auf Code?

Parabola automatisiert deine Datenprozesse visuell und du musst nicht mal programmieren können. Du sitzt vor deinem Laptop, den Kopf voller Zahlen und Daten und denkst dir: »Wenn das doch nur alles von alleine funktionieren würde.« In genau diesem Moment klopft **Parabola** an die Tür deines digitalen Lebens und sagt: »Kein Problem, ich erledige das für dich.« Plötzlich fühlt sich das Verwalten von Daten an wie eine leichte Brise an einem heißen Sommertag, anstatt wie ein Sturm.

Wofür wird Parabola verwendet?

Parabola ist das Tool für alle, die Daten verarbeiten, transformieren und automatisieren wollen, ohne dabei in einer Tonne Code zu ertrinken. Es hilft dir, Daten aus verschiedenen Quellen zu sammeln, zu bereinigen, zu analysieren und dann automatisch in deine bevorzugten Tools zu integrieren. Ob du CSV-Dateien zusammenführen, APIs anzapfen oder Daten zwischen verschiedenen Systemen hin- und herschieben willst, **Parabola** macht es möglich, ohne dass du zum Excel-Magier werden musst. Es ist wie dein persönlicher Datenroboter, der langweilige Aufgaben übernimmt, während du dich auf die wirklich spannenden Dinge konzentrieren kannst.

Wie schwer ist die Benutzung?

Parabola ist einfacher zu bedienen, als das IKEA-Regal zu montieren, das seit Wochen in der Ecke liegt. Du brauchst keine Programmierkenntnisse, das Tool bietet eine Drag-and-Drop-Oberfläche, die dir hilft, deine Datenflüsse visuell zu gestalten. Du erstellst Workflows, indem du verschiedene Schritte aneinanderreihst, ähnlich wie ein Rezept, nur eben für Daten. **Parabola** läuft komplett in der Cloud, was bedeutet, dass es auf Windows, Mac

A3

und Linux funktioniert. Du brauchst keine spezielle Hardware oder Software. Solange du auf das Internet zugreifen kannst, kannst du **Parabola** nutzen. Und weil es Cloud-basiert ist, brauchst du dir auch keine Gedanken über Updates oder Installationen zu machen, das erledigt **Parabola** ganz von selbst.**Parabola** bietet eine kostenlose Version an, die sich perfekt für kleinere Projekte und zum Ausprobieren eignet. Mit dem Gratisplan kannst du bis zu 15 Flows pro Monat ausführen, was für viele Einzelanwender ausreichend ist. Wenn du mehr brauchst, gibt es kostenpflichtige Plän, die dir mehr Flows, erweiterte Funktionen und schnellere Ausführungen bieten. Es gibt also für jede Unternehmensgröße und jeden Bedarf das passende Paket.

Automation

A3.7 Tray.io. Für die, die es ernst meinen mit der Automatisierung.

Tray.io verbindet deine Apps und lässt dich komplexe Workflows aufbauen, ohne einen einzigen Code-Schnipsel. Du sitzt an deinem Schreibtisch und fühlst dich wie ein DJ, der versucht, zehn verschiedene Tracks gleichzeitig zu mixen und keiner will im Takt bleiben. **Tray.io** kommt herein, grinst dich an und sagt: »Keine Sorge, ich bringe deine Apps dazu, perfekt zusammenzuspielen.« Und plötzlich bist du der Star deiner eigenen Automatisierungsparty.

Wofür wird Tray.io verwendet?

Tray.io ist ein leistungsstarkes Tool zur Automatisierung von Geschäftsprozessen. Es verbindet deine Apps und automatisiert komplexe Workflows, ohne dass du eine Zeile Code schreiben musst. Egal, ob du Marketing-Tools, CRMs oder Cloud-Dienste integrieren möchtest, **Tray.io** macht es möglich. Es ist wie ein Allround-Dirigent, der dafür sorgt, dass alle deine Apps im perfekten Einklang arbeiten. Besonders geeignet ist es für Unternehmen, die umfangreiche Datenflüsse verwalten und automatisieren wollen, ohne dabei in den technischen Tiefen zu versinken.

Tray.io ist ein bisschen wie der Übergang von Papierfliegern zu Drohnen. Es ist intuitiv genug, dass du ohne Programmierkenntnisse loslegen kannst, aber es bietet auch genug Tiefe, um wirklich komplexe Automatisierungen zu erstellen. Die Drag-and-Drop-Oberfläche macht es einfach, Workflows zu erstellen, während die Möglichkeit, API-Aufrufe und fortgeschrittene Logik einzubauen, dir fast unendliche Möglichkeiten bietet.

Kurzum: Es ist benutzerfreundlich, aber wenn du tiefer einsteigen willst, gibt es jede Menge Raum, um deine Automatisierungen so anzupassen, wie du es brauchst. Es läuft in der Cloud, aber du solltest Zugang zu den Apps und Diensten haben, die du integrieren möchtest, sowie die entsprechenden API-Schlüssel, falls du tiefere Integrationen vorhast.

Tray.io ist flexibel genug, um mit einer Vielzahl von Tools zu arbeiten, mit einer klaren Vorstellung der Automation.

`Automation`

A3.8 Workato. **Automatisierung für Fortgeschrittene.**

Workato sorgt dafür, dass deine Prozesse ineinander greifen wie ein gut geöltes Zahnrad. Du sitzt da, jonglierst mit deinen Apps und denkst dir: »Warum reden die nicht einfach miteinander?« Dann taucht **Workato** auf, grinst dich an und sagt: »Kein Problem, ich mach das schon.«

Workato ist wie der smarte Klempner, der alle deine digitalen Rohre miteinander verbindet und dafür sorgt, dass der Datenfluss reibungslos funktioniert. Es ist eine Platt-form für Integrationen und Automatisierungen, die dir hilft, verschiedene Apps und Systeme zu verknüpfen und repetitive Aufgaben zu automatisieren, ohne dass du zum Entwickler mutieren musst. Ob du Daten von deinem CRM in dein Buchhaltungssystem schieben, komplexe Marketing-Workflows bauen oder einfach nur Slack-Nachrichten automatisieren willst, **Workato** macht es möglich. Besonders stark ist es für Unternehmen, die große, unternehmensweite Prozesse (iPaaS) automatisieren müssen.

Wie schwer ist die Benutzung?

Workato ist so benutzerfreundlich wie ein Selfie-Stick, du brauchst keine tiefen techni-schen Kenntnisse, um loszulegen. Die Plattform bietet vorgefertigte »Rezepte« (so nennen sie ihre Workflows), die du einfach anpassen kannst. Klar, wenn du wirklich tief in die Automatisierung einsteigen willst, gibt es fortgeschrittene Funktionen, mit denen du komplexe Logik und benutzerdefinierte Integrationen hinzufügen kannst. Aber auch ohne

`A3`

Programmierkenntnisse kannst du schnell produktiv werden. Alles, was du brauchst, ist ein Browser und eine Internetverbindung, **Workato** läuft komplett in der Cloud. Es funktioniert auf Windows, Mac und Linux, ohne dass du dir Gedanken über Installationen machen musst. Solange deine Apps und Systeme API-fähig sind, kannst du sie mit **Workato** verbinden. Das Einzige, was du vielleicht brauchst, sind Zugangsdaten und API-Schlüssel für die Tools, die du integrieren möchtest.

Workato bietet keine kostenlose Version an, aber es gibt eine Testphase, in der du die Plattform ausprobieren kannst. Die Preise starten bei etwa 10.000 USD pro Jahr, ja, das ist eine Summe, die eher für Unternehmen mit größeren Automatisierungsanforderungen gedacht ist. Dafür bekommst du eine Enterprise-Grade-Plattform, die robust, skalierbar und sicher ist, was besonders für größere Firmen mit vielen komplexen Prozessen attraktiv ist. **Workato** wird von **Workato** Inc. entwickelt, einem Unternehmen, das sich darauf spezialisiert hat, die Lücke zwischen Geschäftsanwendungen zu schließen und Unternehmen durch Automatisierung effizienter zu machen. Die Plattform ist vollständig webbasiert und über ihre Website (**Workato**.com) zugänglich. Kein Download erforderlich, einfach einloggen und loslegen.

Workato ist ein iPaaS-Tool. Es hebt sich durch seine leistungsstarken Integrationen und die Fähigkeit ab, komplexe Unternehmensprozesse zu automatisieren. Ein iPaaS (integration Platform as a Service) ist eine Cloud-basierte Middleware-Technologie, mit der man Anwendungen, Daten und Prozesse integrieren kann. Es ist für Unternehmen, die eine solide, skalierbare Lösung brauchen, die alles miteinander verbindet, vom Marketing bis zur Buchhaltung.

Customer Relationship Management (CRM)

A3.9 HubSpot **CRM**

Dein kostenloses CRM, das dich wie ein Profi aussehen lässt. **HubSpot** CRM hilft dir, deine Kundenbeziehungen zu pflegen und das ohne großen Aufwand. Du bist wie ein Zauberer im Vertrieb. Du jonglierst mit Kundenkontakten, bearbeitest Leads und versuchst gleichzeitig, den Überblick zu behalten. Plötzlich schleicht sich **HubSpot** CRM an deine Seite und sagt: »Lass mich das für dich übernehmen.« Und ehe du dich versiehst, hast du mehr Zeit, um das zu tun, was du am besten kannst, Kunden begeistern.

HubSpot CRM ist wie der unsichtbare Assistent, den du immer gebraucht hast, aber nie hattest. Es hilft dir, alle deine Kundenkontakte zu verwalten, Leads zu verfolgen und den Verkaufsprozess zu optimieren. Mit **HubSpot** CRM kannst du Emails automatisieren, Kontaktinformationen speichern und Kundeninteraktionen nahtlos nachverfolgen. Es ist ein zentrales Hub für all deine Vertriebs- und Marketingaktivitäten, das dir dabei hilft, den Überblick zu behalten und keine Chance zu verpassen. Besonders für kleine bis mittlere Unternehmen ist es eine großartige Lösung, um den Vertrieb und das Marketing effizienter zu gestalten.

HubSpot CRM ist so benutzerfreundlich wie eine Kaffeetasse, du musst nichts wissen, außer wie man sie hält. Die Oberfläche ist intuitiv und leicht zu bedienen, selbst wenn du kein Tech-Experte bist. Du brauchst keine Schulung oder einen IT-Abschluss, um loszulegen. Das Beste: Du kannst innerhalb von Minuten starten und deine ersten Kontakte einpflegen. Solltest du dennoch Fragen haben, bietet **HubSpot** jede Menge Tutorials und Support-Artikel, die dir weiterhelfen.

Alles, was du brauchst, ist ein Browser und eine Internetverbindung. **HubSpot** CRM läuft komplett in der Cloud und funktioniert auf Windows, Mac und Linux, keine Installation notwendig. Du meldest dich einfach an, erstellst ein Konto und schon kann es losgehen. Es ist auch super kompatibel mit den meisten Email-Programmen, Marketing-Tools und sogar deinem Smartphone.

Jetzt kommt das Beste: **HubSpot** CRM ist kostenlos. Ja, richtig gelesen. Es gibt eine komplett kostenlose Version, die für die meisten kleinen Unternehmen und Teams absolut ausreichend ist. Du kannst unbegrenzt viele Kontakte verwalten und es gibt keine zeitlichen Einschränkungen. Natürlich gibt es auch kostenpflichtige Pläne, wenn du erweiterte Funktionen wie erweiterte Automatisierungen, Berichte oder das Sales Hub nutzen möchtest. Aber für den Anfang ist die kostenlose Version mehr als genug.

Du kannst **HubSpot** CRM direkt über deren Website (**HubSpot**.com) nutzen. Kein Download nötig, einfach registrieren und direkt im Browser loslegen.

A3

Customer Relationship Management (CRM)[1]

A3.10 Pipedrive. Vertrieb ohne Chaos.

Pipedrive bringt Struktur in deine Pipeline und hilft dir, Deals abzuschließen, ohne dass dir der Kopf raucht. Du stehst vor einem Berg von Leads und weißt nicht, wo du anfangen sollst. Jeder Kontakt scheint gleich wichtig und deine Notizzettel stapeln sich höher als der schiefe Turm von Pisa. Dann kommt **Pipedrive** in dein Leben, packt dich an der Schulter und sagt: »Keine Sorge, ich bringe Struktur in dein Chaos.« Und plötzlich fühlt sich Vertrieb an wie eine gut geölte Maschine, anstatt wie ein chaotisches Durcheinander.

Pipedrive ist ein CRM-Tool, das speziell für Vertriebsteams entwickelt wurde. Es hilft dir, deinen Verkaufsprozess zu organisieren, zu verfolgen und zu optimieren. Mit **Pipedrive** kannst du Leads erfassen, Kontakte verwalten und deine Verkaufspipeline übersichtlich darstellen. Es gibt dir die Kontrolle über jede Phase deines Verkaufszyklus, vom ersten Kontakt bis zum Abschluss. **Pipedrive** ist besonders nützlich für Vertriebsprofis, die den Überblick behalten wollen, ohne sich in unnötigen Funktionen zu verlieren. Einfach gesagt: Es ist dein persönlicher Vertriebsassistent, der sicherstellt, dass kein Deal durch die Lappen geht.

Pipedrive ist so einfach zu bedienen wie ein Taschenrechner. Die Benutzeroberfläche ist intuitiv und leicht verständlich, selbst wenn du kein CRM-Experte bist. Du kannst deine Verkaufspipeline per Drag-and-Drop organisieren und hast alle wichtigen Informationen immer im Blick. Auch wenn du bisher noch nie ein CRM genutzt hast, wirst du dich schnell in **Pipedrive** zurechtfinden. Es gibt auch jede Menge Tutorials und Support-Materialien, die dir bei den ersten Schritten helfen. **Pipedrive** läuft in der Cloud. Keine Installation nötig, einfach anmelden und starten. Zudem gibt es mobile Apps für iOS und Android, sodass du auch unterwegs immer auf deine Vertriebsdaten zugreifen kannst.

Customer Relationship Management (CRM)

A3.11 Salesforce Einstein. Der Einstein unter den CRMs.

Salesforce bringt KI in dein Vertriebsspiel und sorgt dafür, dass du immer einen Schritt voraus bist. Du stehst vor einem Haufen Daten und fragst dich, wie du daraus sinnvolle Erkenntnisse ziehen sollst. Es fühlt sich an, als würdest du in einer Bibliothek nach einem

Buch suchen, das du nicht kennst, während die Regale sich immer weiter stapeln. Dann kommt **Salesforce Einstein** herein, zwinkert dir zu und sagt: »Lass mich mal machen.« Plötzlich findest du nicht nur das Buch, sondern auch noch die Zusammenfassung und die besten Zitate, alles auf dem Silbertablett serviert. **Salesforce** ist ein cloudbasiertes CRM-System, das Unternehmen hilft, Kundenbeziehungen zu pflegen, Vertrieb zu optimieren, Marketingkampagnen zu steuern und vieles mehr. Mit Modulen wie Sales Cloud, Service Cloud und Marketing Cloud kannst du fast alle Bereiche deines Unternehmens digitalisieren und automatisieren.

Einsatzbereiche sind breit gefächert:
Vertrieb: Kundendaten, Lead-Management und Abschlüsse im Blick.
Kundenservice: Schnellere Anfragenbearbeitung und bessere Kundenzufriedenheit.
Marketing: Kampagnen planen, auswerten und optimieren.
KI-gestützte Analysen: Dafür ist Einstein der Star des Abends

Salesforce Einstein ist der KI-Assistent von **Salesforce**, der deinem CRM Superkräfte verleiht. Es nutzt künstliche Intelligenz, um dir bei der Analyse von Daten, Vorhersagen und Automatisierungen zu helfen. Ob es darum geht, Kundenverhalten vorherzusagen, Vertriebschancen zu identifizieren oder die nächste beste Aktion vorzuschlagen, Einstein macht es möglich. Es ist wie ein intelligenter Partner, der dir hilft, aus all den Daten, die dein CRM sammelt, wertvolle Einsichten zu gewinnen und deine Vertriebs- und Marketingstrategien zu optimieren. Von Vertriebsprognosen bis hin zu personalisierten Kundenerlebnissen, Einstein nimmt dir die schwere Denkarbeit ab. **Salesforce Einstein** integriert sich nahtlos in die **Salesforce**-Plattform, was bedeutet, dass du keine komplizierten Setups oder Anpassungen vornehmen musst. Die Benutzeroberfläche ist benutzerfreundlich und lässt sich intuitiv bedienen.

A3.12 Zoho **CRM. Anpassbar und mächtig.**

Zoho CRM lässt dich dein CRM so gestalten, wie es für dich passt und hilft dir dabei, deine Kunden zu rocken. Du jonglierst mit Emails, Kundendaten und To-Do-Listen, während du versuchst, den Überblick zu behalten. **Zoho** CRM ist das Allround-Tool, das dir hilft, deine

A3

Kundenbeziehungen zu managen, Leads zu verfolgen und deinen Vertriebsprozess zu optimieren. Egal, ob du im Vertrieb, Marketing oder Kundenservice arbeitest, **Zoho** CRM gibt dir die Werkzeuge, um deine Arbeit effizienter zu gestalten. Es bietet Funktionen wie Lead-Management, Email-Tracking, Automatisierungen und detaillierte Berichte, damit du immer genau weißt, was in deinem Geschäft passiert.

Zoho CRM ist mächtig, aber einfach zu bedienen. Die Benutzeroberfläche ist intuitiv und übersichtlich gestaltet, sodass du auch ohne technische Vorkenntnisse schnell loslegen kannst. Dank Drag-and-Drop-Funktionalität und einer Fülle von vorgefertigten Workflows musst du kein Technikfreak sein, um das Beste aus **Zoho** CRM herauszuholen. Und falls du doch mal nicht weiterkommst, gibt es eine riesige Community und Support-Material, die dir unter die Arme greifen.

Du brauchst keine spezielle Software installieren, einfach anmelden, einloggen und loslegen. **Zoho** bietet auch mobile Apps für iOS und Android, damit du deine CRM-Daten auch unterwegs im Griff hast. Außerdem lässt es sich nahtlos in andere **Zoho**-Apps sowie gängige Tools wie Google Workspace und Microsoft Office integrieren.

Zoho ist bekannt für sein umfangreiches Portfolio an Geschäftsanwendungen und **Zoho** CRM ist eines ihrer Flaggschiff-Produkte. Du kannst **Zoho** CRM direkt über die Website (**Zoho**.com/crm) nutzen. Keine Downloads oder komplizierten Installationen erforderlich, einfach einloggen und loslegen. **Zoho** CRM sticht besonders durch sein gutes Preis-Leistungs-Verhältnis und die einfache Bedibarkeit hervor. Es bietet viele Anpassungsmöglichkeiten und Integrationen, ohne dass du dafür tief in die Tasche greifen musst oder dich durch komplizierte Menüs kämpfen.

Customer Relationship Management (CRM)

A3.13 Freshsales **Vertriebs-CRM mit KI**

Freshsales macht deinen Vertrieb schlauer, es , die serviert dir die besten Leads auf dem Silbertablett. Du sitzt an deinem Schreibtisch und starrst auf die Liste von Leads, die du irgendwie managen musst. Dein Kopf fühlt sich an, als hättest du gerade versucht, alle Fußballergebnisse der letzten zehn Jahre auswendig zu lernen. Dann kommt

Freshsales daher, zwinkert dir zu und sagt: »Entspann dich, ich hab das.« Und plötzlich sind deine Leads keine unübersichtliche Masse mehr, sondern geordnete Chancen, die nur darauf warten, von dir abgeholt zu werden.

Wofür wird Freshsales **verwendet?**

Freshsales ist ein CRM-Tool, das speziell dafür entwickelt wurde, Vertriebsprozesse zu vereinfachen und zu automatisieren. Es hilft dir, Leads zu verfolgen, Kontakte zu managen, Emails zu automatisieren und Verkaufsprozesse zu optimieren. **Freshsales** bringt all deine Kundeninformationen an einem Ort zusammen, sodass du nicht mehr zwischen verschiedenen Tools hin- und herwechseln musst. Es ist perfekt für kleine bis mittelgroße Unternehmen, die ihre Vertriebspipeline besser organisieren wollen, ohne dabei in Komplexität zu versinken. **Freshsales** ist so einfach zu bedienen, dass du keine extra Kaffeepause einlegen musst, um es zu verstehen. Die Benutzeroberfläche ist intuitiv und sauber gestaltet, sodass du dich schnell zurechtfindest, selbst wenn du bisher noch nie mit einem CRM gearbeitet hast. Alles funktioniert per Drag-and-Drop und die vorgefertigten Workflows helfen dir dabei, deine Verkaufsprozesse im Handumdrehen zu optimieren.

Customer Relationship Management (CRM)

A3.14 Freddy AI. Der smarte Assistent für Ihr Unternehmen

Ein unermüdlicher Assistent, der rund um die Uhr arbeitet, nie müde wird und stets bereit ist, deine Kunden und Mitarbeiter zu unterstützen. Genau das bietet **Freddy AI** von Freshworks, eine integrierte KI-Lösung, die darauf abzielt, Geschäftsprozesse zu optimieren und die Effizienz zu steigern. **Freddy AI** ist eine künstliche Intelligenz, die in die Freshworks-Plattform integriert ist. Sie wurde entwickelt, um sowohl Kunden- als auch Mitarbeitererfahrungen zu verbessern, indem sie Aufgaben automatisiert, intelligente Einblicke liefert und die Produktivität steigert.

Freddy AI Agent: Dieser virtuelle Assistent steht Ihren Kunden rund um die Uhr zur Verfügung. Er führt intelligente Gespräche, beantwortet häufig gestellte Fragen und löst Probleme schnell und konsistent. Dies reduziert die Arbeitsbelastung Ihres Support-Teams und ermöglicht es ihnen, sich auf komplexere Aufgaben zu konzentrieren.

Freddy AI Copilot: Als persönlicher Coach für Ihre Mitarbeiter hilft der Copilot dabei,

A3

die Leistung zu verbessern. Er fasst Probleme zusammen, schlägt nächste Schritte vor und übernimmt repetitive Aufgaben – alles durch einfache, konversationelle Eingaben.

Freddy AI Insights: Mit proaktiven, KI-gesteuerten Einblicken unterstützt Freddy Sie dabei, Probleme vorherzusehen und Chancen zu erkennen. Dies ermöglicht es Ihnen, fundierte Entscheidungen schneller zu treffen und Ihr Geschäft kontinuierlich zu optimieren.

Anwendungsbereiche von Freddy AI

- **Kundensupport:** Freddy AI bietet personalisierte Interaktionen und kontextuelle Unterstützung, was zu einer verbesserten Kundenzufriedenheit führt.
- **Vertrieb:** Durch intelligente Segmentierung und smarte Empfehlungen hilft Freddy dabei, Deals schneller abzuschließen.
- **Marketing:** Freddy optimiert Kampagnen durch präzise Segmentierung und ansprechende Nachrichten, was die Erfolgsrate erhöht.
- **IT- und Mitarbeiterservice:** Automatisieren Sie den Self-Service für Mitarbeiter mit personalisierten, kontextuellen Antworten, um Probleme effizient zu lösen.

Freddy AI ist sofort einsatzbereit und erfordert keine umfangreiche Einrichtung. Die KI ist darauf ausgelegt, sich kontinuierlich an deine Geschäftsanforderungen anzupassen und zu lernen, um stets optimale Ergebnisse zu liefern. **Freddy AI** kann die Effizienz steigern, die Kundenzufriedenheit erhöhen und Mitarbeiter entlasten. In einer Welt, in der Effizienz und Kundenzufriedenheit entscheidend sind, bietet **Freddy AI** eine umfassende Lösung. Mit seinen vielseitigen Funktionen und der nahtlosen Integration in die Freshworks-Plattform ist **Freddy AI** ein idealer Partner für ki-orientierte Unternehmen.

Customer Relationship Management (CRM)

A3.15 Nimble **CRM trifft Social Media.**

Nimble vernetzt deine Kundenbeziehungen mit deinen Social-Media-Kanälen, für ein Rundum-sorglos-Paket.Du sitzt im Büro und versuchst, den Überblick über deine Kontakte zu behalten. Dein Kopf dreht sich schneller als ein Karussell und dein Email-Postfach sieht aus wie ein Schlachtfeld. Dann tritt **Nimble** auf den Plan, klopft dir auf die Schulter und sagt: »Keine Sorge, ich bringe Ordnung in dein Chaos.« Plötzlich ist dein Netzwerk kein Mysterium mehr, sondern ein perfekt organisiertes System, das dich bei jedem Schritt unterstützt.

Wofür wird Nimble **verwendet?**

Nimble ist ein Social CRM-Tool, das dir dabei hilft, deine Kundenbeziehungen zu managen und das auf eine Weise, die so intuitiv ist, dass du dich fragst, wie du jemals ohne es gearbeitet hast. Es kombiniert deine Kontakte, Emails, Kalender und soziale Netzwerke an einem zentralen Ort. Egal, ob du Vertriebsprozesse organisierst, Beziehungen zu Kunden pflegst oder neue Leads generierst, **Nimble** sorgt dafür, dass du immer den Überblick behältst. Besonders geeignet ist es für kleine Unternehmen und Einzelkämpfer, die ihre Netzwerkeffizienz maximieren wollen, ohne dafür gleich ein komplexes CRM-System zu benötigen.

Wie schwer ist die Benutzung?

Nimble ist so einfach zu bedienen, dass du es wahrscheinlich schneller verstanden hast, als dein morgendlicher Kaffee abgekühlt ist. Die Benutzeroberfläche ist klar und übersichtlich gestaltet, sodass du dich sofort zurechtfindest. **Nimble** integriert sich nahtlos in deine bestehenden Tools wie Gmail, Outlook und LinkedIn, sodass du sofort loslegen kannst, ohne dich durch komplizierte Setups zu quälen. Es ist intuitiv genug, um es ohne technische Vorkenntnisse zu nutzen und doch leistungsstark genug, um dir das Leben wirklich einfacher zu machen.Alles, was du brauchst, ist ein Browser und eine Internet verbindung. **Nimble** läuft in der Cloud und funktioniert daher auf Windows, Mac und Linux. Keine Software-Installationen nötig, du kannst einfach auf die Website gehen, dich anmelden und loslegen. Außerdem gibt es mobile Apps für iOS und Android, damit du deine Kontakte und Aufgaben auch unterwegs im Griff hast.

Nimble ist ideal für alle, die ihre Kontakte in den Griff bekommen wollen, ohne sich mit überkomplexen CRM-Systemen auseinandersetzen zu müssen. Es bietet genau die richtige Balance zwischen Funktionalität und Benutzerfreundlichkeit, besonders wenn du auf soziale Netzwerke setzt, um dein Geschäft voranzubringen.

Customer Relationship Management (CRM)

A3.16 Close **Für kleine Teams und Start-ups**

Close gibt dir alle Werkzeuge an die Hand, die du brauchst, um im Vertrieb durchzustarten. Du bist im Vertrieb und versuchst, den Überblick über all deine Deals zu behalten, während

A3

du gleichzeitig neue Leads jagst. Es fühlt sich an, als würdest du versuchen, mit einem Sieb Wasser zu schöpfen. Dann klopft **Close** an deine Tür, grinst dich an und sagt: »Lass mich das für dich regeln.« Plötzlich ist dein Vertriebsprozess so effizient wie ein Schweizer Uhrwerk und du kannst dich endlich darauf konzentrieren, die großen Deals abzuschließen.

Wofür wird Close **verwendet?**

Close ist ein CRM-Tool, das speziell für Vertriebsteams entwickelt wurde, die ihre Kommunikation verbessern und Deals schneller abschließen wollen. Es vereint alle deine Kommunikationskanäle, Email, Telefon, SMS, an einem Ort und sorgt dafür, dass du nie den Faden verlierst. **Close** ist perfekt für Start-ups und kleine bis mittelgroße Unternehmen, die sich darauf konzentrieren, ihre Vertriebsprozesse zu optimieren, ohne sich in unnötigen Funktionen zu verlieren. Mit **Close** kannst du Leads verfolgen, Verkaufsaktivitäten automatisieren und sicherstellen, dass kein Deal durch die Lappen geht.

Close ist so einfach zu bedienen, dass du das Handbuch getrost ignorieren kannst. Die Benutzeroberfläche ist klar strukturiert und darauf ausgelegt, dir den Alltag zu erleichtern, anstatt ihn zu komplizieren. Du kannst Kontakte, Leads und Verkaufsaktivitäten per Drag-and-Drop organisieren und die Integration von Email- und Telefonfunktionen macht es dir leicht, direkt aus dem CRM heraus zu kommunizieren. Selbst wenn du bisher nur Post-its und Excel-Tabellen genutzt hast, wirst du dich schnell in **Close** zurechtfinden.**Close** läuft komplett in der Cloud und funktioniert daher auf Windows, Mac und Linux. Keine Installation, keine technischen Anforderungen, einfach anmelden und loslegen. **Close** bietet außerdem mobile Apps für iOS und Android, sodass du deine Vertriebsaktivitäten auch unterwegs im Blick behalten kannst. Keine Downloads oder Installationen nötig, einfach online registrieren und starten. **Close** sticht besonders durch seine einfache Handhabung und die Integration von Kommunikationswerkzeugen hervor, die es Vertriebsteams ermöglichen, effizienter zu arbeiten und schneller abzuschließen.

Customer Relationship Management (CRM)

A3.17 Copper. **Das CRM für Google-Fans.**

Copper integriert sich nahtlos in Google Workspace und lässt dich wie ein Vertriebs-Held arbeiten. Du sitzt vor deinem Computer, der Schreibtisch ist voll mit Notizen, Emails und

To-Do-Listen und du fragst dich, wie du jemals den Überblick behalten sollst. Da klopft **Copper** an deine Tür und sagt: »Keine Panik, ich bin hier, um dir das Leben leichter zu machen.«

Wofür wird Copper **verwendet?**

Copper ist ein CRM-Tool, das speziell für Unternehmen entwickelt wurde, die eng mit Google Workspace (ehemals G Suite) arbeiten. Es hilft dir, deine Kundenbeziehungen zu managen, Leads zu verfolgen und Verkaufsprozesse effizienter zu gestalten und das alles nahtlos integriert in die Google-Umgebung. Ob du Emails nachverfolgst, Kontakte verwaltest oder deine Pipeline organisierst, **Copper** sorgt dafür, dass alles reibungslos läuft, ohne dass du dich in komplizierten Funktionen verlierst. Besonders geeignet ist **Copper** für kleine bis mittelgroße Unternehmen, die bereits Google Workspace-nutzen und ein CRM wollen, das perfekt in ihr bestehendes Setup passt. **Copper** ist so einfach zu bedienen, dass du dich fragst, warum du jemals etwas anderes benutzt hast. Die Benutzeroberfläche ist klar und intuitiv und die Integration mit **Google Workspace** bedeutet, dass du direkt aus **Gmail, Google Kalender** und **Google Drive** heraus arbeiten kannst, ohne ständig zwischen verschiedenen Apps hin und her wechseln zu müssen. Selbst wenn du noch nie ein CRM benutzt hast, wirst du dich schnell in **Copper** zurechtfinden, es fühlt sich fast so an, als wäre es ein natürlicher Teil deines Google-Universums.

Alles, was du brauchst, ist ein Google Workspace-Konto und eine Internetverbindung. **Copper** läuft komplett in der Cloud und funktioniert daher auf Windows, Mac und Linux. Keine Installationen, keine komplizierten Setups, einfach über den Google Marketplace installieren und loslegen. **Copper** ist so tief in Google Workspace integriert, dass du dich nie fragen musst, ob es kompatibel ist, es passt sich perfekt in dein bestehendes System ein.

Customer Relationship Management (CRM)

A3.18 Insightly. CRM und Projektmanagement in einem Tool.

Insightly sorgt dafür, dass du sowohl deine Kunden als auch deine Projekte immer im Griff hast. Du hast einen Haufen Projekte, Leads und Kunden auf deinem Schreibtisch, die dir wie ein chaotisches Puzzle erscheinen. Dann kommt **Insightly** vorbei, zwinkert dir zu

A3

und sagt: »Keine Sorge, ich bringe das alles für dich in Ordnung.« Und plötzlich verwandelt sich dein Chaos in eine gut geölte Maschine, die alles im Griff hat.

Insightly ist ein CRM- und Projektmanagement-Tool, das dir hilft, Kundenbeziehungen zu pflegen und Projekte effizient zu managen, alles an einem Ort. Es ist perfekt für kleine bis mittelgroße Unternehmen, die sowohl ihre Vertriebsprozesse als auch ihre Projekte in den Griff bekommen wollen. Von der Verwaltung von Leads über das Nachverfolgen von Kundeninteraktionen bis hin zum Planen und Durchführen von Projekten, **Insightly** macht das alles möglich. Mit integrierten Email-Funktionen, Automatisierungen und leistungsstarken Berichts-Tools sorgt **Insightly** dafür, dass du immer den Überblick behältst.

Insightly ist so benutzerfreundlich, dass du es schneller verstehst, als dein nächster Kaffee kalt wird. Die Oberfläche ist intuitiv und logisch aufgebaut, sodass du dich schnell zurechtfindest, auch wenn du kein CRM-Profi bist. Du kannst deine Kontakte, Leads und Projekte per Drag-and-Drop organisieren und hast alle wichtigen Informationen auf einen Blick. Wenn du jemals Excel benutzt hast, wirst du mit **Insightly** kein Problem haben, es ist wie Excel auf Steroiden, nur ohne die Kopfschmerzen. Einfach anmelden und loslegen. Es gibt auch mobile Apps für iOS und Android, sodass du auch unterwegs auf deine Projekte und Kunden zugreifen kannst. **Insightly** lässt sich nahtlos in andere Tools wie **Google Workspace, Microsoft Office 365** und sogar **QuickBooks** integrieren, was dir noch mehr Flexibilität gibt.

Customer Relationship Management (CRM)

A3.19 Keap, Kleine Unternehmen, ganz groß.

Keap automatisiert dein CRM und dein Marketing, damit du dich auf das Wesentliche konzentrieren kannst, nämlich Wachstum. Du betrachtest deine chaotische Liste von Kunden, Leads und Aufgaben vor dir. Es fühlt sich an, als würdest du versuchen, ein Orchester ohne Dirigenten zu leiten und jeder spielt ein anderes Lied. Plötzlich taucht **Keap** auf, grinst dich an und sagt: »Ich bin der Dirigent, den du brauchst.«

Wofür wird Keap verwendet?

Keap (ehemals Infusionsoft) ist ein leistungsstarkes CRM- und Automatisierungstool, das speziell für kleine Unternehmen entwickelt wurde, die ihre Kundenbeziehungen, Marketingkampagnen und Vertriebsprozesse effizienter gestalten wollen. Mit **Keap** kannst du Emails automatisieren, Leads verfolgen, Rechnungen erstellen und deine Verkaufsprozesse in einem nahtlosen Workflow organisieren. Es ist das Tool für kleine Unternehmen, das dir dabei hilft, deine Zeit besser zu nutzen und deine Umsätze zu steigern, ohne dich in komplizierten Prozessen zu verlieren.

Keap ist wie eine gut geschmierte Maschine: Du brauchst keine Bedienungsanleitung, um sie zum Laufen zu bringen. Die Benutzeroberfläche ist klar und intuitiv gestaltet, sodass du dich schnell zurechtfindest, selbst wenn du noch nie ein CRM- oder Automatisierungstool benutzt hast. Mit Drag-and-Drop-Features und vorgefertigten Vorlagen kannst du deine Automatisierungen und Kampagnen im Handumdrehen erstellen. Auch wenn es viele Funktionen bietet, bleibt **Keap** übersichtlich und benutzerfreundlich. **Keap** lässt sich auch problemlos in andere Tools wie QuickBooks, Gmail und **Zapier** integrieren, sodass du deine bestehenden Systeme nahtlos weiter nutzen kannst.

A3

Mit KI gestaltest du deine Online-Werbung wie von selbst.

Anhangkapitel A4
4. TOOLS FÜR MARKETING, SEO UND SOCIAL MEDIA

A4.1 Hootsuite

Alle Social-Media-Kanäle an einem Ort. **Hootsuite** lässt dich Beiträge planen, analysieren und überwachen, alles ohne Stress. Du hast zehn Social-Media-Accounts, fünf Kampagnen und eine Millionen Ideen, die du alle gleichzeitig jonglieren musst. Dein Kopf fühlt sich an wie ein überladener Newsfeed. Dann kommt **Hootsuite** daher, grinst dich an und sagt: »Lass mich das für dich managen.« Und plötzlich läuft alles wie am Schnürchen, von der Planung bis zur Analyse, während du endlich mal durchatmen kannst.

Wofür wird Hootsuite **verwendet?**

Hootsuite ist das ultimative Tool für Social-Media-Management. Es hilft dir, deine Social-Media-Konten auf verschiedenen Plattformen wie Facebook, Twitter, LinkedIn und Instagram zentral zu verwalten. Du kannst Posts planen, Kampagnen koordinieren und in Echtzeit verfolgen, wie deine Inhalte performen, alles an einem Ort. **Hootsuite** richtet sich an Einzelpersonen, kleine Unternehmen und große Teams, die ihre Social-Media-Präsenz effizient verwalten wollen, ohne den Überblick zu verlieren. Mit **Hootsuite** kannst du nicht nur posten, sondern auch analysieren, was funktioniert und darauf basierend deine Strategie optimieren.

Wie schwer ist die Benutzung?

Hootsuite ist so einfach zu bedienen, dass du dich fragst, warum du es nicht schon früher genutzt hast. Die Benutzeroberfläche ist intuitiv und übersichtlich gestaltet, sodass du deine Social-Media-Konten mühelos verbinden und Posts planen kannst. Mit der Drag-and-Drop-Funktion kannst du Inhalte verschieben und deine Beiträge organisieren, ohne dass du in einer Flut von Tabs und Fenstern ertrinkst. Selbst wenn du kein Social-Media-Profi bist, wirst du dich schnell zurechtfinden und deine Kampagnen mit Leichtigkeit managen können.

Hootsuite läuft komplett in der Cloud. Es funktioniert auf Windows, Mac und Linux, keine Installation erforderlich. Du meldest dich einfach online an, verbindest deine Social-

Media-Konten und schon kannst du loslegen. Außerdem gibt es eine mobile App für iOS und Android, damit du deine Social-Media-Strategie auch unterwegs im Griff hast.

Kosten und Verfügbarkeit

Hootsuite bietet eine kostenlose Version an, die für Einzelpersonen und kleinere Projekte gut geeignet ist. Damit kannst du bis zu drei Social-Media-Profile verwalten und maximal 30 geplante Posts erstellen. Für größere Teams oder erweiterte Funktionen gibt es kostenpflichtige Pläne, die bei 19 USD pro Monat starten. Die höheren Pläne bieten mehr Profile, unbegrenzte Planung und erweiterte Analysen, perfekt für Unternehmen, die ihre Social-Media-Präsenz auf das nächste Level heben wollen.

`Social Media Management`

A4.2 Buffer, wie Hootsuite, aber simpler.

Buffer macht Social-Media-Management so einfach, dass du gar nicht mehr merkst, wie viel Arbeit das eigentlich ist. Du hast tausend Ideen für Social-Media-Posts, aber nur zwei Hände und 24 Stunden am Tag. Während du versuchst, alles unter einen Hut zu bringen, klopft **Buffer** an die Tür, grinst dich an und sagt: »Lass mich das für dich managen.« Plötzlich laufen deine Posts reibungslos in die Social-Media-Welt hinaus, während du endlich Zeit für deinen wohlverdienten Kaffee hast.

Buffer ist ein Social-Media-Management-Tool, das dir hilft, deine Beiträge auf verschiedenen Plattformen wie Twitter, Facebook, LinkedIn und Instagram zu planen und zu veröffentlichen. Es macht das Posten zum Kinderspiel, indem du deine Inhalte im Voraus erstellst, in eine Warteschlange legst und **Buffer** sie zu den optimalen Zeiten für dich veröffentlicht. Es ist perfekt für Einzelpersonen, kleine Unternehmen und Social-Media-Manager, die ihre Online-Präsenz effizienter gestalten wollen, ohne den ganzen Tag vor dem Bildschirm zu kleben.

Die Benutzeroberfläche ist sauber und minimalistisch gestaltet, sodass du dich schnell zurechtfindest. Mit wenigen Klicks kannst du deine Social-Media-Konten verbinden, Posts erstellen und sie in die Warteschlange legen. Keine verwirrenden Menüs, keine unnötigen Funktionen, einfaches Social-Media-Management, das dir das Leben erleichtert. Selbst wenn du bisher noch nie ein Social-Media-Tool genutzt hast, wirst du **Buffer** lieben.

A4.3 Surfer SEO. SEO, die rockt.

Surfer SEO zeigt dir, wie du deine Inhalte so optimierst, dass Google gar nicht anders kann, als dich zu lieben. Du hast einen großartigen Blogbeitrag geschrieben, der die Welt verändern könnte, nur leider sieht ihn niemand, weil er auf Seite 10 von Google verstaubt. Während du verzweifelt nach einer Lösung suchst, klopft **Surfer SEO** an die Tür und sagt: »Ich bringe dich nach vorne!« Und plötzlich steigen deine Rankings und deine Inhalte bekommen die Aufmerksamkeit, die sie verdienen.

Surfer SEO ist ein leistungsstarkes Tool zur Optimierung deiner Inhalte für Suchmaschinen. Es analysiert die Top-Rankings deiner Mitbewerber und gibt dir konkrete Empfehlungen, wie du deine Webseiten so optimieren kannst, dass sie in den Suchergebnissen nach oben klettern. Mit **Surfer SEO** kannst du Keywords recherchieren, Content auditieren, On-Page-SEO-Optimierungen vornehmen und sogar Content-Strategien entwickeln, die auf Daten und nicht auf Vermutungen basieren. Es ist perfekt für Blogger, Content-Marketer und SEO-Profis, die ihre Seiten auf das nächste Level heben wollen.

Surfer SEO ist so einfach zu bedienen, dass du fast das Gefühl hast, zu schummeln. Die Benutzeroberfläche ist klar und übersichtlich gestaltet, sodass du nicht erst eine Schulung durchlaufen musst, um loszulegen. Du gibst einfach dein Keyword oder deine URL ein und **Surfer SEO** zeigt dir genau, was zu tun ist, um deine Inhalte zu optimieren. Egal, ob du ein SEO-Neuling bist oder bereits Erfahrung hast, mit **Surfer SEO** wirst du schnell produktiv. **Surfer SEO** läuft komplett im rowser und lässt sich auch in gängige Content-Management-Systeme wie **WordPress** integrieren, sodass du deine Optimierungen direkt im Editor vornehmen kannst.

Surfer SEO bietet keine kostenlose Version. Die Preise starten bei dem »Basic«-Plan, der grundlegende SEO-Analyse- und Optimierungsfunktionen umfasst. Für größere Projekte oder Teams gibt es erweiterte Pläne, die mehr Analysen, Content-Editoren und Nutzerkonten bieten. Die verschiedenen Pläne sind flexibel genug, um sowohl Einzelkämpfer als auch Agenturen und Unternehmen zu unterstützen.

A4

Surfer SEO wird von Surfer entwickelt, einem Unternehmen, das sich auf datengesteuerte SEO-Optimierungen spezialisiert hat. Du kannst **Surfer SEO** direkt über ihre Website (surferseo.com) nutzen. Keine Downloads nötig, alles läuft im Browser, sodass du sofort loslegen kannst.

Suchmaschinenoptimierung (SEO)

A4.4 Ahrefs, Dein SEO-Geheimwaffe.

Ahrefs hilft dir, Keywords zu finden, Konkurrenz zu analysieren und deine Rankings in die Höhe zu treiben. Du hast eine Website gebaut, die aussieht wie ein Meisterwerk, aber sie verhält sich im Internet wie ein geheimer Geheimgang, niemand findet sie. Dann kommt **Ahrefs** vorbei, zwinkert dir zu und sagt: »Ich weiß, wo der Schlüssel zum Traffic liegt.« Und plötzlich strömen die Besucher auf deine Seite, als hättest du das Tor zu einer verborgenen Schatzkammer geöffnet.

Wofür wird Ahrefs verwendet?

Ahrefs ist der Allrounder der SEO-Tools. Es hilft dir, deine Website in den Suchergebnissen nach oben zu katapultieren, indem es eine umfassende Analyse deiner Links, Keywords, Konkurrenz und Inhalte durchführt. Mit **Ahrefs** kannst du Keywords recherchieren, deine Backlink-Profile analysieren, Inhalte optimieren und genau sehen, was deine Mitbewerber tun, um ihre Rankings zu verbessern. Kurz gesagt: **Ahrefs** ist das Tool, das dir zeigt, wie du deine SEO-Strategie perfektionierst und deinen Traffic nachhaltig steigerst.

Ahrefs ist so mächtig, dass es dir alle Tools gibt, die du brauchst und trotzdem so einfach, dass du nicht wie ein SEO-Guru aussehen musst, um es zu bedienen. Die Benutzeroberfläche ist übersichtlich gestaltet und du kannst schnell auf die wichtigsten Funktionen zugreifen. Die Lernkurve ist moderat, besonders wenn du schon ein wenig SEO-Erfahrung hast. Aber selbst Einsteiger werden sich nach ein paar Klicks und einem Blick auf die hilfreichen Tutorials schnell zurechtfinden.

Ahrefs läuft komplett in der Cloud. Du meldest dich einfach online an und hast sofort Zugriff auf alle Tools und Daten. Einzige Voraussetzung: eine Website und der Wille, sie auf Platz 1 bei Google zu bringen!

Ahrefs bietet keine kostenlose Version an, aber es gibt eine 7-tägige Testversion für kleines Geld, in der du das Tool auf Herz und Nieren prüfen kannst. Danach geht es in den »Lite«-Plan, der dir Zugriff auf die wichtigsten SEO-Funktionen gibt. Höhere Pläne bieten erweiterte Funktionen und tiefere Analysen, ideal für größere Projekte und SEO-Profis. Es ist nicht billig, aber für das, was **Ahrefs** bietet, lohnt sich jede Investition.

Ahrefs wird von Ahrefs Pte. Ltd. entwickelt, einem Unternehmen, das sich auf SEO- und Marketing-Tools spezialisiert hat. Du kannst **Ahrefs** direkt über die Website (Ahrefs.com) nutzen. Kein Download nötig, alles läuft im Browser, sodass du sofort loslegen kannst.

`Online Marketing`

A4.5 Canva **Grafikdesign für Nicht-Designer.**

Mit **Canva** zauberst du in wenigen Minuten Designs, die aussehen, als hättest du einen Profi engagiert. Du sitzt vor einem weißen Bildschirm und versuchst, eine ansprechende Grafik zu erstellen. Dein Design sieht aus, als hätte es jemand im Halbschlaf zusammengebastelt. Dann kommt **Canva** daher, zwinkert dir zu und sagt: »Keine Sorge, ich mach dich zum Designer!« Und plötzlich zauberst du beeindruckende Grafiken, als hättest du einen Abschluss in Grafikdesign und das alles in Rekordzeit.

Canva ist ein Online-Design-Tool, das es dir ermöglicht, ohne jegliche Designkenntnisse professionelle Grafiken zu erstellen. Egal, ob du Social-Media-Posts, Präsentationen, Poster, Flyer, Logos oder sogar Lebensläufe gestalten willst, **Canva** bietet dir die Vorlagen, Tools und Inspiration, die du brauchst, um großartige Designs zu erstellen. Es ist perfekt für kleine Unternehmen, Marketing-Teams, Social-Media-Manager und jeden, der im Handumdrehen visuell beeindruckende Inhalte erstellen möchte, ohne ein Designprofi sein zu müssen.

Wie schwer ist die Benutzung?

Canva ist einfach zu bedienen. Die Benutzeroberfläche ist intuitiv, drag-and-drop-freundlich und übersichtlich gestaltet. Du kannst Vorlagen auswählen, Texte und Bilder einfügen, Farben ändern und dein Design anpassen, ohne dabei jemals den Überblick zu

A4

verlieren. Selbst wenn du noch nie in deinem Leben eine Grafik erstellt hast, wirst du dich in **Canva** schnell wie ein Profi fühlen.

Alles, was du brauchst, ist ein Browser und eine Internetverbindung. **Canva** bietet eine kostenlose Version an, die bereits eine riesige Auswahl an Vorlagen, Elementen und Design-Tools bietet. Für die meisten Nutzer reicht die kostenlose Version aus, um ansprechende Designs zu erstellen. Wenn du jedoch auf erweiterte Funktionen wie Premium-Vorlagen, zusätzliche Speicherplätze oder Teamfunktionen zugreifen möchtest, gibt es kostenpflichtige Pläne. Der »Pro«-Plan bietet dir Zugang zu einer Vielzahl von zusätzlichen Features. Für größere Teams gibt es auch den »Enterprise«-Plan mit erweiterten Kollaborationsmöglichkeiten. Du kannst **Canva** direkt über ihre Website (**Canva**.com) nutzen. Kein Download nötig, alles läuft im Browser und du kannst sofort mit deinen Designs beginnen.

Online Marketing

A4.6 Mailchimp, Email-Marketing, das funktioniert.

Mailchimp sorgt dafür, dass deine Kampagnen bei deinen Kunden ankommen und nicht im Spam-Ordner landen. Stell dir vor, du versuchst, deine grandiose Newsletter-Idee zu realisieren, nur um dann festzustellen, dass du mehr Zeit mit dem Ausrichten von Texten und dem Erstellen von Listen verbringst als mit dem eigentlichen Schreiben. **Mailchimp** ist dein digitaler Assistent für Email-Marketing, der deine chaotischen Newsletter in glänzende Kampagnen verwandelt.

Mailchimp ist dein Go-to-Tool für Email-Marketing und Automatisierung. Es hilft dir, Emails an große Verteilerlisten zu senden, Kampagnen zu planen, Analysen durchzuführen und das Ganze zu automatisieren. Wenn du ein Produkt launchen, Kunden informieren oder einfach nur regelmäßig Newsletter verschicken möchtest, ist **Mailchimp** dein bester Freund. Es bietet auch Funktionen für Zielgruppenmanagement, Segmentierung und sogar einfache CRM-Features.

Die Benutzung von **Mailchimp** ist vergleichbar mit dem Einrichten einer stylischen Party: es sieht komplizierter aus, als es ist. Die Benutzeroberfläche ist ziemlich intuitiv. Du ziehst einfach deine Elemente in ein Layout, bearbeitest deine Texte und fertig. Die

Drag-and-Drop-Funktionalität macht es leicht, auch ohne technisches Know-how anspre-chende Emails zu erstellen. Es kann eine kleine Lernkurve geben, aber nichts, worüber man sich den Kopf zerbrechen müsste.

Voraussetzungen

Mailchimp ist browserbasiertund bietet eine kostenlose Basisversion an, die dir eine Menge Funktionen bietet, einschließlich Email-Versand an bis zu 500 Kontakte und 1.000 Emails pro Monat. Für mehr Funktionen, größere Kontaktlisten oder erweiterte Automati-sierung gibt es die kostenpflichtigen Pläne: Essentials: Ideal für kleine Unternehmen, die regelmäßig Emails versenden. Standard: Bietet mehr Automatisierung und Zielgruppen-Tools. Premium: Für große Unternehmen mit erweiterten Bedürfnissen und umfang-reichen Funktionen.

Mailchimp wird von The Rocket Science Group entwickelt, einem Unternehmen, das 2001 gegründet wurde und seither in der Welt des Email-Marketings eine führende Rolle spielt. Du kannst **Mailchimp** direkt auf ihrer Website (**Mailchimp**.com) verwenden. Es ist keine Software-Installation nötig, alles läuft über den Webbrowser.

Mailchimp ist wie dein zuverlässiger Eventplaner für Email-Marketing, organisiert, effizient und immer bereit, dir bei deinen Email-Kampagnen zu helfen. Es nimmt dir die Last ab, damit du dich auf das konzentrieren kannst, was du am besten kannst: großartige Inhalte erstellen und deine Zielgruppe begeistern.

Online Marketing

A4.7 Adzooma, Automatisiere deine Werbekampagnen

Adzooma optimiert deine Anzeigen, während du die Füße hochlegst. Du hast ein Werbe-budget, das du jonglierst, wie ein Zirkuskünstler mit zu vielen Bällen in der Luft. Jeder Klick, jeder Cent zählt, aber die Verwaltung all deiner Kampagnen fühlt sich an, als würdest du einen Löwen zähmen. Dann tritt **Adzooma** auf die Bühne, grinst dich an und sagt: »Keine Sorge, ich mach das für dich.« Plötzlich läuft dein Werbemanager wie auf Autopilot, während du zusehen kannst, wie die Klicks und Conversions durch die Decke gehen.

A4

Wofür wird Adzooma verwendet?

Adzooma ist ein leistungsstarkes KI-gestütztes Tool, das dir hilft, deine Online-Werbekampagnen zu optimieren und zu verwalten. Egal, ob du auf Google Ads, Facebook Ads oder Microsoft Advertising unterwegs bist, **Adzooma** bietet dir eine zentrale Plattform, um all deine Kampagnen im Blick zu behalten. Es analysiert deine Anzeigen, gibt dir Handlungsempfehlungen und automatisiert viele der zeitraubenden Aufgaben, die normalerweise deine volle Aufmerksamkeit erfordern. Besonders nützlich ist es für kleine und mittelständische Unternehmen, die mehr aus ihrem Werbebudget herausholen wollen, ohne dafür Stunden in manuelle Optimierungen zu stecken.

Wie schwer ist die Benutzung?

Adzooma ist so einfach zu bedienen, dass du dir fast wie ein Profi fühlst, bevor du es überhaupt richtig ausprobiert hast. Die Benutzeroberfläche ist klar und übersichtlich gestaltet, sodass du schnell verstehst, wie du deine Kampagnen optimieren kannst. Dank der Automatisierung und den vorgeschlagenen Verbesserungen musst du kein Werbe-guru sein, um Ergebnisse zu sehen. Mit wenigen Klicks kannst du deine Kampagnen verwalten, Berichte generieren und Optimierungen vornehmen, ohne dass du dich durch endlose Menüs kämpfen musst.

`Online Marketing`

A4.8 Brevo, Email- und SMS-Marketing in einem.

Brevo lässt dich deine Kunden erreichen, wo auch immer sie sind und das mit Stil.
Stell dir vor, du versuchst, deinen Geburtstag bei einem Freund zu organisieren und statt mit Einladungen kämpfst du mit einer riesigen Menge an Gästen, die du irgendwie koordinieren musst. Hier kommt **Brevo**, dein Alleskönner für Email-Marketing und mehr, der dir hilft, die Party ordentlich zu schmeißen, ohne dass du den Überblick verlierst.

Wofür wird Brevo verwendet?

Brevo ist die Antwort auf deine Marketing-Bedürfnisse, egal ob du Emails verschicken, SMS-Kampagnen starten oder sogar ein bisschen Marketing-Automatisierung betreibenwillst. **Brevo** bietet eine Plattform für Email-Marketing, CRM, Marketing-Automatisierung und auch SMS-Marketing, all das, um deine Kunden zu erreichen und zu pflegen. Die Bedienung von **Brevo** ist ungefähr so kompliziert wie das Zubereiten von Instant-Nudeln: einfach und schnell, mit ein bisschen Feintuning, wenn du es richtig machen willst. Das Dashboard ist übersichtlich und die Drag-and-Drop-Funktionen erleichtern das Erstellen von Emails und Kampagnen. Es gibt einige Feinheiten, die man lernen muss, aber insgesamt ist es benutzerfreundlich und ziemlich intuitiv.

Brevo bietet eine großzügige kostenlose Variante, die dir bis zu 300 Emails pro Tag und unbegrenzte Kontakte ermöglicht. Für mehr Funktionen und höhere Volumen gibt es kostenpflichtige Pläne: Lite: Für bis zu 100.000 Emails ohne SMS. Essential: Inklusive fortgeschrittener Funktionen wie A/B-Tests und besseren Reporting-Tools. Premium: Für umfangreiche Automatisierung und erweiterten Support. Enterprise: Maßgeschneiderte Lösungen für große Unternehmen. Hergestellt von **Brevo**, einem Unternehmen, das 2012 in Paris gegründet wurde und sich seitdem als starke Kraft im Bereich Email-Marketing etabliert hat. Das Tool ist vollständig webbasiert, also kannst du es direkt auf **Brevo**.com verwenden. Kein Download nötig, einfach einloggen und loslegen. Zusammengefasst ist **Brevo** dein Turbo-Tool für Email-Marketing, das dir hilft, alle Marketing-Kanäle unter einem Dach zu vereinen.

Online Marketing

A4.9 ActiveCampaign. Marketing-Automatisierung und CRM in einem.

ActiveCampaign sorgt dafür, dass du deine Kunden nicht nur erreichst, sondern auch behältst. Du hast eine Menge Kunden und anstatt dich in einem Dschungel von Excel-Tabellen und Notizen zu verlieren, gibt dir **ActiveCampaign** den kompassartigen Überblick, um alle durch den Dschungel zu lotsen. Ein bisschen wie ein GPS für deine Kundenbeziehungen, nur dass du keinen Stau umfahren musst.

Wofür wird ActiveCampaign verwendet?

ActiveCampaign ist wie dein persönlicher Marketing-Butler, der sich um Email-Marketing, Marketing-Automatisierung und CRM kümmert. Es hilft dir dabei, personalisierte Kampagnen zu erstellen, automatisierte Workflows zu gestalten und deine Kontakte besser zu verwalten, so dass du immer einen Schritt voraus bist und nie im Marketing-Sumpf stecken bleibst. **ActiveCampaign** ist nicht unbedingt ein Kaffeekränzchen. Es

A4

hat eine steilere Lernkurve als ein durchschnittliches Tool, aber sobald du dich eingearbeitet hast, wird es zu deinem besten Freund im Marketing-Dschungel. Die Benutzeroberfläche ist mächtig, aber wenn du dir die Zeit nimmst, ein paar Tutorials anzusehen, wirst du bald durch die Funktionen fliegen wie ein Profi.

Kosten und Verfügbarkeit ActiveCampaign **bietet drei Hauptpreispläne:**
Lite: Ideal für kleinere Unternehmen, die grundlegende Funktionen wie Email-Marketing und einfache Automatisierung benötigen. Plus: Hier bekommst du erweitertes CRM, mehr Automatisierungsfunktionen und benutzerdefinierte Benutzerfelder. Professional: Enthält erweiterte Automatisierung, Lead-Scoring und Attribution-Reporting. Maßgeschneiderte Lösungen mit dem höchsten Support-Niveau und den umfassendsten Funktionen. Es gibt keine kostenlose Version, aber du kannst eine 14-tägige kostenlose Testversion nutzen, um die Funktionen auszuprobieren, bevor du dich festlegst. Hersteller ist **ActiveCampaign**, ein Unternehmen mit Sitz in Chicago, das 2003 gegründet wurde. Es gibt nichts herunterzuladen; alles läuft über den Browser.

`Online Marketing`

A4.10 CleverTap. Kundenbindung auf die smarte Tour.
CleverTap analysiert das Verhalten deiner Kunden und sorgt dafür, dass sie immer wiederkommen. Stell dir vor, du hast so viele Marketing-Kampagnen laufen, dass dein Kopf eher wie ein verrückter Wissenschaftler aussieht, mit all den Notizen, die über deinen Schreibtisch fliegen. **CleverTap** ist wie dein zuverlässiger Laborassistent, der nicht nur die Chaos-Theorie der Kampagnenverwaltung bändigt, sondern sie auch für dich aufräumt.

Wofür wird CleverTap **verwendet?**
CleverTap ist dein strategisches Marketing-Tool für Customer Engagement und Retention. Es hilft dir, mit deiner Zielgruppe auf personalisierte Weise zu kommunizieren, sei es über Push-Benachrichtigungen, Emails oder SMS. Mit **CleverTap** kannst du Kampagnen automatisieren, Nutzerverhalten analysieren und genau das richtige Timing finden, um die Kundenbindung zu maximieren. Das Tool hat viele Funktionen, aber eine kleine Lernkurve, um sie zu meistern. Die Benutzeroberfläche ist mächtig, aber nicht unbedingt intuitiv

für Anfänger. Eine Weile Einarbeitung oder ein paar Tutorials sind fast obligatorisch, wenn du das volle Potenzial nutzen willst.

A4.11 TensorFlow: Der Programmier-Zauberer für Machine Learning

Nun hast du einen unsichtbaren Freund, der unglaublich gut darin ist, auf Zahlen zu starren und daraus Vorhersagen zu machen. **TensorFlow** ist dieser Freund, nur, dass er keine Kekse isst und auch keine Ausflüge in den Park macht.

Wofür wird es verwendet?

TensorFlow von Google ist ein Open-Source-Framework für Machine Learning und künstliche Intelligenz. Es wird verwendet, um komplexe neuronale Netzwerke zu erstellen und zu trainieren, sei es für Bild- oder Spracherkennung, Vorhersagemodelle oder sogar zur Generierung von Text. Ein bisschen wie ein Labyrinth, am Anfang kann es herausfordernd sein. Aber wenn du die ersten Ecken gemeistert hast, wird es leichter. Die Dokumentation ist umfangreich und es gibt viele Tutorials. Es ist also nicht gerade ein Spaziergang im Park, aber auch keine Expedition zum Mars.

Voraussetzungen

Programmierkenntnisse: **Python** ist die Hauptsprache, aber es gibt auch Bindungen für andere Sprachen wie **C++**. Grundkenntnisse in Machine Learning: Ein bisschen Verständnis von Algorithmen und Daten ist hilfreich.

Hardware: Für intensives Training benötigst du GPUs oder TPUs, aber für einfache Aufgaben reicht ein Standard-PC. Plattformen: **TensorFlow** läuft auf Windows, Mac und Linux. Es ist plattformübergreifend, also keine Ausreden, egal, welches Betriebssystem du benutzt, **TensorFlow** ist bereit für dich.

TensorFlow ist kostenlos! Da es sich um ein Open-Source-Projekt handelt, kannst du es ohne Bedenken ausprobieren und verwenden. Es gibt keine versteckten Gebühren, nur die, die du möglicherweise für deine Hardware ausgibst. **TensorFlow** wurde von Google entwickelt. Die gleichen Leute, die dich mit ihren Suchergebnissen so oft verblüffen, haben auch dieses KI-Werkzeug geschaffen.

A4

TensorFlow ist also wie der mächtige, aber anspruchsvolle Zauberer, der dir hilft, die Magie der Daten zu entfesseln, es erfordert ein wenig Übung, aber die Ergebnisse sind oft spektakulär!

`Deep Learning`

A4.12 PyTorch: **Der Rockstar der KI-Welt**

Jetzt hast du ein musikalisches Genie in deiner Band, das spontane Soli perfekt improvisieren kann. **PyTorch** ist der Rockstar unter den KI-Frameworks, flexibel, dynamisch und immer bereit, die Bühne zu rocken.

Wofür wird es verwendet?

PyTorch ist dein Lieblingswerkzeug für Deep Learning und neuronale Netzwerke. Ob du nun Bilder klassifizieren, Sprache erkennen oder komplexe Vorhersagemodelle bauen möchtest, **PyTorch** hilft dir, das zu tun und das auf eine unglaublich elegante Weise. Wenn du dich in die Welt der KI begibst, könnte **PyTorch** wie ein Gitarrenriff von Jimi Hendrix erscheinen: zuerst einschüchternd, aber unglaublich mächtig, sobald du den Dreh raus hast. Die Lernkurve ist sanft, besonders wenn du bereits Grundkenntnisse in **Python** hast. Die umfangreiche Dokumentation und zahlreiche Tutorials machen den Einstieg relativ einfach.

Voraussetzungen

Programmierkenntnisse: Grundlegende **Python**-Kenntnisse sind Pflicht.

Machine Learning: Ein Grundverständnis von ML-Algorithmen ist von Vorteil.

Hardware: Für intensives Training auf großen Datensätzen solltest du über eine GPU verfügen. Ohne sie dauert das Training einfach länger, aber es ist nicht unmöglich. **PyTorch** läuft auf Windows, Mac und Linux. Du kannst es auf fast jedem Betriebssystem verwenden, das dir und deinem Setup am besten passt.

PyTorch ist kostenlos. Als Open-Source-Tool kannst du es ohne Bedenken ausprobieren, nutzen und weiterentwickeln. Es gibt keine versteckten Kosten, nur die, die du für Hardware und deine Zeit aufwendest. **PyTorch** wird von Facebook's AI Research (FAIR) entwickelt.

Die gleichen Leute, die dir coole Features in deiner Facebook-App liefern, haben auch dieses tolle Werkzeug geschaffen. Die offizielle **PyTorch**-Website bietet Downloads, Installationsanleitungen und umfassende Tutorials. In der Welt der KI ist **PyTorch** wie ein virtuoser Gitarrist, der durch seine Flexibilität und Kraft besticht. Es ist genau das richtige Werkzeug, wenn du bereit bist, auf der Bühne der Datenwissenschaft dein eigenes Solo zu spielen!

GLOSSAR

Wichtige Begriffe, rund um KI und SEO, einfach erklärt

A/B-Tests

Eine Methode, bei der zwei Versionen einer Email (oder eines Teils davon, z. B. der Betreffzeile) getestet werden, um herauszufinden, welche besser funktioniert.

ActiveCampaign

Marketing-Automatisierung und CRM in einem, hilft dir, personalisierte Kampagnen zu erstellen und Kundenbeziehungen zu pflegen.

Adzooma

KI-gestütztes Tool zur Verwaltung und Optimierung von Online-Werbekampagnen, zentralisiert Google, Facebook und Microsoft Ads.

Affiliate Marketing

Passives Einkommen durch Empfehlungslinks auf deinem Blog. Bei jedem Kauf über deinen Link erhältst du eine Provision.

Ahrefs

Umfassendes SEO-Tool für Linkbuilding, Keyword-Recherche und Konkurrenzanalyse, ideal für die Optimierung von Webseiten.

AI und SEO

Nutzung von Künstlicher Intelligenz, um Inhalte zu bewerten und SEO-Strategien zu verbessern.

Alt-Tags

Textbeschreibungen für Bilder im HTML-Code, um Suchmaschinen und Nutzern den Bildinhalt zu erklären.

API-Integration

Die Einbindung von Personalisierungsfunktionen in bestehende Systeme über Programmierschnittstellen (APIs).

Authentizität

Die Echtheit und Glaubwürdigkeit von Inhalten.

Automatisierte Datenanalyse

Die automatische Auswertung von Daten durch KI-Tools, um Muster und Erkenntnisse zu gewinnen, ohne manuelle Eingriffe.

Automatisierte Markup-Generierung

KI-Tools, die Schema-Markup basierend auf den Inhalten einer Website automatisch erstellen, um die Implementierung zu erleichtern.

Automatisierte Prozesse

Prozesse, die durch Software oder KI ohne menschliches Eingreifen ausgeführt werden, um Effizienz zu steigern.

Automatisierung

Der Prozess, wiederholende Aufgaben durch Maschinen oder Software automatisch ausführen zu lassen, um Effizienz zu steigern.

Automatisierte SEO-Optimierung

Der Einsatz von KI zur kontinuierlichen Überwachung und Anpassung von SEO-Strategien.

Backlinks

Links von externen Webseiten zu deiner Seite, die das Ranking in Suchmaschinen verbessern.

Backlink-Analyse

Untersuchung der Links, die von anderen Webseiten auf die Seite eines Wettbewerbers verweisen.

Backups

Regelmäßige Sicherungen deiner Website-Daten, um bei Problemen die Seite wiederherstellen zu können.

Banner-Blindness

Phänomen, bei dem Nutzer Bannerwerbung auf Webseiten ignorieren.

Betreffzeile

Der erste Text, den ein Empfänger sieht, wenn er eine Email erhält.

Big Data

Große, komplexe Datensätze, die mit traditionellen Methoden schwer zu verarbeiten sind, aber wertvolle Informationen bieten.

Blog

Ein Bereich auf der Webseite, in dem regelmäßig neue Beiträge veröffentlicht werden, um die Relevanz der Seite zu erhöhen und mehr Traffic zu generieren.

Bounce Rate (Absprungrate)

Der Prozentsatz der Nutzer, die eine Website nach nur einer Seite wieder verlassen, ohne eine weitere Aktion durchzuführen.

Brainstorming

Eine Methode zur Ideenfindung, bei der in kurzer Zeit möglichst viele Einfälle gesammelt werden. ChatGPT hilft dabei, schnell neue Ideen für Inhalte zu generieren.

Breadcrumbs (Navigationspfade)

Eine sekundäre Navigation, die Nutzern anzeigt, wo sie sich auf einer Website befinden und ihnen hilft, zurück zu vorherigen Seiten zu navigieren.

Broken Link Building

Eine Strategie im Linkbuilding, bei der defekte Links auf anderen Websites durch Links zu eigenen Inhalten ersetzt werden.

Buffer

Einfaches Social-Media-Management-Tool, ideal für die Planung und Veröffentlichung von Posts auf mehreren Plattformen.

BuzzSumo

Ein Tool zur Analyse von Inhalten und deren Erfolg in sozialen Medien. Es zeigt, welche Themen und Formate in einer bestimmten Branche am besten performen.

C

Call-to-Action (CTA)

Handlungsaufforderung in Marketingmaterialien, z. B. »Hier anmelden«, um Conversions zu steigern.

Canva

Benutzerfreundliches Online-Design-Tool, ermöglicht es, ohne Vorkenntnisse professionelle Grafiken zu erstellen.

Chatbots

KI-basierte Tools, die mit Nutzern interagieren, Fragen beantworten und den Verkaufsprozess unterstützen.

Clearscope

Ein KI-gestütztes Tool, das dabei hilft, SEO-optimierte Inhalte zu erstellen, die sowohl für Leser als auch für Google attraktiv sind.

CleverTap

Kundenbindungstool, das Nutzerverhalten analysiert und personalisierte Marketing-Kampagnen automatisiert, ideal für Customer Retention.

Close

Vertriebs-CRM für kleine Teams und Start-ups, das Kommunikation und Vertriebsprozesse vereinfacht, ideal für Vertriebsprofis.

Community-Building

Der Prozess des Aufbaus und der Pflege einer engagierten Online-Gemeinschaft, die regelmäßig mit deinen Inhalten interagiert und deine Marke unterstützt.

Compliance

Die Einhaltung von rechtlichen und ethischen Vorgaben bei der Nutzung von KI und Nutzerdaten. Unternehmen müssen sicherstellen, dass ihre Prozesse gesetzeskonform sind.

Content

Alle Inhalte auf einer Webseite, wie Texte, Bilder oder Videos. Hochwertiger Content trägt zur Suchmaschinenoptimierung und Benutzerfreundlichkeit bei.

Content-Analyse

Untersuchung der Inhalte (Texte, Videos, Bilder etc.) von Wettbewerbern, um zu verstehen, welche Formate und Themen bei der Zielgruppe gut ankommen.

Content Delivery Network (CDN)

Ein Netzwerk von Servern, das Inhalte auf der Grundlage des Standorts des Nutzers schneller bereitstellt, um die Ladezeiten zu verkürzen.

Content-Formate

Verschiedene Arten von Inhalten, die auf Social Media veröffentlicht werden können, wie z. B. Texte, Bilder, Videos, Infografiken oder Live-Sessions.

Content is king

Ein Prinzip des digitalen Marketings, welches besagt, dass qualitativ hochwertiger Inhalt der Schlüssel zu erfolgreichem Online-Marketing ist.

Content-Kalender

Ein Zeitplan, der festlegt, wann und welche Inhalte veröffentlicht werden, für eine kontinuierliche und geplante Content-Strategie

Content-Marketing

Die strategische Erstellung und Verbreitung von relevanten und wertvollen Inhalten, um eine bestimmte Zielgruppe anzusprechen und letztendlich Conversions zu generieren.

Content-Plan

Ein strukturierter Zeitplan, der festlegt, wann und welche Art von Inhalten in sozialen Medien veröffentlicht werden, um eine konsistente und strategische Kommunikation zu gewährleisten.

Content-Recycling

Neuaufbereitung und Wiederverwendung alter Inhalte, um sie aktuell und relevant zu halten.

Conversion

Die Umwandlung eines Website-Besuchers in einen Kunden oder Lead.

Content-Wiederverwertung

Das Umwandeln und Wiederverwenden bestehender Inhalte in verschiedenen Formaten oder auf unterschiedlichen Plattformen, um den Wert des ursprünglichen Inhalts zu maximieren.

Conversational AI

KI-Technologie, die es Chatbots ermöglicht, mit Nutzern auf natürliche Weise zu interagieren und deren Fragen zu beantworten.

Conversational Marketing

Ein Marketingansatz, der auf interaktiven Dialogen mit Kunden basiert, um eine persönlichere und effektivere Kommunikation zu schaffen.

Conversational Search

Suchanfragen, die in einem konversationellen Stil formuliert sind, beispielsweise in Form von Fragen, anstatt aus kurzen Schlagwörtern zu bestehen.

Conversionrate

Der Prozentsatz der Empfänger einer Email, die eine gewünschte Aktion (z. B. Kauf, Anmeldung) durchführen.

Conversion-Tracking

Messung und Analyse von Aktionen, die Nutzer auf einer Webseite durchführen, wie Käufe oder Anmeldungen.

Copper

Google-Workspace-optimiertes CRM, das sich nahtlos in Gmail und Google Drive integriert, ideal für kleine und mittelständische Unternehmen.

Copy.ai

Ein KI-Tool, das hilft, automatisch SEO-optimierte Texte zu erstellen, die ansprechende Inhalte liefern.

Crawler-Zugänglichkeit

Die Fähigkeit von Suchmaschinen, auf Inhalte zuzugreifen und diese zu indexieren. Für Chatbots müssen spezielle Maßnahmen getroffen werden, um sicherzustellen, dass dynamisch generierte Inhalte indexiert werden können.

Crazy Egg

Ein Analysetool, das Heatmaps und Benutzeraufzeichnungen bereitstellt, um zu sehen, wie Nutzer mit einer Webseite interagieren.

Cross-Selling

Eine Verkaufstechnik, bei der zusätzliche Produkte oder Dienstleistungen zu einem bereits getätigten Kauf angeboten werden.

CRM-System

Customer Relationship Management-Systeme wie **HubSpot** oder **Salesforce**, die den gesamten Kundenlebenszyklus verwalten und Informationen zu Interaktionen und Konversionen speichern.

CTR (Click-Through-Rate)

Der Prozentsatz der Nutzer, die auf einen Link klicken, nachdem sie ihn in den Suchergebnissen gesehen haben.

Customer Acquisition Cost (CAC)

Die Kosten, die anfallen, um einen neuen Kunden zu gewinnen, z. B. durch Marketingmaßnahmen oder Vertriebskosten.

Customer Experience (CX)

Das gesamte Erlebnis, das ein Kunde mit einem Unternehmen hat, von der ersten Interaktion bis zum Kauf und darüber hinaus.

Customer Journey Mapping

Die Visualisierung der verschiedenen Berührungspunkte (Touchpoints) eines Kunden mit einem Unternehmen, um zu verstehen, wo Verbesserungspotenziale bestehen.

Customer Lifetime Value (CLV)

Gesamtwert, den ein Kunde während seiner Beziehung zu einem Unternehmen generiert.

Customer Relationship Management (CRM)

Systeme zur Verwaltung der Kundenbeziehungen. Sie speichern Informationen über Kunden und ermöglichen eine personalisierte Ansprache.

DALL-E 3

Ein KI-Tool von OpenAi zur Bildgenerierung basierend auf Textbeschreibungen. **DALL-E 3** verwandelt kreative Ideen in visuelle Inhalte.

Datenanalyse

Der Prozess, Daten zu sammeln, zu organisieren und zu interpretieren, um Muster oder Zusammenhänge zu erkennen.

Datenflüsterer

Ein informeller Begriff, der jemanden beschreibt, der besonders gut mit Daten umgehen und diese interpretieren kann.

Datengetriebene Strategien

Strategien, die auf der Analyse von großen Datenmengen basieren, um fundierte Entscheidungen zu treffen.

Datenmanagement-Plattformen (DMPs)

Systeme, die große Mengen an Nutzerdaten aus verschiedenen Quellen sammeln und speichern, um sie für personalisierte Marketingkampagnen zu nutzen.

Datenschutz-Grundverordnung (DSGVO)

Eine EU-Verordnung, die strenge Regeln für die Erhebung, Verarbeitung und Speicherung personenbezogener Daten vorgibt. Unternehmen, die KI und Nutzerdaten verwenden, müssen sicherstellen, dass sie diese Vorschriften einhalten.

Daten visualisieren

Der Prozess, Daten in grafische Darstellungen wie Diagramme oder Kurven zu überführen, um Trends und Muster leicht verständlich zu machen.

Deep Learning

Eine weiterentwickelte Form des maschinellen Lernens, bei der Maschinen in der Lage sind, komplexe Muster in großen Datenmengen zu erkennen. Um dann präzisere Lösungen zur Mustervermeidung zu liefern.

Double-Opt-In

Ein Verfahren, bei dem ein Nutzer sich zunächst in ein Formular einträgt und anschließend die Anmeldung durch das Bestätigen einer Email finalisiert.

Drift

Ein KI-basierter Chatbot, der automatisch Kundenanfragen bearbeitet und den Verkaufsprozess unterstützt.

Dwell Time (Verweildauer)

Die Zeit, die ein Nutzer auf einer Seite verbringt, bevor er zur Suchergebnisseite zurückkehrt oder die Seite verlässt. Eine lange Verweildauer beweist eine positive UX.

Dynamic Pricing

Die Anpassung von Preisen in Echtzeit basierend auf dem Verhalten und den Präferenzen des Nutzers.

Dynamic Yield

Ein Tool zur Personalisierung von Inhalten und Produktempfehlungen basierend auf Nutzerverhalten.

Dynamische Anpassung

Echtzeit-Anpassung von Inhalten basierend auf aktuellen Daten und Verhaltensweisen der Nutzer.

Email-Marketing

Der Einsatz von Emails, um Kunden anzusprechen und zu binden. KI verbessert das Email-Marketing, indem sie personalisierte Emails automatisiert, die auf den Interessen und dem Verhalten des Kunden basieren.

Engagement

Interaktion von Nutzern mit Inhalten auf Social Media oder Webseiten, z. B. Likes, Kommentare und Shares.

Erfolgsmessung

Der Prozess der Erfassung und Analyse von Daten, um festzustellen, ob eine Strategie oder Kampagne erfolgreich ist und die gewünschten Ergebnisse liefert.

Ethisches SEO

Die Umsetzung von SEO-Praktiken, die nicht nur auf technischer Effizienz basieren, sondern auch auf Authentizität, Transparenz und der Schaffung von Mehrwert für Nutzer.

Ethik im digitalen Marketing

Moralische Grundsätze, die sicherstellen, dass Content-Erstellung und -Verbreitung transparent, ehrlich und respektvoll gegenüber den Nutzern erfolgen. Ethisches Marketing vermeidet Manipulation und respektiert die Privatsphäre der Nutzer.

Facebook Pixel

Analysetool von Facebook zur Verfolgung des Nutzerverhaltens auf Webseiten und zur gezielten Ausrichtung von Werbekampagnen.

FAQ-Schema

Eine strukturierte Datenmarkierung, die es Suchmaschinen ermöglicht, häufig gestellte Fragen und Antworten auf einer Website besser zu verstehen und als Rich Snippets anzuzeigen.

Featured Snippets

Kurze, direkte Antworten auf Suchanfragen, die in einer Box über den regulären Google-Suchergebnissen angezeigt werden. Optimierung für Featured Snippets kann dazu beitragen, dass deine Inhalte von Suchmaschinen bevorzugt angezeigt werden.

Feedback-Schleifen

Mechanismen, die es Nutzern ermöglichen, Feedback zu den Chatbot-Antworten zu geben, das dann verwendet wird, um die Qualität und Relevanz der Antworten zu verbessern.

FOMO (Fear of Missing Out)

Das Gefühl, etwas Wichtiges zu verpassen, das Menschen dazu motiviert, schnell zu handeln, z. B. bei zeitlich begrenzten Angeboten oder exklusiven Inhalten.

Frase

Ein KI-gestütztes Content-Optimierungstool, das dabei hilft, Inhalte basierend auf NLP zu optimieren, um sowohl für die Suchmaschine als auch für den Leser relevanter zu sein.

Google Analytics

Kostenloses Tool zur Analyse der Webseiten-Performance, z. B. Besucherzahlen, Verweildauer und Verhalten.

Google-Club (Metapher)

Metapher für Vorteile, die durch gute SEO-Arbeit erreicht werden, wie bevorzugte Platzierung in Suchergebnissen.

Looker Studio

Ein Dashboard-Tool, das Daten aus verschiedenen Quellen (z. B. Google Analytics, Google Ads) visuell aufbereitet und Berichte erstellt.

Google Keyword Planner

Ein Tool von Google, das hilft, relevante Keywords zu finden, die in Suchmaschinen häufig verwendet werden.

Google Lighthouse

Ein automatisiertes Tool zur Bewertung von Webseiten in den Bereichen Performance, Zugänglichkeit, Best Practices und SEO.

Google Mobile-Friendly Test

Ein Tool zur Überprüfung der Mobilfreundlichkeit einer Webseite, das Optimierungsvorschläge für eine bessere mobile Nutzererfahrung bietet.

Google My Business

Eine Plattform, die lokalen Unternehmen hilft, sich in den Google-Suchergebnissen und auf Google Maps zu präsentieren und zu verwalten.

Google PageSpeed Insights

Ein Tool zur Analyse der Ladegeschwindigkeit einer Website, das konkrete Verbesserungsvorschläge zur Optimierung der Ladezeit bietet.

Google-Ranking

Die Positionierung einer Website in den Google-Suchergebnissen, die von verschiedenen SEO-Faktoren beeinflusst wird.

Google Search Console

Ein SEO-Tool, das Einblicke in die Leistung und Indexierung einer Webseite bietet und technische Fehler zur Verbesserung der Suchmaschinenplatzierung aufzeigt.

Google Tag Manager

Tool zur Verwaltung und Implementierung von Tracking-Codes auf Webseiten, ohne direkten Eingriff in den Quellcode.

Google Trends

Ein Tool zur Analyse von Suchbegriffen und deren Popularität im Zeitverlauf, das saisonale Schwankungen und Trends aufzeigt.

H1, H2, H3 (Tags)

HTML-Elemente zur Strukturierung von Inhalten auf einer Webseite, von der Hauptüberschrift (H1) bis zu Unterüberschriften (H2, H3).

Hashtags

Schlüsselwörter oder Phrasen, die mit einem Hashtag-Symbol (#) versehen werden, um Inhalte in sozialen Medien zu kategorisieren und die Sichtbarkeit in Suchergebnissen zu erhöhen.

Heatmaps

Visuelle Darstellung, die zeigt, wie Nutzer auf einer Webseite interagieren, z. B. Klickverhalten und Scrolltiefe.

Hootsuite

Social-Media-Management-Tool, das alle Kanäle in einem Dashboard vereint, ideal für die Planung und Analyse von Kampagnen.

Hotjar

Ein Analysetool, das es ermöglicht, Nutzerinteraktionen wie Klicks, Scrolls und Bewegungen auf einer Webseite zu verfolgen und in visuellen Darstellungen (Heatmaps) zu analysieren.

HTML-Struktur

Der Aufbau einer Webseite mittels HTML-Tags (title, head, body etc.), der die Struktur und das Layout der Seite definiert.

HTTPS

Ein Sicherheitsprotokoll, das sicherstellt, dass die Daten zwischen dem Nutzer und der Website verschlüsselt werden. Für Sprachsuchen ist eine sichere Verbindung Voraussetzung für bessere Rankings.

HubSpot

Eine Marketing-, Vertriebs- und Service-Plattform, die Tools zur Automatisierung von Marketing- und Vertriebsprozessen bietet.

Hyperpersonalisierung

Die Verwendung von Echtzeit-Daten und maschinellem Lernen, um jedem Nutzer eine individuelle, auf sein Verhalten zugeschnittene Erfahrung zu bieten. Dabei ist es wichtig, datenschutzrechtliche Vorgaben zu beachten.

Influencer

Personen, die durch ihre Social-Media-Präsenz und Reichweite in der Lage sind, das Verhalten oder die Kaufentscheidungen ihrer Follower zu beeinflussen.

Influencer-Marketing

Die Zusammenarbeit mit Personen, die eine große Anhängerschaft in den sozialen Medien haben, um Produkte oder Dienstleistungen zu bewerben und deren Reichweite zu nutzen.

Informationsarchitektur (IA)

Die Art und Weise, wie Inhalte auf einer Website organisiert und strukturiert sind, um den Nutzern eine logische und intuitive Navigation zu ermöglichen.

Insightly

Kombiniertes CRM und Projektmanagement-Tool, ideal für kleine bis mittelgroße Unternehmen, die Vertrieb und Projekte verwalten müssen.

Interaktionsrate

Ein KPI, der misst, wie viele Nutzer mit dem Chatbot interagieren. Eine hohe Interaktionsrate zeigt, dass der Chatbot gut integriert ist und die Nutzererfahrung verbessert.

Interne Verlinkung

Die Verknüpfung von Inhalten innerhalb einer Website, um die Navigation zu verbessern und SEO zu stärken. Chatbots können gezielt auf interne Seiten verlinken, um die Nutzererfahrung zu verbessern und SEO-Signale zu senden.

Jasper AI

Ein KI-Tool, das hilft, SEO-optimierte Texte und Inhalte zu erstellen.

Kaufhäufigkeit (Purchase Frequency, PF)

Die durchschnittliche Anzahl der Einkäufe, die ein Kunde in einem bestimmten Zeitraum tätigt. Eine hohe Kaufhäufigkeit ist ein Zeichen für loyale Kunden.

Keap

All-in-One-CRM und Marketing-Automatisierungstool für kleine Unternehmen, automatisiert Kundenbeziehungen und Vertriebsprozesse.

Kaufverhalten

Das Muster, wie Kunden Entscheidungen treffen und Produkte kaufen. KI analysiert das Kaufverhalten, für gezielte Upselling- und Cross-Selling-Angebote.

Key Performance Indicators (KPIs)

Messbare Kennzahlen, die den Erfolg von Aktivitäten und Strategien eines Unternehmens widerspiegeln.

Keyword-Recherche

Der Prozess, relevante Suchbegriffe zu finden, die Nutzer bei der Suche verwenden, um diese gezielt in Inhalte zu integrieren.

Keywords

Wichtige Wörter oder Phrasen, die Nutzer in Suchmaschinen eingeben, um relevante Inhalte zu finden.

Keyword-Stuffing

Eine veraltete und unethische SEO-Technik, bei der übermäßig viele Keywords in einen Text eingefügt werden, um das Ranking zu manipulieren. Moderne Suchmaschinen erkennen und bestrafen diese Praxis.

KI-basierte Personalisierung

Die Nutzung von KI, um Inhalte und Angebote für Kunden basierend auf deren Verhalten und Vorlieben individuell zu gestalten.

Klickrate

Der Prozentsatz der Empfänger einer Email, die auf einen Link in der Nachricht klicken.

Knowledge Panels

Digitale Visitenkarten, die rechts neben den organischen Suchergebnissen erscheinen und umfassende Infos zu Personen, Unternehmen, Orten oder Dingen bieten.

Kollaborative Filterung

Eine Technik zur Empfehlungsanalyse, die auf dem Verhalten ähnlicher Nutzer basiert. Sie wird von KI genutzt, um Inhalte oder Produkte vorzuschlagen.

Konversationsstil

Eine natürliche, dialogorientierte Sprache in Chatbots,

um die Nutzererfahrung zu verbessern und die Relevanz für Voice Search zu erhöhen.

Künstliche Intelligenz (KI)

Fähigkeit von Maschinen, zu lernen, zu denken und Probleme zu lösen.

Landing Page

Eine spezielle Webseite, die auf eine konkrete Aktion (z. B. den Eintrag in eine Email-Liste) optimiert ist.

Lazy Loading

Eine Technik, bei der Bilder und andere Ressourcen erst geladen werden, wenn sie auf dem Bildschirm sichtbar sind, um die anfängliche Ladezeit zu verringern.

Lead-Generierung

Der Prozess, potenzielle Kunden zu identifizieren und in den Verkaufstrichter zu leiten. Chatbots unterstützen diesen Prozess, indem sie durch gezielte Fragen relevante Informationen liefern und Termine für Verkaufsgespräche vereinbaren.

Lead-Magnet

Inhalte oder Angebote, die speziell darauf abzielen, potenzielle Kunden auf eine Webseite zu ziehen und sie zu einer gewünschten Aktion zu führen.

Lead-Qualifizierung

Der Prozess, potenzielle Kunden anhand ihrer Eignung für den Kauf eines Produkts zu bewerten.

LinkedIn

Soziales Netzwerk für berufliche und geschäftliche Kontakte, nützlich für Networking und den Austausch von Branchenwissen.

List Hygiene

Die regelmäßige Bereinigung einer Email-Liste von inaktiven oder nicht mehr existierenden Email-Adressen.

Live-Sessions

Echtzeit-Videos oder Streams, die es ermöglichen, direkt mit der Community zu interagieren.

Local Pack

Eine Gruppe von Google-Suchergebnissen, die bei lokalen Suchanfragen erscheint und die wichtigsten lokalen Unternehmen und ihre Standorte anzeigt.

Local SEO

Suchmaschinenoptimierung, die darauf abzielt, Unternehmen bei standortbezogenen Suchanfragen wie »in meiner Nähe« sichtbarer zu machen.

Long-Tail-Keywords

Längere und spezifischere Suchbegriffe, die eher auf konversationelle Suchanfragen wie »Wo finde ich die beste Pizzeria in Köln, die glutenfreie Optionen bietet?« abzielen.

Loyalitätsprogramm

Ein Programm, das entwickelt wurde, um wiederkehrende Käufe durch das Anbieten von Belohnungen oder Rabatten für treue Kunden zu fördern.

Machine Learning

Ein Bereich der KI, bei dem Algorithmen aus Daten lernen und sich im Laufe der Zeit verbessern. In der Sprachsuche wird Machine Learning verwendet, um die Präzision von Antworten durch kontinuierliche Verbesserung zu erhöhen.

Mailchimp

Email-Marketing-Plattform mit Automatisierungsfunktionen, ideal für die Verwaltung und Durchführung von Email-Kampagnen.

Manipulation von Rankings

Unethische SEO-Praktiken, die darauf abzielen, die Position einer Website in den Suchergebnissen zu verbessern, ohne den Nutzern einen echten Mehrwert zu bieten.

Marktanalyse

Die Untersuchung eines Marktes, um Trends, Chancen und Risiken zu identifizieren.

Markttrends

Veränderungen oder Entwicklungen, die das Verhalten von Kunden und Unternehmen in einem bestimmten Markt beeinflussen.

Meta-Beschreibungen

Kurze Textausschnitte, die den Inhalt einer Webseite beschreiben und in Suchergebnissen angezeigt werden.

Mobile Navigation

Eine optimierte Navigation für mobile Geräte, oft in Form eines Hamburger-Menüs, um eine bessere UX auf kleineren Bildschirmen zu gewährleisten.

Mobile Optimierung

Die Anpassung von Email-Designs und Inhalten für mobile Endgeräte.

Moz

Ein Tool, das für Keyword- und Content-Analysen bekannt ist und dabei hilft, Inhalte zu optimieren, um in den Suchmaschinen besser zu ranken.

N8N
Open-Source-Tool für flexible, komplexe Workflow-Automatisierung, ideal für Techniker, die ihre Workflows anpassen möchten.

NLG (Natural Language Generation)
Eine Technologie, die es Computern ermöglicht, menschenähnlichen Text zu erstellen. Diese wird verwendet, um automatisierte Inhalte zu generieren.

Natural Language Processing (NLP)
Ein Teilgebiet der künstlichen Intelligenz, das es Computern ermöglicht, menschliche Sprache zu verstehen und zu verarbeiten. Dies ist die Grundlage für die Funktionsweise von Sprachassistenten.

Netto-CLV
Der Customer Lifetime Value abzüglich der Kosten zur Kundenakquisition. Diese Zahl gibt an, wie viel tatsächlicher Gewinn ein Kunde über die Dauer seiner Beziehung zum Unternehmen generiert.

Nimble
Social CRM, das Kontaktmanagement mit Social-Media-Integration kombiniert, ideal für kleine Unternehmen und Einzelunternehmer.

Nischenmarkt
Ein spezialisierter Markt, der auf die Bedürfnisse einer spezifischen Zielgruppe ausgerichtet ist und weniger umkämpft ist als Massenmärkte.

Noindex-Tag
Ein HTML-Tag, der Suchmaschinen signalisiert, bestimmte Seiten nicht zu indexieren. Für dynamisch generierte Chatbot-Inhalte sollte genau überlegt werden, ob sie indexiert werden sollen.

Nutzerverhalten
Die Aktionen, die Besucher auf einer Webseite durchführen, wie Klicks, Scrollverhalten oder die Verweildauer.

Omnichannel-Strategie
Eine integrierte Marketingstrategie, bei der die Nutzer über verschiedene Kanäle hinweg (Website, Email, Social Media) konsistent angesprochen werden.

On-Page-Optimierung
Maßnahmen zur Optimierung einzelner Webseiten, um ihre Relevanz für bestimmte Keywords zu erhöhen.

Optimizely
Ein Tool, das personalisierte Nutzererlebnisse ermöglicht, indem es Tests und Experimente durchführt.

Opt-in-Formular
Ein Anmeldeformular, das auf einer Website verwendet wird, um Nutzern die Möglichkeit zu geben, sich für einen Newsletter oder eine Email-Liste anzumelden.

Parabola
Visuelles Datenverarbeitungstool ohne Code, ideal für Nicht-Techniker zur Automatisierung und Manipulation von Datenprozessen.

People Also Ask (PAA)
Eine dynamische Liste von Fragen, die thematisch zur ursprünglichen Suchanfrage passen. Klickt der Nutzer auf eine Frage, erweitert sich der Abschnitt und zeigt eine kurze Antwort.

Personalisierung
Anpassung von Inhalten, Produkten oder Erlebnissen an die Nutzerbedürfnisse oder Präferenzen.

Predictive Analytics
Eine Form der Datenanalyse, die zukünftige Ereignisse oder Verhaltensweisen vorhersagt, basierend auf historischen Daten. KI nutzt Predictive Analytics, um das nächste Kaufverhalten der Kunden vorherzusagen und passende Upselling-Angebote zu erstellen.

Prognosen
Vorhersagen über zukünftige Entwicklungen oder Trends basierend auf der Analyse von Daten.

Psychologische Trigger
Taktiken im Marketing, die auf emotionalen Mechanismen beruhen, um Handlungen wie Käufe oder Anmeldungen zu fördern.

PyTorch
Flexibles, dynamisches Deep-Learning-Framework, bevorzugt von Forschern und Entwicklern.

Real-Time-Optimierung
Die Anpassung von Inhalten und Strategien in Echtzeit basierend auf dem aktuellen Verhalten und den Vorlieben der Nutzer.

Recommendation Engines

Systeme, die auf Basis des Nutzerverhaltens relevante Inhalte oder Produkte vorschlagen, um die Verweildauer und Interaktionen zu erhöhen.

Redaktionsplan

Zeitplan für die Veröffentlichung von Inhalten auf einem Blog oder einer Webseite, um konsistent und strategisch zu arbeiten.

Referral-Kampagne

Eine Marketingstrategie, bei der bestehende Nutzer dazu ermutigt werden, Freunde oder Bekannte zu einem Produkt oder Service einzuladen.

Responsive Design

Ein Designansatz, der sicherstellt, dass Inhalte auf verschiedenen Bildschirmgrößen und Geräten optimal dargestellt werden. Gilt sowohl für Social-Media-Posts als auch für Webseiten und Emails.

Retargeting

Online-Werbestrategie, bei der Anzeigen speziell an Nutzer geschaltet werden, die bereits mit einer Webseite interagiert haben.

Return on Investment (ROI)

Ein Maßstab zur Bewertung des finanziellen Erfolgs einer Investition.

Rich Snippets

SERP-Features, die zusätzlichen Informationen wie Bewertungen, Rezepte oder Preise anzeigen, um den Nutzern mehr Kontext zu bieten.

Sales-Prozesse

Vertriebsprozesse, die den Ablauf vom ersten Kundenkontakt bis zum Kaufabschluss beschreiben.

Schema-Markup

Strukturierte Daten, die in den HTML-Code der Website eingefügt werden, um Suchmaschinen zu helfen, den Inhalt besser zu verstehen und die Informationen in speziellen SERP-Features wie Rich Snippets anzuzeigen.

Schema.org

Eine Sammlung standardisierter Markup-Formate, die verwendet wird, um Suchmaschinen dabei zu helfen, den Inhalt einer Website besser zu verstehen. Sie spielen eine wichtige Rolle bei der Optimierung für Sprachsuchen.

Science Fiction

Ein Genre, das sich mit futuristischen Konzepten wie fortgeschrittener Technologie oder außerirdischem Leben beschäftigt.

Segmentierung

Der Prozess der Aufteilung einer Email-Liste in kleinere, spezifischere Gruppen auf Basis von Interessen, Verhalten oder demografischen Daten.

SEMrush

Ein SEO-Tool, das umfassende Analysen zu Keywords, Backlinks und der Konkurrenz bietet.

Brevo

Email- und SMS-Marketing-Tool mit CRM-Funktionen, erweiterte Marketing-Automatisierung in einer Plattform.

SEO (Search Engine Optimization)

Suchmaschinenoptimierung, der Prozess, Webseiten so zu gestalten, dass sie in Suchmaschinen besser gefunden werden.

SERP (Search Engine Results Page)

Die Seite, die eine Suchmaschine nach einer Suchanfrage anzeigt. SEO zielt darauf ab, eine höhere Position in den SERPs zu erreichen, um mehr Sichtbarkeit und Klicks zu generieren.

Session Recording

Tools, die das Verhalten der Nutzer auf einer Website aufzeichnen und analysieren, um Schwachstellen in der UX zu identifizieren.

Sicherheit

Maßnahmen zum Schutz von Webseiten vor Cyberangriffen, Hackerangriffen und Datenverlust.

SimilarWeb

Ein Tool zur Wettbewerbsanalyse.

Skyscraper-Methode

Eine SEO-Strategie, bei der bestehende erfolgreiche Inhalte verbessert und erweitert werden, um sie attraktiver zu machen und mehr Backlinks zu generieren.

Snippet-Abdeckung

Ein KPI, der angibt, wie oft Inhalte einer Website in »Featured Snippets« in den Suchergebnissen erscheinen.

Social Media

Digitale Plattformen, auf denen Nutzer Inhalte teilen und interagieren können. Unternehmen nutzen sie zur Interaktion mit Zielgruppen.

Social Proof

Das Konzept, dass Menschen sich an den Handlungen anderer orientieren, um ihre eigenen Entscheidungen zu treffen.

Spam-Inhalte

Inhalte, die hauptsächlich für Suchmaschinen erstellt werden, um Rankings zu manipulieren, ohne echten Mehrwert für den Nutzer zu bieten. Solche Inhalte werden von Suchmaschinen wie Google abgestraft.

Spamschutz

Maßnahmen zum Schutz einer Webseite vor unerwünschten oder bösartigen Kommentaren und Nachrichten.

Sticky-Navigation

Eine feststehende Navigationsleiste, die auf dem Bildschirm bleibt, während der Nutzer scrollt, um den Zugang zu wichtigen Menüpunkten zu erleichtern.

Storytelling

Die Technik, Geschichten zu verwenden, um Emotionen zu wecken und eine tiefere Verbindung zu den Lesern aufzubauen. Im Marketing wird Storytelling genutzt, um Produkte oder Dienstleistungen durch emotionale Geschichten attraktiver zu machen.

Strukturierte Inhalte

Klar gegliederte und gut lesbare Inhalte auf einer Webseite, die den Nutzern sowie Suchmaschinen helfen, die Inhalte besser zu verstehen und zu navigieren.

Surfer SEO

SEO-Tool für datengetriebene Content-Optimierung, analysiert Top-Rankings und gibt Empfehlungen zur Verbesserung der Suchmaschinenplatzierung.

Suchmaschinenoptimierung (SEO)

Maßnahmen zur Verbesserung der Platzierung einer Webseite in den Suchergebnissen.

SWOT-Analyse

Eine Analyse, die Stärken (Strengths), Schwächen (Weaknesses), Chancen (Opportunities) und Risiken (Threats) eines Unternehmens bewertet.

Technische Optimierungen

Maßnahmen, die die technische Struktur und Leistung einer Website verbessern.

Testimonial-Videos

Videos, in denen zufriedene Kunden ihre Erfahrungen und Erfolge mit einem Produkt oder Service teilen.

Themes

Vorlagen, die das Design und Layout einer **Word-Press**-Webseite bestimmen.

TikTok

Social-Media-Plattform, die sich auf kurze, kreative Videos spezialisiert hat, besonders beliebt bei jüngeren Zielgruppen.

Title-Tags

HTML-Elemente, die den Titel einer Webseite festlegen und in Suchergebnissen und Browser-Tab angezeigt werden.

Tools

Werkzeuge oder Programme, die genutzt werden, um bestimmte Aufgaben, wie SEO oder Datenanalyse, zu erleichtern.

Tray.io

Flexibles Integrations- und Automatisierungstool, das keine Programmierkenntnisse erfordert, perfekt für Unternehmen mit komplexen Workflows.

Trigger-basierte Emails

Emails, die automatisch durch das Verhalten eines Nutzers ausgelöst werden.

UiPath

Leitendes RPA-Tool (Robotic Process Automation) zur Automatisierung komplexer, sich wiederholender Aufgaben in Unternehmensprozessen.

Urheberrecht

Die rechtliche Frage, wer als Schöpfer von KI-generierten Inhalten gilt und wer für deren Richtigkeit und Authentizität verantwortlich ist. Trotz der Verwendung von KI trägt der menschliche Herausgeber die Verantwortung.

Upselling

Verkaufstechnik, Kunden zu ermutigen, eine teurere Version des gewünschten Produkts oder zusätzliche Dienstleistungen zu kaufen.

Updates

Regelmäßige Aktualisierungen von Software oder Webseiten, um Sicherheitslücken zu schließen und die Leistung zu verbessern.

User-generated Content

Inhalte, die von Nutzern erstellt und geteilt werden, wie Fotos, Videos oder Erfahrungsberichte.

User Experience (UX)

Die Gesamterfahrung, die ein Nutzer beim Besuch einer Webseite hat. Eine gute UX sorgt für einfache Navigation, schnelle Ladezeiten und hochwertige Inhalte.

User Flow Analysis (Nutzerflussanalyse)

Die Analyse des Weges, den Nutzer auf einer Website nehmen, um Inhalte zu entdecken und Aktionen durchzuführen. Diese Analyse erkennt Engpässe und Abbrüche.

User Journey (Nutzerreise)

Die verschiedenen Schritte, die ein Nutzer auf einer Website durchläuft, um ein bestimmtes Ziel zu erreichen, z. B. einen Kauf abzuschließen oder eine Kontaktanfrage zu senden.

UX-Chatbots

KI-gestützte Assistenten, die Nutzern auf einer Website helfen, indem sie sofortige Antworten auf Fragen geben und durch die Website navigieren.

Verantwortung

Auch wenn Inhalte von KI erstellt werden, trägt der Herausgeber die volle Verantwortung für deren Korrektheit und Relevanz.

Verlinkung

Das Verknüpfen von Seiten innerhalb derselben Webseite. Dies hilft den Nutzern, relevante Inhalte zu finden und stärkt gleichzeitig die SEO.

Verlinkung im Text

Die Einbindung von Links innerhalb eines Textes, um auf externe oder interne Inhalte zu verweisen.

Video-Carousels

Eine Reihe von Videos, die direkt in den Suchergebnissen angezeigt werden und dem Nutzer ermöglichen, durch Clips zu scrollen.

Virtuelle Wettbewerbszentrale

Ein hypothetisches Konzept, bei dem eine KI-gesteuerte Plattform in Echtzeit die Strategien der Konkurrenz analysiert und sofortige Maßnahmen vorschlägt.

Voice Search

Sprachbasierte Suchanfragen, dieauf mobilen Geräten oder Sprachassistenten wie Google Home oder Amazon Alexa ausgeführt werden.

Voice Share

Ein KPI, der angibt, wie oft die Inhalte einer Website in Sprachsuchen im Vergleich zu Mitbewerbern angezeigt werden.

Website-Tracking

Die Analyse des Nutzerverhaltens auf einer Webseite, z. B. durch Tools wie **Google Analytics**, um zu verstehen, welche Inhalte erfolgreich sind und wo Optimierungspotenzial besteht.

Workato

Enterprise-Integrations- und Automatisierungsplattform.

WordPress

Das meistgenutzte Content Management System (CMS.

Yoast SEO

WP-Plugin für **SEO**.

Zielgruppen-Targeting

Die gezielte Ansprache von spezifischen Nutzergruppen. Basierend auf demografischen Merkmalen, Interessen oder Verhaltensweisen wird die betreffende Zielgruppe herausgefiltert und kontaktiert.

Index

DER KI-AGENT IN DEUTSCHLAND: DIE BRÜCKE ZUR ZUKUNFTSFÄHIGKEIT

Die rasante Entwicklung künstlicher Intelligenz (KI) hat das Potenzial, unsere Wirtschaft grundlegend zu verändern. Unternehmen stehen vor der Herausforderung, diesen technologischen Wandel nicht nur zu verstehen, sondern ihn auch proaktiv zu nutzen. Hier kommt der KI-Agent ins Spiel – eine Rolle, die nicht nur beratend tätig ist, sondern auch als strategischer Impulsgeber und operativer Unterstützer dient. Doch was genau macht ein KI-Agent, und warum könnten Unternehmen bald verpflichtet sein, einen solchen Experten in ihrem Team zu haben?

1. Was ist ein KI-Agent?

Ein KI-Agent ist weit mehr als ein Berater. Es handelt sich um eine spezialisierte Rolle, die technologische Expertise, betriebswirtschaftliches Verständnis und rechtliche Kenntnisse vereint. Der KI-Agent ist der zentrale Ansprechpartner für alle Themen rund um künstliche Intelligenz in einem Unternehmen. Seine Hauptaufgaben umfassen:

- **Analyse und Strategie:** Identifikation von Prozessen, die durch KI optimiert werden können.
- **Implementierung:** Auswahl und Einführung geeigneter KI-Lösungen, etwa in den Bereichen Prozessautomatisierung, Datenanalyse oder Kundenkommunikation.
- **Schulungen:** Sensibilisierung und Weiterbildung der Belegschaft im Umgang mit KI-Systemen.
- **Compliance:** Sicherstellung, dass alle KI-Anwendungen mit gesetzlichen Vorgaben, wie der EU-KI-Verordnung (AI Act), übereinstimmen.

Im Kern ist der KI-Agent ein Vermittler zwischen der komplexen Welt der künstlichen Intelligenz und den konkreten Bedürfnissen eines Unternehmens.

2. Warum wird der KI-Agent unverzichtbar?

2.1 Gesetzliche Entwicklungen

Mit der geplanten EU-KI-Verordnung (AI Act) sollen KI-Systeme europaweit reguliert werden. Die Verordnung zielt darauf ab, Risiken zu minimieren und einen sicheren Einsatz von

KI-Technologien zu gewährleisten. Unternehmen, die KI einsetzen, werden verpflichtet sein, bestimmte Standards zu erfüllen, darunter:

- **Risikomanagement**: Überwachung und Bewertung der potenziellen Gefahren von KI-Anwendungen.
- **Transparenz:** Nachvollziehbarkeit von Entscheidungen, die durch KI getroffen werden.
- **Dokumentation:** Lückenlose Aufzeichnung von Entwicklung, Training und Einsatz der KI-Systeme.

Ein KI-Agent wird hierbei unverzichtbar, um die Einhaltung dieser Vorschriften sicherzustellen und Bußgelder zu vermeiden.

2.2 Wettbewerbsvorteile

Neben rechtlichen Aspekten bietet der Einsatz von KI enorme Chancen, um:

Kosten zu senken (z. B. durch Automatisierung wiederkehrender Aufgaben).

Umsätze zu steigern (z. B. durch personalisierte Kundenansprache oder präzisere Marktanalysen).

Innovationen zu fördern (z. B. durch die Entwicklung neuer Geschäftsmodelle).

Der KI-Agent hilft, diese Potenziale gezielt zu heben und langfristig Wettbewerbsvorteile zu sichern.

3. Die Aufgaben eines KI-Agenten im Detail

3.1 Analyse und Strategieentwicklung

Ein guter KI-Agent beginnt mit einer Bestandsaufnahme:

Welche Daten liegen vor?

Welche Prozesse sind besonders zeit- und kostenintensiv?

Wo liegen die größten Chancen, aber auch die größten Risiken?

Auf Basis dieser Analyse entwickelt er eine maßgeschneiderte KI-Strategie, die sich in die bestehende Unternehmensstruktur integriert.

Beispiel: Ein mittelständischer Produktionsbetrieb könnte mit Predictive Maintenance (vorausschauender Wartung) Maschinenausfälle vermeiden und so Kosten sparen.

3.2 Auswahl und Implementierung von KI-Lösungen

Die Einführung von KI erfordert technologische Expertise:

Auswahl passender Technologien (z. B. maschinelles Lernen, Computer Vision, NLP).

Integration der KI-Tools in bestehende Systeme (z. B. ERP- oder CRM-Systeme).

Anpassung der Algorithmen an die spezifischen Bedürfnisse des Unternehmens.

Beispiel: Ein Handelsunternehmen könnte mithilfe von KI seine Lagerbestände optimieren, indem es Nachfrageprognosen erstellt.

3.3 Schulungen und Change Management

Technologie allein ist nur die halbe Miete. Ein KI-Agent begleitet die Mitarbeiter, um:

- **Ängste abzubauen:** Viele Menschen befürchten, dass KI ihre Jobs ersetzt. Der KI-Agent zeigt, wie KI Tätigkeiten erleichtert, ohne den Menschen zu verdrängen.
- **Kompetenzen aufzubauen:** Mitarbeiterschulungen im Umgang mit KI-gestützten Tools.
- **Akzeptanz zu fördern:** Veränderungsprozesse werden begleitet, um Widerstände im Team zu minimieren.

3.4 Sicherstellung der KI-Compliance

Mit der EU-KI-Verordnung stehen Unternehmen vor der Herausforderung, alle Anwendungen rechtssicher zu gestalten. Der KI-Agent übernimmt hier:

- **Risikomanagement:** Bewertung der KI-Systeme nach Risikoebenen (gering, mittel, hoch).
- **Transparenz:** Sicherstellung, dass alle Entscheidungen der KI nachvollziehbar dokumentiert sind.
- **Datenschutz:** Vermeidung von Verstößen gegen die DSGVO durch anonymisierte Datenverarbeitung.

4. Warum dein Unternehmen einen KI-Agenten braucht

4.1 Praxisbeispiele aus dem Mittelstand

Maschinenbau: Ein mittelständisches Unternehmen spart durch den Einsatz von KI in der Produktionssteuerung bis zu 15 % der Materialkosten.

Handel: Ein KI-Empfehlungssystem steigert den Umsatz eines E-Commerce-Shops um 20 %.

Logistik: Predictive Analytics hilft einem Logistikdienstleister, seine Routen effizienter zu planen und so Kraftstoffkosten um 10 % zu senken.

In all diesen Fällen war der Erfolg nur durch die gezielte Steuerung durch einen KI-Agenten möglich.

4.2 Ein langfristiger Wettbewerbsvorteil

Wer heute in KI investiert, sichert sich nicht nur aktuelle Effizienzgewinne, sondern baut auch die Grundlage für zukünftige Innovationen. Unternehmen ohne KI-Agenten riskieren, den Anschluss zu verlieren.

4.3 Gesetzliche Notwendigkeit

Mit der Einführung des AI Act wird der KI-Agent in vielen Branchen zur Pflicht. Unternehmen sollten nicht warten, bis die Vorgaben greifen, sondern sich jetzt vorbereiten – auch, um teure Nachbesserungen zu vermeiden.

Der KI-Agent als unverzichtbare Schnittstelle

Ein KI-Agent ist kein Luxus, sondern eine Notwendigkeit für Unternehmen, die langfristig erfolgreich sein wollen. Er verbindet technische Innovation mit wirtschaftlicher Weitsicht und rechtlicher Sicherheit. Der Mittelstand, oft das Rückgrat der deutschen Wirtschaft, steht vor einer doppelten Herausforderung: einerseits die Chancen von KI zu nutzen, andererseits den rechtlichen Anforderungen zu genügen. Ein KI-Agent ist der Schlüssel, um diese Herausforderungen zu meistern – und ich bin bereit, Sie auf diesem Weg zu begleiten. Kontaktieren Sie mich gerne für eine unverbindliche Beratung. Die Zukunft wartet nicht – aber Sie können sie gestalten.

Über mich

Hey, ich bin Edgar Poepperl – Unternehmer, AI-Experte, Grafikdesigner und jemand, der das Maximum aus jedem Pixel und jeder Idee holt. Angefangen hat das Ganze bei mir im Marketing und Design. Ursprünglich war es die kreative Arbeit, die mich angetrieben hat. Strategien schmieden, Konzepte entwickeln und mit Grafikdesign die Welt ein bisschen bunter machen – das war mein Ding. Doch die Technik und das Potenzial der Digitalisierung haben mich immer weiter gezogen, bis ich plötzlich in der Welt von Künstlicher Intelligenz und SEO gelandet bin. Und jetzt? Voll drin.

Heute betreibe ich eine Unternehmensberatung, die komplett auf Digitalisierung ausgerichtet ist. Mein Schwerpunkt? AI Automations, UI/UX-Design und SEO. Hier geht es um mehr als nur ein paar Klicks und Einstellungen. Es geht darum, Prozesse zu optimieren, Effizienz zu schaffen und dabei strategisch zu denken. Über kiseoactive.com gebe ich mein Wissen weiter und zeige Unternehmen, wie sie mithilfe von Automatisierungen und smarter SEO die Sichtbarkeit steigern und echte Ergebnisse erzielen. Keine Spielchen, nur Substanz. Ich bringe die Kombination aus technischer Expertise, Verständnis für die Herausforderungen mittelständischer Unternehmen und praktische Erfahrung in der Implementierung von KI-Lösungen mit. Dabei arbeite ich eng mit Ihnen zusammen, um Lösungen zu entwickeln, die zu Ihrer Unternehmenskultur passen und messbaren Mehrwert schaffen.

Wenn ich nicht gerade Kunden dabei helfe, die digitale Welt zu erobern, beschäftige ich mich mit Multimedia-Content rund um Themen wie Marketing, Digitalisierung und – natürlich – KI. Ich liebe es, komplexe Themen herunterzubrechen und in verständliche, praxisnahe Inhalte zu verpacken. Klartext statt Fachchinesisch. Das ist mein Ansatz.

In meiner Freizeit? Spiele ich intensiv Gitarre und da geht's auf zwei Rädern zur Sache – italienische Motorräder sind meine Leidenschaft. Und ja, das ist kein Widerspruch: Effizienz und Geschwindigkeit auf der Straße passen perfekt zu meinem Motto. Schließlich geht's immer darum, die beste Linie zu finden – sei es in der Kurve, der Musik oder im Business. Mein Motto? Ständige Weiterentwicklung. Für mich gibt es keinen Stillstand, nur Raum für Optimierung. Genau das zieht sich wie ein roter Faden durch mein Leben und meine Arbeit. Wer einmal mit mir zusammenarbeitet, merkt das schnell.

Es geht um Dich und Deinen ganz eigenen Weg zum Erfolg!

Mal ehrlich: Jeder redet von digitalen Wunderwaffen und den neuesten Trends. Aber was bringt es, wenn wir Dich digital aufrüsten, obwohl Dein Erfolg gerade in den guten alten Werbemedien oder einem gezielten Blog liegt? Genau. Nichts. Deshalb drehen wir die Sache um. Dein Ziel steht im Mittelpunkt und ich finde den Weg, der am besten passt. Sei es die Website, Social Media, Print, der Vertrieb, der neue Text- und Bildinhalt oder eine knackige Konzeption, die den Knoten löst und den Weg freimacht.

Meine Mission? Mit scharfem Blick und einem Schuss Kreativität schaffen wir Kommunikation, die sitzt. Wir kreieren nicht nur für die Galerie, sondern für Deine Kunden und zwar so, dass sie wirklich erreicht werden und dranbleiben.

Ob als Marketier, Vertriebscoach, Designer oder der Freund, der Dir ehrlich sagt, wenn mal wieder der »neuste heiße Trend« bloß heiße Luft ist. Ich stehe Ihnen mit vollem Einsatz zur Seite. Dein Weg ist mein Kompass und jeder Schritt wird durchdacht, getestet und optimiert. Klingt wie Magie? Na, eher wie Strategie mit Substanz.

Denn hier geht's um mehr als hübsche Bildchen oder ein paar Klicks: Es geht darum, die richtigen Botschaften im richtigen Kanal zu platzieren – klar, effizient und mit Charme.

Bereit, die Ärmel hochzukrempeln und Deine Vision zum Leben zu erwecken?

Dann lass uns loslegen. Es wird gut, das verspreche ich. Oder besser gesagt:
Es wird richtig genial.

Ich helfe wo ich kann, schreibe mir einfach an erfolgsfaktor-ki-und-seo@kiseoactive.com

Dein Edgar Poepperl

P.S.: *Und jetzt noch schnell einen lieben Gruß an Bennys VA-Techniker Finn und Benedikt.*